労働判例に学ぶ

予防的
労務管理

弁護士
岡﨑 隆彦「著」

経営書院

はじめに

1　昨年末に「個別労働関係紛争・解決の処方箋」（共著）を書きましたが、紛争解決がテーマですから予防的なテーマを多く書くことができませんでした。

　私の本来の仕事としては企業・法人の紛争予防の方が多いので、日常助言していることや研修で話していることを主としてまとめ、本書を企画することになりました。不明確な企画であるのに快諾いただいた経営書院の出版部の皆様に感謝いたします。

2　本書は判例や学説を紹介するような内容が多く、学術的な意義はありませんが、日々経営に苦心されている経営関係者や、経営指導にあたっておられる実務家の方に少しでもヒントになるものがあれば幸甚です。

　以下に本書の意図するところ、特徴と考えたところを説明しておきます。

① まず本書は少しでも改善をしたいという前向きな経営者向けのもので、勝ち負けにこだわったりその場しのぎをしようとする方には向いていません。

② 法律関係の本を読もうという人であれば難しい話も読んでもらえると考えて、注で具体的なこと、多くの判例、専門的なところ等も書いています。本文には主たるところを書きますから、まず本文を読んでいただき、関心ある部分は注も読んで下さい。

③ 実務の予防の基本は判例に学ぶことですから、できるだけ多くの裁判例を紹介し、それらからすべきこととしてはいけないことの教訓を引き出すことが大切です。但し、数行だけのまとめ程度では本当に必要なことはわかりませんし、印象に残りません。事件の特徴を知って応用するためには詳しく裁判例で問題となった事情を知ることが必要です。そこで本文に重要なもの、実務で参考になるものを詳しくとり上げ、多くの判例を注でも紹介することにしました。

　また判例研究の意義については第6章の最後でまとめています。

　尚、例外的に面接、情報管理等一部の点については判例とあまり関係なく予防を論じています。

④ とり上げるテーマについては実際上問題となる例を挙げましたが、紙幅の関係で割愛したものも多いです。

　(i) パワハラのみとり上げてセクハラはなし、配転は取り上げるが、出向・転籍はなしなど一部のテーマだけに絞っています。

　(ii) 本書の目的は予防面に限りますから、事件解決の方法については「労働審判」以外は取り上げていませんし、労働組合関係や労災関係（安全配慮を除

く）も取り上げていません。
　　(iii)　予防の点から早期に対策が必要であることから、採用段階での手当が重要であると考えて採用の問題を多く取り上げています。
　　(iv)　特に長時間過重労働関係は現在優先的に対応すべき重要課題とされていますので、第5章で詳しく取り上げています。
　⑤　やさしく書くには限界がある難しい問題も多いので、できるだけ多く図表やたとえを入れるようにしています。
　⑥　また類書では取り上げていないようなテーマをできるだけ取り上げるようにしました。行政法の問題も少し入れています。
3　前著は共著者の三好眞一先生に有益なアドバイスをいただきましたが、今回は独自色が強く出過ぎたのではないかとも思います。しかし現在伝えたいと思うことを書きました。
　このような企画を通していだき、また編集上大変お世話になった経営書院の皆様に改めて感謝申し上げます。

（岡﨑隆彦）

参考文献と略号

- **土田**道夫・労働契約法（有斐閣）→**土田**
- **菅野**和夫・労働法（第10版）（弘文堂）→**菅野**
- **荒木**尚志・労働法（第2版）（有斐閣）→**荒木**
- 増補民事訴訟における要件事実第1巻（法曹会）
- 民事訴訟における事実認定（法曹会）
- 民事要件事実講座5：企業活動と要件事実（青林書院）
- 民事事実認定と立証活動第1巻（判例タイムズ社）
- 民事事実認定と立証活動第2巻（判例タイムズ社）
- 労働事件審理ノート（第3版）（判例タイムズ社）
- 労働関係訴訟の**実務**（商事法務）→**実務**
- 労働判例の読み方・使い方（経営書院）
- 最高裁重要労働判例（経営書院）
- 人事実務（産労総合研究所）
- 渡邊岳・「雇止めルール」のすべて（日本法令）
- 河本毅・判例から考える懲戒処分の有効性（経営書院）
- 中井嘉樹『はじめての部下指導の心得』（経営書院）
- 岡﨑隆彦・三好眞一「個別労働関係紛争・解決の**処方箋**」（経営書院）（共著）→**処方箋**

＜判例集＞

- **労働判例**→**労判**
- **労働経済判例速報**→**労経速**
- **判例時報**→**判時**
- 最高裁判所**民事判例集**→**民集**
- 労働関係**民事裁判例集**→**労民集**

労働判例に学ぶ「予防的労務管理」

目次

第1章 採用の問題
- はじめに ……………………………………………………………… 1
- 第1節 採用の自由～憲法上の保障 …………………………………… 1
- 第2節 採用面接のあり方 ……………………………………………… 2
  - 1 面接の目的 ………………………………………………………… 2
  - 2 面接担当の選定 …………………………………………………… 7
  - 3 経歴等の確認の意味 ……………………………………………… 8
  - 4 面接質問の方法 ………………………………………………… 13
  - 5 採用の手間とコストの問題 …………………………………… 21
  - 6 現実的対応 ……………………………………………………… 24
- 第3節 事前の（採用前の）健康診断の実施（提出） ……………… 25
  - 1 健康診断の実施時期の問題 …………………………………… 26
  - 2 詐称の問題（経歴詐称との対比）～病歴の不告知の問題 ……… 28
  - 3 行政指導の限界 ………………………………………………… 29
- 第4節 雇用契約書の作成（労働条件の具体的交渉・決定） ……… 30
  - 1 契約の基礎知識と契約意識の問題 …………………………… 30
  - 2 契約締結上の過失 ……………………………………………… 39
  - 3 雇用契約の本質 ………………………………………………… 40
  - 4 求人募集との関係～求人時の内容と違う場合 ……………… 42
  - 5 採用内定の問題点 ……………………………………………… 44
  - 6 附随的義務とその確認の工夫 ………………………………… 50
- 第5節 就業規則の法的効力 ………………………………………… 56
  - 1 就業規則の意義 ………………………………………………… 56
  - 2 就業規則の効力要件 …………………………………………… 56
  - 3 就業規則の「合理性」要件（労働契約法7条）についての審査
    ……………………………………………………………………… 60
  - 4 就業規則による不利益変更 …………………………………… 62
  - 5 就業規則作成に当たっての留意点 …………………………… 72
  - 6 就業規則取扱説明書の必要性 ………………………………… 73

7 労使慣行 ··· 73
 第6節 身元保証 ··· 75
  1 意義 ·· 75
  2 適用範囲（要件） ··· 76
  3 責任制限 ·· 79
 第7節 試用期間 ··· 81
  1 意義・目的・法的性質 ··· 81
  2 解雇事例の検討〜試用期間の設定と運用 ···································· 82
  3 試用期間と解雇の判例 ··· 86
  4 期間雇用的関係への拡張の問題 ·· 87
  5 延長問題 ·· 92
 第8節 評価制度と年俸制 ·· 93
  1 評価の必要性 ·· 93
  2 年俸制導入の問題点 ··· 94
  3 人事評価における濫用論 ·· 96
第2章 非正規雇用の活用
 第1節 有期雇用制度の活用問題 ·· 97
  1 雇止めの問題点 ·· 97
  2 雇止めに関する判例理論 ·· 99
  3 労働契約法改正 ··· 119
  4 有期労働契約の中途解約 ··· 123
  5 雇止めと不法行為 ·· 124
  6 雇止め問題と労働審判の活用 ··· 125
 第2節 外部人材の活用法（選択肢） ··· 128
  1 総論 ··· 128
  2 労働者派遣 ··· 128
  3 業務請負 ··· 143
第3章 採用後の指導・教育・処遇の問題
 第1節 教育・指導の要点 ··· 155
  1 コミュニケーションにおける上司の役割と努力 ·························· 155
  2 判例にみる各企業の指導の方法と教訓 ···································· 157
  3 意思伝達の方法の選択 ··· 164

4　コミュニケーションの活性化の試み ………………………………… 165
　　5　上司等との関係における心理的負荷の認識の必要性 ………………… 166
　第2節　文書による指導の重要性（一般論） ……………………………… 168
　　1　上司の指導の証拠化の必要性 …………………………………………… 168
　　2　「文書」の重要性 ………………………………………………………… 169
　第3節　パワハラの判例分析と予防 ………………………………………… 173
　　1　はじめに …………………………………………………………………… 173
　　2　協調性の欠如 ……………………………………………………………… 174
　　3　教育指導への反抗的態度 ………………………………………………… 176
　　4　教育指導の態様 …………………………………………………………… 177
　　5　教育・研修のあり方 ……………………………………………………… 178
　　6　個別指導・特に叱責のあり方 …………………………………………… 178
　　7　正当な職務行為かどうかの判断の枠組み ……………………………… 191
　　8　損害額 ……………………………………………………………………… 192
　　9　パワハラ問題の対応法と予防法 ………………………………………… 193
　　10　ハラスメント関係の労働審判 …………………………………………… 196
　第4節　人事処遇の問題点 …………………………………………………… 198
　　1　合意原則と籍の問題 ……………………………………………………… 198
　　2　配転 ………………………………………………………………………… 199
　　3　人事権行使としての降格 ………………………………………………… 204
　　4　休職 ………………………………………………………………………… 206

第4章　懲戒と解雇

　第1節　不良社員の改善方法と解雇までの進行手順 ……………………… 213
　　1　問題点と手順 ……………………………………………………………… 213
　　2　サッカーのたとえ ………………………………………………………… 213
　第2節　懲戒処分 ……………………………………………………………… 214
　　1　懲戒の意義 ………………………………………………………………… 214
　　2　懲戒権の根拠と限界 ……………………………………………………… 215
　　3　懲戒の手段 ………………………………………………………………… 216
　　4　懲戒の事由 ………………………………………………………………… 230
　　5　懲戒処分の有効要件 ……………………………………………………… 240
　　6　内部告発の問題 …………………………………………………………… 244

	7	社内不正への対応法と予防法	252
	8	情報管理〜漏洩防止	259
第3節	退職勧奨等合意退職の模索		263
	1	退職勧奨	263
	2	その他の任意的労働関係終了事由	268
第4節	解雇権濫用論		272
	1	解雇権濫用論	272
	2	成績不良者等（不良社員）の解雇	284
第5節	解雇の諸問題		292
	1	手続上の配慮（弁明の機会）	292
	2	「解雇の承認」論	298
	3	長期間経過後の解雇の有効性	300
	4	解雇無効主張についての期間制限	303
	5	懲戒解雇と普通解雇の関係	304
	6	解雇事由の列挙の意味と扱い	305
	7	解雇と不法行為	307
	8	不当解雇をしてしまった後の対策	314
	9	整理解雇	318
	10	労働審判の活用	329
第6節	損害賠償請求（労働者責任の追及）		338
	1	総論	338
	2	判例の考え方	338
	3	検討	342

第5章　労働時間管理とメンタルヘルス対策

第1節	長時間労働の問題点		343
	1	問題点	343
	2	安全配慮義務違反による損害賠償責任	344
	3	使用者の予見可能性の問題	349
	4	長時間労働と心理的負荷の大きさについての認識	358
第2節	労働時間管理の要点		359
	1	労働時間認定論	359
	2	ダラダラ残業防止策	373

		3 悪質な賃金不払の例 ……………………………………… 378
第3節		健康診断と産業医の活用 ……………………………………… 384
	1	はじめに ……………………………………………………… 384
	2	健康診断 ……………………………………………………… 385
	3	産業医の役割 ………………………………………………… 389

第6章　予防的労務管理の徹底

第1節		法的リスクマネジメント ……………………………………… 397
	1	「法化社会」 …………………………………………………… 397
	2	地雷原のたとえ ……………………………………………… 397
	3	晴天計画 ……………………………………………………… 399
	4	性悪説 ………………………………………………………… 399
第2節		労働コンプライアンス ………………………………………… 400
	1	遵法（コンプライアンス） ………………………………… 400
	2	組織的対応の重要性 ………………………………………… 401
第3節		労働ＣＳＲ ……………………………………………………… 403
	1	企業の姿勢の問題 …………………………………………… 403
	2	近江商人の「三方よし」 …………………………………… 403
	3	経営理念と生きがい ………………………………………… 404
第4節		予防のための留意点 …………………………………………… 405
	1	顧問弁護士の活用 …………………………………………… 405
	2	判例に学ぶ意義 ……………………………………………… 408

<第1章・採用の問題>
(図表1-1) 新旧うつ対比表〜〝新型うつ〟と〝従来型うつ〟の主な特徴 ……………………………………………………………………… 5
(図表1-2) 約款と就業規則の対比 …………………………………… 61
(図表1-3) 就業規則による不利益変更の合理性判断基準（賃金改定関係）……………………………………………………………… 65
(図表1-4) 第四銀行事件とみちのく銀行事件対比表 ……………… 70
(図表1-5) 試用期間と留保解約権行使の有効性 …………………… 87

<第2章　非正規雇用の活用>
(図表2-1) 解雇権濫用法理の類推適用の判断基準 ………………… 109
(図表2-2) 雇止めに関する労働審判例 ……………………………… 127
(図表2-3) 労働者派遣の意義 ………………………………………… 129
(図表2-4) 黙示の契約の成否に関する裁判例 ……………………… 135
(図表2-5) 請負の適正化のための自主点検表 ……………………… 145
(図表2-6) 安全配慮義務の類型と裁判例 …………………………… 153

<第3章　採用後の指導・教育・処遇の問題>
(図表3-1) 「報連相」と「命解援」 …………………………………… 156
(図表3-2) 意思伝達の方法 …………………………………………… 165
(図表3-3) 上司との関係での心理的負荷の強度 …………………… 167
(図表3-4) パワハラの行為類型 ……………………………………… 174
(図表3-5) A保険会社上司事件 ……………………………………… 180
(図表3-6) 前田道路事件の地裁判決と高裁判決 …………………… 190
(図表3-7) 白黒グレーの考え方の例 ………………………………… 195
(図表3-8) 合意原則と籍の問題 ……………………………………… 199

<第4章　懲戒と解雇>
(図表4-1) サッカーのたとえ ………………………………………… 214
(図表4-2) 人事権行使と懲戒権行使の差異 ………………………… 220
(図表4-3) 懲戒休職関係裁判例一覧表（1ヶ月以上の長期の場合） …… 223
(図表4-4) 年々高まる遵法（コンプライアンス）水準 …………… 245
(図表4-5) 公益通報者保護法の保護要件 …………………………… 247
(図表4-6) 社内調査の方法の例 ……………………………………… 253
(図表4-7) 退職勧奨の適法性の判断基準と留意点 ………………… 268

（図表4-8）解雇類型（人的事由）について ………………………………… 276
（図表4-9）解雇の社会的相当性の判断要素について ……………………… 279
（図表4-10）高知放送事件における解雇権濫用の総合判断の検討 ………… 282
（図表4-11）解雇手続の履践判断についてのリスク ……………………… 295
（図表4-12）解雇事由の列挙の意味 ………………………………………… 306
（図表4-13）解雇の効力と不法行為の成否 ………………………………… 313
（図表4-14）解雇回避努力欠如の場合の主張立証 ………………………… 323
（図表4-15）整理解雇についての近時の裁判例一覧 ……………………… 327
（図表4-16）解雇についての労働審判一覧表 ……………………………… 335

＜第5章　労働時間管理とメンタルヘルス対策＞
（図表5-1）不法行為と債務不履行の法的構成の相違点（一般的な理解）
　　　　　…………………………………………………………………………… 345
（図表5-2）過失相殺・素因減額の割合についての裁判例 ………………… 348
（図表5-3）自殺についての予見可能性に関する判断 ……………………… 352
（図表5-4）業務による心理的負荷評価表（長時間労働関係）……………… 358
（図表5-5）業務による心理的負荷評価（長時間労働の評価方法）………… 359

＜第6章　予防的労務管理の徹底＞
（図表6-1）法化社会の到来と社会構造の変化 ……………………………… 398
（図表6-2）リスク対応のイメージ図 ………………………………………… 398

第1章　採用の問題

はじめに

　採用についてはトラブルになることは多くても、正式な争いになることは比較的少なく、解決金が必要としても解雇ほど多額にならないため、紛争予防を考えることは少ないと思われます。しかし、採用の面で人材をしっかり選別し、教育指導していくことがすべての問題の予防につながります。その意味で、労使トラブル防止のためには、採用段階での予防対策が基本であると考えますので、まず採用の問題から述べることとします。「採用」とその後の初期の指導がしっかりしていれば第3章以下の問題は発生しなくなり、日常の業務が円滑に高いレベルで行えます。

第1節　採用の自由～憲法上の保障

1　採用の自由は、労働契約関係において使用者が有する「契約の自由」（民法における契約の基本原則）の内容の1つです。憲法の居住・移転の自由、職業選択の自由などの経済活動の自由の保障（22条）、財産権の保障（29条）は自由主義市場経済体制を採用していることを意味していますが、契約の自由は、自由な経済活動を保障するものとして、経済体制の根幹となるものです。

2　この契約の自由が労働契約の成立局面において表れたものが、労働者側では「職業選択の自由」であり、使用者側では「採用の自由」です[1]。契約の自由も「公共の福祉」による制限を予定されていて（憲法22条）、公正な経済秩序や弱者保

---

[1] 採用の自由の内容は以下のとおりです。
　① 採用の自由の中心的内容は、どのような者をどのような基準で採用するのか自由であるという「労働者選択の自由」です。
　② 「雇入れ人数決定の自由」は企業は労働者を雇い入れるか否か、雇い入れるとして何人の労働者を雇い入れるかを決定する自由です。現行法上、この自由を制限する法規制はありません。
　③ 「募集方法の自由」は採用の自由が労働者をどのような方法で募集するかについての自由です。公募によると縁故募集によるを問わず自由であり、公募の方法でも、公共職業安定所、民営職業紹介所、学校、広告情報誌等、いずれを通じて行うことも自由です。
　④ 採用の自由は、使用者が特定労働者との労働契約の締結を強制されないという「契約締結の自由」を当然含んでいます。

護の観点からの立法上の制限がありますが、採用後の厳格な雇用責任を強調する労働者保護法制との違いは明らかですから、採用段階で優良労働者の選別と種々の法的リスク対策を最大限に努力して行っておくべきです。

そこで、本書では特に「採用」の段階での留意点について多くを述べるようにしています。

第2節　採用面接のあり方

1　面接の目的
(1) 採用したい人の特性（採用基準）を明確にすることが必要です。
　ア　採用に当たり重視すべき選別のための判断基準とされる一般的なものとして、①一般常識・教養、②コミュニケーション能力、③主体性、④チャレンジ精神、⑤責任感、⑥誠実さ、⑦協調性、⑧職業意識、⑨リーダーシップ、⑩創造性、⑪柔軟性、⑫健康（心の健康としてのメンタルヘルスを含む）が挙げられています[2]が、ここでは「一般常識」「コミュニケーション能力」「協調性」「健康」について取り挙げます。
　イ　企業が求める一定の水準を満たす者が採用予定人数を上回るときは、判断としては上記の要素について、総合判断することになります。また各要素が同じ比重で重要であるということでもありませんから、ここは社内の衆知を集めてよく考えることです。また単に総合的によいということだけでは不十分であり、ある要素が極端に欠けたり著しく弱ければ、それを問題として採用しないとか、いろいろ企業により判断の方法は違ってもよいのです。
(2) 「不適格者」の見抜き方について、ここでは「コミュニケーション能力」と「ストレス耐性」を挙げておきます。これらは入社後容易には改善できないものです。
　ア　コミュニケーション能力の有無
　　(ア)　コミュニケーション能力については様々なタイプが問題とされています[3]。

---

[2] 荻原勝「失敗しない！新卒採用実務マニュアル」経営書院25頁の一覧表。
[3] 例えば、「人格障害」についての定義として、「物事に対する受け止め方・考え方・反応の仕方に、常に限度を超えた特有の偏りがあり、そのためにトラブルを繰り返す人たち」とし、彼らが決して経験から学ばないこと、毎回似たようなトラブルを飽くことなく繰り返すこと、まさにそこが人格構造の異常さに由来するが、それは知能とか学歴は無関係であること、薬や入院で治すことは期待できないこと、彼らは受診などしたが

a　業務遂行のために「コミュニケーション能力」が必要であるといわれることがありますが、これについては２段階に分けて考える必要があると考えます。

b　まず、基礎的なもので、業務遂行の前提となる能力です。

　これについては、①話す力、②聴く力（傾聴力）、③読む力（相手の質問の意味をよく理解する力）を総合する「相手と会話のやりとり（キャッチボール）を違和感なくスムーズにできる力」が必要です。これらは家庭生活を始めとして、学生時代から先生・友人等との関係、部活やアルバイトでの経験を経て身についていくものです。社会人として当然身についているべきものであって会社に入ってから教えるべきものではありません。しかし、成績不良・態度不良である者として解雇が問題とされた事例の中で、この能力の欠如が問題とされる例が多いと感じられます。最低限の基礎的な能力がないために、社内の人間や取引先との間で様々なトラブルが発生して、企業の信用を失わせ、業務に支障を生じさせて、周囲の者がフォローするのが大変になる、その存在自体が問題であるというパターンです。営利目的で合理的経営を目指す企業としては、特にコミュニケーション能力を必要としない部署や単純作業の仕事は別として、面接における質問で、最低限のコミュニケーション能力があるかどうかを確認して問題のある者は選別しておくべきです。

c　次に業務遂行に必要なスキルとしてのコミュニケーション能力の問題です。これはｂで述べた基礎的能力を前提として、企業側が教育・指導するもので、この能力の不足は企業の責任です。この点のわかりやすい実践的な文献として、中井嘉樹著「はじめてのＯＪＴリーダーの心得」、「はじめての部下指導の心得」、「チーム力を高める魔法の力」（いずれも経営書院）があります。この点の教育が入社時から適切になされているなら、「助言・指導」を必要とするような労働者の問題行動も少なくなると思います。その意味で、基本的な教育を徹底することが紛争予防策

らないし、医師と関係性を持続しうることも少ないこと、モチベーションがないからカウンセリングも成り立たないこと、精神科につなげれば何とかなるとは思わない方が賢明であること、法律的には彼らは「正常」とみなされること（心神喪失とか心神耗弱が適用されることはない）を指摘した上で、人格障害には病人としての「手加減」は不要である。ルールや〈けじめ〉を明瞭に提示し、会社側は断固たる態度で臨むしかないという考え方が示されています（春日武彦「心を病んだ社員に、企業はどう向き合えばよいか」ビジネス法務2007年10月号８頁）。

といえます。この点は第3章〔155頁以下〕でも詳論します。
- (イ) 未熟型(現代型)うつについて
  - a 最近問題となっている「未熟型うつ」の若者もコミュニケーション能力欠如がみられることが多いと思われます。これは企業が入社後努力しても容易に改善できる問題ではありません。
  - b 「未熟型うつ」については、未熟型うつの特徴は従来型うつとは真逆であり、①自分から手を挙げて病気を表明する、②他人のせいにする、③申し訳なさを表明することは一切ないというものであり、「通常の成長をしていく中で未熟なまま社会に出てしまった人間」(「未熟型うつ」になる若者)に対して、その成長を支援することまで企業に求めることには大いに首を傾げざるを得ない」「そのような原因は教育のあり方にあり(その根は幼児期からの家庭教育にあると思われるが)、企業に『親代わり』のような役割を求めることでは根本的解決にはならない」「企業にそのような『親代わり的役割』を求め、それを前提に「安全配慮がうんぬんされるようなことになれば、それこそ本末転倒といわねばならない。」とされています[4]が、全く同感です。
  - c 「職場を襲う『新型うつ』」(NHK取材班編著・文藝春秋81頁)にわかりやすい従来型うつとの対比一覧表があり、年齢層は青年層であり、性格として元々仕事熱心ではない、会社などの社会的規範への否定的感情、自分自身への強い愛着、万能感、他罰的ということが挙げられ、職場では抑制症状が強くなるのに趣味など好きなことに対しては積極的という態度であり、どこから病気でどこから人格かわかりにくいとされています。また、同書16頁では、社員が"新型うつ"になったことで、職場にどんな影響が出たかについての調査に対して、「周囲の社員の仕事が増えた」「周囲の社員の士気が下がった」との回答が圧倒的に多く、「周囲の社員もメンタルヘルス不調になった」との回答もかなり多くあるとされています。

    この対比表をもとに、性格面、行動(症状)面、治療面に分けて、対比表(図表1-1)を作ってみました。
- (ウ) 非常識な者の例について、京都たつた舞台事件・大阪高判平18.11.22労

---

[4] 益田哲生「昨今の企業における『うつ』について思うこと」(労判1039号の遊筆)(松崎一葉『情けの力』(幻冬舎)を読んだ感想を基に論述されています。)

(図表1-1) 新旧うつ対比表～〝新型うつ〟と〝従来型うつ〟の主な特徴

	〝新型うつ〟	〝従来型うつ〟
年齢層	・青年層	・中高年層
性格面	・元々仕事熱心ではない	・仕事熱心である
	・会社などの社会的規範への否定的感情を持っている	・会社などの社会的規範への愛着がある ・真面目、几帳面、責任感が強い
	・自分自身への強い愛着、万能感（自己中心）、他罰的	・他者への配慮がある
行動(症状)面	・職場では抑制症状が強くなるが趣味など好きなことに対しては積極的	・よいことがあっても気分は改善しないないし、好きなことでも楽しめない
治療面	・どこからが病気でどこからが人格かわかりにくい	・疾病による行動変化が明らかである
	・初期からうつ病の診断に協力的である	・初期にはうつ病の診断に抵抗する
	・薬物を投与しても多くは部分的効果にとどまる。服薬と休養のみでしばしば慢性化する	・薬物投与の効果は良好（効果的である） ・服用と休養で軽快しやすい

(『職場を襲う「新型うつ」』(NHK取材班編著・文藝春秋) 81頁の表を基に作成)

判930号92頁がありますが、この点は第3章〔174頁以下〕で詳述します。
　イ　ストレス耐性
　(ア)　「ストレス耐性」の問題に起因する様々な問題が指摘されています。近時はビジネス現場においてうつや無気力の社員が急増していることは周知のことですが、メンタル不調による早期退職や休職問題、自殺等のリスクの問題や周囲への悪影響（フォローが必要となることによる業務効率低下やモチベーションの低下）が問題となっています。職場である程度のストレスが生じることはやむを得ないことであるのに、そのストレスに耐えきれないのです。過重労働の結果であればまだわかります（そのような例も多いです）が、過重労働でもなく他の労働者には何の問題もないケースであるので使用者は困惑するのです。休職の後、復帰しても、しばらくしてまたうつ状態になるということを繰り返す例もありますし、中小企業では、そのような者を抱える余力がないのが実情です。そこで、メンタルヘルスケアの環境整備や予防をすることも大切ですが、ストレス耐性の高い人材を採用して、強い組織体を作りたいと考える企業が圧倒的に多いはずであり、使用者として極めて自然で妥当な考え方です。勿論「採用の自由」があります（ストレスに弱い者を採用する義務はありません）から、法的に

も問題がありません。
(イ)　問題はストレスに強い人材かどうかを採用時にどのように判別すればよいかです。

　この点、実際にストレスに弱い新人医師に困って、今後ストレスに弱いかどうか、どうして見分けたらいいのかと相談する医療法人もあります。

a　1つはストレスの問題が発生する人の特徴（傾向）を分析して、そこから共通点のようなものを抽出して、それが見られるかどうかをチェックする方法です。この点、本やネットの情報もかなりあるので採用担当者が分析・研究して、自社独自のチェックリストを作るのも一つの方法です。

　ストレスに強い人の特徴として、切り替えがうまく、くよくよ考えない、現実逃避が上手（仕事を離れた趣味を持っている、仲間が多い）、マイペースを保てる、悪いことが発生してもむやみに他人のせいにしない、何事も経験と見れる（自分が成長できるチャンスと積極的に考えることができる）、周囲に頼れる人がいる（頼れる人を作れるし、自分も助けることもできる）等が挙げられていますから、ストレスに弱い人の特徴はこの反対（裏返し）と考えてよいでしょう。

　本やネット情報では、様々な「ストレス耐性チェック表」（自己診断用）、「生活ストレスチェック」「ストレス度診断チェックテスト」等が公表されていますから、それらを参考にすることができます。また、ストレスチェックを業とする企業もあるようですから、採用時に「適性検査」として活用できる方法を相談してみる方法もあります。

b　尚、「圧迫面接」をストレスチェックのために用いる方法は賛成できないことは後述するとおりです。

c　体育会系の若者を採用したがる企業の考え方にも一定の合理性があります。日本人の優秀性を考えれば、素直で活発であれば伸びることが期待できます。

　また、新規社員の採用に当たっては、ストレス－脆弱性理論[5]に従って、精神的にタフか否かを最優先の選考基準とする企業の考え方も間違って

---

[5] うつ病を含む一定の精神障害の発病機序については、環境由来のストレスと個体側の反応性・脆弱性との関係で発病する（精神破綻が生じる）のであり、ストレスが非常に強ければ、個体側の脆弱性が小さくても精神障害が起こるし、逆に、個体側の脆弱性が大きければ、ストレスが小さくても破綻が生じると帰結される、

いません。昔から体育会系が好まれるのはそのためでしょう。しかし、短期間の面接等の選考だけでは、そのような判別は困難です。

(ウ) 「性格」に関しては検討すべきでないという考えもありますが、真面目で素直な性格であれば人の意見を聞いたり、まじめに努力を続けてどんどんレベルアップしていく人も多いので、検討すべきです。また、協調性があるかないかは組織人として最も大切なポイントの1つですから、これも重点的にチェックすべきです。

2　面接担当者の選定
(1) 適格性の問題

ア　面接する者（担当者）は面接の目的をよくわかっているのでしょうか。面接の目的を達成するために必要な質問ができる能力がある人でしょうか。

(ア) 専門的能力の審査の例として大学講師が研究論文を提出していないことが解雇理由の一つとされた九州学院大学（講師解雇）事件（鹿児島地判昭48.5.14判時715号106頁・労判179号53頁。この判例は後に解雇のところ〔286頁〕でも論述します。）が参考になります。この事案では、適格性判断における大学側の落度について、簡単安易な審査で能力ありとして採用したこと（①専門外の代表者が面接審査したのみで、大学学部教授が専攻分野（電子工学）についての学識の審査をしたことがないこと、②大学院在学中の学業成績について大学に照会したこともないこと、③面接以外に経歴書の調査もしなかったこと）が指摘されています。この点についての教訓としては、面接で必要な質問ができる者を担当させ、同席させることが必要です。

(イ) この必要な質問ができる能力があるかどうかについては、教育訓練で身につきますので、打合せや研修などを十分に行うべきです。

イ　また、適当なリップサービスなど絶対にしないような厳格な人でなければいけません。いいかげんな人は面接担当者には向いていません。かえって企業にとってトラブルメーカーとなります。この点は「雇止め」について、雇用継続について期待させる使用者側の「言動」として特に問題となっています（「有期雇用」のところ〔97頁、106頁〕で詳述しています）。

ウ　制度の問題

という考え方が一般的になっており、これを「ストレス－脆弱性」理論と称しています。この点実務452頁以下にわかりやすい説明がなされています。

(ア)　成功した例としてある製造業の例があります。更新（雇用継続）への期待があるとして雇止めが問題となった事案で、有期雇用の形式であるけれども、ずっと続けて働いてほしいなどという発言（リップサービス）など面接のときにしていないという企業の主張立証が認められた例です。この事例では、面接担当者には期間雇用者の雇用継続についての権限はなく、人事の権限は全て代表取締役にあるという制度になっているので、担当者が雇用継続についての発言をすることはあり得ないと主張して雇止めが認められました。「リップサービス」があった、なかったの問題となり、結局は労使双方の供述の信用性の問題となります。ここでは、権限に関する内部規定の整備や面接における発言についてのタブー（言ってはならない事）の厳守徹底の必要性を感じました。

　(イ)　また、企業内で現場で必要となる能力について十分把握している者と人事担当者が十分打合せをして、チームとして面接に当たることが必要です。

(2)　担当者の人数

　　面接し、判断する人は複数の方が良いと思います。単独担当者の思い込みによる主観的恣意的判断による採用ミスが防げます。最近、三人面接担当態勢で、2対1の多数決で採用決定したケースでトラブルになったケースがありました。1人でも反対する人がいれば、その反対意見をよく聞いて、その反対をつぶせるかどうかをより慎重に判断すべきです。場合により、全員一致を原則とし、反対があるが、どうしても採用を検討したいという場合は審査をもう一度追加して反対意見を考慮した質問を行った最終判断を行うべきではないでしょうか[6]。

3　経歴等の確認の意味

(1)　経歴等の確認をすることには、それにより面接対象者を選別すること（書類選考による足切り）と面接者に対する質問事項を検討するための準備資料となることの2つの意味があります。

　　ここでは職歴、学歴等の詐称が問題となった裁判例を見て経歴等の重要性を確認した上で検討していきます。

(2)　経歴詐称の問題についての判例の考え方を以下にまとめておきます。

---

[6] 尚、面接担当者は、複数の方が多面的な評価ができ、それらを総合することによって個人的な主観を排したより客観的な評価を行うことができますが、あまり面接担当者が多すぎると、それだけで応募者が圧迫を受けて実力を発揮できず、的確な評価ができなくなる場合もあるとの指摘もあります。

第1章　採用の問題

　ア　「経歴詐称」とは、雇入れの際、労働者が履歴書等において経歴を偽るか、あるいは真実の経歴を秘匿することですが、通常はこれを就業規則で懲戒解雇事由の1つとしています。詐称が発覚した場合、使用者がこれを理由として懲戒解雇など労働者に不利益を課すことがありますが、問題は、①経歴に関する労働者のいわゆる真実義務の存否とその範囲、②経歴詐称と懲戒解雇等の懲戒処分との関係、③懲戒解雇の有効性の要件は何か、です。
　イ　真実を申告すべき義務の根拠については、労働契約関係における信義則を根拠とするとされていますが、どのような経歴が真実申告の事項にあたるのかについては、裁判例では、信義則の機能範囲を広く捉え、労働力評価に関わる事項（学歴、技能等）に限定せず、広く人格的判断や企業秩序に関わる事項（性格、適格性等）にも及ぶとしています。
　　　尚、労働者には、使用者から求められなくとも経歴を自らすすんで述べる義務（告知義務）があるかについて、「労働者の選択は本来使用者の危険においてなすべきことであり、求められもしないのに労働者が進んで自己に不利な事実を告知すべき義務はない」とされています[7]から、使用者から「求めること」が必要です。
　ウ　経歴詐称が懲戒解雇事由となるかについては、肯定説の主たる論拠は、真実を述べる信義則上の義務違反および企業秩序違反に求められています。但し、判例は詐称された経歴は「重要なもの」であることを必要としています[8]。
　　　重要な経歴の詐称として「最終学歴[9]」「職歴」「犯罪歴」に関する詐称があります。
(3)　履歴書や職務経歴書のチェック
　ア　空白期間の存在について
　　　まず問題となるのは学歴や職歴の欄に空白がある場合です。通常空白期間

---

[7] 西日本警備保障事件・福岡地判昭和49.8.15労判208号31頁
[8] この「重要性」をどのようにとらえるかについては「詐称がなければ雇用されなかったであろう程度の詐称」とする考え方の他、重大性を緩やかに認める考え方や客観的に判断すべきとする考え方等があります（「労働法の争点（第3版）」158頁）。
[9] 学歴や職歴は、労働力評価における有力な基礎資料として重視されるので、学歴を高く詐称することが使用者の労働力評価や適正配置を誤らせる場合は問題なく認められます。
　詐称の中でも学歴を低く詐称する場合は、真実より高い労働力評価を使用者にさせ、それにより本来与えられるはずのない賃金、職種等を取得したという意味での企業秩序侵害の事実があるとはいえません。しかし裁判例は、低く詐称する場合も職能資格制度の下、現場作業見習いは高卒者以下の者を採用する方針を堅持していること、および高学歴者は現場作業の単調労働に耐性を欠くなどとして、「重要な経歴」の詐称に該当するとしています。
　ただ、学歴が問題とならない職種など、事情によっては真実義務を否定すべき場合もあるとされています。

9

があることは浪人又は失業を示すもので、その間の事情を具体的に質問する必要があります。

(ア) 次の転職の関係では、あまりにも短期間での転職が多いために、印象を少しでも良くするために職歴の一部を書かないこともあり得ます。応募者も転職回数が多いことは気にしているはずであって、短期間でやめたことをできるだけ知られたくないと考えていると思われます。

(イ) また、かつて学生運動歴があって休学退学等があった例で、学歴詐称があった例が裁判例に多いのですが、学歴詐称の場合には学歴について履歴上不自然なことがある場合があるでしょう。

　入学や卒業の年度が真実でない場合には、記載自体から容易に誤りが見つかる場合もあります。通常現役で入学・卒業する年数を考えてチェックするくらいの用心深さも必要です。

(ウ) 空白期間が長いのは前職を「うつ」等の理由で退職して治療を受けていたのかもしれません。あるいは失業中に失業給付金が支給されるので求職をせずに働かずにいたのかもしれません。中には短期間働いて、その後かなりの空白があって、その後また短期間の勤務をするということを繰り返しているケースがあります。これは少し働いて失業保険の受給を繰り返す者で、働く意欲に乏しいのではないかとか、職場の人間関係作りに自信のないタイプであって自社に入社後も同じことが繰り返される危険が大きいのではないかと考えて、この空白の事情を徹底的に究明するよう質問をすべきです。

　厳しい雇用情勢であっても能力（人間関係形成能力を含む）と働く意欲のある者が真面目に求職活動を続けても長期間職に就けないということは少ないので、当然、空白が長いということは能力と働く意欲に問題があると考えられます。

(エ) 空白ではないとしても、学歴で中退、留年となっている場合には、その理由のチェックが必要です。留年や中退が学力の問題や怠学による場合もありますし、中退は志望のいい加減さ、忍耐力のなさ、努力不足等問題となる性格であることを示していることもあります。これらは入社後に容易に改善されるものではありません。

(オ) 派遣会社に勤務していたのであれば、派遣先企業ごとに派遣期間と業務内容を知る必要があります。派遣元企業だけの記載の場合や主な派遣先企

業の記載しかしない場合は、空白期間の有無や勤続期間の長さがわからないので判断ができません。ここは面接で確認する必要があります。

イ　転職の回数と理由について
　(ア)　転職を繰り返すことは一般的に労働者として業務遂行上何らかの問題があるのではないか、注意すべきであると考えられて採用時にチェックされています。転職のたびにキャリアアップして、年収を上げていく欧米型の転職も例外的ながらあり得ますが、リスク対策としては妥当な考え方です。特に転職の回数が多いことは問題であり、以下に述べるようにチェックすることは大切です。
　(イ)　しかし、初めての転職でも安心はできません。長期間在職した企業のやり方にこだわったり、何かと比較して新しい環境に溶け込めない人もいます。特に大企業から中小企業への転職に問題事例が多いことには注意すべきです。結局問題は単なる転職の回数ではなく、その実態であるということです[10]。

ウ　退職の理由について
　(ア)　業績不振（リストラ）による会社都合による退職について
　　a　「業績不振」が事実でなく、その企業が利益を出して問題なく営業していることもあります。この点ネットや簡単な調査で裏をとることができることがあります。
　　b　あるいは業績が少し悪くなって賞与が少なくなって辞めたのかもしれません。
　　c　整理解雇又は退職勧奨等によるものとしても、全員対象でないとすると企業にとって必要がない人材として人選されたのかもしれません。
　(イ)　「一身上の都合」の記載について
　　　「一身上の都合により」転職を繰り返している者は、もっと自分に合う会社があるはずと思っている人、嫌なことがあればすぐに逃げ出す忍耐力

---

[10] 定着しないのではないかと疑われる事情
　士業の資格取得を目指している者は資格取得後に再び転職又は独立する可能性があるので、長期雇用を期待できないことがあります。また、資格取得を断念したということが確認できない限り諦めずに受験を継続する可能性があるので確認が必要です。
　また、資格取得の勉強のために仕事がおろそかになることもあります。
　また、このタイプの者は比較的頭が良く権利意識も高いので、退職時にトラブルになることも多いことは留意しておくべきです。
　以上のことは多数の資格取得を記載している者の場合も同様のことがないかチェックが必要です。

のない人、協調性がなかったり人間関係を作る力のない人かもしれません。あるいは職務能力に問題があって居づらくなって辞めているのかもしれません。そこで面接で「一身上の都合」の内容を具体的詳細に質問すべきです。

(ウ) 退職理由の記載がない場合、他の場合でもありうることですが、特に記載がないということは解雇されている等円満退社ではないケースがあり得ます。この点不利になることは書かないということが多い（そのように指導する者もいる）ので、面接でよく確認すべきです。

尚、「円満」退社という記載があっても、もめたけれども最終的に形式上は円満退社形式で解決したというケースもあるので、安心せずにチェックが必要です。

(エ) 「うつ」等の病気による退職の場合には勤務できる程度に回復したことの確認をすべきであり、診断書の提出を求めるべきです。診断書の提出を採用前に求めることは（応募者の費用で行うことも）問題のないことです（この点は後述〔26頁〕します）。

また、診断書の提出を示唆するだけで応募者の顔色や態度が急変することであやしいと感じることができたり、応募を取り下げたりすることもあるでしょう。

(オ) 退職理由のほか、経歴や能力について前職の会社へ問い合わせることを示唆して相手の様子を見ることが有益だとする考えもあるようです[11]。しかし実際に被雇用者の個人情報を漏らすことになりますから、現在では問い合わせの方法は使えません[12]。

そこで、問い合わせの可能性を示唆するだけということから、更により慎重に考えて、「あなたの前の会社に問い合わせをしたら、・・・の点について、前の会社の方はどのように言われるでしょうか。あなたはこの点どう思いますか。あなたの考えを述べてください。」という問題があるなら

---

[11] 採用応募者に対して、あなたの前の会社（退職した会社）にあなたの働き方や評価を問い合わせをしたいが同意をいただけますかという質問（同意しなければ勿論問い合わせはしない）をして、相手方の返答を待つという考え方です。

[12] この点は本人の同意を得れば問題はないとする考え方もあります。ある会合である社会保険労務士は、前職会社に退職理由、評価、賃金、残業に関する証明書（予め書式を作っておく）をもらって来てくれと本人に依頼して採用の判断資料にすることを指導していました。全員ではなく、問題のありそうな人だけに絞るとのことですが、半分位の人がもらってくるということです。これについては風評の問題も生じるとして批判的な考え方もありましたが、本来採用に消極的になりやすい事実について確認するという意味でしょうが、評価が問題になるところです。

答えにくいような非常に微妙な質問をしてみると面白いという方（専門家）もおられます。

　微妙な問題ですが、相手方の話の内容の他に相手方の態度や回答の誠実性からその裏にあるものを見抜こうとしているものと考えられます。

　(カ)　以上のとおり、退職理由については、もっとも重要な点の1つですから、面接でも時間を多く取るべきです。また退職後の求職に至る考え方や具体的な求職活動から応募者の適応力や仕事への意欲を見極めるべきです。

エ　実務能力として能力を確認しておくべきものとして、語学力があります。

　この点は実際に定評のある資格試験の結果を参考にする他、筆記試験や会話等で実際に能力を確認する特別な審査をすべきでしょう（専門的能力については九州学院大学事件について前述〔7頁〕しています）。

オ　職業病の危険の多い業務であれば、前歴の調査と既往症がないかどうかの確認のため、健康診断書の提出を求めるべきです。この点は第3節〔25頁以下〕で詳述します。

カ　以上は、チェックすべき主な点を述べただけですが、以上の点について疑問のあるところを面接で具体的詳細に質問していくことになります。

4　面接質問の方法

(1)　面接質問の問題点

ア　採用の問題点として以下の点が指摘されています[13]。

　(ｱ)　自社が求める人物像が、自社の事業特性や企業文化・担当業務に合っていない。

　(ｲ)　採用面接に関わる面接担当者と統括部門（人事部門）や人材を必要とする担当部署との間で、十分な打合せがされていないので、求める人材やその人材を必要とする背景などの共通認識がない。

　(ｳ)　担当部署が要求する能力要件について、応募者のどのような行動特性を確認すべきかが、十分に認識されていない。

　(ｴ)　部署が要求する能力要件の評価・判断の基礎となる情報を、応募者から

13　よくある例ですが、希望や夢を聞いて語らせる、面接担当者が個人的に興味のあるところを聞いて共通の話題で盛り上がってしまう、主観的にいい印象をもって人材として期待していろいろ助け舟の質問をしてしまう等は短い質問時間の無駄使いです。

　　大日本印刷事件・最2小判昭54.7.20民集33巻5号582頁・労判323号19頁は「原告はグルーミーな印象なので当初から不適格と思われたが、それを打ち消す材料が出るかもしれないので採用内定としておいたところ、そのような材料が出なかった」ことを採用取り消しの理由とした事案ですが、印象中心で且つ判断としては不可解なものですので、真の理由が別にあったのではないかとも思われます。

引き出すための適切な質問ができていない（面接質問の問題）。
　イ　行動質問
　　㋐　①ある人には行動パターンがあり、それは特段の事情がない限り繰り返される。そこで入社前の行動パターンを知ることが重要である。②ある人の考え方は行動に表れるので、行動から考え方を推測する。以上の考え方を前提として考え、「行動」に注目する質問の方法があります。
　　㋑　「行動」に着目する面接手法として、「コンピテンシー面接」があります[14]。
　　　a　コンピテンシー面接とは、「成果を生み出すための行動特性」を評価するための面接手法であり、応募者が過去に取った行動事例を質問し、行動の内容と結果から行動特性を把握するという形式をとるものです。この手法の問題点として、面接者に相当高いレベルの面接の能力、面接技法が求められること、応募者との話を効率的に展開することが難しいこと、応募者が過去の行動の記憶を呼び戻すのに時間がかかること、面接時間が長くなることが挙げられます（以上、荻原勝「失敗しない！新卒採用マニュアル」経営書院の106頁、110頁の図表5－9）。これは確かに時間がかかり、質問者の訓練も必要ですが、魅力的な手法です。
　　　b　本書の記述は、この「コンピテンシー面接」と同じ考え方です[15]。それを弁護士的な見方から述べているものです。但し、「コンピテンシー」＝「成果を生み出すための行動特性」に限らず、その他の行動についても全て裏を取るために行動をチェックするという考え方をしています。
　　㋒　企業が求める能力を行動レベルに落とし込み、そこから抽出できる行動特性・行動パターンを応募者が採れるかどうか、もしとれるとしたらどの程度のレベルで再現性が期待できるかを確認します。
　　㋓　面接では応募者が実際にとった現在までの行動を聞き出し、その行動が入社後にも再現される反復性のあるものかどうかを確認して、入社後の仕事ぶりを予測し、会社が求める能力のレベルに達しているかどうかなどを判断するべきです。
　　　　人間は、同じ様式の行動を繰り返す（いわゆる行動パターンというもの

---

[14] コンピテンシーに関する解りやすい実務的文献として「人事実務」（産労総合研究所）の1016号（2007年6月）の特集「コンピテンシー活用の上手なすすめ方」があります。
[15] この点「人事実務」1002号（2006年11月）の32頁以下の実務解説の「コンピテンシーを活用した効果的な採用面接の進め方とは」が解りやすく、私の考え方も同様の考え方を具体的に述べているものです。

があるはずである）という考え方を前提として、過去の行動に関する十分な情報が収集できれば将来の入社後の行動が予測できると考えるのです。

　(オ)　特に中途採用の即戦力として期待する人材募集の場合には確実な選考が必要ですから、配属予定部署で求められる特定の業務に必要な知識やノウハウについて、過去の実績を含めて遠慮なく具体的な質問を重ねていくべきです。

ウ　質問内容について

　当社は何を将来求めるのか、どのような社員になってほしいのか、当社の要求水準はどの程度なのか、逆にどこまで希望に応じられる会社であるのか等質問事項の準備はできているでしょうか。

　まず基本的なところを固めておくべきです。この点厳しく詰めて実際に面接で確認する会社ではトラブルは少ないです。

(2)　うそを見破る方法

ア　敵性証人のうそを見破るための反対尋問の技術と採用面接への応用については「処方箋」(162－163頁) でも述べています。①詳細事実の確認・追及、②経験則、③自己矛盾、④客観的事実等との照合等という裁判所における「事実認定」での論点と同じことが問題になるはずですが、面接は、事前に収集されている応募者に関する情報が少ないことや面接時間が少ないことから、難しいものがあります。この中では面接の中で詳細事情を聞くことについて以下に検討しておきます[16]。

　尚、応募者について全人的に正確に見極めるためには別述するアルバイト使用やインターンシップが有用です。

イ　詳細事実の確認、追及について

　事実認定における詳細事情の役割からうそを見破る方法について以下に述べておきます。

　(ア)　自らの主張事実がどこまでも具体的に詳細に矛盾なく主張できるということは事実であることを示すものですので、訴訟でも自信を持ってどんどん主張立証をしていくべきです（このことは主張段階で相手を追及する場合以外に、反対尋問でも使用する方法です）。

　(イ)　これに対して、事実でないことを主張しているとどうなるでしょうか。

---

[16] これに関連しては、森井利和「反対尋問と団交の事前準備」（労判1082号2頁「遊筆」）では反対尋問での事前準備のやり方は団体交渉の事前準備にも生かせるという有益な指摘がなされています。

a　よく、うそをつき続けることは難しいと言います。うそを重ねていくと、前についたうそと矛盾してしまうことが多くなります[17]。
　　b　うそをつくということは1つの話（ストーリー）を作るということです。最初についたうそをフォローするために次々と新しいうそをつき続けなければならないということになりますので大変です。どこかでうそは破綻しますので、通常はどこかでうその発覚を懸念してそれ以上の論述をしなくなって具体化のレベルが止まってしまいます。
　　　　小説家は立派なフィクションとしての話（ストーリー）を書きますが、それは頭の良い文章作成の達人が長い時間をかけて矛盾がないように構築するもので、常人が短時間で同じことを真似することは実際には不可能でしょう。
　　c　わかりやすい方法としては、「うそ」と考えられる事実について、
　　　(a)　その事実自体について詳しく追及します。出来事であれば態様や状況をできるだけ具体的なところを答えさせるようにします。
　　　(b)　それから、その事実（出来事）に至る経緯や動機という時系列的に前の事実関係についても追及します。この点刑事事件では「動機のない犯罪はない」といわれるほど「動機」の認定が重視されます。そして、行動の動機・目的のような主観的要素については、例えば動機のいわば前提となる外部的客観的状況（動機形成原因事実）を的確に認定することが必要とされています。ここを詳細に詰めていくのです。
　　　(c)　同様に、その後の経緯についても具体的に不自然なことがないか詳しく追及します。
　(ウ)　以上の方法は採用面接の質問の時に応募者に対して面接担当者がどんどん具体的な話を聞いていくという手法としても活用できます。但し、言葉遣いはできるだけ丁寧にすることは当然です。
(3)　**具体的な質問例について**
　ア　説得力（営業力）
　　　例えば、過去に営業等の経験のない学生の「説得力」を見抜く方法として過去の行動・経験を具体的に聞くことが考えられます。

---

[17] 不当なクレーマー対応のノウハウの1つとして、相手方の言い分を細かく聞き取って記録をしておくということがありますが、これは相手方（クレーマー）の言い分に矛盾がないかどうかを確認する意味を持っています。

「営業」と同じ性質の行動を過去にどれだけ行ったか、そしてその結果と評価はどうであったのかを確認します。「営業」は他人に情報を提供し、よい影響を与えようと説得する作業ですから、そのような作業を含む活動をどれだけしたかを具体的に聞いていくのです。もし自社に入社して「営業」を担当させればどうなるのかという問題意識をもって聞きます。過去に十分な経験をしていれば入社後も同様のことをしてくれると期待できます。過去の行動はその人の行動パターンとして繰り返されることが期待できます。これは一種の経験則とも言えます。もし、過去によい行動が見られないのであれば、過去にできなかったことが入社後突然できることはまれですから、判断要素としてマイナスと評価すべきことです。プラス評価するためには環境変化によって特別に変化が見られる事情が必要です。

イ　指導力

次に、将来の幹部候補生として「指導力」を求める場合には、過去に「リーダーシップ」を発揮した行動・経験をできるだけ具体的詳細に聞いていくことになります。

例えば学園祭などのイベントの実行委員に選ばれてリーダーとして頑張ったという簡単な話が出たときにも具体的詳細に聞くべきです。

(ア)　まず、時系列的に活躍の前段階として選ばれた経緯について具体的に聞いてみます。

それまでの活動が評価されたのか、他の委員との良好な人間関係が理由でスカウトされたのか、あるいは誰でもよいから頭数をそろえるためであったのか等詳細事情を確認します。

(イ)　実際の活動についても、核心部分ですから詳しく聞きます。どのような役割を与えられ、実際にどのような働きをしたのかを聞きます。また、全てが順調にいくことはあり得ず、何かトラブルが発生するのが通常ですから、トラブルが発生したか、それをみんなでどのように解決したのか、あなたはどのように協力したのか、苦労したことは何であったのかなど聞いていきます。

(ウ)　事後的事情としては、イベントの結果や評価、特に関与した自分に対する評価、その後自分の考え方や行動・人間関係に変化があったかなど聞きます。

以上は前記の方法論の応用です。

ウ　ストレス耐性

　　次に「ストレス耐性」について確認することも必要です。

　(ア)　「ストレス耐性」がある人とない人の行動事例（行動パターン）を分析して、それをまとめてチェックすることが考えられます。この点については前述したとおりです。最近はストレスチェックを業とする企業もあり、チェックシートによるチェックも考えられています。

　(イ)　通常の方法として面接質問で聞くとすると、学生時代に落ち込んだとき、挫折感を味わった時、親や先生から厳しく叱責されたときなどにどのような行動をとったか、改善・対応の方法はどうであったかを具体的に聞きます。そのときに「ストレス」を避けるための逃避行動や反発・けんか等の問題行動をとっているのであれば、入社後も同様のことが発生する（繰り返す）可能性が大きいので大きなマイナスポイントになります。

エ　人間関係（コミュニケーション能力）の問題

　(ア)　現在、過去になかった程「コミュニケーション能力」が大きな問題となっています。

　(イ)　まず、人づきあいが全くできない者には対人接触の仕事を任せられませんから、コミュニケーション能力が欠如した者を見抜く質問が必要です。クラブ活動や友人関係などの行動から通常の言葉のやり取りや社会的活動などの最低限のコミュニケーションができる人間であることの確認が必要です。

　(ウ)　誰でも人間関係でうまくいかないことは必ずあるはずであって、その時にどのように修復する（仲直りする）かがポイントです。その経験を具体的に聞くことです。協調性がないと問題になるのは、いろいろ小さな行き違いがあっても、それを放置して自ら動かず、他者からの仲直りや改善のシグナル発信も無視したりすることが原因ですから、そのような行動パターンをとる者でないかどうかの確認が必要です。

　(エ)　また、積極的に人間関係を改善する努力をしたか、いい雰囲気づくりをするためにどのような配慮をしたか、具体的に聞くこと、そしてその努力の結果や他者の評価も聞くことも有効です。

オ　人間としての積極性について

　(ア)　何か問題があっても積極的に前向きにエネルギーを出して頑張れるかどうかは全ての問題に共通の最も大切なところです。単に「がんばります」

「積極的にやります」等の言葉を引き出して満足するようでは面接の目的は達成できません。

(イ) たとえば将来の夢を聞くだけでなく、その夢を実現するためにどのような行動を過去にして来たか、志望校に合格するためにどれほどの努力・工夫をしたか、希望する企業に応募合格しようとするためにどのような求職活動をしたかなどの具体的行動を質問する必要があります。

カ 転職

転職についても、履歴書のところで述べたとおり、一般的に転職回数が多いことはマイナス要素ですが、具体的に転職の事情を聞いて「転職」するという行動が自社に入社後も繰り返されるかどうかを確認する必要があります。

(ア) まず、転職に至る経緯を具体的に聞くことです[18]。

簡単な「転職の理由」や「会社都合・自己都合」の別という程度では不十分です。リストラされたとしても全員対象ではないなら人選の理由が問題になります。

(イ) 自分の考え方が会社と合わないとか、人間関係に問題があったとしても事態を改善するために自分はどのような努力をしたのか、あるいはしなかったのか、円満退社であるのかなどが問題になるはずですから具体的に質問すべきです。

(ウ) また、退職後、次の就職に向けて自ら何か反省することがあったのか、会社の選び方や面接に臨む考え方が変わったところがあるのか、どのようなところが変わったのか等も具体的に質問すべきです。

キ まとめ

以上のとおり、過去の行動パターンが繰り返されるという「仮定」(一種

---

18 前職をやめた経緯等について具体的に聞いているでしょうか。以下に思いついた質問の例について挙げてみます。これも参考によい質問を工夫して具体的に聞いてください。

①いつごろからやめたいと思ったのですか、②何が問題であったのですか、③自分(本人)の判断はどうだったのですか、④それに対して周囲はどういう考え方(対応)であったのですか、⑤ ③④にギャップがあればどのように解決しようと思ったのですか、何もしなかったのですか、⑥退職理由(離職届)は結局どうなったのですか、⑦(短期の退職が繰り返されている場合には)ここではがんばろう、克服しよう、もう少し長く頑張ってみようとは思わなかったのですか、⑧(改善できた可能性があった場合には)何故そのことをしてみようと思わなかったのですか、⑨(前職退職の経緯から本日の面接までに)いろいろ考えたことがあると思いますが、自分が長く働ける仕事を見つけるためにどのような努力(就活)をしましたか、⑩当社の面接を受けてみようと思われたポイントは何ですか、⑪当社で長く働けるとしたら何がポイントだと思いますか(正社員採用の場合)、⑫前職や学校時代(クラブ活動を含む)で、うまくいかなかったとき、どのようにそれを克服して切り抜けたか、どのような努力をしたか具体的に話していただけませんか、⑬人とのコミュニケーションでのトラブル・失敗がなかったですか、もしあればどのように克服して切り抜けたのですか、誰かが助言助力してくれたのですか、自ら解決に積極的に動いたのですか、等を聞かれてはどうでしょうか。

の経験則）に基づいて、自社に入社してからの行動予測を厳格に行うことです。その場合に予測の精度を上げるためには行動の再現性が高い要素として、行動情報の頻度（たまたま行った１つの行動ではなく頻度の高いものが良いということ）と鮮度（昔の栄光にすぎず現在では再現不可能という行動では意味がないので、最近の再現可能と考えられる時期の情報である必要があること）が重要です。

(3) **問題となる方法**

　ア　以上のとおりの適正な質問ができれば、行政が問題とする「質問」「調査」（「タブー」と考えてもよい）をしなくても面接はできるはずです。

　　(ア)　思想・信条についての考え方については、思想・信条を理由とする採用拒否が、憲法の定める法の下の平等（14条）、思想・良心の自由（19条）の保障や、労基法の均等待遇の原則（３条）との関係が問題となりますので、タブーと考えて質問・調査をしてはいけません[19]。

　　(イ)　調査の自由についての考え方

　　　　使用者は、採否決定の段階で応募者の身辺を調査したり、応募者から一定の事項を申告させることがありますが、このような調査がどこまで許されるかが問題となります[20]。

　　　　労働者は労働契約締結に際し、労働力評価に関係する重要事項を告知すべき信義則上の付随義務を負いますが、その範囲は、労働者の職業的能力や適格性と合理的関連性を持つ事項（学歴・職歴、場合により病歴等）に限られます。それを超えて、個人的領域（思想・プライバシー）について

---

[19] 判例として三菱樹脂事件最高裁判決（最大判昭48.12.12民集27巻11号1536頁・労判197号54頁）があります。この判決は、①憲法14条・19条は国や公共団体と個人との関係を規律する規範であり、私人相互の関係を直接規律しない、②労基法３条は雇入れ後の労働条件に関する制限であり、雇入れそのものを制約する規定でない、③採用の自由は憲法22条（営業の自由）や29条（経済活動の自由）に基礎を置いている、の３点を理由に、「企業者が特定の思想、信条を有する者をそのゆえをもって雇い入れることを拒んでも、それを当然に違法とすることはできない」と解して、思想・信条を理由とする採用拒否が公序良俗（民90条）違反にはならないとしました。

しかし、①については、法の下の平等や思想・良心の自由は現代社会における基本的価値として、私人間においても最大限尊重されるべきものであり、③で採用の自由の根拠を憲法22条・29条に求めながら（この点で効力・適用を認める）、他方で14条・19条の間接適用を否定する解釈は憲法の適用の有無を恣意的に判断するものとして問題です。思想・信条を決定的理由とする採用拒否については、憲法14条・19条の間接適用を認め、公序違反により違法と解すべきです。（同旨土田177頁）

[20] 思想・信条との関係で前記三菱樹脂事件の最高裁判決は、思想・信条を理由とする採用拒否の適法性を理由に調査の自由を肯定しています。しかし、これは現在では妥当しない古い判例と批判されています。すなわち、人がその良心に反して思想・信条を告白することを強制されないことは、「内心の自由」として憲法上保障されている（憲19条）ので、採用に際して思想・信条に関連する事項の申告を求めることは、内心の自由が構成する公序（民90条）に反して許されませんし、それを理由とする採用拒否も公序違反となります。

第1章　採用の問題

まで告知義務は負いません（土田178頁）。
　　イ　圧迫面接の問題点
　　　(ア)　圧迫面接とは、「相手が嫌がること」「答えにくいこと」を故意に質問し、精神的プレッシャーにどれだけ耐えられるか、ストレス状況の下でどのような行動を示すか、ストレスに耐えられるか、をチェックするというものです。
　　　　　この手法の問題点としては、応募者に不快感を与え会社に対する不信感・反発感を抱く恐れがあること、会社への志望意欲を減退させる可能性があることが挙げられます（以上、荻原勝「失敗しない！新卒採用マニュアル」経営書院の105頁、110頁図表5－9）。
　　　(イ)　この手法は、ストレス耐性のチェックができるところは魅力的ですが、企業の信用を毀損することにもなりうる時代錯誤的な手法であり（応募者がネットでこの手法に関して具体的に非難する局面を考えると大変なこととわかります）、他にも方法はあるのですから、採用すべきではありません。
　(4)　フィードバック（継続的改善）
　　ア　行った面接の結果と、採用した者の入社後の行動（実績）を対比、検証して、質問のあり方と人物評価（面接時）のあり方を反省し、問題があれば改善していくことが必要です。
　　イ　確実な面接の成功を考えると、国会や株主総会での想定質疑応答集のようなものを、会社内部で協力して作って準備する必要があります。
　　　　すなわち、質問事項や質問を行う上での留意点について、面接マニュアルなどに整理しておき、事前に打ち合わせをすることなどをして、面接担当者全員が共通のものとして確認・徹底をすることです。そして1年1年改善を積み上げていけばよりよいマニュアルとノウハウが得られるはずです。
　　ウ　専門家の活用も考えてはいかがでしょうか。ある大阪の社会保険労務士は採用面接について立ち会い指導をしたりして好評のようです。
 5　採用の手間とコストの問題
　(1)　相談や事件で問題となる採用の失敗例の中には、急いで採用してしまった例、改めて面接を繰り返す手間（手間としては、広告出稿の準備、応募者対応、面接、教育・研修にかかる時間があります）を惜しんだ例が多いです。既に面接済みの者の中から不満や問題はあるけれどもとりあえず選んで採用しておくというものです。これは、もし面接して問題社員と判明した場合に退職（解雇を

21

含む)にかかる手間・時間と費用がどれだけ大きいかをよく認識せずに軽く考えてしまうからです。採用後は確立された「解雇権濫用法理」の考え方によって容易に解雇は認められませんが、採用段階では人材選別は自由に行えます。ここで手間、時間、費用を惜しまないようにすべきです。

　もし満足のいく応募者がいなければ、再度募集して面接を繰り返すべきですし、採用可能性のある者については、不安があれば一回だけでなく複数回の面接を続けて行ってもよいのです。

(2) 面接・選別の工夫（効率化）の例について念のため以下に列挙しておきます。

　ア　指定校制度は大企業では現在でもあるようです。受験を勝ち抜くためには学力の他にも精神力(忍耐力)や努力する能力等社会で活躍できる条件があったからと推測できるからです。しかし(受験以外何もしなかった人の中には)高学歴でも全く使い物にならない人もいるので（人と全く関わらないのでコミュニケーション力が全くないとか、答えのあるもの以外は対応できない等）、別の角度からのチェックが必要です（中小企業でも指定校求人をしているところがあります）。

　イ　書面（履歴書）審査（チェック）を厳格にしておけば、足切りもできますし、面接もスムーズに効率よくできます。

　ウ　体育会系の優先方針については前述したとおり一定の合理性があります。

　エ　電話による足切りチェックをしているところ（ホテル）もあるようです。例えばホテルの中にはホーム上での手助けをした経験の有無などを確認してポスタビリティ・人間的優しさのチェックをするという話を聞いたことがあります。

　オ　受験料を徴収して採用の手間を省く会社もあります[21]。

　カ　複数回面接は大企業では多いですが、中小企業でも前述した考え方から場合により検討すべきではないでしょうか。

---

21 最近、ドワンゴが入社試験で「受験料」(2525円)を徴収して話題になりました。ネットで便利にエントリーができるようになった結果、1人で何社も内定を得る人がいる一方で、1社も受からない人がいる、企業の側も受験者が多くなりすぎて採用にかかる手間が大変ということが理由のようです。本気の受験だけに絞るという考え方で興味深い合理的な試みです。法的には問題がないと考えられています。職業安定法39条は「労働者の募集を行う者・・・は、募集に応じた労働者から、その募集に関し、いかなる名義でも、報酬を受けてはならない」と規定しています。この点についての判例はありませんが（争いが小さいものですから裁判になりにくいのでしょう）、厚労省の「労働者募集業務取扱要領」では「募集とは・・・被用者となることを勧誘することであり、採用試験は募集に応じた者から雇用することとなるものを選考するために行うものであるため、募集とは別の行為である。このため、採用試験の手数料を徴収することは法39条の報酬受領の禁止には該当しない」としています。

キ　コネ（紹介）入社は、労使双方が紹介者があるために当初からある程度の信頼関係ができてトラブルが少なくなる方法です。しかし、残念な例として、紹介入社があったのにトラブルの悪化や訴訟提起を防げなかった例もあります。逆に紹介だからと審査をしなくなったり、甘くなったりすることもありますし、紹介者の顔があるから辞めさせにくいという不都合も考えられます。こうした紹介のメリット・デメリットについてもよく認識した上で、紹介であっても特別扱いせず、厳正な採用とその後の指導・教育・処遇を行うべきです。

ク　人材紹介と紹介料の問題
　(ｱ)　人材募集が難しい業界では人材紹介業者を利用することがあり（相談事例としては「看護師」の例が多いです）、紹介された人材の定着率（勤務期間）と紹介料が問題になります。
　(ｲ)　紹介された人材が短期間で退職することも多く、業者の担当者の不良な業務姿勢を窺わせる事例もあるので、以下の助言をしています。
　　　a　業者は定評のある業者を選定すること。
　　　b　業者との間で基本契約を締結するが、その内容について、
　　　　①　個々の人材について個別に契約することとする。
　　　　②　紹介手数料の金額については早期退職者は少なく、長期勤務の者は多額とする段階的な仕組みを採って業者に長期勤務できる人材を紹介させるようにすること。
　　　　③　契約期間を設定し、更新するかどうかの判断ができるようにしておくこと。
　　　c　業者が紹介する人材のレベルが低ければ、以後その業者からの紹介は受けずに他の優良業者からの紹介を受けること（その前提として多数の紹介ルートを確保しておくこと）。
　　　d　力関係から考えると紹介業者の方が弱い立場であるからその他にもいろいろな要求をしてみること
　(ｳ)　業者に以上の働きかけることによってより良い人材供給と採用コストの削減がなされるものと考えます。

ケ　グループ会社一括採用の問題
　(ｱ)　グループ企業を抱える規模の大きな企業がグループ全体の採用を行う場合も増えているようですが、採用の形式について「使用者」はどの企業か

が問題となります。
  (イ) グループ採用のタイプとして以下の3つが挙げられています[22]。
    ① 募集・選考をグループとして行いつつ、採用は個々の企業が独自に行うタイプ
      この場合の使用者は個々の企業です。
    ② グループ中核企業が採用し、その後グループ各社に出向させるタイプ
      この場合は中核企業が使用者です。
    ③ 採用そのものをグループで行い、その後各社に配置するタイプ
      「グループ全体」は法人格はないので契約主体である使用者になれません。採用から実際の配置までの期間はどの会社が使用者であるのかを明確に雇用契約書を作って確定する必要があります。
  (ウ) いずれにしても、どの企業が「使用者」として雇用契約を締結するのか、正式契約時に確定しておく必要があります。
(3) 中小企業は良い人材が集まらないと苦慮しているところが多いのですが、「人事実務」（産労総合研究所）1013号（2007年5月）25頁以下の実務解説「中小・中堅企業はどう効果的に人材募集を行うか」（渡部昌平著）ではハローワークの活用方法を中心に論述されています。募集の効果的な方法として、①採用基準を明確化すること、②仕事の内容を網羅的かつ具体的に書くこと、③企業の特長・思いを訴えること、④他社の労働条件をチェックしてみること（他社に比べて低すぎないか）、⑤補足的情報として、募集の理由、応募者に求める技術・技能の熟練度、社員に対する経営者の考え方、経営姿勢など、応募者の判断に資するポイントとなる情報を提示すること等が述べられています。このような詳細な情報提供があれば、人材確保が容易になることの他にミスマッチや誤解に基づく採用後のトラブルなどは少なくなると考えます。この点は求人時と契約時の使用者のリスク情報（マイナス情報）の開示とともに重要なところです。

6 現実的対応

(1) アルバイト使用も1つの方法としてあります。前記「新卒採用実務マニュアル」224頁では、内定者に対してアルバイトの機会を与える（希望者のみ）ことにより、会社の実態を知らせることとして、入社後の早期戦力化を図ることが述べられています。近時の学生は生活や小遣いを得るためだけでなく、社会

---

[22] 土田62頁。

体験、就業体験のためにもアルバイトをすることが一般化しているので、アルバイト使用は企業にとって内定者の場合に限らず、有効な採用の方法です。もし優秀であって将来採用したいという者が見つかれば声をかけて正社員雇用を図ればよいのです。

(2) インターンシップ（学生が在学中に企業に体験入社・体験就業する制度）の活用も考えられます。学生が企業を知りたい、社会経験を積みたいというニーズと、企業が優秀な学生を確保したいというニーズの両方を満たすもので、近年実施が増えています[23]。短期間で、企業内の見学、研修を主とし、実地での作業等は体験的な要素だけになるものから、実際に一定期間、労働者の中に混じって業務を行うものまで、方法は様々です。非常に良い試みと思いますが、「労働者」としての処遇の要否や、情報管理の点から「学生」だからといって安易に考えてはならない問題点もあります[24]。

第3節　事前の（採用前の）健康診断の実施（提出）

内定までにすることと内定から正式入社（契約）までの間にすることを区別しているでしょうか。入社後に行っては遅いこともあります。内定までに行うべきことの例として、健康診断、学力・基礎的技能（パソコン、語学、当該会社の実務に

---

[23] インターンシップとは、学生が一定期間会社で仕事を体験するもので、会社と学生の両方にメリットがある良い制度です。会社側の最も大きなメリットとしては、就業体験の場を提供して、会社の求める優れた人材と出会えること、そして、入社を勧誘できることです（その詳細、特に制度設計と運用のマニュアルについては、荻原勝「失敗しない！新卒採用実務マニュアル」経営書院187頁以下をご参照。さらに内定者に対する短期のインターンシップについては同書226頁以下ご参照）。特に誠実性、働く意欲、コミュニケーション能力、協調性など、短い時間の採用面接では判定が難しい事項についてもよくわかるので、正社員採用に間違いが少なくなります。

[24] 労働基準法は、労働者（同法第9条・「職業の種類を問わず、事業又は事務所に使用されるもので、賃金を支払われる者」）に適用されます。インターンシップの学生でも、直接生産活動に従事するなど当該作業による利益・効果が当該事業場に帰属し、かつ、事業場と学生との間に使用従属関係が認められる場合には、労働者に該当するものとされています（平9.9.8基発636号）。

　尚、労災保険の適用も、前述の「労働者」への該当性の有無によって判断されます。前述のように学生の作業による利益が直接事業場に帰属し、事業場と学生との間に使用従属関係が認められる場合には、労災保険が適用され、実習中のケガや通勤途上の災害にも労災保険が適用されます。

　インターンシップで学生が就業する場合に、学生が営業秘密や個人情報に触れることもありますが、秘密を第三者に漏洩する危険があるので、一時的に就業する学生でも、営業秘密や個人情報に触れさせるべきではありません。学生の行動を把握し監督するとともに、自社の営業秘密や個人情報の適切な保管・管理が必要です。企業としては学生との間で、通常の新入社員との誓約書に準じた形で、誓約書（秘密情報や個人情報を社外に持ち出さず、第三者に漏洩しない旨を内容とする）を念のため取っておくべきです。

　インターンシップ全体に関する実務的で詳細な文献としては「人事実務」（産業総合研究所）1084号（2010年7月）に「特集インターンシップの活用法」があります。

おいて不可欠な基礎的スキル等)・性格等の確認があります。ここでは健康診断の問題を取り上げます。

1 健康診断の実施時期の問題

(1) ある県の社会保険労務士の先生に話を聞くと、健康診断は採用後にするもので、採用前にするのは問題ではないかと言われる人が多く、驚いたことがありました。もし採用前に健康診断を実施して、適格性の有無(業務遂行できる健康状態にあるかどうか)を確認できれば採用後のトラブルを避けることができることになり、この点は重要なことですから、十分検討しておく必要があります。

(2) この点、厚生労働省は合理的客観的なものに限定するように指導しています[25]。(この点の行き過ぎや誤解があって前記の社会保険労務士の先生方の認識の状態となったのかもしれません。)

　ア　しかし、これは「行政指導」であり、法的拘束力のない、事実上の協力要請にすぎませんから(この点後述)、そのまま無条件で従う必要はありません。行政指導を含めて行政の行為も間違っていて訴訟になることさえあるのですから、妥当性チェックが必要です。行政指導の限界等については労働法の分野ではあまり議論されていませんので、後記3で詳述します。

　イ　行政の判断の妥当性の審査は最終的に裁判所が行いますが、判例は採用の自由の1つとして調査の自由を認め、採用に当たり応募者に対する健康診断を行うことを認めています。

　　(ア)　B金融公庫(B型肝炎ウイルス感染検査)事件・東京地判平15.6.20労判854号5頁は「企業には、経済活動の自由の一環として、その営業のために労働者を雇用する採用の自由が保障されているから、採否の判断の資料を得るために、応募者に対する調査を行う自由が保障されているといえる。

---

[25] 労働安全衛生規則第43条に「雇用時の健康診断」が規定されていることを理由に、採用選考時において一律に血液検査等の「健康診断」を実施する(「健康診断書の提出」を求める)事例が見受けられます。しかし、この「雇用時の健康診断」は、常時使用する労働者を雇い入れた際における適正配置、入職後の健康管理に役立てるために実施するものであって、採用選考時に実施することを義務付けたものではなく、また、応募者の採否を決定するものではありません。
　採用選考時における血液検査等の「健康診断」は、応募者の適性と能力を判断する上で必要のない事項を把握する可能性があり、結果として、就職差別につながるおそれがあります。したがって、採用選考時における「健康診断」は、その必要性を慎重に検討し、それが応募者の適性と能力を判断する上で合理的かつ客観的に必要である場合を除いて実施しないようお願いします。なお、真に必要な場合であっても、応募者に対して検査内容とその必要性についてあらかじめ十分な説明を行ったうえで実施することが求められます」
(以上「公正な採用選考を目指して」平成25年度版)

そして、労働契約は労働者に対し、一定の労務提供を求めるものであるから、企業が採用に当たり、労務提供を行い得る一定の身体的条件、能力を有するかを確認する目的で、応募者に対する健康診断を行うことは、予定される労務提供の内容に応じて、その必要性を肯定できるというべきである」としています[26]。

(イ) このB金融公庫事件の判決の要旨は以下のとおりです[27]。
① B型肝炎ウイルスの常在キャリアであることは、他人に知られたくない情報であるから、本人の同意なしにその情報を取得されない権利は、プライバシー権として保護されるべきである。
② 企業は、従業員の採用に当たり、特段の事情のない限り、応募者に対しB型肝炎ウイルス検査による感染の有無についての情報取得のための調査を行ってはならず、調査の必要性がある場合にも応募者本人に対し、その目的や必要性について告知し、同意を得なければならない。
③ 従業員採用に当たり応募者の能力や適性を判断するためにB型肝炎ウイルス検査をする必要性や特段の事情が被告Yの業務に照らし認められないにもかかわらず、本件健康診査（平9.6.30）（問題となった1回目の診査）において、検査の目的、必要性について原告Xに何らの説明もなく、その同意を得ずに行ったウイルス検査はXのプライバシー権を侵害する不法行為であり、同検査によるXの精神的損害に対する慰謝料として100万円が相当とされた。
④ Yが、本件健康診査（平9.7.9）（問題となった2回目の診査）において事前の説明およびXの同意を得ることなく、ウイルス感染、ウイルス量、感染力等についてXに精密検査を受検させたことはXのプライバシー権を侵害する不法行為であると認め、同精密検査によりXが被った精神的苦痛に対する慰謝料として50万円が相当とされた。
⑤ Xは最初の健康診断日（平9.6.2）の前に既にYから採用内定の予告を受けていたが、雇用契約の成立（採用内定）が確定していないこと、X

---

[26] 石嵜信憲「社員の健康管理の実務と法律知識」（経林書房・2005年）169頁でも既に指摘されているところです。
[27] なお、同種の事例として、東京都（警察学校・警察病院HIV検査）事件・東京地判平15.5.28労判852号11頁があり、警視庁が警察官採用試験に合格、任官した原告にエイズウイルスの抗体検査を無断で実施、感染判明後に辞職を強要した事案で、検査はプライバシー権の侵害に当たるとして都に損害賠償（300万円プラス弁護士費用30万円の合計330万円）を命じています。

　　　　がＢ型肝炎ウイルスのキャリアであることのみを理由として不採用になったとは認められないことから、Ｙの本件不採用通知が不法行為に当たらないとされた。
　　　⑥　判決はＢ型肝炎ウイルスに関してプライバシー権を認めた背景事情として「平成９年当時、Ｂ型肝炎ウイルスの感染経路や労働能力との関係について、社会的な誤解や偏見が存在し、特に求職や就労の機会に感染者に対する誤った対応が行われることがあった」事実を指摘しています。
　　ウ　判例で問題とされているウイルス検査等の問題となるものでなく業務遂行能力に関係のある診断項目であれば問題ないと考えます。
　(3)　この問題で費用負担について使用者が負担すべきではないかという考え方もあるようですが、入社前の健康診断の場合として応募者に負担させてもよいと考えます[28]。
2　詐称の問題（経歴詐称との対比）〜病歴の不告知の問題
　　病歴ないし健康状態の不告知が解雇事由として争われた例もありますが[29]、病

---

[28] 入社時の健康診断については労働安全衛生法で規定されていて（労働安全衛生法第66条、労働安全衛生規則第43条）、入社後に雇用時健診として受ける場合の費用は事業者負担です（昭和47年9月18日基発602号通達）。
　　しかし、入社前3か月以内に自己負担で受けた（入社前ですから使用者負担のはずはありません）健康診断を「雇用時健診」とすることができるとされています（同43条但書）ので、その健康診断をして下さいとお願いしているものです。これは採用前に採用の判断資料のために行うもので、勤務能力に関する合理的な調査の範囲内のことです。もし健康診断の結果を提出して調査に協力しないのであれば採用されないことになるだけです（トラブルになっている例は健康診断の提出なしに採用してしまい、後で自己負担での提出を求めている例のようです）。
　　この点法律に関する誤解と事業者の落度があるのでしょうが、使用者のこのような方針を違法だ脱法だブラック企業だとする非難は当たらないと考えます。尚、健康診断は健康保険がきかないので、病院が独自に費用を設定しており、大病院、開業医は高額になりがちであると言われています。

[29] ①　サン石油（視力障害者解雇）事件・札幌高判平18.5.11労判938号68頁は、重機運転手として雇用された労働者が一眼に視力障害を有していたところ、採用面接の際に、健康状態の欄に「良好」と記載された履歴書を提出するとともに視力障害を積極的に告げずに秘匿したことを理由に懲戒解雇され、また重機運転業務に不適格であることを理由に普通解雇された事案で、上記各解雇を「Ｘの視力障害が具体的に重機運転手としての不適格性をもたらすとは認められないことにも照らすと、Ｘが視力障害のあることを告げずにＹ社に雇用されたことが（中略）懲戒事由及び（中略）普通解雇事由に該当するということはできない」としていずれも無効としました。
　　この判例も「履歴書の健康状態の欄には、総合的な健康状態の善し悪しや労働能力に影響し得る持病がある場合にはこれを記載するのが通常」であることは認めていますから、「総合的な健康状態の善し悪しが労働能力に影響する持病」といえる場合には、「重要な経歴を偽り、その他不正な方法を用いて任用されたことが判明したとき」(本件の懲戒解雇事由）に該当することがあり得ることになります。
　　②　英光電設ほか事件・大阪地判平19.7.26労判953号57頁は、腰椎椎間板ヘルニアの既往症を有するのに、電気設備工事会社に入社するに当たり、既往症を告げなかった事案で、健康や身体機能に関する重要な情報としつつ、会社が既往症の有無を尋ねた旨の主張・立証はなく、入社後、本件事故発生まで8ヶ月余、特段の治療を受けることなく会社の業務に従事してきたことから見ると、既往症を告げなかったことをもって経歴詐称とはいえないとし、労災保険給付の申請において、既往症がないと報告した事実をもって、解

第1章 採用の問題

歴不告知だけでは解雇有効となることは難しいことが多く、その場合は他の事由と合わせて解雇を検討することが必要です。

3　行政指導の限界

(1)　労働関係でも「行政指導」は多いのですが、問題があるときでも企業はあまり問題としていないようです。しかし、行政指導が違法となることもあり、企業から抗議をすべき場合もあるはずです。この点を述べる労働関係の書物がほとんどないので、当たり前のことですが、以下にまとめておきます。

(2)　行政指導とは、理論的に言うと「行政庁が行政目的を達成するために、助言・指導と言った非権力的な手段で国民に働きかけてその協力を求め、国民を誘導して、行政庁の欲する行為をなさしめようとする作用」と定義されます（原田尚彦「行政法要論」（学陽書房）全訂第7版［補訂2版］199頁）。また、行政手続法は、行政指導を「行政機関がその任務又は所掌事務の範囲内において一定の行政目的を実現するため特定の者に一定の作為又は不作為を求める指導、勧告、助言その他の行為であって処分に該当しないものをいう」（2条6号）と定義し、情報提供等の助成的指導や一般的な指導を除外し、特定の者に特定の作為・不作為を要求する個別的指導に限定しています[30]。

(3)　行政指導の限界

　　行政指導にはメリットもデメリットもありますが[31]、行き過ぎて違法になる

　　雇事由とすることはできないとしました。ただし、第2工事部長の指示する職務分担を受け入れようとはせず、同部長の度重なる注意にもかかわらず、同僚への協力をほとんど拒否し続け、同僚に対して残業を押し付けたという事実（ペアを組んでいた社員に協力し、残業するよう指示を受けたにもかかわらずこれに従わなかったという業務命令違反）に照らすと、会社としては、Xを雇用し続けることはできないと考えたことには一定の合理性を認めざるを得ず、本件解雇には、合理的理由があり、社会通念上も相当としました。

30　「行政指導」という用語自体について、「行政指導というと行政が民を監督する優越的立場に立ち民を見下してあれこれ指示しこれに従わせる作用と受け取られやすい。事実、行政指導は役人が威圧的態度で実施している。しかし、そうした理解や運用は料簡違いと言わざるをえない。行政指導は法的には行政機関が民間と対等の立場から協力を懇請するもので、正確には協力要請というべきものである。「指導」という用語には官尊民卑の匂いが残り必ずしも適切な表現とは言えない」（前掲・原田199頁）という考え方に賛同します。

31　行政指導のメリットとデメリット

　ア　行政指導のメリットとして、①強制力のない、単なる事実上の協力要請に過ぎないので、法律の根拠がなくても行政機関が独自の判断で自由に行うことができること、②公害行政・消費者行政等の社会的規則や経済的規制の分野で法律の欠陥を補ってキメ細かい指導を行って国民の権利擁護や経済危機回避に役立ったこと、③ソフトな協力要請であるため、受ける側に心理的抵抗感が少なく、国と規制を受ける側との間の緩衝剤・潤滑油として機能すること等が挙げられています（前掲原田201頁）。

　イ　行政指導のデメリットとして、①行政側の責任の所在が不明確なまま行政機関の恣意により不当な指導がなされることがあること、②特に行政には規制や助成の権限があるので、国民が指導を拒否して行政当局の機嫌をそこねてしまうと、「江戸の仇を長崎で討たれるおそれがある」ので国民は通常納得がいかない指導にも不本意ながら従わざるを得なくなってしまうこと、③違法な指導でもそれに国民がいったん

という「限界」の問題も知っておく必要があります。

行政指導は法的拘束力をもたない、あくまで事実上の協力要請であり、相手方の任意の協力で実現されるべきものであって、行政庁が公権力を発動して指導内容を強制することは許されません（行政手続法32〜34条）。そのため相手方がどうしても指導に従わないときは、行政は、相手方の不服従を法的には承認せざるをえないのです[32]。

(4) 以上のとおりであり、「江戸の仇を長崎で討たれる」リスクも計算する必要もありますが、不当であって従いたくない行政指導に対しては、抵抗をし、場合により異議申し立てをしたり、訴訟で争うことも必要です。そして、そのことが日本を「実質的法治国家」として「法の支配」が貫徹するレベルの高い国にすることになると信じます。

第4節 雇用契約書の作成（労働条件の具体的交渉・決定）

1 契約の基礎知識と契約意識の問題

まず雇用契約も「契約」ですから、契約一般の本質と基礎知識を理解しなければなりません。

(1) 契約の意義（契約一般）

ア 諾成契約と契約書の意味

契約は口頭契約でも原則として有効です。これを「諾成契約」といいます。

従ってしまうと、法律上は国民が自発的に従ったとされ、後日法的に争うことが困難になること等が挙げられ、これらの事情が無責任行政を助長し、業界と行政の癒着の原因となっていると指摘されています（前掲原田201−202頁）。

32 実際の運用例からみて、行政指導の法律上の適否を分ける境界は、指導内容の当否よりも、むしろ強制の契機の有無に求められることが多いとされています（前掲原田210頁）。

行政指導は強制にわたってはならないとされた判例として、指導に従わない者に対し制裁として水道水の供給を拒否するのは、水道法15条に違反する（東京地八王子支判昭50.12.8判時803号18頁）とするものが有名です。

行政指導を実施している間、行政庁が許認可等の処分を留保することがありますが、許認可などの処分権限を持つ行政庁が、指導に従わせようとして処分権限の行使を留保するのは、他事考慮に基づく不作為で、違法と解されます。

最高裁も、処分の留保は直ちに違法とは言えないけれども、相手方が指導に従わない意思を真摯且つ明確に表明している場合には違法となるとし、行政指導に厳しい態度を示しています（最判昭60.7.16民集39巻5号989頁）。行政手続法は、この最高裁の立場とほぼ同旨の立法です。行政指導係属中の処分の留保は、相手方が積極的に協力している場合及び相手方の不協力が著しく正義に反すると認められる場合を除き、原則として違法と考えられます。

それでも契約書が必要である理由（文書化の意味）は、①事後的に裁判で証拠となること（裁判規範としての意味）（裁判官が書証を重視するので証拠価値が大きい）と、②事前的予防的に契約に基づいて当事者が行動する（トラブルが生じない）こと（行動規範としての意味）の2つの意味があります。

イ　リスク対策文書としての契約書の意味
　(ｱ)　欧米の考え方（これからのあるべき考え方）では、法的リスク対策文書としての機能が目的（本質）です。徹底的に自らのリスクを検討し、そのリスクの解決等や回避策を予め文書の中に書き込み、法的リスクを限定化する（将来発生するおそれのある損害を限定する）ことにより、予測可能性を持って（自信を持って安心して）将来に向かうことができます。この場合、必然的に、契約書は詳細な内容になり、条文数や頁数は多くなります。
　(ｲ)　日本での考え方について
　　a　日本的考え方（旧来）では「お守り」としての機能だけで「リスク対策」とまでは厳格に考えていません。なあなあの中途半端な内容で、詰めて考えずにあいまいにしておくことでリスク対策（トラブル防止や損害防止）として役には立たないものです。
　　b　日本人が契約上のリスクに対して、きちんとした契約書を作らなかったりして対応していないのは、「リスク感覚」が乏しいからです。この点、特に、企業（ビジネス）関係者は、法的リスクの存在に敏感になり、的確に対応することが不可欠です。
　　c　中小企業の場合には、リスク対策はめんどくさい、お金がもったいない、専門家が何度助言しても聞く耳を持たないというような企業もありますが、リスクが発生したときに損をします。
　　　これに対して、リスク対策として、自社の体質を向上しようと心がけている企業もあります。この差は、社長の考え方次第ということが多いです。
　　d　日本の契約書に必ず入っている誠実交渉（協議）条項は、実際にトラブルが発生した時はほとんど効果がなく、リスク対策上意味がありません。リスク対策を徹底しようとすれば、万が一のリスク対策として条文（リスク対応）が増え、意味のない誠実交渉条項に解決を期待する必要はなくなります。

(ウ) ゲームのたとえ
　　a　パチンコゲームやスマートボールゲームは、針に当たって結果的に当たり穴に入る（当たり＝甲勝ち）か、はずれの穴（下）に入る（はずれ＝乙勝ち・甲負け）かどちらかです。どちらの穴に入るかは不明です（ここにゲーム性があります）が、どちらかの穴に入ることは確定しており、どちらの穴に入ったらどうなるかのルールも確定しています。全て納得づくのゲームであり、ゲームをする人がゲーム自体でもめること（トラブル）はありません。
　　b　もし、ある穴に入った場合はゲームをしている人とゲーム機設置者で結果をどうするかと話し合うということにしたり、ある穴に入ったときどうなるか決まっていなければ、トラブルになることが多くなるのは必定です。
　　c　これと同様に契約トラブルは、契約トラブルが生じないように努力すれば防げるのです。発生したら困るトラブル・リスクについて、どのように対処するか、どちらの当事者がリスクを負担するのかを具体的に予め確定しておけばよいのです。但し、発生が心配されるトラブル・リスクは無数にありますから、優先順位を付けて、重要なものから対応方法を決定して契約条項（ルール）としておけばよいのです。

ウ　契約の拘束力（一旦契約・合意すれば変更できない）
　(ア)　契約は守られなければならないというのはローマ法以来の大原則です。守らなくてもよいのであれば、契約をする必要はありません。権利義務を相互に確認し合い、違反すれば不履行責任を負う（ペナルティ）から、違反しないように努力するのです。これが契約の目的です。
　(イ)　日本人は契約意識が乏しいというのは、このあたり前のことをあまり意識しないからでしょう。契約した後で契約内容を変えることができる（相手にお願いすればなんとかなる）と、簡単に（気楽に）考える人もいます。そういう人ほど、契約するまでに何も考えずに（よくチェックをせずに）、簡単に署名押印してしまっています。
　(ウ)　事情が変わったからといって、簡単に契約の効力はなくなりません。「事情変更の法理」の問題として、極めて例外的な場合（戦争などの極めて異常且つ例外的な事情の変更の場合）でなければ効力は不変（インフレやバブル崩壊という程度では認めない）とする判例が確立しています。

第1章　採用の問題

　　(エ)　継続的契約を解消する場合の制約には特別に厳しいものがあります[33]。
　エ　マイナス情報の開示・了承（覚悟）がポイント
　　(ア)　契約の目的はリスクの管理・抑制にあり、契約書は将来生ずるかもしれない、自らにマイナスとなるかもしれない事情（事実）について、できるだけ不利な結果にならないようにするためのものです（リスク対策文書）。
　　(イ)　リスクがあるのであれば、それは受け入れることができるものか、十分に検討した上で判断します。もし受け入れられないような大きな損害が発生する場合、その損害を補填する方法（保険、担保、保証等）があるかどうかを検討し、もし損害を防ぎようがないなら、契約をしなければよいのです。契約するかどうかは自由です。
　　(ウ)　要は、リスク（損）を承知の上で、いわゆる「想定」の範囲内であるとして、悠々と合理的に判断していくことです。
　　(エ)　以上のとおり「リスク」の認識と、その評価検討の上での判断（契約するかどうか、どのような内容にするか）が必要となります。また、この「リスク」の考え方を、代表者レベルだけでなく、全社的に徹底して植えつけることが必要です。
　　(オ)　また、仕事を始める前に契約の内容を確定することは当然です。事後的に確認のために契約書を作成する形になっている企業もありますが、これでは本当のリスク対策にはなりません。相手の対応次第では、トラブルが発生する危険性が大きいです。
(2)　**労働契約法の合意原則（労働契約法第3条）**
　ア　労働契約法の原則的立場
　　(ア)　労働契約法第3条は、労働契約の基本的な理念及び労働契約に共通する原則を明らかにしたものです。
　　　a　第1項で「労働契約は、労働者及び使用者が対等の立場における合意に基づいて締結し、又は変更すべきものとする。」としています。当事者の合意により契約が成立し、又は変更されることは、契約の一般原則

33　①　継続的契約の例として、借地借家契約と雇用契約があります。いずれも経済的強者（貸主や使用者）と経済的弱者（借主や労働者）との力の差が大きいため、弱者保護の法律があり、裁判所（判例）も弱者保護の判断をすることが多いです。
　　②　強者からの契約解消も、弱者保護のため強い合理性のある限定された場合にしか認められません。解除と解約の告知の違いは、解除は契約のはじめから効力を遡及的に消滅させることですが、解約告知は告知のときから将来に向かって効力を消滅させることで、「継続的契約」の場合に使われます。解雇も継続的契約における解約告知の意味であり、解雇権濫用理論による制約を受けます。この点は第4章で詳述します。

33

ですが、個別の労働者及び使用者の間には、現実の力関係の不平等が存在しているため、この第1項において、労働契約を締結し、又は変更するに当たっては、労働契約の締結当事者である労働者及び使用者の対等の立場における合意によるべきであることを規定し、労働契約の基本原則を確認したものです。

  b また、「労働契約は、労働者及び使用者が、就業の実態に応じて、均等を考慮しつつ締結し、又は変更すべきものとする。」（2項）、「労働契約は、労働者及び使用者が仕事と生活の調和にも配慮しつつ締結し、又は変更すべきものとする。」（3項）、「労働者及び使用者は、労働契約を遵守するとともに、信義に従い誠実に、権利を行使し、及び義務を履行しなければならない。」（4項）、「労働者及び使用者は、労働契約に基づく権利の行使に当たっては、それを濫用することがあってはならない」（5項）、という一般条項も定められています。

 (イ) さらに労働契約法4条では、労働契約の内容の理解の促進についても規定しています。

  労働契約の契約内容について労働者のみが十分理解しないまま労働契約を締結又は変更し、後にその契約内容について労働者と使用者との間において認識の齟齬が生じ、これが原因となって個別労働関係紛争が生じています。そこで、労働基準法第15条第1項（締結時における労働契約の内容の明示を義務付け）の場合以外でも、労働者及び使用者が契約内容について自覚することにより、契約内容をあいまいなままにして労働契約関係が継続することのないように、個別労働関係紛争防止のために規定されたものです。

イ 労働条件の不利益変更について個別同意が必要なこと（労働契約法8条）

 (ア) 成果主義的な雇用の考え方の進展に伴い、契約内容の重要な変更である「減給」が様々な場面で問題とされていますが、賃金は、労働契約における最も重要な要素の一つ（労務の提供と並ぶ）であるので、原則として使用者は契約内容である賃金額を一方的に引き下げることはできないと解されています。

 (イ) 個別同意の意義と要件

  a 当事者間の同意による変更は労働契約法8条では「労働者及び使用者は、その合意により、労働契約の内容である労働条件を変更することが

第1章　採用の問題

できる」と規定しています。これは当然のことを確認するものですが、原則として合意によるべきであるとして「合意原則」を強調する意味を持っています。

　b　以上のとおりであり、個別同意を得る場合に必要と考えられる留意点は、
　　①　同意書を取ること（黙示の同意を裁判所は後述のとおり容易に認めません）、
　　②　労働者に十分な検討のための時間的余裕を与えること、
　　③　変更の事情と内容を十分に検討（判断）できるための材料として十分情報を提供し、その内容を理解できるように丁寧に説明をすること（前記の力関係の不平等と情報格差も考えます）、
　　④　同意の任意性（自らの真意により行う）を担保するために、強制にわたる（任意でないと言い訳できる）事情を一切排除するように使用者側が担当者の言動について、労働者に働きかける前に担当者に対して厳格に指導すること、
　　⑤　就業規則に反する（条件が下回る）同意書は労働契約法12条、労働基準法93条（就業規則の強行的効力（最低基準効））によって無効となる恐れがあるので、就業規則も同時に変更しておくこと[34]。
　c　この点労使間の交渉力・情報格差の下では労働者の同意が真意かどうか疑わしい場合が多いことから、「同意」が「真意」に基づくものであることを十分確認する必要があります。
　　労働契約法の合意原則（法3条1項）と信義則（法3条4項）、労働契約内容の理解促進の責務（法4条1項）からは、説明・情報提供・労働者の意見聴取等の手続的保障が重要となります。判例はこの点厳格な解釈をしていますので、このような考え方に立ってリスクを十分考えた慎重な対応が必要です。
　(ウ)　判例について、労働契約法制定前から数多くのものがありますので以下に検討します[35]。

---
[34] 労基法93条により、労働者の同意があっても就業規則に違反することはできないので、就業規則の水準を上回る範囲での賃金額の引き下げや、就業規則に定めのない賃金額の引き下げの場合にだけ問題となります。そこで就業規則も同時に変更する必要があります。
[35] 有期雇用の雇止めについては、近畿コカ・コーラボトリング事件・大阪地判平17.1.13労判893号150頁の判決（最終更新条項を入れる点では不利益変更の意味があります）で詳しく論じています（111頁以下）。

35

a　この点、労働者の自由な意思に基づく個別の同意があれば使用者は賃金減額ができますが、裁判例は、同意の認定に関しては慎重な態度をとっています。すなわち使用者による賃金減額の提案に対し、労働者が直ちに異議を述べなかったというだけでは、賃金減額につき黙示の同意があったとは認められないとしています[36]。

b　特に労働者が直ちには異議を述べない場合（訴訟になれば最終的に異議を述べたことになる）、訴訟提起までどの程度の期間が経過すれば黙示の合意が求められるのかが問題になります。

① 減額後7年あまりして調停を申し立てた事案でも黙示の同意が認められなかった裁判例（京都広告事件・大阪高判平3.12.25労判621号80頁）があります。使用者が一方的に賃金を減額したのに対して、労働者が不満ながら異議を述べずにこれを受領してきたからといって、これをもって賃金の減額に労働者が黙示の承諾をしたとはいえないのであって、本件においても、被控訴人の黙示の承諾を認めることはできない。会社に対して賃金減額について是正措置を求めると共に、減額について簡易裁判所に調停の申立をしていることから黙示的に承諾しているものと容易に推認することはできないとしました。

② 賃金の減額の申し出の際には異議を述べなくとも、具体的に減額された賃金が支払われた時点で異議を述べたことに照らして、同意があったものとはいえないとされた裁判例（日本ニューホランド事件、ヤマゲンパッケージ事件）があります[37]。

③ 賃金減額を賃金債権の放棄と同様のものと位置づけて、それに関する最高裁判決（シンガー・ソーイング・メシーン事件・最2小判昭48.1.19民集27巻1号27頁・労判197号11頁）の判断枠組みに拠り、賃金減額が労働者の自由な意思に基づくと認められる合理的理由が客観的に存在することを要するとした判例があり（アーク証券（本案）事件・東京地判平12.1.31労判785号45頁、三井埠頭事件・東京高判平12.12.27労判809号82頁）、減額された賃金の支給に異議を述べなかっ

36　京都広告事件の他、ヤマゲンパッケージ事件・大阪地決平9.11.4労判738号55頁、東京アメリカンクラブ事件・東京地判平11.11.26労判778号40頁、日本ニューホランド事件・札幌地判平13.8.23労判815号46頁など。

37　ヤマゲンパッケージ事件では使用者の申し出後4ケ月ほどで減額が実施されましたが、日本ニューホランド事件では、原告は、55歳到達後基本給を4割減額するとの経営協議会の決定がなされた後11年ほどして、55歳に達する直前に異議を述べています。

ただけでは黙示の同意を認定することはできないとしています。
　　　c　賃金減額に対する労働者の同意を認めた裁判例もありますが、例外的なものと考えられます[38]。
　　　d　以上のとおり裁判所は使用者側には厳しい認定をしていますから、「黙示の同意」を安易に期待すべきではありません。
　ウ　個別同意によらない就業規則による画一的変更の合理性審査の問題について就業規則の節〔62頁以下〕で詳述します。

(3) リスク対策（限定）文書としての「雇用契約書」の重要性
　ア　「雇用契約」は労使間の基本契約ですが、現在の労使関係では、合意に基づいているという意識が他の契約に比べてまだまだ希薄であるように思います。これは、就業規則に基づく画一的処理が許されていることや、従前「ムラ社会」的な社会構造を前提として当事者の権利義務を明確にしていなかったことの名残でしょう。

　　　特に採用時に「雇用契約」の形式さえ取らずに「雇用条件通知書」の形式で済ませていることが多いようですが、同じ内容でも雇用条件を明確にした書面の下の欄に署名欄を作って契約書の書式で何故作っておかないのか、いつも疑問に思って指導しているところです。

　　　合意書形式であると労働者が内容を確認して署名をすることから、契約内容を意識して、その内容に反することをすることは当然少ないはずです。契約の場合には「契約の拘束力」がありますし、問題のない通常の契約内容であれば労使双方の不当な行動を抑制することができ、行為規範としてトラブル防止に役立ちます。また、雇用契約書の中に重要で合理的な会社のルールを（具体的に丁寧に説明した上で）盛り込むことが考えられます。
　イ　尚、行為規範の点に関しては、企業の中には採用時に就業規則の写しを労働者に交付するところもありますし、「服務規律」と「懲戒」の規定の部分

---

[38] ①　ティーエム事件・大阪地判平9.5.28労経速1641号22頁は、営業所長の賃金減額に関し、業績不振を打開するためのリストラ策を検討する所長会議に出席した際に人件費削減案に異議を述べなかった上、自己を含む営業所員の賃金カット表を作成してこれを会社に提出するなどしていたことから同意がなされたものと認定しました。
②　エイバック事件・東京地判平11.1.19労判764号87頁は、賃金体系の変更に対して即時に異議を述べず、その後減額された賃金が支給された際にも異議を述べていないことから、減給につき労働者が黙示的に同意したとしました（光和商事事件・大阪地判平14.7.19労判833号22頁も同様の判断をしています）。
　　これらの裁判例は、①は特殊なものであり一般化できませんし、②は他の判例からすると妥当かどうか疑問があって安心できません。

だけ写しを交付するところもあるようです。この点、法律上就業規則の効力は「周知」することが要件とされているので、「周知」の努力は各事業所でなされているでしょう。しかし、「周知」の意味は「知ることができる状態になっている」というだけであって、現実に労働者が、その内容を「知って、それを意識して行動すること」を意味するものではありません。

ウ 以上のことから契約書に署名押印を求めることは重要なことですが、労働契約書への署名拒否を理由とする解雇が無効とされ、損害賠償請求が認められた例として、学校法人M学園・東京地判平24.7.25労経速2154号18頁があります[39]。

エ 契約における特別な合意を文書化すべきこと

(ア) 転職に関する移籍料の合意のような特別な合意は明確に証拠として合意書を作っておかないとトラブルが発生します。

(イ) 天むす・すえひろ事件・大阪地判平20.9.11労判973号41頁は転職に関する移籍料(百貨店在籍者を退職させて自社に迎えようと熱心に勧誘して提示した条件)として1000万円を支払う旨の合意が成立していたとして、原告労働者による移籍料の支払い請求が認められた例です。雇用契約書には記載されていませんが、契約前の「雇用条件契約書」と題する書面(代表取締役の署名押印あり)では、役職・報酬の他、1000万円の移籍料を「被

---

[39] ① この事件は原告Xが被告Yから労働契約書に署名しなかったとして解雇されましたが、Xが解雇は違法であり、これにより損害を被った不法行為による損害賠償請求をしたものです。

平成22年10月18日、採用面接の際、Yの事務長CはXに対し試用期間中の賃金は月額30万円であること、その後は32万円から33万円に上がることを説明しました。XはYに採用を申入れ、Yにおいても翌19日にXを技能訓練士科教員として採用することとして通知し、10月25日、Cから再度、「基本給 試用期間中30万円。試用期間終了後32万円から33万円」等とする旨の説明を受け、Xは同校に稼働することとなりました。

しかし、同年11月26日、Yの事務担当者から契約書案を渡され、署名押印を求められましたが、その内容は、賃金額について月給30万円とするのみで、試用期間経過後の賃金について特段の条項を置いていなかったので、Xは試用期間後も30万円となりかねないことを指摘して、署名せず訂正を求めたがCは応じず、解雇予告通知書を交付し解雇したものです。

② 判決はXY間において労働契約書が最終的には作成されるには至らなかったものの、XY間において少なくとも「基本給試用期間中30万円。試用期間終了後32万円から33万円」等の労働条件によってXが稼働し、これに対してYが相当賃金を支払うとの労働契約が成立していたものであり、解雇は、早急に過ぎたものであることに、Xが署名を拒んだのは、XY間の賃金という労働契約の基本的要素に係る問題に出たものであったことにも照らすと、上記解雇が、留保解約権の趣旨、目的に照らし客観的に合理的な理由が存し、社会通念上相当として是認され得るものとみることは困難であるとされました。そして、少なくともYには、過失があったものとして、Yに対して不法行為に基づく損害金79万円余の支払いを命じました(慰謝料請求は否定)。

③ 事案はYの方が信義則に反する行為をしており、結果は妥当です。契約書を重視するのはよいとしても、雇用契約はその性質上諾成契約であって契約書作成が効力要件ではありませんから、これで解雇をするのはやりすぎです。

告会社が利益を出せた時に適宜支払う」「但し10年以内に全額支払う」という内容でした。これに対する①移籍料ではなく特別賞与である、②正式な雇用契約書に記載がない、③曖昧な事実に基づく合意であり錯誤により無効となるなどの会社側の弁解を判決は全て斥け1000万円の支払を命じました[40]。

(ウ) ここでの問題は、やはり確実な内容として正式な雇用契約書に特約を明確に記入しなかったことであり、代表者に言い訳をさせる理由となっています。使用者としてはトラブル防止のために不利益な事項も明確に記入すべきであり、もし契約書に特約として書けない事であれば約束しないことです。このようなところでも明確にするクセをつけておくべきです。

2 契約締結上の過失

(1) 労働契約の不成立と使用者の損害賠償責任

使用者が求職者と締結の交渉を行っていたが、労働契約の締結ができなくなった場合に、いかなる責任を負うかという問題があり、契約締結上の過失の法理[41]の一環として論じられています(土田192頁)。この点に関する裁判例も多い(使用者の責任を認めたものもある)ので[42]、「契約成立前だから」とか「契

---

[40] 類似の裁判例として、片山津リゾート事件・金沢地小松支判平13.8.31労判824号84頁があります。これは前の勤務先を退職手当割増制度の適用年齢である55歳前に退職してY社に転職したホテル総支配人Xとの間に55歳までに退職手当の差額を支払うとの合意があったかどうかが問題となり、合意が否定されたものです。

[41] 民法上の契約締結上の過失の法理について
(1) 契約交渉を開始した準備段階から当事者は信義誠実の原則の下におかれ、①契約準備段階で一方の当事者が契約成立を信じたが契約が締結されず損害を被った場合、②契約が締結されたが契約当時すでに目的物が滅失していた(原始的不能)等の理由から契約が無効となった場合、さらには、③契約は有効に成立したが交渉の際の説明や情報提供に不適切な点があったために一方当事者の期待に反して不利な条件が契約内容とされた場合に、契約準備段階における信義則違反を理由に契約相手方に対する損害賠償責任を認めています(最2小判平8.10.28金法1469号49頁、京都地判平3.10.1判時1413号102頁)。これを「契約締結上の過失」と呼んでいます(以上、労働判例百選第7版19頁の鎌田耕一解説)。
(2) この契約締結上の過失については「契約締結上の過失」(編集加藤新太郎・新日本法規)で詳しく分析されています。

[42] (1) 判例としてユタカ精工事件・大阪地判平成17.9.9労判906号60頁を紹介しておきます。
被告会社Yから転職の要請を受け、勤務先を退職した原告労働者Xと転職を要請したYとの間で給与について合意に至らなかった場合に(最も重要な要素ということができる給与について合意がなかったので)、XY間の雇用契約の成立が認められなかった事例です。Xは主位的請求として地位確認を求めていましたので、この点はYの勝ちとなりました。
しかし、Yが、Xの想定しているであろう給与に比べると、著しく低額の給与でしか雇用契約を締結することはできないと判断するに至ったにもかかわらず、これをXに告げず、Xから給与の協議の申入れを受けることを放置したことは、契約締結過程における信義誠実義務に違反しているとして、被告会社の契約締結上の過失が認められました。
そして、Yに損害賠償責任が認められる場合の「損害」の額について、Yの義務違反により、Xは、早期に再就職先を探すことになる機会を遅らせ、また、明確な理由を告げられることなく、低額の給与額を提示されたうえ、結局雇用契約を締結することができなくなったことを考えると、Xの被った精神的損害

約が不成立になったから」というだけで、契約交渉時の不当な言動の責任を免れるものではないので、注意すべきです。

(2) 検討・教訓

ア 面接で確約する特別なことは契約書に書くべきではないでしょうか。また、逆に書けないことは約束（又はリップサービス）すべきではありません。そのようなことがトラブルの原因となります。

イ 採用時のマイナス情報伝達について

契約一般についてマイナス情報の開示・了承（覚悟）がポイントであることは前述〔33頁〕したとおりです。雇用契約においても同様です。労使双方の誠実性が求められます。自らを飾り、よりよく見せようとしないことです。使用者側としても、当社はこれくらい厳しいが、それでも入社して頑張ってくれますか、一緒に高いレベルを目指して頑張ってくれますか等の態度であればトラブルは少なくなります。

3 雇用契約の本質[43]

(1) 雇用契約の要件事実と雇用の本質

ア 雇用契約の本質は労働力の提供とこれに対する一定の報酬の支払の約束ですから、雇用契約締結時の「賃金額」は雇用契約の本質的要素として要件事実（請求原因事実）となります。そこで必ず訴訟になれば労働者がこれを主張しなければなりません。

イ 請負との違いをしっかり理解する必要があります。労働契約により労働者

は小さくないとして、Yに損害賠償として96万円（これは慰謝料を120万円と算定した上で、2割の過失相殺をした結果です）の支払いを命じました。

(2) その他契約締結上の過失が問題となった裁判例として、中途採用者の労働条件について、求人広告・面接・社内説明会において、給与条件について新卒同年次定期採用者の平均の給与と同等の待遇を受けられるものと信じさせかねない説明をし、それを信じて入社した労働者に精神的な苦痛を与えたとして、慰謝料の支払いを命じた日新火災海上保険事件・東京高判平12.4.19労判787号35頁があります。労働契約の成立を否定しつつ、雇用（労働契約の成立）に関する労働者の信頼利益を重視して、一定の段階で労働条件を告知したり、業務委託契約不成立の可能性を告知して、労働契約を締結するか否かを選択する機会を与えるべき信義則上の義務を認め、義務違反と相当因果関係にある損害賠償責任を認めています。

[43] 労働契約と民法の雇用契約

労働契約の特性として「労働の従属性」を認め、民法上の労務供給契約（雇用・請負・委任）と峻別する立場に立ち、「労働の従属性」の内容として、①労働者が使用者の指揮命令に服して労働すること（人的従属性）、②労使間の交渉力・情報格差ゆえに、労働者が労働契約の締結・展開過程で使用者の労働条件決定に服さざるを得ないこと（経済的従属性）、③労働者が使用者の労働組織に組み込まれて労働すること（組織的従属性）などが挙げられています。

また、労働法は、労働の従属性の認識を踏まえた多様かつ独自の立法規制を整えており、労働契約が法の規制理念の面で雇用契約と異質の存在であることは当然であるが、両者は契約類型としては同一であるとされています（以上、土田45頁）。

が負う債務は使用者の指揮命令に従って労働することであり、一定の成果を達成することを約する請負契約とは異なります。営業職などがノルマを課され仕事をすることがありますが、ノルマが達成できなくても直ちに債務不履行（損害賠償責任も発生する）とはなりません[44]。

ウ　委任との違いも理解する必要があります。原則論としては雇用と委任は全く異なる契約類型です。委任は雇用・請負と共に労務供給契約の一種ですが、委託された一定の業務を処理すること自体が目的であって仕事を完成する必要はありません。また、労務供給（提供）は事務処理のための手段に過ぎず、労働者のような「従属性」はなく、目的の範囲内における自由裁量が認められています[45]。

(2) ノーワーク・ノーペイの原則

ア　前述したとおり、労務提供とこれに対する賃金支払いが対価関係にあることから一般的に労働義務が現実に履行されて初めて具体的賃金請求権が発生すると解されています（民法624条1項の条文は賃金後払いの規定を置いています）。これを「ノーワーク・ノーペイ（no work, no pay）の原則」といいます。労働者は労務を給付した後でなければ（実際に働かなければ）賃金を請求できないのが原則であるということです。

イ　しかし、この原則は、契約解釈の原則規定（任意規定）にすぎず、労使当事者間の合意によって排除することが可能です。例えば前払いの合意や原則を否定することになる完全月給制の採用も可能です。この場合には通常よりも使用者に不利益な方向で合意をすることになること、そしてそのような特別扱いをすることの意味を理解・納得し、それをどのように経営に活用するのかについて十分検討した上で行うべきです。

---

[44] 一定の結果（契約成約高や売上高等）を達成しなかったこと自体を理由として解雇ができるかが問題となることがあります。問題となるのは労働の成果を一定の結果として、特に客観的な数字で示すことができる場合ですが、解雇は困難です。この点請負との違いに関して解雇のところ〔291頁以下〕でも詳論します。

[45] この点、出向について、「労働者が出向先で取締役等に就任するケース（役員出向）では、出向者は出向先と委任契約を結ぶ必要があり、役員としての責任を加重されるので（〔取締役の忠実義務〔会社355条〕等）、労働契約で予定された出向とはいえず、本人の個別的同意が必要となる。」（土田392頁）とされており、単なる自社の業務担当兼務役員であるときと異なり立場の特異性が明らかになります。

　契約内容が不明確であることの問題点は、労働者の身分が不安定なものとなる出向や転籍の場合により大きくなります。合意原則の適用の必要性も問題となりますが、この点は後述します〔198頁〕。

4 求人募集との関係～求人時の内容と違う内容の場合[46]

(1) 賃金見込額について

ア　公共職業安定所への求人の申込みや労働者の募集に際して、賃金については、求人ないし募集の時点での現行賃金額を記載すること以上には求められていないので（職安5条の3・42条）、企業は、現行初任給額またはそれを上回る初任給見込額を求人票に記載し、契約時の交渉で賃金確定額を明示することとなります。賃金額は雇用契約の要素ですから必ず雇用契約書（又は雇用条件通知書）に明記すべきです。

イ　賃金確定額が見込額より低かった場合は問題になります。法律的には見込額は確定額ではないので、それだけでは差額についての請求権は発生しません（八洲測量事件・東京高判昭58.12.19判時1102号24頁・労判421号33頁は「見込額」と「確定額」の差額請求を否定した裁判例です）。しかし、確定額が見込額を大きく下回ることはないであろうとの応募者の期待には、企業も誠実に対応すべきであり、必ず早目に応募者に通知し、了承を得て契約内容として確定すべきです。この点のトラブルは契約意識がなく、この当然のことをしていないことが原因です。

(2) 退職金について

「退職金」が問題となった例として、株式会社丸一商店事件・大阪地判平10.10.30労判750号29頁があります。

ア　求人票は、求人者が労働条件を明示したうえで求職者の雇用契約締結の申込みを誘引するもので、求職者は、当然に求人票記載の労働条件が雇用契約の内容になることを前提に雇用契約締結の申込みをするのであるから、求人票記載の労働条件は、当事者間においてこれと異なる別段の合意をするなどの特段の事情がない限り、雇用契約の内容になるものと解すべきとされました。

イ　求人票に退職金共済制度に加入することが明示されている本件雇用契約において、特段にそれを否定する合意がないので被告会社Yが退職金を支払うことが契約の内容になっていたとしました。そして、仮にYが退職金共済制度に加入していたとすれば、原告労働者Xが得られたであろう退職金と同額の退職金を請求する雇用契約上の権利を有するとし、その内容については、

---

[46] 労働審判で求人時の条件が問題とされた例として、さいたま地裁平24.7.23労判1059号97頁があります。ここでは休日の日数が問題となり、ハローワークの求人表の記載に基づき125日と判断されました。

少なくとも、中小企業退職金共済法における最下限の掛金によって計算した退職金については、Yに支払義務があるとしました。

(3) 「正社員」であるか否かについて

ア 「正社員」であるかどうかが問題となった例として藍澤證券事件・東京高判平22.5.27労判1011号20頁（１審・東京地判平21.9.28労判1011号27頁をそのまま維持）があります。判決の要旨は以下のとおりです。

(ｱ) 使用者による就職希望者に対する求人は雇用契約の申込みの誘引であり、その後の協議の結果、就職希望者と使用者との間に求人票と異なる合意がされたときは、従業員となろうとする者の側に著しい不利益をもたらすなどの特段の事情がない限り、合意の内容が求人票記載の内容に優先するとされた（一般論）。

(ｲ) うつ病罹患により障害等級3級と認定されていた原告Xが、法定障害者雇用率回復のためにハローワークに障害者の求人を出していた被告Yに採用され、雇用期間を約5ヶ月間とする第1契約とこれに続く第2契約を締結した後に雇止めとされた件につき、本件求人票には雇用形態につき「正社員」と記載されていたところ、Xは期間の定めのある第1契約の契約書に特段の異議を述べることなく署名押印しており、また、その契約内容につき1カ月以上検討する機会があったし、Yへの就職を余儀なくされる事情はなかったのであるから、上記1にいう特段の事情は認められず、X・Y間の雇用契約関係は、採用面接で契約書記載の条件が説明されたかどうかに関わらず、第1契約の契約書記載の内容で合意されたものとされた。

イ 同じく「期間の定め」が問題となった例として、千代田工業事件・大阪高判平2.3.8労判575号59頁があります。求人票に「常用」と記載し、雇用期間の欄に具体的な記載をせず、かえって定年が55歳である旨の記載がされていた事案です。

判決は、「本件求人票の雇用期間欄に「常用」と記載しながら、具体的に雇用期間欄への記載をしなかったものであるから、Yの内心の意思が前認定のとおり期間の定めのある特別職を雇用することにあったにせよ、雇用契約締結時に右内心の意思がXに表示され雇用期間について別段の合意をするなどの特段の事情がない限り、右内心の意思にかかわりなく、本件求人票記載の労働条件に沿った期間の定めのない常用従業員であることが雇用契約の内容になるものと解するのが相当であるとしています。

(4) 予防の要点

これらの裁判例の考え方は雇用契約の意思解釈としては妥当なものであり、労働者側の有利な内容であるとの誤解・信頼を奇貨として行う不当な採用を防止するためにも良いことです。企業としては応募者（採用予定者）の求人票の内容をチェックしておくことが必要ですし、変更事項がある場合は応募者に対して訂正申入れと説明をした後に合意確認をしておくこと（契約書の中で明記しておくこと）が必要です。

5 採用内定の問題点

(1) 企業における正規従業員、特に、新規学卒者の採用では、「労働者の募集→応募（必要書類の提出）→採用試験の実施（受験）→合格決定→採用内定（ないし決定）通知書の送付→誓約書・身元保証書等の提出→健康診断の実施など（準備）→入社日における入社式・辞令の交付」という一連のプロセスが通常です。

(2) 採用内定の法的性質について

ア 確定した判例によると、企業による募集は労働契約「申込みの誘引」であり、これに対する応募（受験申込書・必要書類の提出）又は採用試験の受験は労働者による契約の「申込み」です。そして、採用内定（決定）通知の発信が、使用者による契約の「承諾」であり、これによって試用労働契約あるいは見習社員契約が成立します。但し、この契約は、始期付きであり、さらに解約権が留保されているものです。すなわち、採用内定通知書または誓約書に記載されている採用内定取消事由（卒業できなかった場合も解約できる）が生じた場合は解約できるという合意を含んでいるのです（始期付解約権留保付労働契約成立説）。

イ 採用内定中の法律関係についての「始期付」の意味について、入社日を就労の始期とする場合と入社日を契約の効力の始期とする場合があります。これは当事者が雇用契約としてどのような内容とするかという問題ですから、契約で明記されておればそれによりますが、当事者の意思が明確でない場合は意思解釈の問題となります（内定期間中の就業規則や労働基準法の適用の有無、当事者間の権利義務の発生が問題となります）[47]。

(3) 採用内定の成立（認定論）

ア 内定の成否は事実認定の問題であるので、使用者側は内定は未だ成立していないと争うのであれば、その主張立証の方法を具体的に検討する必要があ

イ　労働契約の成立について、就労の場所及び態様、就労時間、賃金等の労働契約の重要な要素について確定的な合意が必要であり、採用内定も基本的に同様であると考えられています（実務370頁）。

ウ　採用内定通知をし、それに対する入社誓約書を提出させるのが間違いないやり方ですが（例えば大日本印刷事件のケース）、使用者の募集＝申込の誘引→労働者の応募＝申込→内定通知＝承諾という流れで契約が成立するので、入社誓約書は不可欠のものではありません[48]。

エ　採用内定の事実自体が争われる場合は、意思の合致の事実関係だけでなく、内定と主張される事実に至るまでの経緯、内定通知の記載内容、誓約書などの返送の有無、入社に向けた手続（入社懇談会への出席、入社前健康診断の受診等）の有無、他社の内定を断り就職活動を停止したこと等、採用内定による労働契約成立に関する諸事情が検討されることになるので、これらの点の主張立証が必要です。

　　近時は労使間に頻繁なメールのやり取りがあることが多いので、メールによる立証が重要になります（この点第3章第2節〔168頁以下〕参照）。

　　内定成立を否定したい使用者は、①労働者の主張する事実（出来事・行為）が一連の採用手続きのどこに位置づけられるか、その意味（位置づけ）が違えば反論すること、②実際に採用内定に至った第三者の手続の流れ（使用者の主張に合致するもの）と当該労働者の実際の手続を比較して論じることが有効です（実務375－377頁参照）。

オ　以上の主張立証のためには、採用前の使用者側の行動について、証拠を残

---

[47] 入社日を就労の始期とする雇用契約の成立を認める判例として、大日本印刷事件・最2小判昭54.7.20民集33巻5号582頁（労判323号19頁）があります。
　これに対して、入社日を効力の始期とする契約の成立を認める判例として、電電公社近畿電通局事件・最2小判昭55.5.30民集34巻3号464頁（労判342号16頁）があります。
　内定期間中は就労と賃金支払いの対価関係が発生していないこと、内定者が学生の場合、学生としての生活に対する配慮が必要であることから、当事者意思が不明確な場合は「効力始期付」の方が妥当と考えられます（上田達子・労働判例百選（第7版）23頁では、「採用内定後にレポート提出や研修参加を求められることがある実態及び内定者が在学中の学生であることなどを考慮すると、効力始期付と解した方が望ましいと思われる。」とされています）。
　X社事件・東京地判平24.12.28労経連2175号3頁も、当該（本件）契約について入社日を契約の効力発生の始期と定めるものと解しています。この判例については損害賠償責任の項〔47頁〕で詳論します。

[48] 電電公社近畿電通局事件・最2小判昭55.5.30民集34巻3号464頁では、労働者は会社からの案内に応じて入社懇談会に出席し（約400名の出席があった）、入社前教育の一環として職場（電報電話局）見学にも参加したこと等の事情があり、会社側からの採用通知の他には労働契約締結のための特段の意思表示をすることは予定されていなかったと述べています（468頁の部分）。

しておく必要があります。この点は、訴訟になってから有益であること以外でも早期に事実関係を確認し、内定を主張する者と早期円満な解決を図る交渉をするためにも必要です。

(4) **採用内定取消しの適法性**

ア　採用内定を前記のとおり始期付解約権留保付労働契約の成立である（判例）と解すると、採用内定取消しの適法性は留保解約権の行使の適法性の問題となります。

　　この留保解約権の内容（解約事由）は、採用内定（決定）通知書や誓約書に記載された「取消事由」を参考にして定められます。しかし、判例では解約権留保の趣旨、目的に照らして客観的に合理的と認められ社会通念上相当として是認することができるものに限ると限定的に解しています。しかし、逆に「取消事由」の記載が部分的で不十分な事案については、そのような社会通念上相当な事由があれば留保解約権の行使ができるとして、解約事由を補充しています。結局、客観的に合理的で社会通念上相当として是認できる事由があるかどうかの問題となります。その具体的判断においては、裁判所は概して使用者の取消しに厳しい態度をとる傾向にあるといわれています[49]。

イ　損害賠償責任

(ア) 使用者の責任

　　使用者の恣意的な内定取消しに対しては債務不履行（誠実義務違反）又は不法行為（期待権侵害）に基づく労働者の損害賠償請求が認められます[50]。

---

[49]「留保解約権の行使は、右のような解約権留保の趣旨、目的に照らして、客観的に合理的な理由が存在し社会通念上相当として是認することができる場合にのみ許されるものと解すべきである」（大日本印刷事件）と述べています。ここで注意すべきは、判例の言回しが通常の解雇の場合の判断基準（労働契約法第16条「解雇は、客観的に合理的な理由を欠き、社会通念上相当であると認められない場合は、その権利を濫用したものとして、無効とする。」）に類似しているということです。すなわち、内定取消はいわゆる通常の解雇に近い性質をもち、客観的合理的理由と社会的相当性がない内定取消は認められないのです。
　日立製作所事件・横浜地判昭49・6・19判時744号29頁・労判206号46頁は、採用内定通知書ないし誓約書における「提出書類への虚偽記入」という取消事由（解約事由）の場合も、虚偽記入の内容・程度が重大なもので、それによって従業員としての不適格性あるいは不信義性が判明したことが必要とされます。また、インフォミックス事件・東京地判平9・10・31労判726号37頁は、ヘッドハンティングによりマネージャー職にスカウトした労働者に対する、入社2週間前になって業績不振を理由に配属を予定していた部門自体が存続しなくなったことを理由とする内定取消を信義則に反し正当理由がないとしました。

[50] ① 前掲の大日本印刷事件においては慰謝料100万円が認められています。
② 日新火災海上保険事件・東京高判平12.4.19労判787号35頁は求人広告、面接および社内説明会において、新卒同年次定期採用者の平均的な給与と同等の待遇を受けることができるものと信じさせかねない説明をし、それを信じて入社した者に精神的衝撃を与えたとして、かかる説明が労基法15条1項（労働条件の明示）の規定に反し、信義誠実の原則に反するものであって不法行為を構成するとして、その他の不法行為を総

(イ) 労働者の責任
　　他方、労働者による取消しは、労働者に解約の自由があるので（民627条）、2週間の予告期間をおくかぎり自由にできます（信義則に反する態様でなされた場合のみ、例外的に契約責任または不法行為責任を問われうると解されています）。
(ウ) この点最近の判例で労使双方の責任が問題になった興味深い判例として、X社事件・東京地判平24.12.28労経速2175号3頁がありますので紹介しておきます。
　　a　被告会社Yの採用内定を受けていた原告労働者Xが、Yから違法な黙示の内定取消又は内定辞退の強要を受けたことにより、内定辞退を余儀なくされたとして、不法行為に基づく損害賠償を求める本訴を提起しましたが（この件では内定期間中にプレゼン研修が行われており、その中での営業企画局課長（社員採用業務担当）の発言が問題となった）、他方、YもXに対し、Xの内定辞退は著しく信義に反するとして、不法行為又は債務不履行に基づく損害賠償を求める反訴を提起しました。
　　b　使用者側の責任については、内定の性質について、始期付解約権留保付労働契約と解した上で、「始期」の意味について、効力発生の始期と解しています。そして入社前研修を契約上の義務のない完全任意参加の行事とみて、入社前研修での使用者の言動が明示黙示の取消に及んだり内定辞退の強要に至ったりしないように配慮する信義則上の義務が使用者にあるとし、使用者がこれに著しく違反する場合は損害賠償責任を負うとしました。そして、本件では内定者の自由意思を阻害して内定辞退を強要するものとまでは評価できないとして義務違反を否定しています。

　　合考慮して慰謝料100万円の支払いが命じられた例です。
③　コーセーアールイー事件・福岡高判平23.3.10労判1020号82頁（内々定の事案であり、49頁で後述）。
④　World LS K事件・東京地判平24.7.30労経速2154号24頁は、給与50万円の企画課長に対する違法な内定取消と相当因果関係のある損害として、逸失利益70万7800円、慰謝料50万円、弁護士費用12万円の合計132万7800円を認容した例です。
⑤　新卒学生に対する採用内定取消し（店舗内での入社前の事前研修の最後の日に、「笑顔がないから怖い」等という理由で内定を取り消された）につき（給与月額20万円の場合）、会社に解決金60万円の支払等を命じる労働審判がなされた例として、東京地裁平20.11.7労判978号97頁があります（申立から3ヶ月余の審判）。
⑥　インターネット総合研究所事件・東京地判平20.6.27労判971号46頁は特殊な例です。証券会社従業員であったXが顧客のY社代表者から転職勧誘を受け、年俸等に合意できたと考えて勤務先に退職を申し出たところ、Yで役員会の承認が得られず雇用できないことになったケースで、始期付解約権留保付雇用契約の成立を認め、Yに慰謝料300万円の支払を命じました。

c　労働者側の責任については、労働者の解約権（民法627条1項）に配慮はするが、内定者側に卒業という停止条件の成就が不可能ないし困難な事情が発生した場合には信義則上報告義務及びしかるべき措置をとる義務があり、これに著しく違反する態様で内定辞退の申し入れがなされた場合には、損害賠償責任があるとしました。そして、本件では、研修担当者の言動が妥当なものではなく、これが内定者の過剰反応としての就職留年手続の選択や内定辞退申入れの遅延に関係しているなどとして義務違反を否定しました。

　　　d　結果的に労使痛み分け（双方敗訴）となっていて、使用者に品格や分別ある行動が求められると共に学生側にも過剰反応の自粛が必要です[51]。

(5)　内定期間中の研修

　ア　新卒採用の場合、内定が出た後に、使用者が内定者に対しレポート提出を命じるなど研修課題を与えたり、企業その他の場所に出席しての研修を命じたりすることが行われています。内定期間中は「始期付解約権留保付労働契約」の関係にありますが、その間の研修はどう位置づければよいのかが問題となります。

　イ　宣伝会議事件・東京地判平17.1.28労判890号5頁は、在学研究中への大学院生に対し採用内定後の入社前研修の参加を求めることができるかについて、「使用者は、内定者の生活の本拠が、学生生活等労働関係以外の場所に存している以上、これを尊重し、本来入社以後に行われるべき研修等によって学業等を阻害してはならない」として学業の尊重に触れたうえで、結果として研修参加への義務はなく、入社前研修への不参加を理由に内定を取り消すことはできないと判示しました。

　ウ　以上のことから入社前研修は業務命令としてできないこと、内定者が学生である場合には学業を尊重し、妨げてはならないことの他、研修の方法や発言にも十分留意すべきです。

(6)　採用内々定

　ア　採用内々定の成立

　　(ｱ)　大学卒業見込者の就職については、「採用内定開始日」よりかなり前に企業が採用を望む学生に口頭で「採用内々定」を表明し、右開始日に正式

---

[51] 労経速2175号2頁時言の榎本解説

に書面で「採用内定」を通知するという慣行が形成されており、学生は数社から「内々定」を得た後、採用内定開始日までに一社を選択し、「採用内定」関係に入ることになります。しかし、これにより労働契約の確定的な拘束関係に入ったとの意識はないと考えられるので、前述した判例法理（始期付解約権留保付労働契約の成立）から「採用内定」とは認定しにくい（「採用内定」は、通常「採用内定開始日」に発せられる正式の「採用内定」通知によって成立する）と考えられます。

(イ)　但し、個別事案における認定の問題ですから、拘束関係の程度によっては、「採用内定」と認められることもあるし、またその「予約」として、使用者側の恣意的な破棄について損害賠償責任が生じることもありうるとの有力説（菅野161頁）もあります。また、採用内々定時における採用意思が明確で、応募者が他社の応募の機会を断念したような事情があれば、労働契約の成立と解されることがありうるとされます（土田182頁）。

イ　採用内々定の取消について

採用内々定の取消について、慰謝料を認めたものとして、コーセーアールイー事件・福岡高判平23.3.10労判1020号82頁があります[52]。内々定だからと

---

[52] コーセーアールイー事件について

① 本件は、不動産売買等を業とする会社であるYへの就職を希望し、Yから採用の内々定（本件内々定）を受けていたが、予定されていた採用内定通知書授与の日の直前に本件内々定取消し（本件内々定取消し）を受けたXが、Yに対し、①Yによる本件内々定取消しは、YとXとの間に成立した労働契約（始期付解約権留保付労働契約）に違反するものであって、債務不履行を構成し、これによって、379万5000円の損害（内訳・賃金相当の逸失利益240万円、慰謝料100万円、就職活動費5万円、弁護士費用34万5000円）を受け、又は、②XがYにおいて就労できるとの期待権を正当な理由なく侵害したものであるから、Yには契約準備段階における注意義務違反があって、不法行為を構成し、これによって上記と同額の損害を受けたと主張して、債務不履行又は不法行為に基づき、379万5000円等の支払いを求めた事案です。

② 原判決（福岡地判平22.6.2労判1008号5頁）は、上記①の点については、本件において始期付解約権留保付労働契約の成立は認められないとし、同②の点については、採用内定通知書授与の日が定まり、その日のわずか数日前に至った段階では、XとYとの間で労働契約が確実に締結されるであろうとのXの期待は法的保護に値する程度に高まっていたにもかかわらず、Yは、Xに対し、本件内々定取消しについて、誠実な態度で対応をしたとはいえないこと等からすると、労働契約締結過程における信義則に反し、不法行為を構成するとして、Xの請求について、損害賠償金110万円（慰謝料100万円、弁護士費用10万円）およびこれに対する平成20年10月1日から支払済みまで民法所定の年5分の割合による遅延損害金の支払いを求める限度で認容し、その余を棄却しました。

③ 高裁判決は「Yはそのような措置〔補注・上記通知以前の早い段階で担当者を通じて、Xに対してその取消しの可能性がある旨伝えるなどして、Xがこれによって受ける不利益を可能な限り少なくする方途を講じること〕をとらず、同月25日後に至って、突然本件内々定取消しを行ったところ、YのXに対するそのような対応がやむを得ない経営判断に基づくものであるということはできない上、経済情勢の悪化という事情をもって、Yの本件内々定取消しを合理化することはできないというべきである」「Xとしても、Yから本件内々定取消しの可能性等についての正確な情報が伝えられていれば、再度就職活動を行ったと考えられる上、Yの上記のような対応によってYとの間に労働契約が確実に締結されるであろうというXの期待が法的保護に値する程度に高まっていたと判断するのが相当である」「Yの対応は、上

簡単に考えずに相手方の立場を尊重した取扱いに努めるべきです。
　(7)　その他の問題について
　　　ア　採用内定を労働契約の成立と解すると、労基法上の労働条件明示義務（15条）は、採用内定段階でも履行されなければならないとするのが有力説です（菅野163頁）。
　　　イ　使用者の解約権行使については、労基法上の解雇予告（20条）を要するかが問題となりますが、労基法が「試の使用期間中の者」は、引き続き14日をこえて使用されるにいたった場合に、初めて解雇予告の保護を受けるとしている（21条）こととの均衡上、試みの使用期間の開始前である内定については解雇予告の適用はないと解されています。

6　付随的義務とその確認の工夫

(1)　労働者は、労働契約に基づく労働義務の外にこれに付随して多くの義務を負っています。
　　労働契約は労使間の緊密な信頼関係を必要とする継続的な法律関係ですから、労使の当事者が労働契約締結に基づく信頼関係の要請によって一定の義務を負うことは当然のことです。

(2)　この点の使用者側の義務の例として、安全配慮義務が挙げられ、労働者側の義務の例として、誠実義務、兼職避止義務、守秘義務、競業避止義務、企業秩序遵守義務などが挙げられています（土田100頁以下）。ここでは労働者の義務のうち「誠実義務」「守秘義務」「競業避止義務」について論述します。兼職避止義務〔237頁以下〕と企業秩序遵守義務〔234頁以下〕については別述します。

(3)　誠実義務
　　　ア　誠実義務とは「使用者の正当な利益を不当に侵害しないように配慮する義務」をいいます。この義務は労働契約法第3条第4項で認められたもので、就業規則での明示がなくても発生しますが、この義務の内容を具体的に明確に規定することは紛争防止のために有意義です。
　　　イ　また、この義務は付随的義務としては一般的なものであり、具体的には兼職避止義務、守秘義務、競業避止義務、使用者の名誉信用を毀損しない義務、自己の地位を利用して私利を図らない義務、転職時の同僚の引き抜きの規制

記のように法的保護に値する程度の高まった労働契約締結に向けてのXへの期待に何ら配慮したものではなく、誠実なものであるとはいえない」と述べて一審判決を維持しています。そして結果的に慰謝料50万円と弁護士費用5万円（1審の半分に減額）を認めました。

等と類型化されています（土田102頁）。

(4) **守秘義務**

ア　労働者の秘密保持義務については、明文の規定はありませんが、労働者が労働義務の遂行にあたり民法1条2項の信義則の適用を受け、その結果、労務供給義務に附随する諸般の義務を負うことは一般的に認められています。

　　現在多くの企業では、就業規則中に労働者の秘密保持義務についての規定が定められており、その企業秘密が保護に値するものであり、労働者の義務内容が明確であるなら、労働者は契約上の義務として秘密保持義務を負うことになります。

イ　問題は、秘密保持義務に関する明示の規定がない場合に、秘密保持義務が労働契約終了後も継続するかです。この問題は、多くの裁判例ではその行為に対する使用者の懲戒処分の有効性を争う中で議論され、秘密漏洩が生じた場合、①使用者は当該労働者を懲戒解雇の対象とし、②場合によっては債務不履行あるいは不法行為による損害賠償を請求し[53]、③その義務が明確な債務として存する場合に労働者の行為に対する差止請求をすることが考えられます。

ウ　労働者の企業機密漏えいを理由とした懲戒解雇について

　　労働者が勤務先企業の機密を漏洩した場合、懲戒事由に該当するか否かについて、特に懲戒解雇が問題になりますが、裁判所はケースバイケースで判断しています。一般的には、労働者が企業の重大な秘密情報を競合他社へ漏洩する（競業避止義務の問題と関連している）事例が多いようです。裁判例は、労働者の企業秘密漏洩を理由とした懲戒事案でも、「懲戒権の行使は、具体的事情の下において、それが客観的に合理的理由を欠き社会通念上相当として是認することができない場合に初めて権利の濫用として無効になる」との判断基準を維持しています[54]。

---

[53] ①　美濃窯業事件・名古屋地判昭61・9・29判時1224号66頁・労判499号75頁は、工場窯炉の設計ノウハウを漏洩した行為が不法行為に当たることは認めましたが、損害発生との間の因果関係は認められませんでした。
　　②　エム・シー・エル事件・東京地判昭62・3・10判時1265号103頁は、元従業員による大型精密ロボットの製造・鋳造技術の漏洩に関し損害賠償を認めました。

[54] 判例として以下のものがあります。
　　①　日本リーバ事件・東京地判平14.12.20労判845号44頁は、XはY社の機密情報を取得した状態でR社に就職しようとしており、外部にY社の重要な機密データを漏洩していたと推認するのが相当であるとして、その背信性は極めて高く、本件懲戒解雇は、客観的に合理的理由を欠き社会通念上相当として是認することができないとはいえないから有効であるとされました。

エ　秘密保持契約の作成について[55]

(ア)　不正競争防止法が保護するのは「営業秘密」に限られ、会社の重要な秘密が全て保護されるのではない（「営業秘密」の要件を満たすように管理することが必要である、①「秘密管理性」②「有用性」③「非公知性」の３要件）ので、その他の部分については従業員との間で秘密保持契約が必要となります。また、ここで秘密保持契約が存在すること自体が「営業秘密」の要件である①の「秘密管理性」を高める重要な意味があるといわれています。

(イ)　就業規則との関係

就業規則の中に「在職中はもちろん、退職後も在職中知り得た秘密情報の一切を漏洩させない」という規定がある場合は退職後の秘密保持契約の有効性の判断にあたり、就業規則でも規定していることはプラスに働くとされています。しかし、秘密の限定や特定がない抽象的な就業規則の規定だけでは退職後の秘密保持は認められないといわれているので、秘密保持契約は作成しておくべきです。

また、就業規則は基本的に在職者を対象にしているので、退職後まで当然カバーするものではありません。そこで、退職後についての規定も作っておく必要があります。尚、当然ながら周知性（判例による有効要件）の他、事実上も従業員に対して規定の内容を周知・徹底すること、過度の義務を課して公序良俗違反（民法90条）として規定自体の効力が失われることがないよう必要且つ合理的な内容にとどめておくことが必要です。

(ウ)　在職中からの意識付けの必要性

a　在職中から、秘密情報管理について、両者が共通の認識を持って、秘

---

② コニカ（東京事業場日野）事件（東京高判平14.5.9労判834号72頁、東京地判平13.12.26労判834号75頁）は、プリント作業における業務妨害、機密漏洩発言、事実の歪曲、株主総会での議場の混乱、上司に対する反抗等の懲戒事由に該当する行為を積み重ねたことに対してなされた懲戒解雇につき、これを有効とした１審判決は相当としました。

③ 西尾家具工芸社事件・大阪地判平14.7.5労判833号36頁は、機密保持義務違反等を理由とする原告の懲戒解雇につき、懲戒解雇該当事由が認められず、解雇権濫用に当たり無効であるとされた例です。

④ 久田製作所事件・東京地判昭和47.11.1労判165号61頁は、労働者の秘密漏洩を理由とする懲戒解雇が問題となった事例ですが、既に任意退職の意思を表示した労働者が、退職後同業他社へ就職することが想定されている場合に、当人が知悉する当該会社の技術が移転先会社に洩れることを畏れて使用者が為した懲戒解雇及び退職金不支給の有効性が争点となり、判決は当該技術に通暁する労働者が将来それを他社で利用することが予測されるとしても、その技術が当人の通常の業務を通じて取得された経験及び技能であり、また労使間に特別な秘密保持に関する合意も締結されていない場合に、就業規則所定の懲戒解雇事由に当たらないとしました。

55　契約対象者については、従業員、派遣労働者、取引先が問題になります。

密保護のための環境整備を行い、明確な合意をしておくことです。たとえば入社時、特別プロジェクト参加時、異動時等に契約書を提出させます。退職時の契約（誓約）は、それまでの在職中の秘密保持義務の総決算と位置付けることができます。そのことにより労働者の自覚や認識が深まり、退職時のトラブルが減少すると期待できます。

b 契約の時期について

(a) 秘密保持契約を締結する時期としては、①入社時、②在職中（特定のプロジェクトへの参加時、特定の部署［秘密情報を扱う］に異動したとき、昇進したとき［秘密へのアクセス権が増していき、秘密の対象の範囲が変わってくる］）、③退社時がありますが、①入社時の契約では将来の配属先を全て見通すことは出来ないので、秘密保持義務の対象の特定は困難です（包括的一般的な保持義務の定めにならざるを得ません）が、②在職中や、③退社時には具体的な特定が容易になりますので、その後さらに契約をする必要があります[56]。

(b) 秘密情報の流出は在職者より退職者によってなされることが多いので、退職時の契約は必要不可欠です。上記のように（①②）在職中から契約を重ねておればスムーズに契約できます。退職時に初めて話を持ち出すと従業員側に反発や混乱が生ずるおそれがあります。また、必要以上に広範な制限をして公序良俗違反（民法90条）とされないように対象となる情報の特定、範囲、期限等合理的な限定が必要です。

(エ) 内容は、①営業秘密を目的外に使用することを禁止すること、②営業秘密をアクセス権限のない第三者に開示することを禁止すること、の2つが基本となりますが、他に、③当該秘密が記録された媒体の複製の禁止、④当該秘密の社外への持ち出しや送信の禁止、⑤当該秘密を適正に管理するとともに管理に協力すること、⑥退職時には当該秘密を記録（複製）した媒体等を返還すること等を規定する必要があります。

(5) 競業避止義務

ア 近時の産業構造や就業形態の大きな変容により、転職等の労働移動が活発

---

[56] 保護対象となる情報の絞り込み（特定）
　保護の対象にしようとする情報を特定することで、企業が保護したいと考える情報を保有した従業員に対し、契約上の秘密保持を明確に負わせることができるとされています。情報の特定の方法としては、①概念による特定（「○○に関するデータ」「○○についての手順」等）、②情報が記録された媒体による特定（「○○○のファイルのうち○○ページに記載された情報」等）、③情報内容そのものを記載する方法が考えられます。

化（労働市場が流動化）する傾向にあります。この流れのなかで、労働者の退職と競業避止義務に関する法律問題（トラブル）が増加しているようです。そこで、労使双方トラブルを生じないように予防を考える必要があります。

イ　まず、労働者がその在職中に勤務先と競業する行為をすることを禁止する義務（競業避止義務）は当然のこととして一般に認められています。就業規則にその旨規定があればそれが根拠となりますが、その規定がなくても労働契約における信義則上認められる附随的義務として一般に認められています。

ウ　これに対して、労働者の退職後の競業避止義務については、労働者の職業選択の自由（憲法上の権利）との関係で問題があります。

(ア)　退職後の労働者が信義則に基づく競業避止義務を負うか否かについて、多数説は否定的見解であり、退職後の労働者の競業避止の法的根拠を就業規則又は明示の特約に求めています。

(イ)　この点、判例は、①就業規則などで明確に規定していること、②期間の限定（ある程度の期間制限すること）、③地域や対象職種の限定や代償措置の有無、④労働者が企業秘密などを知ることのできる高い地位にいたかどうか等の基準を考えて、条件付で禁止を認めています。

エ　退職後の競業を禁止するとして、その方法として「就業規則」「入社時の誓約書」「退職時の差入書」等があります。その禁止・制限は、退職者の（憲法で保障されている）「職業選択の自由」や「営業の自由」を侵害しないように以下のように制限的に認められます（広く禁止・制限しすぎると無効となります）。

(ア)　制限することに合理性がある場合
　　会社固有の技術情報の流出を防ぐ必要があることが必要です。一般的に定型的に体験経験して身につくような一般的な知識や技能のレベルであれば禁止・制限できません。

(イ)　禁止期間も一定限度に限定すべきであり、2年間が限度と考えられていますので、その位を目途とすべきです[57]。

---

[57] 東京貨物社事件・東京地判平成9.1.27判時1618号115頁は、①退職後3年間という長期の禁止であることや、一方的な義務の負担のみであったこと（退職金規程の存在と内容を知らされなかった）等から特約が公序良俗（民法90条）違反であり無効としています。
　また、最3小判昭44.10.7判時575号35頁は、パチンコ店の営業についての競業禁止の特約が、禁止に係る期間（2年間）及び区域（横芝町横芝東町内において）を限定し、且つ営業の種類（同一業種のパチンコ店の営業）を特定していることなどから、特約を有効としました。

(ウ)　又、業種については一律に広くということでなく、通常同業種に限定して禁止すれば足りるはずです。
　(エ)　また、会社の活動（営業）範囲という点からは、広域ではなく、競合する可能性のある場所という範囲で限定が必要とされています。（但し、普及が考えられる技術情報については広く限定しないことができる場合があると考えられます）
　(オ)　広く禁止する見返りとして「退職時に不作為（競業しないこと）の対価を得た場合（退職金に上積み）」や「在職中機密保持手当の支給を受けていた場合」等の事情があれば禁止を合理的とする事情として考慮されることがあります[58]。
オ　禁止に違反した場合の責任追及について
　(ア)　行為の差止めについては、必要性が大きいことが必要です。
　(イ)　退職金の返還の問題があります。退職金を支給した後に違反が発覚することはよくありますが、この場合でも、在職中の功労に報いるという退職金の性質上、その功労を無にする程度の背信性がない限り、全額返還を求めることは難しいとされています。この点就業規則に退職後をも含めた競業避止義務を規定し、その違反に対しては退職金を支払わないこと、退職後の一定期間内のライバル会社への転職・競業避止の義務を規定し、その違反が判明した場合には退職金の返還義務があることなどを定めておくことが請求の前提として必要とされています。この点は第4章の懲戒解雇のところ〔225頁以下〕でも詳述しています。
　(ウ)　違反行為により損害が発生すれば、損害賠償請求ができますが、特に損害の立証が難しいとされています。
カ　予防策について
　(ア)　会社が競業避止義務を従業員に負担させるためには、就業規則により、「退職後をも含めた競業避止義務を規定し、この違反に対しては退職金を支払わないこと」「退職後の一定期間内にライバル会社への転職が判明した場合には退職金の返還義務のあること」などを定めておくことが必要で

---

[58] フォセコ・ジャパン・リミティッド事件・奈良地判昭45.10.23判時624号78頁では、競業制限期間が2年間という比較的短期間であること、制限対象職種は原告の営業目的である金属鋳造用副資材の製造販売と競業関係にある企業と比較的狭いこと、場所的には無制限であるが、これは営業の秘密が技術的秘密である以上やむを得ないこと、退職後の制限に対する代償は支給されていないが、在職中は機密保持手当が支給されていたこと等の事情を総合判断して、制限は合理的範囲を超えていないので有効としています。

す。

　　また、在職中や退職時の退職金の処遇にも相当な配慮を忘れないこと、取引先との過度の個人的信頼関係が生まれないように、適当な期間で配置転換をすること等が必要です。
　(ｲ)　また、労働者側としても、退職者の受入・新会社設立などの競業行為の立ち上げについては、退職後一定の時間を置く方がよい（紛争が回避できるし、紛争になっても有利）と考えられます。
(6)　以上の義務違反の効果としては、懲戒処分、解雇、労働者への損害賠償請求があります。この点、①懲戒・解雇、②民事責任追及（損害賠償請求）、③刑事告訴の「三点セット」で労働者の責任を追及する方法がありますので、どれを重視し、どのように手段を選択して責任を問うのかを検討する必要があります。この点民事と刑事の問題についての検討が必要ですので、弁護士に相談すべきです。

第5節　就業規則の法的効力

1　就業規則の意義

　　就業規則は、労働契約上の権利義務（労働条件）の重要な設定手段で、多数の労働者が企業組織内で働くことから労働条件の画一的処理が必要であるため企業が一方的に作成する職場のルールです[59]。就業規則は最も重要なルールですから、労使ともよく認識・理解し、ルールに従って行動することが必要です。ルールに従うことを広義のコンプライアンスと考え、この点のルールの遵守を労使とも厳格に行うことが組織レベルの向上と盛業につながります。

2　就業規則の効力要件

(1)　就業規則の作成手続に関する使用者の義務として、届出義務（労基法89条）、意見聴取義務（90条）、周知義務（106条）があり、これらの義務を履行しなかったときに就業規則の効力（拘束力）はどうなるかが問題となっています。
(2)　周知義務
　ア　周知義務については、判例（フジ興産事件・最2小判平15.10.10労判861号

---

[59] 就業規則が存在するとしても認められる労働契約の個別的合意が機能する例として、①労働契約締結時に契約内容を特定する例として、職種や勤務地を限定することが多いこと、②労働契約の個別の交渉と合意に基づく変更、転籍や事業譲渡についての個別的合意、守秘義務や競業避止義務の設定合意、③合意契約（契約終了）の方法としての個別的合意の点があります（土田126頁以下）。

第 1 章 採用の問題

5 頁）は、事業場の労働者に周知させる手続を効力要件と判断しました。そこで使用者は必ず「周知」をしなければなりません。
イ 周知の方法については、労基法106条の周知手続[60]に限らず、何らかの形で実質的に周知させればよいとされています。これは、労働者が就業規則を知ろうと思えばいつでも知りうるようにしておく必要があるということであって、周知があれば労働者は現実に就業規則の存在、内容を知ったか否か、また現実に同意を与えたか否かに関わらず就業規則の拘束力があるということです。
ウ 各事業所での周知手続が必要であること
　(ｱ) 本社では周知しているが、他の事業所では周知されていない場合がありますが、これでは効力がないので必ず各事業所での周知を徹底すべきです。前記のフジ興産事件ではこの点が問題なりました。
　　a A（フジ興産株式会社）は、科学プラント・産業機械プラントの設計、施工を目的とする株式会社であり、大阪市西区に本社を置くほか、平成4年4月、門真市に設計請負部門である「エンジニアリングセンター」を開設しました。センターにはセンター長の下に設計者が勤務しており、同6年当時のセンター長は被上告人Y_3でした。Xは、同年5月2日、Aに雇用され、門真のセンターにおいて設計業務に従事していました。
　　b 同6年6月15日当時、Aの取締役は、被上告人Y_1、同Y_2、及びY_3であり、Y_1は代表取締役でした。
　　c Aは、昭和61年8月1日、労働者代表の同意を得た上で、同日から実施する就業規則（以下「旧就業規則」といいます。）を作成し、同年10月30日、大阪西労働基準監督署長に届け出ました。旧就業規則は、懲戒解雇事由を定め、所定の事由があった場合に懲戒解雇をすることができる旨を定めていました。
　　d Aは、平成6年4月1日から旧就業規則を変更した就業規則（以下「新就業規則」といいます。）を実施することとし、同年6月2日、労働者代表の同意を得た上で、同月8日、大阪西労働基準監督署長に届け出ました。新就業規則は、懲戒解雇事由を定め、所定の事由があった場合に

---
[60] 使用者は就業規則を常時各作業場の見やすい場所に掲示し、又は備え付け、あるいは書面交付やインターネットなどの方法によって労働者に周知させなければならない（労基法106条1項、労基則52条の2）とされています。

懲戒解雇をすることができる旨を定めています。

e　Aは、同月15日、新就業規則の懲戒解雇に関する規定を適用して、Xを懲戒解雇（以下「本件懲戒解雇」といいます。）しました。その理由は、Xが同5年9月から同6年5月30日までの間、得意先の担当者らの要望に十分応じず、トラブルを発生させたり、上司の指示に対して反抗的態度をとり、上司に対して暴言を吐くなどして職場の秩序を乱したりしたなどというものでした。

f　Xは懲戒解雇は違法であると主張して、当時のAの取締役（代表取締役を含む。）であった被告（被控訴人、被上告人）Yらに対し、違法な懲戒解雇の決定に関与したとして、民法709条、商法266条の3に基づき、損害賠償を請求しました。

g　Xは、本件懲戒解雇以前に、Y₃に対し、門真のセンターに勤務する労働者に適用される就業規則について質問しましたが、この際には、旧就業規則はセンターに備え付けられていませんでした。Aは懲戒に関する定めのある就業規則を制定していて、この就業規則は、本社には備え付けられていたようであり、本社において周知性を備えていたことがうかがわれますが、原告の勤務していた門真のセンターにおいて上記就業規則の内容を従業員に周知させる手続がとられていた事実は、原審において確定されていません。

h　以上の事実関係の下において、原審（大阪高判平13.5.31労判861号8頁［要旨］）は、次のとおり判断して、本件懲戒解雇を有効とし、Xの請求をすべて棄却すべきものとしました。

①　Aが新就業規則について労働者代表の同意を得たのは平成6年6月2日であり、それまでに新就業規則がAの労働者らに周知されていたと認めるべき証拠はないから、Xの同日以前の行為については、旧就業規則における懲戒解雇事由が存するか否かについて検討すべきである。

②　前記cの事実が認められる以上、Xがセンターに勤務中、旧就業規則がセンターに備え付けられていなかったとしても、そのゆえをもって、旧就業規則がセンター勤務の労働者に効力を有しないと解することはできない。

③　Xには、旧就業規則所定の懲戒解雇事由がある。Aは、新就業規則

第1章　採用の問題

に定める懲戒解雇を理由としてXを懲戒解雇したが、新就業規則所定の懲戒解雇事由は、旧就業規則の懲戒解雇事由を取り込んだ上、更に詳細にしたものということができるから、本件懲戒解雇は有効である。
 i　しかし、最高裁は上告を受けて、原審の判断のうち、h②は、是認することができないとしました。その理由は、次のとおりであり、原判決を破棄し、上記の点について更に審理を尽くさせるため、本件を原審に差し戻しました。
 (a)　使用者が労働者を懲戒するには、あらかじめ就業規則において、懲戒の種別及び事由を定めておくことを要する。
 (b)　そして、就業規則が法的規範としての性質を有するものとして、拘束力を生ずるためには、その内容を適用を受ける事業場の労働者に周知させる手続が採られていることを要するものというべきである。原審は、Aが労働者代表の同意を得て旧就業規則を制定し、これを大阪西労働基準監督署長に届け出た事実を確定したのみで、その内容をセンター勤務の労働者に周知させる手続が採られていることを認定しないまま、旧就業規則に法的規範として効力を肯定し、本件懲戒解雇が有効であると判断している。原審のこの判断には、審理不尽の結果、法令の適用を誤った違法があり、その違法が判決に影響を及ぼすことは明らかである。論旨は理由がある。
 (イ)　就業規則は事業所単位で考えることを重視する必要がある例として労使慣行についての判例が参考になります[61]。

---

[61] 済生会・東京都済生会中央病院（定年退職）事件・東京高判平12.12.25労判812号71頁は、病院を経営する社会福祉法人Yの職員であるが、法人本部では「参事」、病院では「総務部長」であった労働者Xの定年が問題となった事件です。
 a　法人の就業規則では定年は70歳（管理職）又は60歳（管理職以外の職員）であり、Xが雇用された時点の病院の就業規則では定年の定めはないが60歳を定年とする労使慣行が成立していた事例です。後に労使慣行に併せて60歳定年の定めが新就業規則に入りました。
 b　Yは60歳に達したXに対し、法人の参事の職を解き、病院の新就業規則（60歳定年）により定年退職扱いとしました。
 c　まず判決は、同一企業の複数の事業場にそれぞれ異なる内容の就業規則が制定されている場合に、複数の事業場の職務を兼務している労働者がいるときは、各就業規則の中に適用関係を調整する規定が設けられていればそれによることになるが、調整規定が設けられていない場合には、ある事業場の職務に関しては当該事業場の就業規則が適用になるのが原則であるとしています。
 d　判決は、法人の「参事」は管理職ではないから定年は60歳であり、病院では管理職を含む全職員について60歳を定年とする労使慣行があったのだから新就業規則の定めは不利益変更に当たらない。病院の総務部長としても60歳で定年退職したものと判断しました。
 e　このケースでは、使用者が勝訴していますが、本社の他に多くの事業所を有する法人では、①各事業所の就業規則が同一かどうか、②本件のように兼任となる場合がないかどうか、③いずれの就業規則も周知

59

(3) 届出義務と意見聴取義務

届出義務と意見聴取義務については、その義務の履行は効力要件ではないと考えるのが実務の考え方です（有力な反対説もあります）。

3 就業規則の「合理性」要件（労働契約法7条）についての審査

(1) 就業規則の拘束力の根拠について

ア　まず、一方的に使用者が作成する就業規則が何故労働者を拘束するかという問題について、普通契約約款の法的拘束力に関する理論を適用した一種の契約であるとする定型契約説が有力でした。

イ　この点有名な秋北バス事件大法廷判決（最大判昭43.12.25民集22巻13号3459頁・労判71号14頁）は、以下のとおり判示しました。

「労働条件を定型的に定めた就業規則は、一種の社会的規範としての性質を有するだけでなく、それが合理的な労働条件を定めているものであるかぎり、経営主体と労働者との間の労働条件は、その就業規則によるという事実たる慣習が成立しているものとして、その法的規範性が認められるに至っている（民法92条参照）ものということができ・・・、当該事業場の労働者は、就業規則の存在及び内容を現実に知っていると否とにかかわらず、また、これに対して個別的に同意を与えたかどうかを問わず、当然に、その適用を受けるものというべきである」。

ウ　普通契約約款[62]の拘束力に関して、契約内容は約款によるという事実たる

（効力発生要件）されているかについてチェックが必要です。

[62] ① 約款とは保険や運送など不特定多数の利用者との契約を画一的かつ迅速に処理するため、予め定型的に定められた契約条項のことです。貨物運送を例にとると、一般貨物自動車運送事業者は、予め運送約款を定めて国土交通大臣の認可を受けなければならない（変更の時も同様）とされ、国土交通大臣は「荷主の正当な利益を害する恐れがないものであること」等の基準によって認可をします（但し、国土交通大臣が定めた標準運送約款と同一の運送約款を定めた時は認可を受けたものとみなす）（以上貨物自動車運送事業法第10条）、また、運送約款は主たる事務所その他の営業所において公衆に見やすいように掲示しなければならないとしています（同法第11条）。

保険契約については、多数の経済主体を同種の危険から集団的・計画的に保護する保険制度の趣旨から当然に保険契約の内容は定型化される必要があるので、保険者は保険約款（普通保険約款、特約条項）を使用して契約を締結します。保険業法は、保険事業の免許を申請する者に普通保険約款の添付を求め（保険4条2項3号）、普通保険約款の変更については内閣総理大臣の認可を受けなければならないとしています（保険123条1項）。（江頭憲治郎「商取引法」第3版、弘文堂、376-377頁。ここで保険契約と保険約款のわかりやすい説明がなされています。）

② 近時は民法改正の議論がされていて（「債権法改正と労働法」土田道夫編・商事法務・174頁以下。第2節［土田道夫執筆］参照）就業規則についての解釈・運用への影響も考えられます。前述した合意原則の規定の他に、民法改正の動きの中で「約款」が問題として取り上げられ、基本方針（3,1,1,26）で組入要件として相手方への「開示」と「組入合意」が必要となるとされています。今後就業規則や労働協約との関係が問題となることが予想されますから、将来も現状のように一方的に作成された就業規則の効力が容易に認められるのかどうか注目する必要があります。

慣習が成立しており、事前の開示と内容の合理性を要件に、利用者の同意や知・不知を問わず拘束力を持つと解されていますが、秋北バスの前記最高裁判決はこれを就業規則に応用したものであると考えられています。

エ　以上の議論を前提として、労働契約法7条が立法されましたが、現在ではこの7条自体が就業規則の拘束力の根拠規定となります。

オ　以上のことから、就業規則の内容について、作成する使用者側では将来裁判所において、合理的限定解釈をされ思わぬ結果とならないように、合理性の有無についての事前の内部的審査を厳しくする必要があります。また、就業規則作成を指導する専門家（特に社会保険労務士）の責任が大きいことがわかります。

(2) **合理性審査による限定解釈の事例について**

ア　服装や容貌の例

日常的な労働義務についても服装や容貌を規制する就業規則は労働者の人格的利益（プライバシー）を考慮して合理的限定解釈をされています[63]。

イ　退職金の不支給・減額

(ア)　就業規則上の退職金の不支給・減額条項について、退職金の賃金後払いの性格を考慮して、退職金請求権の喪失を相当と判断する程度に著しく背信的な行動があった場合にだけ適用されるものとして限定解釈する判例も裁判所の合理的審査の一例です。詳細は第4章の懲戒解雇のところ〔225頁以下〕で述べています。

(イ)　一般に退職金が賃金としての性格（在職中の労働への対価としての賃金の後払という意味）を持つことは認められています。しかし、退職金は賞

---

③　約款（例として運送約款）と就業規則の対比についてを（図表1-2）にまとめておきます。

（図表1-2）約款と就業規則の対比

	就業規則（労働契約法7条）	運送約款（貨物自動車運送事業法10条）
本来の契約類型	雇用（労働）契約	運送請負契約
成立	一方的に企業、使用者が作成する	一方的に企業が作成する
相手方	労働者（弱者）	注文者（消費者）
合理性審査	裁判所	国土交通大臣（認可制）
	裁判における事後的審査	認可時に判断する事前審査

63　例として、イースタン・エアポートモータース事件では、ハイヤー運転手が「髭を剃ること」を規定した就業規則に反して髭を剃らないまま乗務したことに対する戒告処分につき、禁止される「髭」は「快適なサービス提供という趣旨に反する髭（「無精髭」や「異様、奇異な髭」）だけを指すものと限定解釈して戒告処分を無効としました東京地判昭55.12.15労民31巻6号1202頁・労判354号46頁。

与と同様に、支給に関する当事者の合意や就業規則によって発生するものであり、支給条件をどのように定めるかは当事者の自由です。そして支給要件を満たすことによって退職時に具体的に退職金請求権が発生する（逆に支給要件に満たない場合は、請求権自体が発生しない）のです。但し、そのような規定が許されるのは、労働者の長年の労働の価値（勤続の功）を抹消（全額不支給の場合）または減殺（減額支払の場合）してしまうほどの著しい背信行為があった場合に限られると解されています[64]。

ウ 退職後の競業避止義務

退職後の競業避止義務を規定した就業規則について、労働者の職業選択の自由（憲法22条1項）を尊重して、競業の対象職種、期間・地域や代償の有無等の条件を付けて限定的に解する形で合理性を審査しています。

エ 懲戒・解雇

懲戒・解雇に関しては就業規則で懲戒事由・解雇事由の規定が限定的に書かれておらず、包括的に自由に判断してよいようになっている場合でも、労働者の利益を保護するために裁判所では「限定解釈」されることがあります。この点は後の懲戒と解雇の章で詳しく述べます。

4 就業規則による不利益変更

(1) 就業規則による労働条件の不利益変更の問題点

使用者による一方的な労働条件の変更として、就業規則による変更があります[65]。

この点、従前から判例により合理性がある場合に変更が有効とされてきましたが、労働契約法10条により、明文で明らかにされました。法文上は「労働者の受ける不利益の程度、労働条件の変更の必要性、変更後の就業規則の内容の相当性、労働組合等との交渉の状況その他の就業規則の変更に係る事情」が合理性判断に当たって考慮すべき事情として挙げられていますが、従前からの判例の考え方によって判断することが定説化していますので、以下に現在における実務の取り扱いについて述べておきます[66]。

---

[64] 菅野493頁。土田248頁以下では、①自己都合、会社都合退職、②懲戒解雇、③退職手続違反、④競業避止義務違反の4つの類型について詳論されています。本書ではトラブルになることが多い懲戒解雇〔225頁以下〕と競業避止義務違反〔53頁以下〕について論述しています。

[65] 尚、ここで問題とする「不利益変更」は既得の権利を「将来に向けて」不利益に変更することです。既に発生している賃金請求権等の具体的な権利について就業規則の適用によって遡及的に不利益に変更することはできません。これは必ず労働者の具体的な同意が必要です。

[66] 本文のまとめは、判例を分析された土田・労働契約法494頁以下に基づくものです。

(2) **合理性判断についての総論**

　ア　労働条件の不利益変更に当たり必要とされる「合理性」(労働契約法10条の合理性)とは、「その必要性および内容の両面から見て、それによって労働者が被ることになる不利益を考慮しても、なお当該労使関係における当該条項の法的規範性を是認することができるだけの合理性」とされています。

　イ　この合理性についての基本的判断枠組みは以下のとおりです。

　　(ア)　判例では「変更によって労働者が被る不利益の程度、使用者側の変更の必要性の内容・程度、変更後の就業規則の内容自体の相当性、代償措置その他関連する労働条件の改善状況、労働組合等との交渉の経緯、他の労働組合又は他の従業員の対応、同種事項に関する我が国における一般的状況等を総合考慮して」判断されています(第四銀行最高裁判決平9.2.28労判710号12頁)。

　　　　尚、私が手控えとして研修でも使用している一覧表(図表 1 - 3)を紹介しておきます。この表のうち、●○で使用者有利(○)不利(●)を示して考えるものです。雇止めの一覧表と同様の趣旨ですが、整理のためのメモ程度のものと考えていただければと思います。

　　(イ)　具体的な判断枠組み

　　　a　まず、「変更の必要性の内容・程度」(使用者側の事情)(図表 1 - 3 の②)と、「労働者が被る不利益の程度」(労働者側の事情)(同①)の比較衡量を基本とする変更内容の合理性の審査が中心となります。

　　　b　次に、労働者の不利益(同①)をカバー又は緩和する要素として、「代償措置とその他関連労働条件の改善状況」(同④)の審査をします。これも重要な要素として考えられます。

　　　c　さらに、同種業界・同一地域の労働条件水準等を基準とする「変更後の就業規則の内容自体の相当性」(社会的相当性)(これは前記判例の表現による「変更後の就業規則の内容自体の相当性」(同④)と「同種事項に関する我が国社会における一般的状況」(同⑥)を合体させたものです)の審査をします。

　　　d　最後に、「労働組合との交渉の経緯」(組合の他に従業員への対応も含む)(同⑤)が手続的要素として審査されます。

　ウ　大企業では労働条件を変更する場合に、判例の考え方を考慮して行うのが通例であり、判例法は企業における労働契約の運営に関する指針(行為規範)

となっているようですが、中小企業ではそのような賢明な対応を確実にしているとは考えにくいので、こうした判例の考え方を警告として教示して指導することは重要であると考えます。

エ　合理性審査により不利益変更が無効とされる場合は、問題とされた労働者との関係だけで無効となります。これを「相対的無効」といいます[67]。

(3) 合理性判断についての各論

以上の総論について以下に分析して各論を述べておきます。但し、総合判断によるので、プラスマイナスの方向性について示すにとどめます。

ア　①と②の比較衡量に関して

(ア)　まず、労働条件の変更の必要性（②）がないとか乏しい（小さい）のに、労働者の不利益（①）が大きいということは許されない（無効）となりやすいです。

(イ)　必要性（②）がある場合も、それを上回る著しい不利益が労働者に発生する場合には合理性は否定されやすくなります。

(ウ)　労働条件の不利益変更が従業員全体に及ぶ場合でも、不利益が過大な場合は合理性が否定される方向になります。

(エ)　労働者の不利益（①）が軽微な場合は、変更の必要性（②）との衡量の中で合理性が肯定されやすくなります。

(オ)　労働者が受ける不利益（①）については、賃金・退職金という重要な労働条件（労働者の生活原資）とそれ以外の労働条件とでは判断に当たっての重みが違うことも指摘されています。

(カ)　従来の裁判例ではどのくらいの減額幅であれば合理性が否定されるか示されたものはなかったのですが、大阪京阪タクシー事件・大阪地判平22.2.3労判1014号47頁は原告らタクシー運転手の各月賃金について「改訂前賃金体系による算定に比して20%以上減額する限度で合理性が認められず、無効」であるとして、原告らの差額賃金の支払い請求を一部認容しました。この判決は、「20%以上」の根拠として、①乗務員の基本的権利である賃金を減額するものであることと、②労基法91条が減給の制裁額を一賃金支払期における賃金総額の10分の1に制限していることの2点を挙げ

---

[67] みちのく銀行最高裁判決は企業・従業員全体の立場から巨視的・長期的に見れば相当性を肯定できるとしながら特定行員との関係でのみ変更の合理性（拘束力）を否定しました。他の労働者の間の効力は無効ではなく、「相対的無効論」と言われています。これは労働法以外の法分野ではよくある解釈の方法です。

第1章　採用の問題

（図表１－３）就業規則による不利益変更の合理性判断基準（賃金改定関係）

番号	事件名	労判号-頁	裁判所	有効性 ○有効 ●無効	①不利益の程度 ■著大 ●大 ○小	②必要性の内容程度 ○有 ●無	③内容自体の相当性 ○有 ●無	④代償措置等の改善 ○有 ●無	⑤組合交渉等 ○有 ●無	⑥一般状況 ○良 ●悪
1	高円寺交通	564-42	東京地判平2.6.5	○	○	-	-	-	○	-
2	第一小型ハイヤー	630-9	札幌高判平2.12.25	●	●	●	●	-	●多数組合の同意あり	●
		630-6	最2小判平4.7.13	破棄差戻	審理不尽	○	審理不尽	-	審理不尽	-
3	みちのく銀行	631-49	青森地判平5.3.30	専任職制度の導入は○／新専任職制度の導入は●	○／■	○／○	△／▲	○／△	○／●（結論には影響せず）	○
		693-22	仙台高判平8.2.24	○	■	◎	○	○	○	○
		787-6	最1小判平12.9.7	●	■	◎（高度）	●	●	●多数組合の同意を重視せず	-
4	福岡中央郵便局	673-138	福岡地判平6.2.22	○	○	◎	○	○	○	-
5	函館信用金庫	665-33	函館地判平6.12.22	○	○	○	○	-	●	○
6	安田生命保険	677-17	東京地判平7.5.17	○	○	◎	○	○	○	○
7	大輝交通	680-34	東京地判平7.10.4	●	●	●	●	●	●多数組合の同意あり	-
8	アーク証券	711-57	東京地決平8.12.11	●	●	●	●	-	-	-
		749-49	東京地決平10.7.17	●	●	●高度の必要性なし	●	●	●	-
		785-45	東京地決平12.1.31	●	■	●高度の必要性なし	●	代償措置なし・経過措置なし	●	-
9	安田生命保険	720-31	東京地判平9.6.12（本訴）	○	○	○	○	○	○	-
10	広島第一交通	751-79	広島地決平10.5.22	●	■	●	-	-	●	-
11	池添産業	760-69	大阪地判平11.1.27	●	■	●	●	●	●	-
12	日本交通事業社	778-28	東京地判平11.12.17	●	■	●（立証なし）	●	●	●（組合の同意はあるが、原告は非組合員）	-
13	日本貨物鉄道（定年時差別）	780-45	名古屋地判平11.12.17	○	●	◎	○	定年延長	○	○

65

14	ハクスイテック	781-43	大阪地判平12.2.28	○	○	◎ 高度の必要性あり	–	○	○ 十数回の団交	–
		816-23	大阪高判平13.8.30	○	○	◎	–	○	○	–
15	徳島南海タクシー	784-30	徳島地判平12.3.24	●	●	○	–	◎ 時短・定年延長	●	–
16	公共社会福祉事業協会	795-34	大阪地判平12.8.25	●	●	●	●	–	–	○
17	県南交通	849-107	東京高判平15.2.6	○	○	◎	○	○	○	○
18	ＮＴＴ西日本	804-19	京都地判平13.3.30	○	○ 不利益緩和	◎	○ 労働負担の減少	○	○	○ 同年齢で就職した人との比較でも
19	九州運送	837-76	大分地判平13.10.1	○	○	◎ 赤字経営	○	◎ 労働時間短縮	● 真摯な交渉（努力を尽くした）	△合理性判断に影響せず
20	大阪国際観光バス	826-92	大阪地決平13.12.26	●	■	●	●	–	–	–
21	全国信用不動産	827-51	東京地判平14.3.29	●	■	●高度の必要性なし	●	●	●従業員への説明が不十分	●
22	日本ロール製造	832-36	東京地判平14.5.29	●	●	●高度の必要性なし	●	●	説明不十分	–
23	キョーイクソフト	831-5	東京地八王子支判平14.6.17	●	■	●高度の必要性なし	–	● 少ない	●	–
		851-48	東京高判平15.4.24	●	■ 重大	●高度の必要性なし	–	● 不十分	説明不十分	–
24	杉本石油ガス	835-25	東京地決平14.7.31	●	●	●高度の必要性なし	●	●	説明不十分	–
25	全日本検数協会	836-65	神戸地判平14.8.23	●	■	○	●	● 不十分	●	●

ています。

　　これは勿論事例判断であって、他の要素との総合判断の中で「20％」の数字が示されているものですが、参考になるものです。
　イ　「代償措置等」（同④）について
　　(ア)　①と②の要素が同じくらいで判断が難しいときに、この要素が使用者に有利に働くことがあります。
　　(イ)　これは金銭的なものだけでなく、週休二日制の導入に伴う1日の所定労働時間の延長問題における休日の増加等の金銭以外の労働条件の改善も含みます[68]。
　　(ウ)　労働条件の不利益変更を緩和するための経過措置があれば使用者に有利に判断されます[69]。
　　(エ)　また、賃金等の低下に見合った職務軽減措置等があれば一種の見返りとしてプラスに評価できます。
　ウ　内容自体の問題について
　　(ア)　この点は変更後の労働条件が低すぎて従前の生活水準が維持できないことがありますから、同業他社や社会の一般的水準との比較をして慎重に考えます。
　　(イ)　また「利益・リスクの公平な配分」という視点も重要視されます（土田499頁以下）。

　　　労働条件の不利益変更が特定の労働者層に特に大きな不利益を及ぼす場合は、特別の配慮が必要です。中堅・若手層が多くを占める多数組合の合意が得られる反面、高齢者や管理職層など、人件費が高く、組合に加入していない特定層に不利益が偏在することが多いので、不利益を緩和するための経過措置・代償措置が必要です。もともと就業規則による労働条件の不利益変更は、労働条件を集団的かつ一方的に変更するものですから、その不利益（リスク）は、従業員集団全体に及ぶものでなければならないとされます。これは「利益・リスクの公平な配分の要請」と呼ばれる考え方であって、この要請に反する労働条件変更は合理性を否定されます。この「利益・リスクの公平な配分」論を採用して合理性を否定したのがみちの

---

[68] 羽後銀行事件・最3小判平12.9.12労判788号23頁、函館信用金庫事件・最2小判平12.9.22労判788号17頁。
[69] 例えば、ハクスイテック事件・大阪高判平13.8.30労判816号23頁では一定期間の調整給や代償措置がなされていたことが合理性判断に当たり有利に考慮されています。

く銀行事件の最高裁判決です。
エ　手続的要素（同⑤）について
　(ア)　多数組合との合意の存在は、労使間の利益調整がされた結果としての合理的なものであると一応推測できるという考え方によって、合理性を肯定できる根拠の一つとなると判断されています。これは、労使協調路線の多数派組合の場合には変更前に団体交渉や労使協議を行ってその合意の結果を全従業員にも及ぼすことが多いことから、使用者にとって有利な判断枠組みです[70]。

　これは、組合が真摯に組合員（労働者）のために交渉することによって合意が成立した場合は、組合員の利益を害されないような内容になっているであろうという考え方に基づくものです。言い換えればよく「揉んで」組合員の利益の擁護が図られているはずであるということです。この趣旨から考えると、使用者と多数組合が馴れ合いで結論を出すだけの場合（議論をした外形を整えるだけという形式的な交渉の場合を含みます）には合理的な内容であるとの推定は働かないことになります。労使協調路線の組合相手といえどもやはり真摯に交渉することが求められます。

　(イ)　この点、よく似たケースであるのに最高裁判決が異なる判断をした例として、第四銀行事件・最２小判平9.2.28民集51巻２号705頁・労判710号12頁とみちのく銀行事件・第１小判平12.9.7民集54巻７号2075頁・労判787号６頁があります。この２判決を（図表１－４）に対比してまとめておきます。

　　a　第四銀行事件は、定年延長に伴う賃金体系の不利益変更が問題となり、最高裁判決は就業規則の変更が行員の90％を組織する労働組合との交渉・合意（協約締結）を経て行われたので、合理性を肯定できる根拠の１つとされ、結果として有効とされました。

　　b　これに対し、みちのく銀行事件も同様の事案で、行員の約73％を組織する労働組合の合意を得て、就業規則が変更されたのですが、特定行員層の不利益が大きいことから、これを大きなプラス要素として評価でき

---

[70] 菅野145頁では「当該組合による従業員集団の利益代表行為が、労使それぞれの検討や折衝のプロセスに照らして、真剣かつ公正に行われたものかどうか」を重視され、「労使による真剣で公正な交渉が行われたといえる場合には、変更による不利益の程度、変更内容の相当性、変更の必要性、等の法定要素の全体にわたった判断はもちろん必要であるが、代表的組合との交渉による集団的利益調整を十分考慮に入れて合理性の総合判断を行うべき」とされています。

ないと考えました。

(4) **検討まとめ**

　ア　以上のとおりの各論点での検討を行いますが、最後は以上の諸要素についての総合判断となります。この点将来争われたときに勝てるかどうか判断（予想）が難しいものになります。

　イ　「最高裁重要労働判例」（経営書院）16頁（荒木尚志）では判例法理が行為規範として妥当なルールとなっているかが問題とされています。そしてその例として就業規則の合理的変更法理では合理性判断のために考慮事項が列挙され、それを総合考慮して判断するとされていることを挙げ、裁判所が妥当と考える結論を導くためには非常に使い勝手のよいものであるが、このような総合考慮による判断枠組みは、合理性判断の予測可能性が低いという問題がある（実際にみちのく銀行事件では、一審、二審、最高裁と結論が二転三転した）と指摘されています（この点は図表1－3の3番目の欄をご参照）。そしてさらに、判例法理は制定法上明文化されていない不文の規範であるため一般の関係者に認識されず、ルールの透明性に欠けるという問題点もあり、行為規範としては機能せず、紛争防止にも役立ちにくいという限界があるとされています。

　　　全く同感です。企業側の弁護士として紛争予防を考える時に、総合判断が必要なケースの場合にはどのような結論になるのか予想しにくく、助言・指導が難しいと感じることが多いのです。

　　　例えば各要素に100点満点のうち何点とするという点数配分がしっかりされていて、各要素が○か×かによって点数の計算ができて、合計何点以上で勝てるなどのやり方（大学入試はこのようなものです）であれば、事実の聴取と各要素へのあてはめさえきっちりと行えば事件の見通しがある程度立ちます。しかし判例のやり方の場合では各要素の重要性について言及もしないし、判断の手掛かりが示されていません。このことはどちらが勝つか予想がつきにくいということになります。見通しを確かなものとするためには、できるだけ多くの裁判例を研究して、そこから勝ち負けの感覚をつかむしかないと思われます。

　　　判例の判断枠組みとしては固まってしまっているので、これに対応するしかありません。これが労働判例の研究が重要であると考える理由の一つです。ここで多くは紹介できませんが、判例の判断枠組みに従って一部の判例につ

(図表１－４) 第四銀行事件とみちのく銀行事件対比表

			第四銀行事件	みちのく銀行事件
事案			被告銀行Ｙでは、従来、定年は55歳となっていたが、健康に支障のない男性行員は定例給与はそのままで58歳まで在職できることとなっていた。この後、Ｙは、多数組合の同意を得て、就業規則を変更し、定年を60歳にまで引き上げる一方、55歳以降の賃金は、54歳時の賃金よりも引き下げた。その結果、原告Ｘの賃金は54歳時の約3分の2となった。Ｘは、本件就業規則変更は無効であり、55歳以降も変更前の就業規則による賃金を請求する権利があるとして、その差額の支払いを求めて訴えを提起した。	従前より60歳定年制を採用し、年功序列型賃金体系をとっていた地方銀行Ｙ（被告、控訴人・被控訴人、被上告人）が、行員の高齢化、経営の低迷等の事情から専任職制度を導入することとし、従業員の73％を組織する労組との協議・合意を経て、昭和61年に基本給の満55歳到達月での凍結等を内容とする第1次就業規則変更を、昭和63年には基本給の構成部分である業績給の50％減額、専任職手当廃止、賞与支給率の300％から200％への削減等を内容とする第2次就業規則変更を行い、同制度を実施した。この就業規則変更によって、Ｘら（原告、被控訴人・控訴人、上告人）の従前の得べかりし標準賃金額（賞与を含む）からの削減額は、期間平均で約33ないし46％に達した。
最高裁判決			最２小判平9.2.28民集51巻2号705頁（労判710号12頁）	最１小判平12.9.7民集54巻7号2075頁（労判787号6頁）
考慮要因	(a)均衡	使用者側の必要性	①必要性	本件就業規則変更の昭和58年当時、60歳定年制の現実が国家的な政策課題とされ、定年延長の高度の必要性があったし、その一方、定年延長による人件費の負担増加などに対応するために、55歳以降の賃金水準等を変更する必要性も高度なものであった。（判断3の要約）	◎ ◯	55歳以上の行員について、役職への配置等に関する組織改革とこれによる賃金の抑制を図る必要があったこと、Ｙの経営効率諸指標が全国の地銀の中で低迷し、弱点のある経営体質を有していたこと、金融機関間の競争が進展しつつあったこと等を考え合わせると、本件就業規則変更は、Ｙにとって、高度の経営上の必要性があった。（判決の判断3の部分）
		労働者側の不利益	②不利益	「本件就業規則の変更により、（中略）従前の定年後在職制度の下で得られると期待することができた金額を2年近くも長く働いてようやく得ることができるというのであるから、この不利益はかなり大きなものである。特に、従来の定年である55歳を間近に控え、58歳まで定年後在職制度の適用を受けて54歳時の賃金を下回ることのない賃金を得られることを前提として将来の生活設計をしていた行員にとっては、58歳から60歳までの退職時期が延びること及びそれに伴う利益はほとんど意味をもたないから、相当の不利益と見ざるを得ない。」（判断3の原文）	● ■	本件第1次変更及び本件第2次変更による高年層の行員に対する賃金面の不利益をみると、他の行員の基本給等が増額されるのに、55歳以上の者の賃金は増額されず、専任職に発令後は、基本給の約半額程度を占める業績給が50パーセント削減され、3万ないし12万円程度とかなりの額である役職手当及び管理職手当が支給されなくなり、かつ、賞与の額も大きく減額されるものである。以上の変更による賃金の減額幅は、55歳に到達した年度、従来の役職、賃金の内容によって異なるが、経過措置が適用されなくなる平成4年度以降は得べかりし標準賃金額に比べておおむね40数パーセント程度から50数パーセント程度に達することとなる。（中略）得べかりし標準賃金額と比べた場合の賃金の削減額は、3年4箇月ないし5年間の合計で約1250万円ないし約2020万円となっており、その削減率は、右期間の平均値で約33ないし46パーセントに達している。（中略）以上の減額幅は考課等による格差に比べ格段に大きなものであって、その相当部分が本件就業規則変更によるものと考えられる。（判断の5（一）の部分）
	(b)補充		④代償等	「定年が55歳から60歳まで延長されたことは、女子行員や健康上支障のある男子行員にとっては、明らかな労働条件の改善であり、健康上支障のない男子行員にとっても、58歳よりも2年間定年が延長され、健康上多少問題が生じても、60歳まで安定した雇用が確保されるという利益は、決して小さいものではない。また、福利厚生制度の適用延長や拡充、特別融資制度の新設等の措置が採られていることは、年間賃金の減額に対する直接的な代償措置とはいえないが、本件定年制導入に関連するものであり、これによる不利益を緩和するものということができる。」（判断3の原文）	◯ ▲	「Ｘらの場合、所定労働時間等の変更はあるわけでない上（中略）、X1～X4は、専任職発令前後を通じてほぼ同じ職務を担当しており、X5およびX6も、課長の肩書が外された事実はあるが、数十パーセントの賃金削減を正当化するに足りるほどの職務の軽減が現実に図られているとはいえない。」（5（二）の部分） 「さらに、本件第2次変更の際には、Ｙと労組との間で不利益の代償措置（特別融資制度等）も合意されている。（中略）これらの代償措置を加味して判断しても、Ｘらの不利益が全体的にみて小さいものであるということはできない。」（5（三）の部分）
				「不利益緩和のため、55歳を目前に控えており、本件定年制の実施によって最も現実的な不利益を受ける者のために、定年後在職制度も一定期間残存させ、55歳を迎える行員にいずれかを選択させるな		「右によれば、本件第1次変更及び本件第2次変更により被る不利益は賃金面における不利益は極めて重大であり、そのうち本件就業規則等変更による部分も、その程度が大きいものというべきで

第1章 採用の問題

		どの経過措置を講ずることが望ましいことはいうまでもない。しかし、労働条件の集合的処理を建前とする就業規則の性質からして、原則的に、ある程度の一律の定めとすることが要請され、また、本件就業規則の変更による不利益が、合理的な期待を損なうものにとどまるものであり、法的には、既得権を奪うものと評価することまではできないことなどを考え合わせると、本件においては、このような経過措置がないからといって、前記判断を左右するとまではいえない。」(判断3の原文)			ある。」(5 (四) の部分) 本件における賃金体系の変更は、短期的に見れば、特定の層の行員にのみ賃金コスト抑制の負担を負わせているものといわざるを得ず、その負担の程度も前示のように大幅な不利益を生じさせるものであり、それらの者は中堅層の労働条件の改善などといった利益を受けないまま退職の時期を迎えることとなるのである。就業規則の変更によってこのような制度の改正を行う場合には、一方的に不利益を受ける労働者について不利益性を緩和するなどの経過措置を設けることによる適切な救済を併せ図るべきであり、それがないままに右労働者に大きな不利益のみを受忍させることには、相当性がないものというほかはない。本件の経過措置は、前示の内容、程度に照らし、本件就業規則等変更の当時既に55歳に近づいていた行員にとっては、救済ないし緩和措置としての効果が十分ではなく、Xらは、右経過措置の適用にもかかわらず依然前記のような大幅な賃金の減額をされているものである。したがって、このような経過措置の下においては、Xらとの関係で賃金面における本件就業規則変更の内容の相当性を肯定することはできないものといわざるを得ない。(判断6 (三) の部分)
(c)社会的相当性	③内容自体 ⑥他との比較	「変更後の就業規則に基づく55歳以降の労働条件の内容は、55歳定年を60歳定年に延長した多くの地方銀行の例とほぼ同様の態様であって、その賃金水準も、他行の賃金水準や社会一般の賃金水準と比較して、かなり高いものである」。(判断3の原文)	○	△	本件就業規則等変更後のXらの賃金(平成4年度以降は年間約420万円程度から約530万円程度まで)は、減額されたといっても、青森県における当時の給与所得者の平均的な賃金水準や定年を延長して延長後の賃金を低く抑えた一部の企業の賃金水準に比べてなお優位にあるものである。しかし、Xらが、高年層の事務職員であり、年齢、企業規模、賃金体系等を考慮すると、格別高いものということはできない。また、Xらは、60歳の定年5年前に賃金を半額に近い程度に切り下げられたものであり、55歳定年の企業が定年を延長の上、賃金水準を低く抑える場合と同列に論ずることはできない。(判断6 (一) 部分の要約)
(d)手続等	⑤組合との協議・合意等	本件就業規則の変更は、行員の約90%で組織されている組合(中略)との交渉、合意を経て労働協約を締結した上で行われたものであるから、変更後の就業規則の内容は労使間の利益調整がされた結果としての合理的なものであると一応推測することができ、また、その内容が統一的且画一的に処理すべき労働条件にかかるものであることを考え合わせると、Yにおいて就業規則による一体的な変更を図ることの必要性および相当性を肯定することができる。Xは、当時部長補佐であり、労働協約の定めにより組合への加入資格を認められておらず、組合を通じてその意見を反映させることのできない状況にあった旨を主張するが、本件就業規則の変更が、変更の時点における非組合員である役職者のみに著しい不利益を及ぼすような労働条件を定めたものであるとは認められず、右主張のみをもって非組合員にとっては、労使間の利益調整がされた内容のものであるという推測が成り立たず、その内容を不合理とみるべき事情があるということはできない。」(判断3の原文)	○	△	本件では、行員の約73パーセントを組織する労組が本件第1次変更及び本件第2次変更に同意している。しかし、Xらの被る前示の不利益性の程度や内容を勘案すると、賃金面における変更の合理性を判断する際に労組の同意を大きな考慮要素と評価することは相当ではないというべきである。(判断7の部分)
結論		有効	○	●	無効(相対的無効)

71

いて別表で分析しておきます。複雑なものですが、実際の対応に当たってはできるだけ多くの判例に当たり自社でのケースの予想と対応をしてください。
　尚、「解雇権濫用」「雇止め」についての判例分析については別述します。

5　就業規則作成に当たっての留意点

(1)　まず、誰のためのルールか、誰を拘束するのかという基本を理解することです。この点で、オーダーメイド性への配慮は重要です。どこまで会社の理念、社風、歴史（沿革）に配慮するかについて、あくまである特定の企業のルールですから、オーダーメイド的であるべきで、画一的な書式は値打ちがないと考えます。その意味で、会社の具体的な要望を盛り込むべきです。専門家（社会保険労務士）が関与する場合でも、作成時に会社側の要望（記入希望）事項書のようなものを作ってもらって、それを参考にすべきではないでしょうか（契約書作成も同じですが）。

(2)　内容については、中立的公正な内容か、どこまで会社に有利なものにするのか、コンプライアンスやＣＳＲなど法適合性、理念・理想との関係をどうするかをよく考えます。企業にとって義務的なことは一旦記載すると拘束される（労働協約と同じ）ので、できるだけ書かないという考え方があります。例として「裁判員制度に関する特別休暇制導入問題」が解りやすいでしょう。導入しなくても違法ではありませんから、使用者として自由に考えることができます。

(3)　会社のレベルに合わせる必要があります。できるだけ理解しやすいように箇条書きや図表を利用することが有益です。理解可能かどうかは労使双方にとってどうなのかを考えます。

(4)　あいまいな内容で異なった読み方・解釈ができるようではルールとして意味がないので、トラブル防止の観点から誰が読んでも同じ理解に達する書き方（文言）にすべきです。

(5)　管理職の関係の条文がないことがよく目につきます。ピラミッド型の組織体としての会社のルールですから、組織運用の実効性を考えて規定をおくべきです。

(6)　業種別の特徴についての配慮も必要です。同業のノウハウは有益ですし、同業他社の事例の方が経営者は受け容れやすいものです。

(7)　守れないことはルールにしないことです。大企業のものをまねする例の中には、できないことや実際に発生したら困るようなことをよく考えないで規定しているものもあります。よく問題とされる例として休職期間を大企業並みに長

期に設定しているのを実情に合わせて短期に改訂するということがあります。
(8) 法令の制定・改正や企業の成長、組織変更、経済情勢の変化などの理由で改訂が必要となることは必定ですから、絶えず見直しをしていく努力が必要です。

6 就業規則取扱説明書の必要性

(1) 就業規則が労使間のルールであるという割に就業規則の意味を知らない企業が多いと感じられます。さらに、重要なことは就業規則の文章（言葉）をそのままに理解して行うと問題があることを意識していないことが多いことです。

特に多いのは、「解雇権濫用」という判例理論（「使用者の解雇権の行使も、それが客観的に合理的な理由を欠き社会通念上相当として是認することができない場合には、権利の濫用として無効になる」とするもの）が法律の条文（労働契約法16条）に規定される時代になり、解雇は余程の重大な事由がない限り無効であることが常識となっているはずであるのに、多くの企業がまだまだ正しく理解していません。そしてそのために多くの解雇トラブルが発生しています。この「解雇権濫用」の問題について企業側関係者が十分理解して慎重に「解雇」を考えるのであれば、世の中の解雇問題は少なくなるはずです。就業規則を作成する者（専門家としては社会保険労務士）が、取扱説明書を作成し、その中に「解雇権濫用」について説明し、実際の運用上十分留意することが必要です。

(2) その他の論点も同様ですし、ルールとしての意義・機能や「裁判所の合理性審査」により使用者の考え方が否定されることがありうること等、就業規則について当然知って活用するために必要な考え方や知識を理解するように徹底することが必要です。

7 労使慣行

(1) 意義

労働条件、職場規律、施設管理、組合活動等について労働契約、就業規則、労働協約などの成文の規範に基づかない取扱いが長期間反復・継続して行われていて、それが双方に対し事実上の行為準則として機能していることがあります。このような取扱いは「労使慣行」といわれ、その法的効力が問題になります。

(2) **法的効力の問題点**[71]

---

[71] 不当労働行為の関係で労使慣行が問題となることもあります。
　① 労働組合と使用者間において、労使関係上の諸事項（団体交渉の手続・条件、組合活動の取扱い、便宜

ア 契約的効力
　(ア) 長年続いてきた取扱いがその反復・継続によって労働契約の内容になっていると認められる場合に労働契約としての効力が認められることがあります。このような慣行は、契約当事者間に継続的な行為の準則として意識されてきたことによって、黙示の合意が成立したものとされたり（黙示の意思表示）、または当事者がこの「慣習ニ依ル意思ヲ有スルモノ」（民法92条）と認められたり（事実たる慣習）して、労働契約の内容となると考えられています（菅野100頁）[72]。
　(イ) 裁判例は、慣行がこのような契約的効力を認められるためには、当該事項について決定権限を有する管理者が当該慣行を承認し、それに従ってきたことを要するとしています[73]。
　　判例の多くは、法的拘束力の有無を事実たる慣習（民法92条）に該当するか否かの問題としてとらえ、一定の要件を充たせばこれを肯定して法的拘束力を認めるという手法を採用していて、その法的拘束力取得のための要件は、①同種の行為又は事実が一定の範囲において長期間反復、継続し

供与など）について一定の取扱いが双方の事実上の了解のもとに長期間反復されていることが多いのですが、このような労使慣行は、一種の自主的ルールとして尊重されるべきものであり、当事者がこれを破棄するためには相手方に対しその理由を示してルール変更のための誠実な交渉を行うことを要請されます。使用者がこのような手続を踏まずに慣行を破棄すると、その態様により支配介入等の不当労働行為とされる危険があります。

② 国・中労委（函館厚生院）事件・東京地判平20.3.26労判969号77頁
　病院を運営する社会福祉法人XとZ組合（病院の従業員約600名によって結成された労働組合）とは、従前より組合員ならだれでも参加できる方式の団体交渉を行っていました（本件では、これを「組合員参加型団交」と称しています）。
　この組合員参加型団交では、Xからは院長・診療部長・事務部長・看護部長・総務課長ら14名が出席し、Z組合からは執行委員長ら四役と上部団体関係者に加え、一般組合員が約100〜150名参加することがありました。なお、XとZ組合の間には、団体交渉について定める文書は存在していませんでした。
　平成15年3月、XはZ組合に対し、団体交渉の出席者を双方10名以内とすることを提案し、組合参加型団交の手続の変更を提案しましたが、Z組合は反対しました。
　Z組合はXに対し、就業規則の変更等について平成15年12月16日に組合員参加型団体交渉の開催を申し入れましたが、同月20日、XはZ組合に対して適正人数の交渉担当者による団体交渉・事務折衝・労使協議会における交渉には応じるが、組合員参加型団交には応じない旨を回答しました。
　判決は、団体交渉の方式として「組合員参加型団体交渉」によるとの労使慣行が成立していたとし、団体交渉手続の変更等に関するZ組合からの団交申入れに対し、Xが当該方式での団交には応じなかったことが不当労働行為に当たるとしました。

[72] 労使慣行で6か月分の一時金の支給が労働契約の内容となっていたとして、これを変更する場合（不利益変更）について、高度の必要性に基づいた合理的な内容のものであるということはできないとして実際に支払われた一時金額との差額の支払請求を認めた判例として、立命館事件・京都地判平24.3.29労判1053号38頁があります。
[73] 判例として、三菱重工業長崎造船所事件・長崎地判平元.2.10労判534号10頁、東京中郵事件・東京高判平7.6.28労判686号55頁。

て行われていること、②労使双方が明示的に当該慣行によることを排除、排斥していないこと、③当該慣行が労使双方（特に使用者側においては、当該労働条件の内容を決定し得る権限を有する者あるいはその取扱いについて一定の裁量権を有する者）の規範意識によって支えられていること、とされています[74]。

イ　権利濫用

「労使慣行はそれに反する使用者の権利の行使を「権利の濫用」として無効にする効果をもつことがありうる。たとえば、一定の規律違反行為を黙認し放置する取扱いが長年続いてきた場合には、その行為を突如として懲戒処分に付することは、懲戒権の濫用とされる可能性が大きい。使用者としては、今後はその種の行為につき懲戒を行う旨の宣告を従業員に対して行い、その取扱い（慣行）によって弛緩していた規律を引き締めたのちの行為でなければ、懲戒処分をなすべきでない。」（菅野100頁）

(3) 廃棄の方法

ア　使用者が労働者に有利な労使慣行を就業規則規定の新設または変更によって廃棄できるかが就業規則の不利益変更に関連して、問題となります。

労使慣行は、前述のとおり、労働契約の内容となる場合には、労働契約の効力を認められますので、この場合に就業規則規定の不利益な新設または変更の拘束力の問題となります[75]。

イ　労働契約としての効力を有する労使慣行が成立している場合に、それと同内容の就業規則を設けることは、就業規則による労働条件の不利益変更にはあたらないとされた例として、済生会・東京都済生会中央病院事件・東京高判平12.12.25労判812号71頁があります[76]。

第6節　身元保証

1　意義

---

[74] 土田159頁。判例として、国鉄国府津運転所事件・横浜地小田原支判昭63.6.7労判519号26頁、三菱重工長崎造船所事件・長崎地判平成元.2.10労判534号10頁等。

[75] 判例としてはソニー・ソニーマグネプロダクツ事件・東京地判昭58.2.24労判405号41頁（変更の合理性を認めた。）、全日本検数協会事件・大阪地判昭53.8.9労判302号13頁（厳格な契約説に依拠して、就業規則の変更による慣行廃棄を否定した。）等があります。

[76] 60歳定年制の労使慣行が成立している事業場において60歳定年制を新設する就業規則についてのもの。59頁注61で詳しく紹介しています。

(1) 「身元保証に関する法律」(以下単に「法」といいます) は身元保証責任の範囲、限度を合理的なものに制限して、身元保証人を保護するために制定されたものです[77]。

(2) 身元保証契約には、「附従的」保証契約と「独立的」保証契約の2つの類型があり、前者(附従的)は被用者自身が負担する損害賠償義務について、民法上の保証人として、これを履行すべきことを約する契約で、身元保証人の責任には附従性があり、これが原則的類型です。これに対し、後者(独立的)は被用者自身が債務を負担するかどうかを問わず、身元保証人が独立的に使用者が被用者に関する一定の事由によって被った損害を賠償することを約する契約で、いわゆる「損害担保契約」の一種です。

(3) 「身元保証」は最近ではあまり活用されなくなっているようですが(労働法関係で論じられることも少ないし、新しい判例もほとんどありません)、法的リスク対策として、①損害賠償責任を履行させるための他に、②身元保証人の存在と配慮により非行の抑止を図る、③トラブルになった時に身元保証人の助力を期待する等の意味がありますから、もっと活用すべきです。

　どのような場合に身元保証を考えるかというと、労働者全員でなくてもよく、重い責任の危険がある場合だけ(例えば経理・営業等)でもよいでしょう。また、後述のとおり、責任額限定をする(例えば上限を設定する)等の方法も実際的に公平ですし、身元保証人になってもらいやすいです。

(4) 身元保証契約は保証人と被保証人間の相互の信用を基礎としているので、身元保証人の地位は相続によって承継されないとされています(東京地判昭34.6.9判時193.26)。但し、既に現実に損害が発生した後に相続があれば、その具体的な損害賠償債務は相続されます[78]。

2　適用範囲(要件)

---

[77] 身元保証契約は、被用者(身元本人)に関する一定の事由による損害の賠償もしくはそれと共に損害の発生の防止または損害のより以上の拡大の防止を目的とする「広義の保証契約」です。法1条は「引受、保証其ノ他名称ノ如何ヲ問ハズ……被用者ノ行為ニ因リ使用者ノ受ケタル損害ヲ賠償スルコトヲ約スル身元保証契約」と規定していますが、①被用者の「行為」だけでなく、被用者に関するその他の事由による損害も賠償すべきこと、②身元保証人が被用者を常時監督するなどの方法により、忠実に勤務させ、使用者に損害を被らせないように尽力すべきこと、③被用者が病気に罹った場合に被用者の身柄を引き取るなど使用者に対し、それ以上に損害を拡大しないように尽力すべきこと、などの義務を負担する契約も、身元保証法が適用される「身元保証契約」です。

[78] なお、労働者が退職後一定期間を経過し、身元保証の主債務である労働者の損害賠償債務の不存在が確定した場合は身元保証人は身元保証書の返還を請求することができるとされています(東京セクシュアル・ハラスメント事件・東京地判平15.7.7労判860号64頁)。

(1) 被用者

　身元保証契約は「被用者」のための保証契約です。「被用者」とは、相当の期間継続して有償的に他人（使用者）に使用される者で、使用者の指揮命令を受け、その監督のもとに労務に服する者で、いわゆる使用従属関係にある者です。

(2) 被用者の行為に因り

　ア　身元保証人が責任を負うのは使用者が「被用者ノ行為ニ因リ」て損害を受けたときです。

　　(ｱ)　被用者の責めに帰すべき事由（故意又は過失）に因る場合に限るべきであるとされています。

　　(ｲ)　附従的保証が原則ですが、身元保証責任の前提となる被用者（身元本人）に対する損害賠償請求又は求償自体が判例によって大幅に制限されています[79]。

　　(ｳ)　被用者の従事すべき業務に関連のない事由による損害は反対の特約がない限り、保証の対象の範囲外と解されています。身元保証の対象となる「身元本人の従事すべき業務に関連する事由」とは業務執行の機会または業務執行の権限を利用ないし悪用してなされる行為を広く包含する（但し、極めて稀にしか起こらないような異常な行為は除く）とされています。

　イ　社内規約違反については、参考になる裁判例として、営業担当者が社内規約に違反して取引した場合の損害についての仙台高裁秋田支判平成2.4.16判時1355号71頁があります[80]。5億円を超える損害額に対して、5000万円の身

---

[79] 使用者の損害賠償請求権の行使自体を故意または重過失の場合に限定する裁判例として、仙台高裁秋田支判平2.4.16判時1355号71頁があります。

[80] (ｱ)　水産物販売会社X（原告・控訴人）が取引先Aに代金未払いのまま引き渡す売掛商品の限度を2億円とする社内規約（いわゆる与信管理規程）を定めていたところ、Xの営業担当社員Y（被告・被控訴人）が上記規約に違反し、Aから求められるまま短期間に合計7億円相当の売掛商品を引き渡してしまったために、その代金債権の行使が困難になり約7億円相当の損害を被ったとしてY本人に対し民法709条に基づき、身元保証人Z（被告・被控訴人）に対し身元保証契約に基づき損害賠償請求をしました。

(ｲ)　1審秋田地判昭63.12.6判時1355号74頁は、「商品取引を担当する営業社員がその業務遂行過程において通常払うべき注意を欠き、使用者である会社に損害を被らせることは一般に十分予測することができるものであり、しかも、その担当する取引高が大きい場合には、その損害も通常の予想を超えた莫大なものになり、到底個人の収入資産でこれを償うことができない結果となることは明らかであり、したがって、このような業務を担当している一従業員にその損失を負担させることは、会社がこれらの従業員の活動により大きな利益を得ていることをも考えると、本人が自己の利益を図る等背任性のある場合はともかくとして、単なる注意義務違反の場合にまで賠償を求めることは妥当とはいえず、損害賠償請求権の行使が制限されるべきである」としてXの請求を棄却しました。

(ｳ)　しかし、2審判決（前記）はXの損害額を5億655万6055円と認定し、Y・Zに各自5000万円の支払を命じました。

①　被用者Yの責任については、「昭和57年2月から3月までの間に合計7億円余にも上る助子原卵の預

77

元保証人の責任を認めています。

(3) 存続期間

存続期間の定めのない身元保証契約の存続期間は原則として契約の成立の日より3年間と法で定められています（法1条本文）。商工業見習者の身元保証は5年間とされます。期間の定めのある場合でも、その期間は最長5年に制限されます（同2条1項）。定めがない場合は3年とされていますが、より短い期間にして身元保証をしてもらいやすくするのもよいでしょう。

(4) 通知義務

ア 法3条は、「①被用者ニ業務上不適任又ハ不誠実ナル事跡アリテ之ガ為身元保証人ノ責任ヲ惹起スル虞アルコトヲ知リタルトキ、②被用者ノ任務又ハ任地ヲ変更シ之ガ為身元保証人ノ責任ヲ加重シ又ハ其ノ監督ヲ困難ナラシムトキ」に、遅滞なく身元保証人に通知すべき義務が使用者にあるとしています。この通知義務は身元保証人に適切な時期に法4条の解除権を行使できる機会を与えるためのものです。

イ 法4条は、身元保証人が使用者からの法3条による通知を受けたときや法3条1号および2号に規定する事実があることを知ったときには将来に向かって契約を解除できるとしています。これは、契約の基礎となった諸事情に著しい変化を生じた場合に身元保証人に引き続き責任を負担すべきかどうかについて考慮する機会を与える趣旨です[81]。

ウ この通知を怠ると身元保証人に対する責任追及をしても大きく減額される

託者名義をAに変更したりすれば、控訴人Xの社内における規約に違反するのに止まらず、その投資における控訴人XのAに対する債権残高に鑑みAの資金繰りが悪化した場合に控訴人Xに巨額の損害が生ずることが明らかであり、容易に予見しえたのであるから、担当者たる被控訴人Yとしては、かかる結果に至らぬよう注意すべき義務があったのに、同人が軽率にもAの要求に応じて右名義変更を行ったのは、この義務を著しく欠いた重過失に該当する」とし、被用者Yに対し、金5000万円の賠償責任を認めました。

② 身元保証人Zの責任については、「被控訴人Zの身元保証人としての損害賠償の責任及びその金額を定める場合には、…で認定した事実その他身元保証ニ関スル法律5条所定の一切の事情を斟酌する必要があるのであるが、損害額が5億円を超え、控訴人Xの請求額がその10分の1弱となっている本件においては、右の如き斟酌をしても、なお、控訴人Xが自ら減額した請求額を更に減額すべき根拠は見い出し難い」ことを理由に、Yと同額の5000万円の賠償責任があるとしました。

[81] 通知義務違反の効果について、最判昭51.11.26判時839号68頁は、「使用者が身元保証法3条所定の通知義務を怠っている間に、被用者が不正行為をして身元保証人の責任を惹起した場合に、右通知の遅滞は、裁判所が同法5条所定の身元保証人の損害賠償の責任及びその金額を定めるうえで斟酌すべき事情とはなるが、身元保証人の責任を当然に免れさせる理由とはなら」ない。「また通知の遅滞が右斟酌すべき事情として考慮される以上、使用者は身元保証人に対して通知の遅滞に基づく損害賠償義務を負うことにはならないと解するのが相当である」としました。例として大阪地判昭40.3.29判時418号53は、証券会社が法3条1号所定の通知義務を懈怠したこと、監督怠慢、事務処理上の過失などを斟酌して、外務員の株券横領等の損害約300万円のうち、身元保証人に対して10万円（約3.3%）だけ損害賠償を認めています。

おそれがありますから、適切に通知を出す必要があります。
3　責任制限
(1) 法5条は、裁判所は身元保証人の損害賠償の責任及びその金額を定めるにつき、「被用者ノ監督ニ関スル使用者ノ過失ノ有無」、「身元保証人ガ身元保証ヲ為スニ至リタル事由」、身元保証人が身元保証を「為スニ当リ用キタル注意ノ程度」、「被用者ノ任務又ハ身上ノ変化」、「其ノ他一切ノ事情」を斟酌するとしています。

　ア　これについては、「同条所定のような事情が訴訟に現れた資料によって認められる場合には、裁判所は身元保証人の損害賠償の責任の有無及びその範囲を定めるについて、当事者の主張を待つまでもなく、職権をもって右の事情を斟酌すべきもの」ではあるが、「同条所定の事情につき裁判所に職権探知を命じたものではない」と解されています（最判昭34.12.28判時210号19頁）[82]。

　なお、この判例は法5条による責任及びその範囲についての規定があるので、「本件身元保証契約中に保証人の限度が約定されていなくとも、ただちに保証人が無制限に損害賠償の責任を負担すべきものであるといえないから、本件契約は前記責任に関する条項を欠いているとの一事により公序良俗に反し無効であると解すべきできない」と、責任限度を定めない身元保証契約も有効としています。この点、紛争予防のためにも身元保証制度を活用すべきと考える立場からは、身元保証人になってもらいやすくするためには、契約時に責任限定をして負担感を少なくする努力は必要であると考えます。

　イ　以下に上記の各要素について述べておきます。

(2) 被用者の監督に関する使用者の過失の有無

　ア　使用者の監督上の過失は、主として、被用者の横領費消等の不正行為に関して問題となりますが、過失の有無、程度については、横領費消等の金額が被用者の地位職位などから見て不相当に巨額かどうか、不正行為が長期にわたっていたかどうか、使用者たる会社等の監督のシステムが整備されていたかどうか、被用者の上司・監督者に監督上の過失がなかったかどうか、監督ないし検査などの実施が形式的に行われていなかったかどうか、使用者が被

---

[82] 最判昭37.12.25判時325号16頁は、軽減額は斟酌すべきものとして認定された事情に照応する合理的なものでなければならないという制限はあるにしても、それらの事情をどの程度に斟酌するかは事実審裁判所の裁量に委ねられていると解すべきであるから、軽減額の量定にあたり、必ずしもその算数的根拠を判示する必要はないとしました。

用者の表面上の勤務態度や行状ないし弁解等を軽信して過度の信頼を置いたかどうか、等々が問題となります。そして、不正行為が長期にわたっていた場合、会社の会計検査等が適切に行われていたならば、容易に不正行為を発見できたとして会社の監督上の過失を認め、身元保証人の責任を大幅に軽減した裁判例が多いです。

　　イ　この点多くの裁判例（特に営業社員の例）がありますが[83]、会社の管理体制の刷新が不可欠です。
(3)　身元保証人側の事情
　　ア　身元保証人が身元保証をなすに至りたる事由
　　　身元保証人は、身元保証をするについては何らの対価的利益を得ることなく、もっぱら親族・友人・知己などの情実関係に基づく情宜的動機により、しかも、身元保証人を立てることを使用者から事実上強要され、やむを得ず身元保証人を引き受けるのが通例であることから、身元保証をなすに至った

83　判例として、以下のものがあります。
①　東京地判昭39.12.11判時413号63頁は、証券会社の営業所長が顧客から預かった株券を横領するなどの不正行為を8ヶ月間にわたり働いた事案で、会計監査等が適切に行われていたならば、不正行為を早期に発見できたとして、認定した損害額879万円のうち、身元保証人の責任を100万円（約1割1分）としました。
②　東京地判昭44.9.12判時578号68頁は、証券会社は、被用者（営業部員）Zの集金納入の遅延、手振りによる顧客への加害、金遣いが荒い等の事実があることを知りながら、身元保証人に法3条の通知をせず身元保証契約解約の機会を失わせたこと、Zに疑惑を抱きつつ単独行動を許して本件発生の事態を招くなどの監督上重大な過失があったこと、身元保証人が情宜的動機によってやむを得ず保証したこと、身元保証をあまり重視せず形式的に惰性的慣行として定型的な身元保証書を徴したことなどの事由によって、身元保証人の責任を約740万円の損害のうち200万円（約2割7分）としました。
③　東京地判昭46.1.29判時629号76頁は、被用者が「生来知能等に劣り学業成績もよくなく、高校卒業までに1年落第し、かろうじて府立高校普通科定時制を卒業できた状態で、思考力、判断力、行動力等において普通人より劣ることは容易に発見できると思われるので、使用者たる原告においては能力に応じた職務を担当させるべきであったのに、入社後間もなく商品仕入れについて過酷な商法を用いるスーパーマーケットに対する販売の仕事を担当させた点に監督上の過失があった」として、身元保証人の責任を約6割の限度としました。
④　東京地判昭52.7.15判時884号78頁は、信用組合の支店長の不良貸付等の背任による損害賠償請求につき、信用組合に監督上の過失があったとして過失相殺を認め、支店長の身元保証人6名の責任につき、信用組合の過失等を斟酌してその責任を軽減し、約5割4名、約1割2名としました。
⑤　嶋屋水産運輸事件・神戸地判昭61.9.29判時1217号109頁（労判492号96頁）は、水産物、同加工品の運送業者であるX会社が運送代金の集金業務に従事する被用者に1年半にわたって900万円を横領された事案につき、使用者が経理の枢要部分を被用者に任せながら、形式的な検査しかせず、その管理監督体制が不備・ずさんであった過失、身元保証人が保証に至った事情、保証人の賠償能力等を斟酌して、身元保証人の責任を損害額の2割（180万円）に軽減しました。
⑥　東京地判昭44.10.7判時583号70頁は、被用者が以前の職場において賭事にふけり使い込みをしたために懲戒免職となったなどの前歴、行跡を知り、かつ、身元保証人及び家族から金銭を扱わせないでほしいという強い要望があったにもかかわらず、被用者に金銭等を扱う仕事に従事させた使用者に監督上の過失があったとして、身元保証人の責任を大幅に軽減し、請求額約342万円に対し20万円（約6％）しか認めませんでした。

事情が考慮されます。
　　イ　身元保証人が身元保証をなすに当たり用いたる注意の程度
　　　　また、保証人は自己が何らかの負担も負わなくて済むものと軽信し、軽率に保証を引受けることが多く、使用者も形式的儀礼的に身元保証人を付けさせるという場合も少なくありません。身元保証人も使用者も契約締結の際は、単に形式を整えるためにという程の軽い気持ちで契約しておきながら、万一事故が発生した場合に非常に重大な責任を身元保証人に負わせるということは不合理であるので、「身元保証をなすに当り用いたる注意の程度」も検討されます。
　　ウ　多くの判例で身元保証をするに至った経緯や使用者が身元保証をどの程度重視していたかなどを検討していますので、使用者も身元保証をどの程度重視するのか、活用の意味と工夫についてよく考えて利用する必要があります。
(4)　被用者の任務又は身上の変化
　　「身上の変化」は、婚姻、離婚等による身分関係における変化、被用者としての地位・職務の変化、本人自身の個人的諸条件（健康・学歴・行状等）における変化も全て含まれます。被用者の任務または任地の変更が身元保証法3条2号に該当するときは、使用者は身元保証人に遅滞なく通知する義務を負い、身元保証人が通知を受けまたはこの事実を知ったときは身元保証契約を解約することができますが（法4条）、解約権を行使しなかったり、通知義務違反があって解約権を行使できなかった場合でも、本条により身元保証人の賠償責任を判定する上で、身元本人の地位や職務の変更が当然に考慮されることになります。

第7節　試用期間

1　意義・目的・法的性質
(1)　多くの企業では、長期雇用を前提とした正規従業員の採用について、入社後一定期間を「試用」期間とし、この間に人物・能力を評価して本採用（正社員）とするか否かを決定する制度をとっています。この制度は就業規則上定められるのが通常で、期間は3カ月が一番多く、期間中は、「会社は都合により解雇をなしうる」、「社員として不適格と認めたときは解雇できる」など会社の特別の解雇（解約）権を明記するのが通常です。

(2) 最高裁判例（三菱樹脂事件・最大判昭48.12.12民集27巻11号1536頁、労判189号16頁）は、この試用契約の法的性質について、就業規則の規定の文言のみならず、「当該企業内において試用契約の下に雇傭された者に対する処遇の実情、特に本採用との関係における取扱についての事実上の慣行」をも重視すべきである、と判示しました[84]。

(3) 試用契約が、このように「解約権留保付労働契約」と考えると、試用期間中の解雇や本採用拒否は留保解約権の行使となり、解約権がどのような場合に行使できるのかが問題となります。

　この点につき、前記三菱樹脂事件判例は、①試用期間中の解約権留保について、採用決定の当初にはその者の資質・性格・能力等の適格性の有無に関連する事項につき資料を十分に収集することができないので、後日における調査や観察に基づく最終的決定を留保する趣旨でされるものと考え、②留保解約権に基づく解雇は通常の解雇よりも広い範囲において解雇の自由が認められてしかるべきである。③しかし、その留保解約権の行使も、解約権留保の趣旨・目的に照らして、客観的に合理的な理由があり社会通念上相当として是認されうる場合にのみ許される。④留保解約権行使が是認されうる場合をより詳細に「企業者が、採用決定後における調査の結果により、又は試用中の勤務状態等により、当初知ることができず、また知ることが期待できないような事実を知るに至った場合において、そのような事実に照らしその者を引き続き当該企業に雇傭しておくのが適当でないと判断することが、上記解約権留保の趣旨、目的に徴して客観的に相当であると認められる場合」と定式化しています。

2　解雇事例の検討〜試用期間の設定と運用

(1) 期間は何か月位に設定するのが良いかについては当然その期間内の適正チェックの態勢づくりはできているのか（チェックする人は誰で、チェック項目と基準はあるか、その間の指導はどのようにするのか、どの位で判断して、その判断の結果をどのように伝えるのか）ということによって違うはずです。

(2) 雅叙園観光事件・東京地判昭60.11.20労判464号17頁

---

[84] 事例判断としては、見習社員取扱規則（就業規則の付属規定）において、定期採用者の採用直後の3カ月以内を見習期間とし、その間に業務を見習わせ、原則として同期間経過後本人の志操・素行・健康・技能・勤怠などを審査の上採用の可否を決定し、本採用者に対しては見習期間終了の翌日付の辞令を交付し、同期間を社員としての勤続年数に通算する、等が規定されており、且つ「大学卒業の新規採用者を試用期間終了後に本採用しなかった事例はかつてなく、雇入れについて別段契約書の作成をすることもなく、ただ、本採用にあたり当人の氏名、職名、配属部署を記載した辞令を交付するにとどめていた等の……実態」がある場合には、試用契約を解約権留保付の雇傭契約と認めることは適法である、と判示しました。

第1章　採用の問題

　ア　本件では、勤務態度等が不良であったが二度にわたって試用期間を延長した上で、なお右態度が改まらないとして当該労働者（原告X）を解雇したことにつき、解雇の効力が争われましたが、判決は解雇を有効としました。本判決は、2回目の延長につき、延長された試用期間の満了後になされていること、延長期間の定めもないことを理由に、「相当な措置と認めることはできない」としました。そして、解雇には正社員に対すると同様の解雇事由の存在が必要であるとしましたが、結果的には勤務態度不良等を理由とする解雇は有効としました[85]。

　イ　雅叙園観光事件の教訓
　　このケースは対応に種々問題があるので、参考までに以下に詳しく検討してみます。●印は指導上の問題点を示しています。第3章、第4章で挙げている指導・警告のやり方と共に参考にして下さい。
　①　Xは、いわゆる中途採用であり、総務事務の経験があるということで採用されたのに、＜●面接時に、質問を適正に行っていないのでは。採用の時に退職理由等を詳しく確認すべき＞タイムカードのチェック等簡単な仕事でも2日間も掛かり、人事労務関係の書類の作成にもミスが多く、計算が遅いため人の2、3倍も時間が掛かる状態であるうえ、自分勝手な判断で仕事を進めるので業務に支障を生じることも多かった。また、Xは、協調性がなく、同室の経理係員に対し挨拶もせず、同僚を軽蔑し無視するか

---

[85] 判決要旨は以下のとおりです。
　①　被告会社Yの就業規則は、採用内定者について原則として3ヶ月間の試用期間を置き、その期間中の身分を試雇用員としていわゆる正社員と区別し、その期間に本人の身元、健康状態、技能、勤務成績等を審査して不適格と認められたときは解雇し、他方、試用期間を終えて正式に採用された者を正社員とする旨定めている。そうすると、Yにおける試用期間は、新採用者が正社員として本採用するに足りる職務適性を有するか否かを判断するための期間であり、その間に職務不適格と判断した場合には解雇することができるとの解雇権が留保された期間であると解することができる。そして、この試用期間の趣旨に照らせば、試用期間満了時に一応職務不適格と判断された者について、直ちに解雇の措置をとるのでなく、配置転換などの方策により更に職務適性を見いだすために、試用期間を引き続き一定の期間延長することも許されるものと解する。
　②　ところが、前記2で認定した事実によれば、Yがした第1回目の試用期間の延長はこの観点から是認することができるものの、第2回目の試用期間の延長については、1回延長した試用期間が満了すべき昭和56年10月6日よりも後に行われ、また、延長する期間の定めもされていないのであるから、これを相当な措置と認めることはできない。したがって、本件解雇時においてXは既に試用期間を終えていることになるから、本件解雇が効力を有するためには、正社員に対するのと同様の解雇事由の存在が要求されるものといわなければならない。
　　Yの就業規則は「勤務態度が著しく不良で他に配置転換の見込みがないと認めたとき」を解雇事由の1つとして定めていて、Yはこの解雇事由によって本件解雇をしたことが認められる。そして、抗弁2、5、6、8及び10のXの行為は総合してこの解雇事由に該当し、一連の経過に照らせば解雇権の濫用はないものと認める。結局、本件解雇は有効である。

83

のような態度をとり続け、他の従業員に対しても書類の説明などが不親切で口論となったりした。更に、Xは、上司の注意や指示を素直に聞かず、かえって責任を他に転嫁して反発し、反抗的態度をとってその指示に従わなかったりした。このようにXの周囲には悶着が絶えず、同室の従業員が上司に退職を願い出たほどであった。＜●指導指示書交付や懲戒処分をしていない＞

② そのため、Xの直属上司であるA管理課長は、Xの配属1か月後、XをYの従業員としては不適格と判断し、口頭で退職を勧告したが、Xはこれに応じなかった。そして、2か月目も同様の状態であったので、A課長の上司であるB総支配人が再度退職勧告をしたが、Xは、もう少し猶予してほしい旨述べて、これに応じなかった。

③ 同年7月6日をもってXの3か月間の試用期間が満了すべきところ、Xの本採用に関する考課査定の結果は極めて悪かったが、Yは、Xが大学卒でもあり、更に訓練すればあるいは本採用することができるかもしれないと考えて、更に3か月間試用期間を延長することとし＜●延長すべきでなかった。「試用」の法的意味の認識がなかった＞、その旨Xに告知したうえ、Xを本社総務部総務課人事係へ配置転換し、C総務係主任の許でその指導を受けさせることにした。

④ ところが、Xの給与計算ミス、資料や報告書のミスは何度注意されても直らず、Xは、相変わらず集中力に乏しい仕事振りであった。Xは、同年10月、中間決算報告書を締切日より約1か月遅れて提出したが、報告書はミスが多く、訂正のため文字が判読できないほどであったため、C主任が浄書を命じたところ、Xは、今までこれで通用したからと反論してこれに従わず、結局、C主任が改めて作成し直すなど、仕事に二重の手間がかかることが多かった。また、Xは、総務課あてに来た簡易書留を上司に渡さず勝手に開封し、注意を受けると、自分も総務課の人間だから開けて見るのは当然の権利であると主張して反論し＜●懲戒処分をしなかったミス＞、Xの机上に賃金台帳が置き忘れてあったと注意されると、自分はしまって帰った、誰かが自分の机の引き出しから出したのだと言い張り、口論になったりした。

⑤ Xは、同年10月13日、給与袋の作成をしていたが、C主任からそれは会計の仕事であると注意を受けたにもかかわらず、これを無視する態度を続

けた。そのため、C主任は、これまでのXに対する憤慨が一気に爆発し、激高のあまりXの左頬を平手で殴打し、Xとつかみ合いの喧嘩となった。その後、C主任は責任をとってYを退職することとなった。＜●懲戒処分をしなかったミス＞

⑥　Xは、この事件後自宅待機を続けていたが＜●懲戒処分をしない＞、同月21日、Yの総務部長、総務部次長に呼ばれて話合いの機会をもった。Xは、その際、Yから退職の勧告を受けたが拒否し、是非ともYにとどまって総務関係の仕事を続けてゆきたいと希望した。Yは、既に一度試用期間を延長していることでもあり、これ以上の猶予はできず即時に解雇することも考えたが、Xの希望があったので、再度試用期間を延長することとして、Xにその旨を伝えた。もっとも、Yは、従来の職場では同様の事態を繰り返すだけであると考えて、比較的対人的接触も少なくてすむ客室係で訓練し、将来、性格的なものが直るようであればフロント関係の業務に充てる見込みで、同日、XをYの東京営業所第一営業課フロント客室係へ配置転換した。＜●性格上問題のある者を接客関係部署に廻すべきでない＞

⑦　ところが、Xには客室係においてもトラブルが絶えなかった。Xが客室係に配属になって間もなく、Xがホテルのマスターキーを紛失したのではないかと大騒ぎとなり、追及されたところ、Xは、自分ではない、ページボーイがやったことだと主張し続けた。また、「入室お断り」の札を掲示している客室に勝手に入室して厳重な注意を受けたり＜●懲戒をしない＞、ルームチェックの時に滞在客の荷物の中身を調べて上司から注意を受けると、なんで見てはいけないのかと反問したり＜●懲戒をしない＞、客室内の簡単な補修工事（はがれた板の打ち付け）の指示に対して自分には不向きであると言ってやろうとしなかったり＜●懲戒をしない＞、冷蔵庫の飲料補充もミスが多く時間が掛かって用度係から苦情を受けたりした。＜●指導書を出していないのでは＞

⑧　Yは、Xが客室係に配置転換となった直後から、Xが以前勤務していたことがある会社にXのことを問い合わせたり、同年12月ころ、前の会社での身元保証人であったXの義兄に連絡をとって退職の説得を依頼したりした。そして、Yは、Xに対し、昭和57年2月、3月とXの実兄らを交えて退職の説得を重ねたが、Xは、頑としてこれに応じようとしなかった。＜●遅すぎる＞

⑨　Xは、同年3月28日、客室清掃業者であるM社の女子パートタイマーと激しい口論を引き起こした。同女が1か月近くXから無視されて差別的扱いをされたという理由であった。

　　ここに至って、Yは、ついにXの解雇を決意し、本件解雇をした。＜●遅すぎた＞

3　試用期間と解雇の判例

(1)　試用期間と解雇（解約）の裁判例は数多いですが、別表（図表1-5）に試用期間中と期間満了時の解雇（解約）に分けて、有効無効について整理しておきます[86]。

(2)　留意点について

　ア　まず、保護の強さは「正社員＞試用社員＞内定者」と表現できますが、解雇に要求される合理的な理由のレベルについて、「試用社員」と「正社員」（通常解雇）の場合とは、解約の自由の範囲は量的な差異にとどまり、本採用後の通常解雇に準ずる合理的理由を要するとされています（土田198頁）。しか

---

[86]　ア　試用期間満了時の解約についての判例のうち、無効とした例として、①オープンタイドジャパン事件・東京地判平14.8.9労判836号94頁、②神戸弘陵学園事件（本文で詳論）、③愛徳姉妹会事件・大阪地判平15.4.25労判850号27頁があります。これに対して、有効としたものとして、モービル石油事件・東京地判昭51.3.24労判248号34頁があります。

　イ　また試用期間中の解約の裁判例のうち、

　　(ｱ)　無効とした例として、①ニュース証券事件・東京地判平21.1.30労判980号18頁・労経速2034号3頁（中途採用で6か月の試用期間で採用した証券会社営業職を3ヶ月余で解雇したケースにつき、わずか3ヶ月強の期間の手数料収入のみをもって原告の資質、性格、能力等が会社の従業員としての適格性を有していないとは到底認められないとしました）、②ライトスタッフ事件・東京地判24.8.23労判1061号28頁・労経速2158号3頁（試用期間中に受動喫煙による健康被害を理由に休職処分を受けるなどした後の解雇を無効としたもの。解雇は3ヶ月の試用期間の終了日の約10日前にされました。強引な退職勧奨と事務室からの事実上の締め出し行為が見られたケースです。受動喫煙に関する安全配慮義務違反は否定しています）、③医療法人財団健和会事件・東京地判21.10.15労判999号54頁（被告Y経営の本件病院健康管理室に事務総合職として採用された原告Xが、事務能力欠如を理由として試用期間中に解雇された件につき、Yは試用期間3か月間のうち20日間程度を残して本件解雇をしているところ、残りの試用期間を勤務することによって、XがYの要求する常勤事務職員の水準に達する可能性もあったのであって、Yは解雇すべき時期の選択を誤ったものといえ、本件解雇は、試用期間中の本採用拒否として客観的に合理的な理由を有し社会通念上相当であるとまでは認められず、無効であるとされました）、④テーダブルジェー事件・東京地判平13.2.27労判809号74頁（親会社社長に声を出して挨拶しなかったことを理由とするベンチャーキャピタリストの採用取消し（試用期間中の解雇）が、社会通念上相当性を欠くとして無効とされた例です）、⑤ケイズ事件・大阪地判平16.3.11労判869号84頁（試用期間が3ヶ月のところ、1か月も経過しない時点での解雇を無効とし、慰謝料30万円も認めました）があります。

　　(ｲ)　これに対して、有効としたものとして、①アクサ生命保険ほか事件・東京地判平21.8.31労判995号80頁（採用前会社と係争中であることを秘匿し、勤務態度不良や転職活動等による勤務意欲喪失などを理由として試用期間（6か月）終了の1ヶ月余り前になされた解雇を有効としたものです。②日本基礎技術事件・大阪高判平24.2.10労判1045号5頁（技術社員としての資質や能力等の適格性不足と改善可能性の少なさを理由に6ヶ月の試用期間を4ヶ月弱経過した時点での留保解約権の行使が有効とされた例）があります。

（図表１−５）試用期間と留保解約権行使の有効性

		解約がいつか	
		試用期間中	試用期間満了時
留保解約権行使の有効性	無効	●テーダブルジェー事件・東京地判平13.2.27労判809号74頁 ●ケイズ事件・大阪地判平16.3.11労判869号84頁 ●ニュース証券事件・東京地判平21.1.30労判980号18頁 ●ライトスタッフ事件・東京地判平24.8.23労判1061号28頁 ●医療法人財団健和会事件・東京地判平21.10.15労判999号54頁	▲オープンタイドジャパン事件・東京地判平14.8.9労判836号94号 ●神戸弘陵学園事件判決（本文で詳論） ●愛徳姉妹会事件・大阪地判平15.4.25労判850号27頁
	有効	○アクサ生命保険ほか・東京地判平21.8.31労判995号80頁 ○日本基礎技術事件 　（１審）大阪地判平23.4.7労判1045号10頁 　（２審）大阪高判平24.2.10労判1045号5頁	○モービル石油事件・東京地判昭51.3.24労判248号34頁

　　し、具体的にどの程度であればよいとは明らかでなく、事例の中でこれでよいと断定しにくい難しい問題ですから、慎重な判断が必要です。

　イ　次に、特に試用期間中の解約は試用期間の残る期間を残して決断するものですが、残期間中の改善は可能であったという形で不利になるケースもありますので（例えば医療法人財団健和会事件）、期間満了まで改善指導を続けて我慢することをおすすめします。

　ウ　また、これは試用期間の問題に限らず解雇に共通の問題ですが、改善の傾向を示しているときの解雇は無効となりやすいのでしないこと、いかにも拙速と受け取られるやり方はしないことが必要です。

4　期間雇用的関係への拡張の問題

(1)　原則型の説明について

　ア　当初の短期の期間の定めが「雇用期間」（労働契約自体の契約期間の定め）であれば、当該期間が満了すれば労働契約は当然に終了し、再雇用するかどうかは使用者の採用の自由の問題ですからリスクはありません。繰り返しの契約の更新の場合ではありませんから、後は面接、採用時のリップサービス（継続雇用を期待させるような言動）をしないように注意することです。

　イ　これに対して、前述した「試用期間」（試用に関する期間の定め）であれば労働契約自体は期間の定めがない契約として成立しているので、本採用拒

否が適法に行われない限り、試用期間終了後は留保解約権が消滅し、本採用の意思表示などを要することなく通常の労働契約へ移行する形で労働契約は存続することになります。

　　ウ　以上のとおり、「雇用期間」と「試用期間」は別のものですが、使用者が「雇用期間」と考えていた事例で裁判例で「試用期間」と判断される例も増えていますので注意する必要があります。この点以下に詳述します。

(2)　最高裁判例は、この「解約権留保付労働関係」という判例法理の雇用保障的側面を典型的試用制度ではない期間雇用的な過渡的労働関係にも及ぼしています[87]。

　　ア　最高裁判例は、私立高校に1年の契約期間で雇われた「常勤講師」の期間満了による雇止めの効力が争われた事件において、使用者が労働者を新規に採用するに当たり、その雇用契約に期間を設けた場合において、その設けた趣旨・目的が労働者の適性を評価・判断するためのものであるときは、右期間の満了により契約が当然に終了する旨の明確な合意が成立している等の特段の事情が認められる場合を除き、右期間は契約の存続期間ではなく、期間の定めのない労働契約下の試用期間（解約権留保期間）と解すべきものと判示しました（神戸弘陵学園事件・最3小判平2.6.5民集44巻4号668頁、労判564号7頁）[88]。

---

[87] 本文で述べた裁判例以外に以下のものがあります。
　①ブラザー工業事件・名古屋地判昭59.3.23労判439号64頁は、もともとは臨時工制度から発展した「見習社員」・「試用社員」の制度（中途採用者は、すべてまず期間2ヵ月の「見習社員」として採用され、入社後3回次の「試用社員」の身分への登用試験のチャンスを与えられ、「試用社員」となった者も、その後正社員への登用チャンスを3回与えられる）について、「見習社員」期間は本採用のための適格性を判定するための「試用」期間であり、「試用社員」制度はそれにさらに最長1年の試用期間を合理的理由もなく重ねたものであるから、「試用社員」制度における解約権留保（3回の登用試験のチャンスに合格しなければ解雇できるという約定）は公序良俗に反し無効である、としています。
　②　また、損害保険業界で行なわれている代理店契約を取り結ぶ前段階の「代理店研修生」の労働関係（2年間の期間に代理店を育成するための予備研修および第1～第5の研修を3ヵ月～6ヵ月の期間毎に実施し、その都度不適格者をふるい落としていく制度）を、6次の研修期間を通して連続した労働契約であり、ただ各研修期間満了時点においてそれぞれ解約権が留保されている労働関係であるとしています（安田海上火災保険事件・福岡地判平4.1.14労判604号17頁）。

[88] その他近時の同旨の裁判例として、①聖パウロ学園事件・大津地判平7.11.20労判688号37頁（試用期間1年として雇用期間の定めなく私立学校に採用された専任講師の、1年後の雇止めが、留保解約権の行使に当たるが相当理由がないとされました）、②瀧澤学館事件・盛岡地判平13.2.2労判803号26頁（1年間の期間が付された私立高校常勤講師の雇用契約は解約権留保付雇用契約であるとされ、被告による解約権行使につき、被告主張の解約権行使理由はいずれも客観的に合理的とみる難く、解約権留保の趣旨・目的に照らして社会通念上相当性を欠くものであるとして、無効とされました）、③愛徳姉妹会事件・大阪地判平15.4.25労判850号27頁（試用期間付労働契約の法的性質については、試用期間中の労働者が試用期間の付いていない労働者と同じ職場で同じ職務に従事し、使用者の取り扱いにも格段異なるところはなく、また、試用期間満了時の再雇用（本採用）に関する契約書作成の手続が採られていないような場合には、他に特段の事情が認

第1章　採用の問題

(ア)　X（原告）は、学校法人Y（被告）により昭和59年4月1日付けで社会科担当の教員（常勤講師）として採用されました。Xは、A大学経済学部を卒業後、昭和59年3月にB大学社会学部通信教育課程を修了し、当時1年の期限付きの非常勤講師として採用内定を受けていた他校を辞退した上で、Yの採用申出を受諾しました。XはYの理事長の面接を3回受け、2回目の面接において、契約期間は一応1年とすること及び1年間の勤務状態を見て再雇用するか否かの判定をすることなどについて口頭で説明を受けました。

(イ)　採用後の同年5月中旬、XはYより4月7日頃交付されていた「期限付職員契約書」（「Xが昭和60年3月31日までの1年の期限付常勤講師としてYに採用される旨の合意がXとYとの間に成立したこと及び右期限が満了したときには解雇予告その他何らの通知を要せず期限満了の日に当然退職の効果を生ずること」と記載されています）に署名押印しました。

(ウ)　Yが昭和60年3月31日をもって期間満了を理由とし本件雇用契約を終了する旨の通知を行ったため、Xが教諭の地位確認と昭和60年4月分以降の賃金支払を求めて訴えを起こしました。

(エ)　1審判決（神戸地判昭62.11.5労判506号23頁）は、本件雇用契約を期間1年として成立したものとし、「期限付の雇用契約は、再三更新されるなどして期間の定めのない契約に転化したものとみられるなど特段の事情のない限り、期限の経過とともに当然に終了するものと解される」が、本件にはかかる「特段の事情もない」として、Xの請求を棄却しました。

(オ)　2審判決（大阪高判平元.3.1労判564号21頁）も、これを支持し、さらに1年の期間の定めは労働契約における試用期間の定めと解すべきとのXの新たな予備的主張も退けました。

(カ)　これに対してXが上告したところ、最高裁判決で破棄差戻しとなりました。判決要旨は以下のとおりです。

　a　「使用者が労働者を新規に採用するに当たり、その雇用契約に期間を設けた場合において、その設けた趣旨・目的が労働者の適性を評価・判断するためのものであるときは、右期間の満了により右雇用契約が当然

められない限り、これを解約権留保付労働契約であると解するのが相当であるところ、被告法人は、本件期間満了以外に本件労働契約の終了原因について主張しておらず、留保解約権を行使したとも認められないとして、原告の従業員としての地位確認請求が認められた例です）があります。

に終了する旨の明確な合意が当事者間に成立しているなどの特段の事情が認められる場合を除き、右期間は契約の存続期間ではなく、試用期間であると解するのが相当である。」[89]

b 「試用期間付雇用契約の法的性質については、試用期間中の労働者に対する処遇の実情や試用期間満了時の本採用手続の実態等に照らしてこれを判断するほかないところ、試用期間中の労働者が試用期間の付いていない労働者と同じ職場で同じ職務に従事し、使用者の取扱いにも格段変わったところはなく、また、試用期間満了時に再雇用（すなわち本採用）に関する契約書作成の手続が採られていないような場合には、他に特段の事情が認められない限り、これを解約権留保付雇用契約であると解するのが相当である。そして、解約権留保付雇用契約における解約権の行使は、解約権留保の趣旨・目的に照らして、客観的に合理的な理由があり社会通念上相当として是認される場合に許される」。

c ①Y理事長の面接の際、契約期間は「一応」1年とするが、1年の勤務状態を見て再雇用するか否か判定をする旨の説明を受け、「30年でも40年でもがんばってくれ」とも言われたこと、②採用時においては開校2年目で、その後の生徒数の増加で期限付職員を採用する必要性があったと思われないこと、③Xが1年後の雇用の継続を期待することにもっともな事情があったことなどから、「本件雇用契約締結の際に、1年の期間の満了により本件雇用契約が当然に終了する旨の明確な合意がXとYとの間に成立しているなどの特段の事情が認められるとすることにはなお疑問が残るといわざるを得ず」として、原審に差し戻しました[90]。

---

[89] この点菅野200頁では以下のとおり批判されています。
「期間の満了により雇用契約が当然に終了する」という「特段の事情」とはいかなるものであろうか。それは「特段の事情」であるから、有期契約の当然の性質としての期間満了による終了を指すのではなく、当該事案で個別的に認められる一定の状況のはずである。しかしながら、期間の定めの趣旨・目的が労働者の適性評価のためであるということは、期間満了の際に適性ありとされれば、契約の体裁を無期契約に変えて雇用を継続するということでもあるから、期間の満了により契約が当然に終了するという趣旨で締結されることは自己矛盾のようなもので、想定し難いのである。とすると、判旨の一般論は、契約期間の趣旨・目的が適性判断であるという場合には（ほとんど）常に試用期間付きの無期労働契約と解すべし、というに等しいこととなる。

[90] 菅野200頁では以下のとおり述べて個別判断としては可能な解釈とされています。
1年を単位とする学校教育の勤務を一通り行わせて教員としての適性を判断するという採用であり、採用面接の際には契約期間は「一応のもの」である、1年の期限付きの他校の就職を断って「うちで30年も40年も頑張ってほしい」と言明していることなどからは、締結されたのは1年の試用期間付きの無期労働契約であったと解釈することは可能とも見える（したがって、上記の最高裁判決も原審へさらに審理せよと差戻しをしている）。

90

第1章　採用の問題

　　イ　以上のように裁判所は、正規従業員とは区別された期間雇用的従業員の労働関係について、正規従業員としての訓練を施し、且つその適格性を判定する過渡的労働関係としての意義も認められる場合には、典型的な試用関係の法理を及ぼし、期間雇用的従業員の雇止めを、試用労働者の解雇と同視して判断する傾向にあります。

(3)　これに対して、「過渡的な労働関係が実態として期間雇用である場合には、留保解約権付きの試用労働関係の法理を無修正に及ぼすことは適切でなく、むしろ期間雇用の実態を有するものは期間雇用として取り扱った上で、その実態に応じた雇用保障を探究すべきである」と批判する有力説（菅野和夫・労働法第6版181頁）があります[91]。

(4)　この点、土田200頁は、「判例は試用期間を原則とする法理を確立している」として前記神戸弘陵学園事件・最高裁判決を引用し、「期間設定の趣旨が労働者の適性の評価・判断にある限り、試用期間と解して労働者の雇用を保護することは、雇用保障の要請から見て合理的な契約解釈であり、妥当な判断と解される。」とされています。

(5)　最高裁は期間の定めの趣旨・目的が適性を評価・判断するためのものであるときでも、「期間満了により雇用契約が当然に終了する旨の明確な合意が当事者間に成立しているなどの特段の事情のある場合」は、契約の存続期間として原則通り期間満了により終了する旨述べていますから、法的リスク対策として、使用者はこの「特段の事情」を明確に証明し確実に認定してもらえるための努力と工夫をしておくべきです。

　　たとえば、期間を明示し、期間満了前に改めて新しい契約をするかどうか双方が協議をすること、雇用継続が保障されているわけではないこと等雇止めに

---

[91] その後の最新版である菅野201頁（労働法第10版）では以下のとおり一般論を批判されています。
　「我が国の労働法制においては、有期労働契約の目的は特別規制されていないのであって、適性判断（試用）や正規従業員の養成のために有期労働契約を利用することも、格別の規制なく許容されている。就職困難者のための有用な雇用政策として行われている「トライアル雇用」も、試用目的での有期労働契約を利用してのものである。判旨の一般論は、利用目的を制限していないわが国の有期労働契約法制の基本的あり方にそぐわず、そのあり方を利用した雇用政策をも阻害しかねない。そして、判旨は、三菱樹脂事件最高裁判決で樹立された試用期間の法理の応用として上記の一般論を述べるようであるが、前記のように、同法理は採用当初から長期雇用システムに入る正社員を採用する場合に関する法理であって、適用類型を異にしているといわざるを得ない。
　他方、有期労働契約の雇止めについては、契約更新の合理的期待がある場合には解雇権濫用法理を類推適用するという法理が判例上確立され、2012年の労働契約法改正で条文化された。適性判断目的での有期契約の雇止めはこの法理によって適切に保護されうるのであって、判旨のような一般論は必要性にも乏しいといわざるを得ない。」

関する基準に関する通達平15.10.22基発第1022001号（特に第 1 条関係・契約締結時の明示事項等）を参考に、使用者側の実情に応じて検討してその内容を書面化をしておく必要があります。

(6) 中途採用の上級管理職の事例

ア　実際に高い条件で中途採用された上級管理職に高い成果を期待していたのに期待外れで本採用拒否をしたいケースもあります。

イ　この点、前述した「解約権留保付労働契約説」は正社員の新卒採用と長期雇用をモデルとする理論であって、転職・中途採用の増加（雇用の流動化）や成果主義人事の進展によって長期雇用自体が変化すれば試用期間の法的取扱いが変化しうること、試用期間の本来の趣旨に鑑み、留保解約権が幅広く解釈され本採用拒否が適法とされるケースが増加しうることが指摘されています（土田198頁）[92]。

ウ　訴訟になればこのような特殊事情を強調することになりますが、敗訴リスクがありますから、やはり予防として、面接における能力の確認と、自社への適合性を厳格に審査をすることが必要です。

5　延長問題

(1) 試用期間の延長は、就業規則などで延長の可能性及びその事由、期間等が明定されていない限り、試用者の利益のために原則として認めるべきでないと解されています。

特に、「解約権留保付労働契約」と解される通常の試用関係では、解約権が行使されないまま試用期間が経過すれば、労働関係は留保解約権なしの通常の労働関係に移行するのが原則です。

(2) 但し、本採用を拒否できる場合にそれを猶予する延長は認められます。前記雅叙園観光事件・東京地判昭60.11.20労判464号17頁は、 2 回の延長のうち、1 回目は合理性を認めましたが、 2 回目は否定しました。

---

[92] この点参考になる判例として以下のものがあります。
① オープンタイドジャパン事件・東京地判平14.8.9労判836号94頁は、年俸1300万円という高給の条件で事業開発部長として中途採用された者が業務遂行能力不足を理由に本採用拒否されたケースについて、わずか 2 ヶ月で職責を果たすことは困難であるとして無効としました。これに対して土田199頁は新規学卒者の試用法理に引きずられた判断として適切でないと批判されています。
② 欧州共同体委員会駐日代表部事件・東京高判昭58.12.14労民34巻5,6号922頁・労判421号速報カード 9 頁は、高い給与を支給される中途採用職員（最高［五段階等級の中で］の給与等級であるAランク職員）について適格性審査を十分に行うための試用期間（ 3 か月）を設けたと認めたうえで、そのような雇用形態をとらない場合に比べて解約権留保により強い合理性が認められ、解約権も広く肯定されると判示しています。土田199頁（注56）では事案に即した妥当な判断と評価されています。

(3) 告知の要否について

　ア　試用期間を延長（又は再延長）する場合に、使用者は労働者に対して試用期間延長の意思表示をしているでしょうが、もし試用期間満了に際して解雇の意思表示をせず、本採用とするか試用期間の延長をするかの意思表示（告知）をしていないまま引き続き勤務させていた場合はどうなるのでしょうか。実務392頁でこの点を問題として取り上げています。

　イ　裁判例については、①大同木材工業事件・松江地判昭46.11.6判タ279号270頁は黙示の試用期間延長の意思表示を認めましたが[93]、②上原製作所事件・長野地諏訪支判昭48.5.31判タ298号320頁・労判197号60頁は、試用期間の延長は従業員を（正社員になれるか解雇されるかという）不安定な地位に置くことを継続するものであるから、厳格に解すべきであり、告知の要否についても厳格に解すべきであるから、意思表示のない場合は同一条件の試用が継続されるという特別の明規ない限り試用期間の延長の意思表示が必要である。労働者への告知がない限り、延長についての使用者の決定は、単なる内部的決定にすぎず、労働者に対して効力がない旨判示しています[94]。

　ウ　予防的には②のような判断が、裁判所でなされるであろうと考えておくべきです[95]。そこで、正社員にすることもなく、解雇をすることもなく延長する場合は必ず延長をすることの意思表示（告知）をする必要があります。

第8節　評価制度と年俸制

1　評価の必要性

　人間は他人に評価されていろいろ言われたくないものであり、評価制度を否定したい気持ちがあるのは当然であると理解しなければなりません。組合等が評価制度導入に反対することも多くみられますが、それでも労働者を適正に評価して、適正で効率的な組織運営を図るのが企業の本来的なあり方ですから、それらにひ

---

[93] 就労中他人と協調性を欠き、業務の習得に熱意なく、技術も劣り非能率、寮生活においても他人と協調せず口論し食事の際、他人に不快感を与えた（集団生活にもなじまなかった）試用工に対する解雇を有効とした例です。
[94] 試用期間の延長はその旨の合理的理由のある場合にのみ許されるが、試用期間の延長の通知は必要であって、これを欠くとき、当初の期間満了と共に労働者は本採用者の地位を取得するとしています。
[95] ①の判例のように黙示的意思表示と解してくれる裁判官は少ないのではないでしょうか。黙示の意思表示の認定は難しいこと、限界があることについては要件事実第1巻39頁以下で論じられています。

るむことはできません。

しかし、評価制度の導入と運営には多くの問題があります。この点も採用時に判断しておくべきことですので、以下に概説します。

2 年俸制導入の問題点

(1) **失敗例としてのデイエフアイ西友事件**

ア 年俸制における「年単位」が問題となった例として、デイエフアイ西友事件・東京地決平9.1.24判時1592号137頁・労判719号87頁があります。これは勤務成績不良を理由として降格および賃金減額措置を受けた従業員が、賃金減額を不当として、減額部分（差額）の賃金の支払（仮払）を求めた事案です。

イ 裁判所は年俸契約における労働契約を1年契約による「固有の年俸制」と賃金が年額で定められているだけの期間の定めのない雇用契約とに分けて考え、本件労働契約は後者に該当するとし、経営者としての裁量権を理由とする一方的減給処分を無効とし、減額相当額の支払義務を負うとしました（但し仮処分は否定しました）[96]。

ウ 年俸額について合意に達しなかった場合

(ｱ) この事件では、裁判所は、年俸額についての合意が不成立の場合の処理について、当該雇用契約が固有の年俸制を前提にしておらず、期間の定めのない雇用契約であることを理由に企業における裁量権・決定権を否定しましたが、一方でこれを認めるべきであるという議論もあり、最高裁判所

---

[96] ① 判旨原文
「固有の意味での年俸は、契約期間を1年とする雇用契約における賃金であって、その金額に関する契約上の拘束も契約期間である1年に限定される。したがって、固有の意味における年俸にあっては、1年間の契約期間が経過した後、年俸額を含めて従前通りに契約更新をする旨の合意が存在しない限り、前年度の年俸額がそのまま次年度の年俸額となるわけではなく、・・・かかる固有の年俸制による労働契約にあたっては、各契約年度の賃金債権は、使用者と労働者との間の合意によってのみ形成されることになるから、労働者の前年度における勤務実績や当年度における職務内容等の諸要素によって、事実上、前年度よりも年俸額が減少する結果となることもあり得ることであり、それが当事者間の合意に基づくものである限り、年俸額の減少は、適法・有効である。」
② この点土田268頁は、「年俸制は、年単位で支払う制度であり、法的には賃金の決定期間・支払期間を年単位とすることを意味する。したがって、年俸制を採用したからといって、雇用期間（契約期間）を1年と合意したことにはならない。労働者は通常、期間の定めのない労働契約を締結しつつ、年俸制の下で働くことになるのであり、この場合、ある年俸期間における勤務成績の悪さが当該期間後の解雇に直結しないことはいうまでもない。」とされ、前記デイエフアイ西友事件判決は賃金決定期間と雇用期間を混同していると批判されています。但し、年度途中に確定した年俸額を一方的に調整（減額）することは許されないから結論としては妥当であるとされます（同269頁）。
③ 翌年度以降に年俸額が減額されうることについて労働者が個別的に同意していた場合に当該合意に基づく減額を肯定した裁判例として、中山書店事件・東京地判平19.3.26労判943号41頁があります。

の判断はまだ出ていません。判例法上、確定していないと考えられています[97]。
(イ) 評価に争いが発生した場合、年俸額に争いが発生した場合にどのように解決しようと考えているか。全く考えていないとすれば、評価について争いが生じたとき問題解決が難しくなります[98]。
(ウ) 年俸額について労使が合意に達しなかった場合は、使用者に最終的決定権を認める旨の合意又は規定があればそれによるべきであり、それらがなければ、使用者が年俸額の協議に際して提案した額を最低年俸額とする旨の合意の成立を肯定すべきであるとする有力説（土田269頁）があります（ただし、賃金の安定性の観点から、年俸額の減額の下限設定等の制度設計が必要とされます）。

(2) **残業問題対策としての導入と失敗例**

時間外労働や休日労働がなされた場合には、原則としてその量に応じた割増賃金を支払う必要があるので（労基法37条）、年俸制を採用したからといって割増賃金の支払が不要となるわけではありません。この点、適用除外の管理監督者など（労基法41条）や、実労働時間によらずにみなし時間によって労働時間が算定されるものとされる裁量労働制の適用者（同38条の3、38条の4）については、実際の労働時間数にかかわらず処遇することができるので、本来の年俸制（実労働時間数によらない成果給）を導入することができますが、それ以外の労働者については、年俸制をとる場合にも労働時間管理を行い、時間外・休日労働に対する割増賃金を支払うことが必要です[99]。

(3) その他、小企業であるのに人事コンサルタントに中途半端な評価制度（小企業ではまともに運用できないようなもの）を作り、外部組合（ユニオン）から問題点を指摘され、非難されて対応に苦慮した会社もありますし、評価制度を導入し、定年後再雇用の場合の基準として運用したが、訴訟になって会社と地裁、高裁の評価の判断が異なり、結果的に会社が敗訴した例として津田電気計

---

[97] 高木伸夫「人員削減・賃金ダウンの法律実務」日本経団連出版253頁。
[98] プロ野球の場合は年俸調停制度もあります（労働者性の問題はありますが）。
[99] 年俸額に予め一定時間数の時間外・休日労働に対する割増賃金を含めておくことも可能ですが、この場合、通常の労働時間に対応する賃金部分と割増賃金相当部分を明確に区別することが必要であり、且つ、各月に支払われる割増賃金相当額が各月に実際に行われた時間外・休日労働時間数に基づいて計算された割増賃金額を下回るものであってはならないとされています（平12.3.8基収78号）。
判例として、①創栄コンサルタント事件（大阪地判平14.15.17労判828号14頁）、②システムワークス事件（大阪地判平14.10.25労判844号79頁）。

器事件[100]があります。

(4) 以上のとおり、評価制度の導入は難しいので、制度設計は慎重に考える必要があります。

3 人事評価における濫用論

使用者による査定に基づき年俸額は決定されたが、労働者がその額やその前提となっている査定に不満をもった場合に査定の違法を理由として損害賠償請求や賃金請求ができるかも問題となります。

一般に、査定は使用者の「裁量的判断」を伴うものであり、その「裁量権の濫用」に当らなければ不法行為は成立しないとする立場（不法行為構成）と、使用者は査定にあたり公正査定や適正査定を行う義務を負っており、同義務に反する場合には債務不履行としての損害賠償請求（さらには適正査定に基づく賃金請求）が可能であるとする立場（債務不履行構成）があり、裁判例では、使用者の裁量権を前提とした不法行為構成がとられることが多いとされています[101]。

---

100 最1小判平24.11.29労判1064号13頁。
101 裁量権の濫用性（不法行為性）を否定した判例として、安田信託銀行事件・東京地判昭60.3.14労判451号27頁、光洋精工事件・大阪高判平9.11.25労判729号39頁などがあります。
　また肯定したものとしては、鳥屋町職員事件・金沢地判平13.1.15労判805号82頁（違法な退職勧奨を拒否したことを理由として昇給停止を行った事案）、マナック事件・広島高判平13・5・23労判811号21頁（人事考課規程に定められた実施手順等に反する査定が行われた事案）があります。

第2章　非正規雇用の活用

第1節　有期雇用制度の活用問題

1　雇止めの問題点

(1)　有期雇用は「契約期間の定めのある雇用契約」ですから、定められた契約期間満了により契約は終了するはずです。これが大原則です。この場合は、「純粋有期型」とか「当然終了タイプ」などと呼ばれています。このように契約期間満了による契約終了として再契約（更新）をしないことを「雇止め」といいます。

(2)　しかし、世上期間の定めがあると言っても形式的なものであって、実際は繰り返し契約更新をして、実際には期間の定めがない場合と異ならない状態になっていて、労働者がずっと働き続けることができると期待している場合が多いです。これを「無期契約型」「実質無期型」「実質的に無期契約と同一タイプ」等と呼んでいます。

　この実質無期型の典型例として、東芝柳町工場事件判決（最1小判昭49.7.22労判206号27頁、民集28巻5号927頁）があります。これは雇用期間2ヶ月の臨時工が契約を5～23回更新し、職務は本工と同様であり、使用者が採用時に長期雇用を期待させる言動を行っていて、更新手続きも形骸化していたケースですが、多数回の更新があったことから、期間の定めのない契約と異ならない状態になっていると判断しました。そして解雇権濫用法理の類推を認め、雇止めには客観的に合理的な理由が必要であると判断しました。

(3)　また、そこまでになっていなくても、ずっといて下さい、長く働いてくださいなどと長期にわたって働けるなどとリップサービスをする等した結果、雇用継続についての労働者の期待利益に合理性があると考えられる場合があります。これを「期待保護型」「合理的期待型」「有期雇用であるが解雇規制を類推するタイプ」などと呼んでいます。

　この期待保護型の典型例として、日立メディコ事件（最1小判昭61.12.4労判486号6頁）があります。これは臨時工が簡易な採用方法で雇用され、2ヶ月

の有期雇用を5回更新したが、作業内容は単純作業であり、更新の都度本人の意思を確認する手続きが厳格になされていたケースですが、最高裁は、前記東芝柳町工場事件のように有期労働契約が期間の定めのない労働契約に転化したり、同契約と異ならない関係となったとはいえないが、その雇用関係はある程度の継続が期待されているから、雇止めには雇用に関する法理が類推され、解雇であれば解雇権濫用等に該当して解雇無効となるような事実関係の下に新契約を締結しなかったのであれば従前の労働契約が更新をされたのと同様の関係となるとした2審判決（東京高判昭55.12.1労判354号35頁）を支持しました（労判の8－9頁の部分）[102]。

(4) いずれの場合にも、数多くの事案で判例は、労働者の雇用継続に対する期待利益を保護するために「解雇権濫用法理の類推適用」という考え方[103]を採用して「雇止め」（契約終了）を否定しています。

(5) 労働契約法19条

　一定の場合に有期労働契約の雇止めを無効とする以上の判例上のルール（雇止め法理）（「解雇権濫用法理の類推適用」の法理）が今回の労働契約法改正（平成24年法56）により条文化（労働契約法第19条）されました。本来、有期労働契約は契約期間の満了によって当然終了しますが（これが大原則）、契約が反復更新された後に雇止めをされて生じる紛争も多いので、有期労働契約の更新等に関するルールを予め明らかにすることにより、雇止めに際して発生する紛争を防止し、その解決を図る必要があります。法第19条は、最高裁判所判決で確立している雇止めに関する判例法理（いわゆる雇止め法理）を規定し、一定の場合に雇止めを認めず、有期労働契約が締結または更新されたものとみなすものとしたのです。改正法全体については3で後述します。

(6) 「雇止め」について、トラブルになる原因の1つとして、有期雇用の場合は期間満了で契約終了となるので、正社員と比べて辞めさせやすいという使用者側の考え方があります。これは上記判例理論を知らないことによりますが、後述する労働契約法改正により、更新を繰り返して行くと「無期転換」になるということもありますから、法律や判例の考え方を理解して契約社員の管理の適

---

[102] 結論としては、本工と臨時工の各採用・処遇が明確に区分されているもとで、人員削減の必要性が認められる場合には、希望退職者の募集に先立ち臨時工を雇止めとすることは不当・不合理とはいえないとし、不況を理由とする臨時工の雇止めを適法とした原判決を維持しています。

[103] 解雇権濫用法理［労働契約法16条］は第4章第4節［272頁以下］で説明します。これは正社員について適用されるものですが、これを性格の異なる有期雇用の場合も同様に処理するという意味です。

正化を徹底すべきです。

(7) 尚、中小企業では「雇止め」（契約期間満了による契約終了）すら待ちきれずに期間途中で解雇してしまう事例が多くみられます。「やむを得ない事由」がなければ解約できないとされています（民法628条）が、やむを得ない事情とは「期間の満了まで雇用を継続することが不当・不公平と認められるほどに重大な事由」ですから該当する事例は極めて少なく、ほとんどが解雇無効となります。この点当たり前のことですので理解を徹底すべきであり、ほとんどの場合は契約期間満了まで待つべきです（ただし期間満了を待っても上記のように雇止めが有効か無効かの問題は残ります）。

(8) 以下に、判例を分析する形で使用者側のトラブル予防策(あるいは争いになっても有利な解決が得られる方法）を検討します。

2 雇止めに関する判例理論

(1) 総合判断の枠組みについて

ア 原則は期間満了で終了します（これを原則通り認めるのが「純粋有期型」で解雇法理は問題となりません）が、単純にそのように考えてよいのか、諸般の事情を考えて労働者保護をすべきかが検討されます。ここでは雇用継続に対して労働者の期待が発生するかどうかについて諸要素が検討されます。

イ 「実質無期型」又は「期待保護型」と判断されれば、次に解雇法理を類推適用することによって雇止めが有効か無効かを検討します。但し、ここでは正社員における解雇の問題とは状況が異なります。雇止めの効力を判断する基準には正社員の場合と合理的な差異があるべきであるとするのが判例です[104]。

ウ 本書ではアの問題を検討します。有期だからと簡単に考えてよいのかをよ

---

104 代表的な前記の日立メディコ事件の最高裁判決の他に、裁判例は数多いです。
例として、日本電子事件・東京地裁八王子支判平5.10.25労判640号55頁、ソニー長崎事件・長崎地裁大村支決平5.8.20労判638号44頁、三陽商会事件・大阪地決平14.12.13労判844号18頁があります。
また、たとえば、社会福祉法人正心会事件・神戸地裁伊丹支判平16.2.19労判874号52頁は期間の定めなく雇用されている正職員と比べて使用者との結びつきが薄いのは当然であるから、その雇止めは、信義則ないし権利濫用の法理によって制約されるが、使用者には正職員の解雇の場合よりも広い幅の裁量が認められるとしています。
また、安川電機八幡工場（パート解雇・本訴）事件・福岡地裁小倉支判平16.5.11労判879号71頁は、パート労働者の雇止めの効力の判断は、いわゆる正社員として終身雇用の期待の下に期間の定めのない労働契約を締結している正社員の場合とはおのずから合理的な差異があるといえるとした上で、被告会社が原告労働者らを解雇対象者に選定した基準自体に合理性がなく、その適用も恣意的であったとして、解雇法理を適用するに当たってパートタイム労働者である場合と正社員である場合とで差異があることを考慮してもなお本件雇止めは権利の濫用として無効としています。

く考えることが予防のポイントであると考えるからです。イの問題については多様な事例がありますから、正社員の場合と比較検討する必要があります。

(2) 「解雇権濫用法理」を類推適用するかどうかについての判断基準[105]

　ア　判断のあり方について

　　(ア)　私も他の実務家の方と同様に、判例の総合判断のあり方は予測可能性に乏しいという問題意識を持っていて（この点不利益変更や解雇権濫用のところでも指摘しています）、使用者が不利な立場にならないように、できるだけ事案の行き着く先を予測し、賢明な方向へ指導することを考えています。そして一覧表を作成し、自分なりにチェックリストを作っていましたが、数値化を図るまでの自信はないので、現在のところ使用者側に有利かどうかという程度の整理にしています。

　　(イ)　例として、「労働判例」掲載判例について一覧表[106]（簡略版。図表2－1）を作ってみました。

　　　(a)　判例が極めて多いので、本文に取り上げている「要素」について特徴のある判例だけを抽出してまとめています。

　　　(b)　雇用継続についての期待と解雇権濫用法理の類推適用をしてよいかどうかという点についてのまとめの表です。

　　　(c)　本書は「予防」を中心に考えていますので、厳密な予測でなくてもおおよその方向性が解ればよいという考え方です。使用者に有利であれば○（特に有利性が大きいときは◎）、不利であれば●（極めて不利であれば■）、どちらとも言いにくい場合は△、事案で該当事実の摘示がない場合は「－」などと適当に記入しています。○が多ければ使用者有利ですが（●の場合でも可能であればオセロゲームで●を○にひっくり返すように●の要素をなくすように指導します）、●が多ければ不利であると考えて慎重に対処します。

　　　　問題は各要素について○と●がまだらになっている時（ごま塩状態）

---

[105] ここで注目すべきであるのは渡邊岳「雇止めルールのすべて」（日本法会）です（「処方箋」238頁でも紹介しています）。これは雇止め全般について論じたものですが、特に雇用継続に対する期待を保護すべきかどうかについて判例に現れた諸要素について整理し、予測可能性を探るものです。この本では諸要素を重要度も考えて数値化した「期待指数」を使って「解雇法理」の類推適用を検討すべき事案かどうかの判断がされています。

[106] この表について、出来れば各要素欄にコメントを付け、他の情報ももう少し書き込みたいのですが（参考となるまとめ方としては管理監督者に関する細川論文「労働基準法41条2号の管理監督者の範囲について」（[判タ1253号59頁・細川二朗裁判官執筆]）です）、スペースの関係で記号だけにしています。

です。この場合は裁判所によって判断が異なることもあり、訴訟になれば双方の主張・立証が厳しくなり、大変な手間もかかりリスクもありますから、話し合い解決が望ましいと考えます。以上のことは就業規則による不利益変更について同様に一覧表（例として図表1－3をご参照ください）を作って検討するときにも感じることです。

イ　各要素の検討
　(ア)　業務の永続性（「業務」）
　　a　雇止めされた労働者が担当していた業務の性質が臨時的・一時的なものか、逆に永続性・継続性のあるものかが雇用継続の期待の判断に影響します。
　　b　まず、臨時的・一時的なものである場合は当然雇用継続への期待はしにくく（解雇法理は類推しにくく）なります。以下に参考となる判例を上げます。
　　　(a)　高校の非常勤講師について臨時的性格を強調した判例として学校法人加茂暁星学園事件・東京高判平24.2.29労判1049号27頁
　　　(b)　特定業務の補助作業で一時的なものであると指摘するものとして、日本電子計算事件・東京地決昭63.11.30労判531号48頁
　　　(c)　研究所における任期制職員の特殊性（単年度予算制の下にある）を強調するものとして、独立行政法人理化学研究所事件・東京地判平19.3.5労判939号25頁
　　　(d)　病院の患者の食事関係の業務（食器洗浄・配膳・下膳等）で競争入札して受注できる仕事で業務量が一定していない（それを労働者も了知していた）ものとして、協栄テックス事件・盛岡地判平10.4.24労判741号36頁
　　c　これに対して、通常はある程度継続性のある仕事を有期契約で行っていることが多いので、継続的な仕事であることは決め手にはなりません。
　(イ)　更新回数・継続雇用期間（「回数」）
　　a　まず、過去に1回も更新されておらず、問題となったのが初めての更新の場合（初回）である場合は、通常継続雇用の期待は発生しないので、使用者にプラスの要素となります。
　　b　これに対して、繰り返し更新していくと継続雇用の期待が発生するのが通常ですから使用者にマイナスの要素となります。但し、何回更新が

あって、どのくらいの勤務年数があればどうなるのかは難しい問題です。1年契約を2回更新で通算3年を1つの基準とする考え方もあります。これは裁判例でも見られるもので合理的な1つの考え方であると考えます。

　　1年契約を2度更新した場合（合計3年）について、更新が多数回に及ぶとは言えないとした裁判例として、報徳学園事件の1審（神戸地裁尼崎支判平20.10.14労判974号25頁）、2審（大阪高判平22.2.12労判1062号71頁）があります（2つの判決で全く逆の結論となりましたが、この点の判断は同じです）。

　c 中には10年も20年も雇用されているケースもありますが、余程の事情がないと継続するという期待は保護されるでしょう。定勤社員（2カ月契約で通算2年以上の前提条件が必要）が期間1年で数年間勤務した例として、三洋電機事件・大阪地決平2.2.20労判558号45頁があります。

　d この要素は特に注意すべきであり、別に回数制限の特約の問題としても後に論じます。

㈦ 正社員の職務・権限・責任との同一性（「異同」）

　a 正社員とは異なる職務を行い、権限や責任の点でも軽い場合は、雇用継続に対する期待が弱いと考えられます。

　b 他方、正社員と同一の職務も行い、正社員が就く役職と同様の役職に就くなど権限や責任の点で同じである場合は雇用継続に対する期待も大きいと考えられます。

　c この点教職員のケースではクラス担任や部活の顧問までしているか、恒常的に校務を分掌しているか、役職に就任しているか、兼業の可否、勤務形態（勤務時間）、手当・賞与等の待遇、採用手続（簡易なものか）、異動（配転）の可能性（勤務地限定の問題）、会議への出席義務の有無等が正社員との異同として問題となっています。

　d わかりやすい使用者にプラスの要素の事例としては以下のものがあります。

　　(a) 本工が専門的知識や技術を要する作業を担当しているのに、（契約社員は）マニュアルに従った単純で代替性のある作業をしていた例として、芙蓉ビジネスサービス事件・長野地裁松本支決平8.3.29労判719号77頁

(b)　正社員とは異なる比較的単純なテレビ基盤に部品を挿入する作業に従事していた例として、三洋電機（住道工場）事件・大阪地判平9.12.22労判738号43頁
　e　特殊的な事例としては以下のものがあります。
　(a)　更新手続の関係でもありますが、毎年オーディションを受ける必要がある楽団員の例として、チボリ・ジャパン事件・岡山地判平13.5.16労判821号54頁
　(b)　障害者雇用としての郵便仕分け作業について、藍澤證券事件・東京高判平22.5.27労判1011号20頁
　(c)　本雇運転手の前段階的位置づけとなっていた（本雇運転手に欠員が生じたときは、臨時運転手から補充する運用がなされていた）例として、龍神タクシー事件・大阪高判平3.1.16労判581号36頁
　(d)　常勤講師制度につき、試用期間としての趣旨を含むとした1審（神戸地裁尼崎支判平20.10.14労判974号25頁）の判断を覆し、同制度は1年の有期雇用契約であって、専任教諭採用のための試用になった実例があったとしても、それは副次的なものであり、同制度が継続雇用を期待させるものとは解されないとした裁判例として報徳学園事件・大阪高判平22.2.12労判1062号71頁があります。
㈣　契約更新手続きの実施（「手続」）
　a　まず、更新の都度契約書を作成することは当然ですが、契約書を作成していない会社もあります。また契約書を作成しているが形式的であって作成が更新後になるなどルーズな手続となっていることが多いようです。いずれも使用者が更新を厳しく考えていないことを示すものであって、労働者の更新（雇用継続）についての期待が高くなる事情ですから、使用者にマイナスの評価となります。
　b　これに対して、理想的であるのは、更新の都度成績や勤怠を検証し、面談や労働者の意向確認をして契約書をきちんと更新前に作成している事例です。このように厳格な手続の場合には、労働者も雇用継続について甘い期待などしませんから、使用者にプラスの要素となります。この成績等の検証と面談確認が大切ですから、参考にして活用するために、以下に判例を上げておきます。
　(a)　厳格な手続として学科会議と教務委員会で審議し、教授会で決定す

103

る方法をとる例として、桜花学園名古屋短大事件・名古屋地判平15.2.18労判848号15頁。
  (b) 更新時期に評価を踏まえた言動をしていた例として、E・グラフィックスコミュニケーションズ事件・東京地判平23.4.28労判1040号58頁
  (c) 業務遂行状況を評価し、契約書を作成している例として、日本航空事件・東京地判平23.10.31労判1041号20頁
  (d) 部門長会での検討と、事業部長の決済が必要とされていた例として、三洋電機事件・大阪地決平2.2.20労判558号45頁
  (e) 更新前には面接がなされ、当該期間の勤務実績の評価に基づき更新の可否が決定され、契約書も作成されていた例として丸島アクアシステム事件・大阪高決平9.12.16労判729号18頁
  (f) 営業部長や販売人事担当者が個別面接を実施した上で、前年の成績に対する評価や期待される職責・成果等をもとに、給与等の条件を当事者間で合意した上で契約書を作成していた例として、三陽商会事件・大阪地決平14.12.13労判844号18頁
 c これと異なり送付・返送というやり方であって大きなプラスとなりにくい例として以下のものがあります。
  (a) 契約書作成はしていたが、本社から送付される契約書に署名して返送する形で行われていて、更新する契約条件等について協議がなかった例として、北海丸善運輸事件・大阪地決平2.8.23労判570号56頁があります。
  (b) 同じく郵送による事例で且つ郵送が更新日後になされることがあった例としてユタカサービス事件・東京地判平16.8.6労判881号62頁があります。
 d また、更新時に面接を実施しながら、その内容が世間話程度であった例として、ソニー長崎事件・長崎地裁大村支判平5.8.20労判638号44頁があります（尚、この件では更新ごとに慰労金が支払われていました）。
 e 非常にルーズなやり方の例として、契約書は毎回作成されていたが、かつては課長が課の臨時社員全員分に押印したり、欠勤者分を課長が代わって押印したり、臨時社員の代表者が代表で全員分について押印していたりしていた丸子警報器事件・東京高判平11.3.31労判758号7頁がありますが、継続雇用を前提とする形式的処理であると判断されても仕方

がないものです。
(オ) 契約における更新条件についての合意の内容（「合意」）

　a　不更新特約が存在する場合、更新に対する期待の余地がないと考えられます。

　　この点、近畿コカ・コーラボトリング事件〔111頁〕や本田技研工業事件〔115頁〕等の流れの中では、特約があることは雇用継続に対する合理的期待利益を「放棄」したものと考えられていますから、他の要素の検討は不要になる（ただし、真に理解して合意したかどうかが厳しく問われる）と考えられます。

　　しかし、労働者側はあくまでこの合意（特約）は諸事情の中の1つの要素（重要ではあるが）に過ぎないと主張するでしょうから、今後のさらなる判例の蓄積が待たれるところです。

　　この点は後の(3)〔111頁以下〕で改めて詳述します。

　b　また、更新の限度（上限）について合意があり、その合意された更新上限に達したとして雇止めされるケースも不更新特約と同様、期待が生じる余地が少ない類型です。

　　この点については後の(4)〔117頁以下〕で上限設定に関して別に論じます。

　c　その他、使用者に有利な合意があった例として、不安定な地位であることの確認をする内容の「念書」がある例として、尚絅学園事件・福岡高判平3.8.22労判608号53頁があります。

　d　他方、使用者に不利な内容の合意又は制度の例として以下のものがありますので、合意をするときは注意が必要です。

　(a) 正社員化を前提とした社員制度である（募集要項に記載がある）例として、日本航空事件・東京地判平23.10.31労判1041号20頁

　(b) 更新を前提として協議するとの協定を締結した例として、福岡大和倉庫事件・福岡地判平2.12.12労判578号59頁

　(c) 協定書で期間1年となっているところ、「覚書」で1年で解除する意味ではないとの条項がある例として、三精輸送機事件・京都地裁福知山支判平13.5.14労判805号34頁

　e　就業規則で定年を50歳と定めている例で、50歳までの更新を想定しているとして使用者に不利に考えた裁判例（三陽商会事件・大阪地決平

105

14.12.13労判844号18頁）もありますから、「定年」を定めたとしても安心はできません。「上限」の問題と同様にどれだけ厳格に運用するかが重要です。
- f 特殊な例として、近畿建設協会事件・京都地判平18.4.13労判917号59頁があります[107]。

(カ) 使用者の契約更新を期待させる言動の有無（「言動」）
- a 労働者側に有利な発言を使用者がしてしまった例は数多いです。
  - (a) 例として「長く勤務して欲しい」と言うこと、採用面接時の終身又は長期雇用を保障するような発言、期間の定めは形式的で更新が原則である旨の発言、契約更新が当たり前との発言、採用時に数年勤務後に本採用となる旨の話をする、等です。
  - (b) リップサービスの問題として、このようなことが絶対にないように、採用担当者の選定と教育が必要であることは採用の章（第1章〔7・8頁〕）で述べたとおりです。
- b 逆に期待発生を阻害するような発言・事情があれば使用者に有利になります。
  - (a) 3年を限度とする申し合わせがあった（且つ3年を超えた者がなかった）例として、大阪学院大学事件・大阪地判平6.7.13労判658号65頁
  - (b) 更新期待を妨げる言動として次年度の雇用は確約できない旨の通知をした例として、学校法人加茂暁星学園事件・東京高判平24.2.29労判1049号27頁
  - (c) 契約社員である故長期の目標を与えられない旨明言されていた例として、ロイター・ジャパン事件・東京地判平11.1.29労判760号54頁
  - (d) 更新に対する期待発生を妨げる言動（口頭・パンフ・契約書）があっ

---

[107] この判決は、①期間1年間で通算8年にわたって更新されてきた有期労働契約が、契約更新時の手続等から、期間の定めのない労働契約と実質的に異ならない状態となっていたとまでは認めることはできないとし、②雇用期間1年、更新当初の1年を含めて最長5年とされる「管理員」としての有期労働契約について、5年目以後の契約更新についての労働者の期待は認められないとしました。③しかし、被告Y社が、管理員としての契約の5年間の期間満了に伴い、同一業務であるが、従前とは異なる労働条件での「業務職員」としての契約更新を提案し、その後、雇用を拒否した件につき、業務職員としての契約更新については労働者の期待が存し、またその期待には合理性が認められるとし、その雇用契約締結拒否はその実質、雇止めと同様の効果を有し、権利の濫用に当たるとして、「管理員」としてでなく「業務職員」としての地位を認めました（以上の意味で表には▲の印を付けています。）

た例として、コンチネンタル・ミクロネシア・インク事件・東京高判平14.7.2労判836号114頁

(e) 採用面接時にも、単年度契約の説明があった例として、独立行政法人理化学研究所事件・東京地判平19.3.5労判939号25頁

(f) 最終の契約の更新の前には、次回契約をもって最終とする旨が告知されていた例として、丸島アクアシステム事件・大阪高決平9.12.16労判729号18頁

(g) これで最後との発言の後に1年の期間を明記した契約書に署名押印している（但し使用者に有利な事情とはしなかった）例として、全国社会保険協会連合会事件・京都地判平13.10.15労判818号35頁

(h) 報徳学園事件・大阪高判平22.2.12労判1062号71頁は、当初あった継続雇用への期待がその後年ごとに小さくなり、減弱ないしは消滅したとされた例です。当初原告Xの採用の経緯に照らすと平成16年度雇用契約（最初の契約）の時点ではXが雇用継続の期待を持ったことの合理性はあったかもしれないが、それは主として校長の言動に基づく主観的なものであって、常勤講師制度の目的等からの客観的根拠があったわけではなく、その後2年度にわたって専任教諭に採用されず、かえって平成18年度雇用契約に先立ち、校長らから常勤講師としての採用が3年を限度とすること、18年度に専任教諭としての採用はなく、翌19年度については白紙である旨を告げられたことを受け、さらに平成17年度限りで1名の常勤講師が雇止めになったことを考慮すれば、少なくとも平成18年度には、Xの上記期待は減弱ないしは消滅していたものと認めるのが相当であるとしています。

c 以上のとおり、出来る限り雇用継続の期待ができない事情を労働者に認識させること、そして、それを客観的に証明できるよう文書化する等の努力をしておくことが必要です。

(キ) 同様の立場にある者に対する雇止めの実績（「実績」）

a 雇止めをする前に、同様の立場にある者に対して雇止めをした実績(前例)がある場合は雇用継続に対する期待は小さくなるはずです（その数により期待の度合いも変わります）。

(a) 同様の立場にあったバイトを全員退職させた例として、日本電子計算事件・東京地決昭63.11.30労判531号48頁があります。

(b) 雇止めされた者が非常に多い例として、独立行政法人理化学研究所事件・東京地判平19.3.5労判939号25頁があります。
　(c) 日系ブラジル人の定着率が低かった例（16名中在職者3名、1年以上更新は7名に過ぎない[108]。会社の主張によれば雇止め実績もある）として、Ｔ工業（ＨＩＶ）事件・千葉地判平12.6.12労判785号10頁[109]
　(d) 売上成績不振や勤務態度不良、適格性欠如の場合は更新拒絶もあった例として、三陽商会事件・大阪地決平14.12.13労判844号18頁
　(e) 高校の常勤講師につき、同じ常勤講師の中で、1年で雇止めになった者がいた例として報徳学園事件・大阪高判平22.2.12労判1062号71頁
 b　これに対して、雇止め以前には同様の立場にある者に対する雇止め実績がない場合は数多いのですが、当然雇用継続を期待してしまう状況ですから、使用者にとってかなり大きなマイナスになります。
　(a) 長期勤務者が多く、雇止めがほとんどなく、雇止めの後に1名パートを採用していた例として、全国社会保険連合会事件・京都地判平13.9.10労判818号35頁
　(b) 分析的に考えた例として、ロイター・ジャパン事件・東京地判平11.1.29労判760号54頁があります（他の3名は1年経過後正社員として雇用されたが、他の1名は職場が違う。1名は退職後雇用した者である。数はわずかである）。
　(c) 雇止め前には雇止めがなかったのに初めて雇止めをした例の中には組合活動を嫌悪したのではないかと疑われる例もあるのでより慎重な対応が必要です。以下に組合加入の例を挙げておきます[110]。
　　① 龍神タクシー事件・大阪高判平3.1.16労判581号36頁では過去に臨時運転手で雇止めされたケースはありませんでした。

108　判決原文によると、「被告会社において平成8年度以降採用した日系ブラジル人16名のうち、現在も在籍している者は僅か3名で、一年以上更新した者は右3名を含めて7名しかいないことが認められるのであって、このような雇用状況からしても、雇用期間満了後の更新が合理的に期待できたものとはいえず、他に雇用契約の更新を期待させる合理的な事情の存在は認められない。」
109　本件雇用契約につき、期間を1年間とし更新されない限りは期間満了により終了する性質のものとされ、会社による満了2か月前の更新拒絶通知により雇用契約は終了したと認定されたが、解雇による原告の就労不能を使用者の責に帰すべきものとして期間満了による終了までの9か月分の賃金請求権が容認された例です。
110　リンゲージ事件・東京地判平23.11.6労判1044号71頁では、雇止めが組合員のみをターゲットにした情報収集によって得られたネガティブ情報に基づいて行われたものであり、当該情報収集がなければ、雇止め自体が存在しなかったという関係にあるものと認められることから、雇止めが組合員であったことに起因して課せられた不利益であって社会的に相当なものと認められないので無効とされました。

② 協栄テックス事件・盛岡地判平10.4.24労判741号36頁は特段の事情がなければ当然更新の扱いであったのに雇止めされた例で、判決では組合加入のみをもって更新拒絶したもので、更新拒絶が権利濫用に当たり無効とされました。

　③ 社会福祉法人正心会事件・神戸地裁伊丹支判平16.2.19労判874号52頁は過去に雇止めの例はいくつかあるが、勤務成績が著しく悪い等の特殊な例だけでほとんどなく、希望すればほとんど継続雇用されていたケースであって、判決は被告が本件雇止めに及んだ真の動機は、原告が労働組合に加入し、組合活動を行ったことを嫌った点にあるとしました。

　④ 北海丸善運輸事件・大阪地決平2.8.23労判570号56頁は雇止めは運転手（労働者）の組合加入および組合活動を嫌悪してなされたもので、権利濫用として無効であるとしました。

　⑤ 逆に不当労働行為を否定した例としてチボリ・ジャパン事件・岡山地判平13.5.16労判821号54頁があります。

 c　教訓

(a) 更新時期に前述したとおりの厳格な審査をして適格者だけを再度雇用する努力をする必要があります。

(b) 組合嫌悪が雇止めの真の理由と認められると（公序良俗違反の行為となりますから）裁判所の判断は極めて厳しいものになります。裁判所は事実認定のプロですから、組合嫌悪の意図など見抜かれてしまうと覚悟して、組合嫌悪の気持ち・考え方をなくしてしまうこと（一種の良い意味での洗脳）が一番大切です。

（図表2－1）解雇権濫用法理の類推適用の判断基準

労判	事件名	裁判所	Ⅰ解雇法理の類推適用（結果と判断要素）（総合判断）								Ⅱ有効性判断	
			結論	業務	回数	異同	手続	合意	言動	実績	効力	事案（対象者）
531-48	日本電子計算	東京地決昭63.11.30	○否定	◎※	●	○	△	－	－	○※	○有効	アルバイト
558-45	三洋電機	大阪地決平2.2.20	●肯定	△	●※	○	△※	－	－	●	●無効	工場内作業員（パート）
570-56	北海丸善運輸	大阪地決平2.8.23	●	△	●	●	●※	－	－	●		貨物運送業務トラック運転手

109

578-59	福岡大和倉庫	福岡地判平2.12.12	●	△	○	-	-	●※	●	-	●	入出庫作業等の場内作業
581-36	龍神タクシー	大阪高判平3.1.16	●	△	○	●※	-	-	-	●※	●	タクシー会社の臨時運転手
608-53	尚絅学園	福岡高判平3.8.22	○	△	△	-	○	○※	-	●	-	高校の保健体育担当講師
638-44	ソニー長崎	長崎地裁大村支判平5.8.20	●	△	●	○	△※	-	-	-	●	工場作業員
640-55	日本電子	東京地裁八王子支決平5.10.25	○	-	△ X$_1$ ● X$_2$	-	△	-	-	-	-	X$_1$一般事務 X$_2$設計補助業務
658-65	大阪学院大学	大阪高判平6.7.13	-	-	-	-	-	-	○※	-	-	短期大学専任講師（外国人）
719-77	芙蓉ビジネスサービス	長野地裁松本支決平8.3.29	-	-	-	○※	-	-	-	-	-	部品の検査業務「定期社員」
729-18	丸島アクアシステム	大阪高決平9.12.16	○	-	●	●	○※	-	○	-	●	旋盤作業等嘱託作業員
738-43	三洋電機（住道工場）	大阪地判平9.12.22	-	-	-	-	○※	-	◎	-	●	準社員
741-36	協栄テックス	盛岡地判平10.4.24	○	◎※	● X$_1$ ○ X$_2$	-	-	-	-	●※	●	病院患者の食事関係業務
758-7	丸子警報器	東京高判平11.3.31	●	△	●	-	-	●※	-	-	●	工場製造ライン作業員
760-54	ロイター・ジャパン	東京地判平11.1.29	○	△	○	○	-	-	○※	○※	●	トランスレーター
785-10	T工業（HIV）	千葉地判平12.6.12	-	-	-	-	△	-	-	○※	-	日系ブラジル人（梱包作業等）
801-13	旭川大学	札幌高判平13.1.31	-	-	-	-	◎	-	-	-	-	外国人教員
805-34	三精輸送機	京都地裁福知山支判平13.5.14	●	-	-	-	●※	-	-	-	●	製品仕上組立工（「常用」）
818-35	全国社会保険協会連合会	京都地判平13.9.10	●	△	●	-	-	△※	●※	-	●	パート看護師
821-54	チボリ・ジャパン	岡山地判平13.5.16	-	-	-	○※	●	●	●	●2名 ○1名		楽団員3名
836-114	コンチネンタル・ミクロネシア・インク	東京高判平14.7.2	○	-	-	-	-	-	-	-	-	外国航空会社の客室乗務員
848-15	桜花学園 名古屋短大	名古屋地判平15.2.18	○	-	●	○	◎※	-	-	-	-	保育科の音楽非常勤講師
844-18	三陽商会	大阪地決平14.12.13	●	-	-	○	●※	-	○※	-	-	アルバイト販売員
874-52	社会福祉法人正心会	神戸地裁伊丹支判平16.2.19	●	△	●	○	-	-	●※	-	-	特別養護老人ホームのパート介護職員
881-62	ユタカサービス	東京地判平16.8.6	-	△	●	-	●※	●	●	●	-	警備員

917 -59	近畿建設協会	京都地判 平18.4.13	○	△	○	-	-	○※	▲	-	▲	業務職員・管理員
939 -25	独立行政法人 理化学研究所	東京地判 平19.3.5	○	◎※	○	-	-	○	○※	○※	○	研究所の任期制職員
1011 -20	藍澤証券	東京高判 平22.5.27	○			○※		○			○	郵便物仕分等（障害者）
1040 -58	E・グラフィックスコミュニケーションズ	東京地判 平23.4.28	○					○※			○	クリエイティブ・ディレクター
1041 -20	日本航空	東京地判 平23.10.31	●	△	△	-		○※	●※		○	客室乗務員
1049 -27	学校法人 加茂暁星学園	東京高判 平24.2.22	○	△※	●	○		●		○※		高校の非常勤講師
1062 -71	報徳学園	大阪高判 平22.2.12	○	△※	○※	-		○	△※	○※		高校の美術家常勤講師

(3) 不更新特約に関する判例と活用について

ア 近畿コカ・コーラボトリング事件の大阪地裁判決（平17.1.13 労判893号150頁）は労働契約法改正との関係でも注目されている判決です。

(ア) 期間１年の雇用契約を締結した「パートナー社員」について、その７回目の更新の際に「本契約期間については、更新しないものとする」という不更新特約を入れており、その後になされた雇止めの有効性が争われた事案です。

(イ) 裁判所は、パートナー社員の業務が臨時的なものではなかったこと、７回にわたって反復更新していたこと、契約書の作成時期が新たな契約開始日より後になることがあったこと、当該社員に対して更新の意思を明確に確認することまでしていなかったこと、過去に雇止めが行われたことはなかったこと等を理由に、パートナー社員との有期雇用契約に対する解雇権濫用法理の類推適用を認めたものの、「本契約期間については、更新しないものとする」という不更新特約が記載された雇用契約書の作成後については、当該雇用契約の継続が期待されていたということはできないから解雇権濫用法理を類推適用する余地はないとして、不更新特約の効力を認め、雇止めを有効としました。

(ウ) この判決の意義については、いったん更新を繰り返して、判例の「解雇権濫用法理の類推適用」という理論により「雇止め」ができなくなった状態において、継続雇用に対する期待利益がないことを明らかにする手段としての不更新特約やその他の工夫をすれば「雇止め」を有効とすることができるということです。大変参考になり、活用できるノウハウがありま

111

す[111]。

　但し、個別労使間の交渉力・情報格差に鑑みれば、更新の有無や更新・非更新の基準について十分な説明と情報提供を行い、労働者が客観的にみてその自由意思に基づいて合意したものと認められることを要する（これは合意原則［労働契約法３条１項］、信義則［同３条４項］および労働契約内容の理解促進の責務［同４条１項］から導かれる要請）（土田・労働契約法677頁）とされていますので、客観的に真に自由な意思であることを基礎づける具体的事実をできるだけ多く具備するように丁寧な運用に心がける必要があります。

　㈢　この判決が不更新特約の合意を有効と解したのは以下の事情があったからです。

　　ａ　不更新特約の入った契約書に署名押印をさせたこと
　　　(a)　この点、まず、署名押印をさせるためにあたって会社はよく考えています。
　　　　①　契約書は１枚の解りやすい文章で書いた簡単なもので、その項目数は全８項にすぎず、一読すれば、その内容は容易に理解できるようになっています。長くて読まなかったとか読む時間がなかったという弁解ができないようなものです。
　　　　②　不更新条項は、他の項目と同じ大きさで記載されており、しかも署名押印の欄のすぐ上に位置する所に記載されていて、署名押印した時に、すぐ上の不更新条項を読まなかった（又は気づかなかった）という弁解が不自然になるようにしているとも考えられます。
　　　　③　署名押印するにあたり、契約書を交付して、その場で署名押印させると、考える時間のないまま無理やり署名押印させられたとか、本意ではなかったとの弁解がなされる恐れもあります。
　　　　　このケースでは、考える時間的余裕を与えており、１人は自宅へ送付して、郵送で署名押印して送り返してもらう形をとっています。
　　　　　この点、判決はさらに、原告らは、それぞれ作成した２通の本件各契約書のうち、１通を自ら保管していたのであるから、作成後に

---

[111] この判決については、実質的説明と合意を重視して雇用継続の期待利益を否定し、解雇規制の類推を否定する例として注目され、妥当な内容と解されています（土田677頁）。また、「最近の雇止め法理への新しい流れを感じる事例である」（荒木236頁）として肯定的に評価されています。

本件各契約書の内容を確認することは可能であったにもかかわらず、本件各契約書の内容について、会社に対し、何等異議を述べていない、と判示しています。

　尚、当初原告のうちの1人は、その場ですぐに本件各契約書への署名押印を求められたと主張しており、作成経緯についての具体的な主張をしていたにもかかわらず、後に契約書が自宅に郵送されたと主張するようになったものであって、その主張の変遷も不合理といわざるを得ないとの判示もあります。

　以上のとおり、労働者側にいろいろ弁解をさせないような配慮がされています。

(b) 通常の成人が署名押印しているのにそれが真意でないということは難しいこと

　この点、判決は原告らは、本件各契約書に自ら署名押印している以上、本件各契約書は真正に作成されたことが推定される（民事訴訟法228条4項）ものであり、会社が事前に説明会を行っていることをあわせて考慮すれば、不更新条項を含む本件各契約書の作成は原告らの意思に基づくというべきである、としています。

b　説明会を開催して契約内容について具体的に説明をしていること

　これは具体的に最終の更新であることを認識していること（継続雇用の期待がないこと）を裏付けるものです。

　この会社の場合には、次期は更新しないとする契約社員に対して、もれなく説明会を開催して、その旨説明し、了解の上で手続きを進める形をとっています。

　説明会では「平成14年12月末をもって満了となり、以後の継続雇用はしないので、残りの有給休暇を全部使ってほしい。そして、平成14年度のパートナー社員労働契約書には、不更新条項を入れる。子会社での新規採用について未定である。」旨の説明がなされたことが記述されています。

　会社側で説明会において説明を担当した者及び説明会に出席していたパートナー社員らは、会社主張のとおり説明会が開かれたとの内容を書面に記載したり、証言したりしており、会社が、説明会において、契約更新の意思を確認したことを裏付ける証拠とされています。また、原告

らの説明についての具体的な内容の記憶があいまいであったことも指摘されて、会社に有利な事実となっています。

　説明会で配布した書類の他、説明会の会議録や上司への報告書（開催したことについての）、開催準備のために作成した書面等、関連証拠を多く作成保存しておくべきです。

c　有給休暇を完全消化をさせたこと

(a)　日本の会社では有給休暇については労働者が経営者に遠慮して完全に消化することは少ないといわれています。この会社でも不更新特約が問題となるまでは多くの日数が未消化でした（前年の消化率は60％前後）。これに対して、不更新特約がなされた以後の最後の1年間については完全消化されていて、明らかな態度の変化が見られました。これは、もう更新ができない、最終の年だということで、会社に遠慮なく有休を消化したと考えるのが経験則から見て合理的です。

(b)　また、この点労働者側からは、会社の方から有給休暇を取りなさいと指示されたからとっただけであるとの弁解がされていますが、採用されていません。

　会社から平成14年6月ごろに指示があったことが認められるが、原告らの1月から6月までの間の有給休暇の取得日数は、いずれも平成13年よりも平成14年の方が多いこと、平成14年についてみても、1月から6月までの有給休暇の取得数と7月から12月までの有給休暇の取得数を比較すると、原告3人のうちの1人については、前半が11日で後半が18日と増加しているものの、他の原告については、前半が13日で後半が15日と目立った差はなく、また別の原告については、前半も後半も共に16日と同じであることが認められるのであって、これによれば、会社による平成14年6月ごろの指示のために原告らの有給休暇の消化率が上昇したということはできず、原告らの主張を採用することはできないとしています。

d　別の関連会社への面接に行かせていること

(a)　平成14年10月、原告らを含むパートナー社員は、被告会社と子会社の担当者らから、12月末をもって雇止めとすることおよび子会社で採用されることを希望する者は履歴書を提出するように説明されました。そして原告らは子会社での雇用を希望し面接を受けましたが、雇さ

れないことを、理由を告げられないまま告知されました。
		(b) これは被告会社に継続就業することができないと考えたから別会社へ面接へ行くのです。雇用継続が期待できる場合はわざわざほかの会社の面接に行かないはずであるという経験則に基づいて考えると、雇用継続への期待がないことを裏付ける事情となります。
	(オ) この判決から学ぶべきこと
		a まず、前述したことを整理すると、①契約書の記載の仕方の工夫、②署名押印と確認印のもらい方の工夫（考慮時間を与えること、写しを交付すること）、③説明会の開催とその関係の証拠作成、④有給休暇完全消化の指示、⑤転職先として他の会社の紹介が直接的なノウハウとして得られます。
		b その他、この事件では、原告らがユニオンに加入し、ユニオンと会社の団体交渉が4回なされて合意に至らなかった（決裂）のですが、会社側が誠実交渉したことで問題がありませんでした。
		c 以上の他に、基本的姿勢として、以上のことは場当たり的に行うことは不可能であり、周到な計画を立てて行われたものと考えられることです。それまでの判例を検討して、裁判所で何が問題となるかを想定し、問題点を挙げて企業が不利にならないように具体的対策を立てて実行したものと考えられるのです。
イ 本田技研工業事件・東京地判平24.2.17労経速2140号3頁
	(ア) 本田技研工業事件は、11年余にわたって契約更新や退職後の再入社を繰り返してきた期間契約社員について、「契約更新はしないものとする」という不更新条項を定めた有期雇用契約を締結した後の雇止めの有効性が争われた事案です。

		裁判所は、不更新条項を定めた有期雇用契約締結までの期間における契約継続に対する期待は合理的と認める一方で、不更新条項を盛り込んだ有期雇用契約を締結し、その後、退職届を提出したり、会社の開催した説明会でも異議を述べなかったことなどから、雇用契約の更なる継続に対する期待利益は確定的に放棄したと認められるとして、解雇権濫用法理の類推適用の前提を欠くと判示しました。
	(イ) 論点についての判旨原文について、大変参考になるものですので、以下に引用しておきます（Xは控訴人労働者、Yは被控訴人会社）。

a 3年間は雇用を保障するとの黙示の合意について

「3年間の期間については、有期雇用契約の更新期間の上限である旨が明確に記載されているのであって、Yにおける期間雇用契約の実際の運用も、更新期間の上限まで自動的に更新されることが常態的運用となっていたことを認めるに足りる証拠はないから、この3年間はあくまで更新期間の上限であって、本件直前雇用契約の締結により、3年間は有期雇用契約の更新を保障するとの黙示の合意が成立したと認めることはできない。」

b 不更新条項についての「真の理解」について

「Xは、平成20年11月28日、勤務シフト別に期間契約社員に対して開催された説明会に出席し、栃木製作所においては、部品減産に対応した経営努力（モジュール間の配置換え等）だけでは余剰労働力を吸収しきれず、そのため、期間契約社員を全員雇止めにせざるを得ないこと等について説明を受けたこと、Xは上記の説明を理解し、もはや期間契約社員の雇止めは回避し難くやむを得ないものとして受け入れたこと、Xは、本件雇用契約書と同じ契約書式にはそれを明確にするための雇止めを予定した不更新条項が盛り込まれており、また、その雇止めが、従前のような契約期間の満了、退職と空白期間経過後の再入社という形が想定される雇止めではなく、そのようなことが想定されず、再入社が期待できない、これまでとは全く趣旨を異にする雇止めであると十分理解して任意に同契約書に署名したが、その時点で印鑑を持参していなかったために拇印を押してYに提出したこと、以上の各事実が認められることは引用に係る原判決認定事実（略）のとおりであり、Xは、本件雇用契約は、従前と異なって更新されないことを真に理解して契約を締結したことが認められる。」

c 期待利益の放棄について

「不更新条項を含む経緯や契約締結後の言動等も併せ考慮して、労働者が次回は更新されないことを真に理解して契約を締結した場合には、雇用継続に対する合理的期待を放棄したものであり、不更新条項の効力を否定すべき理由はないから、解雇に関する法理の類推を否定すべきである。

そして、Xは、本件雇用契約は、従前と異なり更新されないことを真

に理解して契約を締結したことは前判示のとおりであり、その後にその認識のままで本件退職届を提出したものと認められることは先に引用した原判決理由説示のとおりであるから、雇用継続に対する合理的期待を放棄したものとして、解雇に関する法理の類推適用を否定すべきである。

　Xは、平成20年11月28日の説明会は、僅か15分であり、文書も配布されず、短時間に文書（書証略）がスクリーンに映写されたのみで、雇止めの根拠や理由を理解させるに足りるものではなかった旨主張するけれども、Yは、同日の説明会において映写した文書（書証略）において、「期間契約社員の皆様へのお願い」、「契約は全員12月31日をもって終了とさせていただきます」と記載しており、Xは、上記説明会の説明により、部品減産に対応した経営努力（モジュール間の配置換え等）だけでは余剰労働力を吸収しきれず、そのため、期間契約社員を全員雇止めにせざるを得ず、もはや期間契約社員の雇止めは回避し難くやむを得ないと理解したことは前判示のとおりであり、上記文書の記載及びXが上記理解に至っていることに照らすと、Yの説明が不十分であったとは認められない。

　Xは、代償の不存在についても主張するが、代償の存在が期待利益の放棄を認めるために不可欠であるとまではいえないから、その主張自体失当である。」

　　ウ　その他の判例について
　　　(ｱ)　丸島アクアシステム事件・大阪高決平9.12.16労判729号18頁は、最終の契約の更新の前には次回契約をもって最終とする旨が告知されていた例です。
　　　(ｲ)　全国社会保険協会連絡会事件・大阪高判平13.10.15労判818号41頁は、最終との発言の後に１年の期間を明記した契約書に署名押印した例です。

(4)　上限設定に関する判例について
　　ア　更新回数の上限設定と更新の合理的期待が問題となった近時の判例として、京都新聞ＣＯＭ事件・京都地判平22.5.18労経速2079号３頁・労判1004号160頁があります[112]。今後、更新回数の上限設定をして雇止めを確実に行える

112　その他上限設定が問題となった判例には以下のものがあります。
　①　訴訟で勤務年限を２年とする期間１年の和解（上限合意）が成立した例として、旭川大学事件・札幌高判平13.1.31労判801号13頁

ようにすることが増えると予想されますので、参考になる判例です。

(ア) これは京都新聞の子会社で有期雇用契約を更新して勤務していた原告Xら2名（うち1名は平成13年6月1日から、他方は、平成16年5月1日から）が、同じく京都新聞の子会社として新設された被告会社Yに、その業務が移管されるのに伴い、Yとの間で平成18年4月1日から期間を1年間とする有期雇用契約を締結して勤務することとなり、その後2度の更新の後、平成21年3月31日の期間満了をもって雇止めされたので、その雇止めの効力を争った事件です。

(イ) 判決は、契約社員については3年を超えて更新されないというルールが契約内容として認識されているのであれば、3年を超えた契約更新に合理的期待を持つことはあり得ないとした上で、事案について検討し、3年ルールは存在し、京都新聞社グループにおいて、正社員と契約社員との採用方法や勤務体系の違いなどからすると、3年ルールは一定の合理性を有しているが、3年ルールが厳格に守られ、契約社員に周知されていたとは考えられず、Xらに対してもその旨の説明がされていたと認めることは出来ない等として3年ルールにより、契約更新の合理的期待を否定できないとしました。

(ウ) この事例では、①3年ルールが厳格に守られていない点、②その旨の説明もされていなかったことが指摘され、雇止めが無効とされていますから、上限設定をする場合には、①ルールの周知徹底と、②十分な説明をしておくべきです。

イ　尚、既に継続雇用に関して期待が発生してしまっている場合に上限設定をしても意味はありません[113]。

---

② 管理員について上限5年の説明と就業規則がある例として、近畿建設協会事件・京都地判平18.4.13労判917号59頁

③ 一定年齢を上限とする定年制が就業規則にあり、労組との間でその年齢が「57歳」であると確認され、労使慣行となっていたとされた三洋電機（住道工場）事件・大阪地判平9.12.22労判738号43頁

④ 常勤講師の雇用は3年を上限とする3回目の契約時の校長らの発言は明確性、確定性を欠くとして、解雇予告を付す旨の意思表示をしたものとは認められないとしたものとして、報徳学園事件・神戸地裁尼崎支判平20.10.14労判974号25頁があります。

[113] この点について、報徳学園事件・神戸地裁尼崎支判平20.10.14労判974号25頁は（2審で逆転判決をされたものですが）、回数制限などの発言がなされた時点において既に雇用継続に関して強い期待を有しており、かつ、期待をするにつき高い合理性があるから、このような期待利益が遮断又は消滅したというためには、雇用継続を期待しないことがむしろ合理的とみられるような事情変更や雇用継続しないとの当事者の新合意を要するところ、そのような事情は認められず、Xの事件雇用継続に関する期待利益には合理性があり、本件雇止めには解雇権濫用法理の類推適用があるとしました。

3 労働契約法改正

(1) 平成24年8月10日、「労働契約法の一部を改正する法律」が公布されましたが、その要点は、①雇止め法理の法定化、②有期労働契約の期間の定めのない労働契約への転換、③期間の定めがあることによる不都合な労働条件の禁止です。本書では、この労働契約法（以下単に「法」といいます）改正の3条について説明します。

(2) 雇止め法理の法定化（法第19条）

一定の場合に有期労働契約の雇止めを無効とする判例上のルール（前述した雇止め法理）を条文化しました（法19条）。

ア　本来、有期労働契約は契約期間の満了によって当然終了しますが、契約が反復更新された後に雇止めをされて生じる紛争も多いので、有期労働契約の更新等に関するルールを予め明らかにすることにより、雇止めに際して発生する紛争を防止し、その解決を図る必要があります。そこで法第19条は、最高裁判所判決で確立している雇止めに関する判例法理（いわゆる雇止め法理）を規定し、一定の場合に雇止めを認めず、有期労働契約が締結または更新されたものとみなすものとしました。

イ　要件

(ア)　1号と2号で異なる要件があります[114]。

　　a　有期労働契約が過去に反復されていて、その契約期間の満了時に有期労働契約を更新しないことが、無期労働契約の労働者の解雇と社会通念上同視できること（1号）。

　　b　または、労働者において有期労働契約の契約期間の満了時に有期労働契約が更新されるものと期待することについて合理的な理由があること（2号）。

　　　この点、不更新特約の締結により、合理的期待を減殺することができるかどうかなどの問題があることは既に述べたとおりであり、改正後も同じです。

(イ)　申込み

「契約期間が満了する日までの間に更新の申込みをする」または「契約

---

[114] 1号は前記の東芝柳町工場事件・最1小判昭49.7.22の判決の要件を規定したもの、2号は前記の日立メディコ事件・最1小判昭61.12.4の判決の要件を規定したものとされています。

期間の満了後遅滞なく有期労働契約の締結の申込をした」こと。
- a これは、従来の判例法理が要求していない要件を追加したものです。
- b 「遅滞なく」とは、「時間的即時性」を強く表す場合に用いられる表現ですが、「直ちに」とは異なり、正当な又は合理的な理由による遅滞は許容されると解されています。ここで遅滞なく相談せずに時間が経過してしまった場合にこの「遅滞なく」といえるかどうか問題となります。使用者側からの攻撃ポイントです。
- c 「更新の申込み」「締結の申込み」の意味について、通達では、これらの申込みは「要式行為ではなく、使用者による雇止めの意思表示に対して、労働者による何らかの反対の意思表示が使用者に伝わるものでもよいこと」「雇止めの効力について紛争となった場合における法第19条の『更新の申込み』又は『締結の申込み』をしたことの主張・立証については、労働者が雇止めに異議があることが、たとえば、訴訟の提起、紛争調整機関への申立て、団体交渉等によって使用者に直接又は間接に伝えられたことを概括的に主張立証すればよいと解される」とされています。行政がわざわざ丁寧にここまで説明しなければならないほど労働者側で留意しなければならないポイントです。ここも使用者側の攻撃できるところかどうかのチェックポイントになります。

(ウ) 使用者が当該申込を拒絶することが、客観的に合理的な理由を欠き、社会通念上相当であると認められないこと。

ウ 効果

上記の要件全てを満たした場合には、使用者は、従前の有期労働契約の内容である労働条件と同一の労働条件で当該申込みを承諾したものとみなすとされています。

(3) 有期労働契約の期間の定めのない労働契約への転換（法第18条）（いわゆる「無期転換」）

有期労働契約が反復更新され、契約期間が通算5年を超えた場合に、労働者からの申込により、無期労働契約に転換させるルールを新設しました。

ア 有期労働契約は、契約期間が満了すれば終了し、更新の保証は無いので、更新拒絶（雇止め）を恐れて、有給休暇の取得など、権利行使を抑制されるという問題点があります。また、有期労働者が恒常的な業務や会社の基幹業務に従事し、契約を反復して利用されている実態もあります。そこで有期契

約が長期間にわたって反復更新されるという濫用的な利用を抑制し、雇用の安定を図る目的で改正がなされたものです。
イ 要件としては、①同一の使用者との間で締結された2つ以上の有期労働契約の契約期間を通算した期間（通算契約期間）が5年を超えること、②現に締結している有期労働契約の契約期間が満了するまでの間に、③有期労働者が、現に締結している有期労働契約の期間満了日の翌日を開始日とする無期労働契約締結の申込みをしたこと、です。

但し、一つの有期労働契約とその前の有期労働契約との間に、「空白期間」（同一の使用者の下で働いていない期間）が6か月以上あるときは、その空白期間より前の有期労働契約は、「5年」のカウントに含めません。これを「クーリング」といいます。
ウ 効果として、有期労働者が申込権を行使すると、その時点で使用者は申込みを承諾したものとみなされます。すなわち申込の時点で、始期付きの無期労働契約が成立します。この無期労働契約における労働条件は、契約期間が無期であるほかは、別段の定めが無い限り、従来の労働条件と同じものとなります。尚、無期転換申込権は、労働者の一方的な意思表示によって、使用者の承諾を擬制し、無期労働契約の成立という法的効果を生じさせる一種の形成権です。
エ 主な問題点について
　(ｱ) 無期転換申込権が権利として具体的に発生する前に、予め無期転換申込権を放棄することを認めることは、雇止めによって雇用を失うことを恐れる労働者に対して、使用者が無期転換申込権を放棄することを労働者に強要する状況を招くおそれがあり、改正法の趣旨を損なうおそれがある（それ故公序良俗違反として無効となる）、とされています。

これに対し、無期転換申込権が発生した後に、労働者から「無期転換申込権を放棄する」旨の誓約書を取得した場合には、権利放棄としては有効である（但し、運用が問題となる）とされています。このように単純に対比してよいのか、いずれにしても民法90条違反はケースバイケースの具体的判断ではないかとの疑問がありますが、一般的にはこのように考えられています。
　(ｲ) 無期労働契約における労働条件は、契約期間が無期である他は、別段の定めが無い限り[115]、従来の労働条件と同じものとなります。そこで、無

期転換後の労働条件を定める就業規則を設けていない場合、無期転換労働者の定年の定めがないことになってしまいますし、無期転換後に退職した際には、正社員とは異なり退職金を支払う必要はありません。この点について無期転換社員の特別の就業規則を定めてトラブル防止をすることが考えられます。

(ウ) 無期転換社員の労働条件を定める就業規則を制定する場合、有期労働契約期間中よりも賃金額を下げることはできるか。また、できるとしたら、どの程度の幅が可能かが問題となります。

　　a　労働契約法7条（新たな労働契約の場合）と、同10条（使用者が就業規則の変更により労働条件を変更する場合）には、それぞれ「合理的」という言葉が用いられています（就業規則に関する2つの異なる「合理性」がある）。

　　b　7条の合理性は、労働条件そのものの合理性で足りるとされており、その程度としては、学説上、企業の人事管理上の必要があり、労働者の権利・利益を不相当に制限していなければ肯定されるべきものである、といわれています。これに対し、10条の合理性は、変更後の労働条件の内容自体の変更の必要性と不利益の均衡、変更のプロセス等の点を総合的に評価して、合理的であるかが判断されるもの（この点は62頁以下で詳述しています）、ハードルがより高いものです。

　　c　無期転換社員の労働条件に関する就業規則を新たに作成する場合に、その就業規則に要求される「合理性」は、どちらの合理性であるのかが、今後問題となります。現在の議論では使用者側は、新たな労働条件の新設の意味であり、7条と同じであり、下げてもよい（相当程度の下げもよい）と考え、労働者側は、法の趣旨（雇用安定）から反対で、10条と同じ合理性と考えるという対立構造が見られます。将来の裁判所の判断の蓄積が注目されます。

(4) **不合理な労働条件の禁止（法20条）**

ア　非正規労働者の基幹雇用化・拡大化の一方で、非正規労働者である有期雇用社員と正社員との間の労働条件の格差の拡大がみられることから、正社員と有期雇用社員との職務内容・責任等の相違から、正社員と異なる形にする

115　無期転換した場合の労働条件は原則として、有期労働契約におけるものと同一ですが、別段の定めができます。その別段の定めには、3通りの手法（労働契約、就業規則、労働協約）があります。

合理性を審査し、期間の定めがあることによる不合理な労働条件を禁止することにより有期雇用社員を保護しようとするものです[116]。

イ　要件
　(ア)　同一の使用者が雇用する無期契約労働者の労働条件と相違すること
　　　a　「労働条件」には、賃金や労働時間の労働条件だけでなく、災害補償、服務規律、教育訓練、付随義務、福利厚生など、労働者に対する一切の待遇を含みます。
　　　b　「同一使用者」とは、労働契約を締結する法律上の主体が同一であること（法人格単位）をいい、事業場単位ではありません。
　(イ)　上記相違が「期間の定めのあること」を理由とする不合理なものであること
　　　合理性判断についての考慮要素は、①職務の内容（業務内容、業務に伴う責任の程度）、②配置・職務の変更の有無（今後の見込みも含め、転勤、昇進等といった人事異動や昇進等による本人の役割の変化等［配置の変更を伴わない職務の内容の変更を含む］）、③その他の事情（労使慣行など）であり、個々の労働条件ごとに判断されます。
ウ　効果としては、民事的効力があること（損害賠償、契約の無効）があり、訴訟提起が可能と考えられ、裁判上の立証責任については、不合理性については労働者側が、合理性については使用者側が、それぞれ主張立証することになります。

4　有期労働契約の中途解約
　実際の相談事例で有期労働契約の期間途中の解約がトラブルになることも多いので、以下に解約事由について検討しておきます。
(1)　民法628条は「やむを得ない事由」がある場合の当事者双方の即時解約権を規定しています。これは期間を定めて契約を締結した以上、その期間中は契約

---

[116] この論点についての裁判例としては、京都市女性協会事件・大阪高判平21.7.16労判1001号77頁があり、「非正規雇用労働者が提供する労働は、正規雇用労働者との比較において同一（価値）労働であることが認められるにも関わらず、当該事業所における慣行や就業の実態を考慮しても許容できないほど著しい賃金格差が生じている場合には、均衡の理念に基づく公序違反として不法行為が成立する余地があると解される。」「短時間労働者法においても、『通常の労働者と同視すべき短時間労働者』については同一（価値）労働同一賃金の原則を法定しているが、それ以外の短時間労働者については努力義務としている（同法9条）点に照らせば、同一（価値）労働と認められるに至らない場合においても、契約自由の原則を排除して、賃金に格差があれば、直ちに賃上げを求めることができる権利については、実定法上の根拠を認め難いというべきであり、したがって、賃金格差がある場合に常に公序違反と扱い、不法行為に該当すると断定することもできない」としました（最2小決平22.2.5で維持されました［棄却・不受理］）。

123

の拘束力が及ぶことから一定の重大な事由の発生を即時解約の要件としたものです（土田678頁）。この規定を前提として、労働契約法17条1項は「使用者は期間の定めのある労働契約について、やむを得ない事由がある場合でなければ、その契約期間が満了するまでの間において、労働者を解雇することができない」と規定し、使用者に対してだけ（片面的に）解約（解雇）を制限しています。

(2) 民法628条の「やむを得ない事由」とは、期間の満了まで雇用を継続することが不当、不公平と認められるほどに重大な理由が生じたことをいい、解雇について、期間の定めのない労働契約に関する解雇権濫用規制（労契法16条）の解雇要件（客観的に合理的な理由）より厳格に解釈されます（土田679頁）。

通常問題となるのは使用者による中途解約の事由ですが、労働者の負傷・疾病による就労不能や悪質な非違行為、天災事変や経済的事情により事業の継続が困難となったことが挙げられています[117]。

5 雇止めと不法行為

(1) 雇止めを不当とする訴訟において、使用者側に不法行為が成立し、損害賠償請求が認められる場合があります。しかし、雇止めが認められた場合にも例外的に不法行為が認められた場合がありますので、念のために以下に検討しておきます。

(2) 雇止めの効力が否定された場合は、解雇無効の場合と同様に不法行為に基づく不当解雇であるとして損害賠償が問題となります。しかし、一般論としては、不当解雇の場合と同様直ちに不法行為となるのではなく、使用者の行為が民法709条の不法行為とまでいえるのかどうかが検討されます。

(3) これに対して雇止めが有効であれば、不法行為など通常考えられないと考えられますが、例外的に認められた例があります。

ア 河合塾（非常勤講師・出講契約）事件・最3小判平22.4.27労判1009号5頁

(ア) 期間1年間の出講契約を25年間にわたり更新してきた予備校の非常勤講師X（被上告人）が、契約条件が折り合わなかったために次年度の出講契約を締結できず、契約終了とされた件につき、2審福岡高判平21.5.19労判989号39頁は、学校法人Y（上告人）の強行一辺倒の交渉態度がXをして消極的抵抗に駆り立て、契約締結の不承諾という事態を招いた面がある等として不法行為の成立を認め、Yに慰謝料350万円などの支払いを命じま

---

[117] 労働者派遣の場合の判例は派遣のところで〔139頁以下〕詳述していますが、通常の場合については安川電機八幡工場事件・福岡高決平14.9.18労判840号52頁があります。

第2章　非正規雇用の活用

した。
- (イ)　最高裁判決は、YによるXの担当コマ数削減の提案は、経営判断としてやむを得ないものであり、YがXのコマ数確保等の申入れに応じなかったことは不当とはいえず、また、合意に至らない部分につき労働審判を申立てるとの条件で合意するとのXからの申入れに応じなかったことも、講義編成全体への影響等からすれば特段非難されるべきものとは言えないのであって、Yは平成17年中に平成18年度のコマ数削減をXに伝え、2度にわたりXの回答を待ったものであり、その交渉の過程でYが不適切な説明をしたり、不当な手段を用いたりした等の事情があるともうかがわれず、Yの対応が不法行為に当たるとはいえないとされました（原判決破棄・Xの請求を棄却）。
- (ウ)　最高裁判決で不法行為が否定されたのは適切に説明をし、誠実な交渉態度を示したからであり、ここでも誠実交渉が使用者に有利に働く要素となることが明らかとなっています。

イ　パナソニックプラズマディスプレイ（パスコ）事件・最2小判平21.12.18民集63巻10号2754頁・労判993号5頁
- (ア)　本件は、上告人Y社工場のPDP（プラズマディスプレイパネル）の製造工程において、Yと業務請負契約を締結し、工程の一部を請け負っていた訴外A社に雇用され、作業に従事していた被上告人労働者Xが、Yとの雇用契約確認、違法に雇用を打ち切られたことなどに対する慰謝料等を請求した事案です。
- (イ)　最高裁判決は、YがX1人にのみ一定の業務に従事させたことは、Xが監督機関に申告したことに対する報復等の動機によるものと推認でき、本件に雇止めに至るYの行為も当該申告に起因する不利益取扱いと評価できる等として、慰謝料支払いを命じた原判決を維持しました。
- (ウ)　これは報復行為という極めて特殊なケースですから、通常では問題になりません。

(4)　以上のとおりであり、特に悪質な事案でなければ不法行為の成立は特に心配しなくてよいということですから、悪質と評価されないように、上品で誠実な交渉態度をとることです。

6　雇止め問題と労働審判の活用

(1)　労働審判制度が早期解決に有効であり活用されています[118]（解雇の章・329

125

頁以下も参照）。雇止め問題においても労働審判の利用が多くみられます[119]。特に訴訟が長期化すること、雇止めのケースでは経済的利益が小さいことが多いことから通常の事件以上に労働審判の選択が多いようです。

(2) 例として「労働判例」に掲載された「雇止め」の事案（図表2-2）を参考に留意すべき点について以下に少し述べておきます。いずれも特徴のある興味深い事例ですが、いずれにしても極めて早い解決が可能なことにご注目下さい。

ア　事件1・東京地裁平18.10.12労判924号172頁は脳梗塞が再発した契約社員の雇止めのケースですが、会社（従業員数約460名の機材等の製造会社）Yの対応が手順を踏んで行われていて（休職→軽作業を用意して有期契約として再雇用→期間満了ごとの契約満了金支払→本人の要望による業務軽減→雇止め［契約満了金プラス特別手当支払］→産業医面接を経て解決金による解決）、1つのモデルケースとして参考になるものです[120]。

大変慎重な対応で万全の対策と思いますが、これはある程度以上の規模の

118　詳細は「処方箋」（岡﨑・三好）の第3部第3章（115頁以下）をご参照。
119　労判1057号6頁以下の巻頭新春鼎談「最近の有期労働契約（期間雇用）をめぐる判例と改正労契法」で「労働審判のメリットと課題」として論じられています。
120　この事件の経緯は以下のとおりです。
① 従業員Xが正社員として約20年勤務した後、脳梗塞を発症して2年間休職した（休職処分）。
② その後期間満了により退職した。
③ Xには後遺症が残ったが、YはXの意向に応じ、Xにも可能な軽作業を用意し、契約期間6か月の契約社員として、Xを再雇用した。
④ その後、XとYの雇用契約は更新されてきた。期間満了の都度、賃金1か月分相当額の契約満了金が支払われていた。
⑤ 途中Xの要望により、Xの勤務は週4日、1日6時間に軽減された。
⑥ 雇止めの通知
　Xはコンビニの駐車場において、バックしてきた車に追突されて足を骨折したが、入院中に脳梗塞を再発させ、歩行はおろか、会話もままならない状態となった。Xの入院から2ヶ月が経過してもXの主治医によれば回復の時期は不明とのことであった。Yとしては、就業規則（「業務外の傷病により欠勤が2か月を超えたとき」に基づいてXとの雇用契約を期間途中で終了させる選択肢もあり得たが、期間満了による終了を選択して、Xに対して雇止めの通知をした。
⑦ さらに、Yは、事情を考慮し、契約満了金に加え、1か月分の賃金相当額の手当を特別支給した。
⑧ Xは雇止めは無効（実質的に期間の定めのない契約であることを理由とする）であるとして地位確認等を求める労働審判を申し立てたが、Yは提出期限までに答弁書と証書等を提出した。
⑨ 第1回期日にY側は代理人弁護士の他に担当者4名を出頭させた（これに対して申立本人は出頭せず）。そして雇止めが無効であることを前提とする話し合いには応じられないと回答した（これに対してX側は雇止めを有効との前提の再雇用でよいとの考えを示した）。
⑩ 2回目にX本人も出頭したが、脳梗塞再発前からの後遺症があるので、Yとしては産業医の意見を踏まえたうえで、再雇用の可否を判断する必要があり、期日外（2回目と3回目の間）で産業医によるXの面談を実施することになった。
⑪ 期日外で産業医によるXの面談を実施したが最終的にYはXの再雇用はできないと判断した。第3回期日前にY代理人からX代理人と裁判所へ結論を連絡した。
⑫ 第3回期日において、解決金（金額不明）を支払う形で調停が成立した。

第2章　非正規雇用の活用

企業であるからできることでしょう。規模の小さな余力の少ない企業でどうするかは各段階で問題となります。

イ　事件2・東京地裁平19.6.27労判941号95頁では、解決金支払いの審判という形ですが、申立からわずか2ヶ月で結論が出ています。このケースは申立人労働者が職場復帰を強く求めていたので不満があったとのことですが、契約社員の場合の地位確認は契約期間相当の短期間になりやすいこと（未払い金の支払も少額となる）から仮処分や訴訟の選択が難しいものと思われます。

ウ　事件3・秋田地裁平22.6.1労判1013号170頁では①地位確認、②労働条件の不利益変更（20％減給）、③未払い賃金、④慰謝料が論点となりましたが、労働審判委員会から、3回で終了しないとして24条終了を示唆されたため、申立人側が①と③だけに争点を絞って審理を求め、審判を得たものです。多くの事情を検討する総合的判断が必要なケースでは、結論が明らかな場合以外は争えば3回で終了しないことが多いですから、申立人側の手続選択が適切にされる必要があります。

エ　事件4・東京地裁平22.11.10労判1017号97頁は雇止め無効の心証の場合の

（図表2-2）雇止めに関する労働審判例

番号	労判	裁判所	期日等	事件の概要と結果
1	924 -172	東京地裁 平18.10.12	申平18.6.20 ①平18.7.20 ②平18.9.6 ③平18.10.12	業務外の事故で入院中に脳梗塞が再発した契約社員の雇止めにつき、期間満了による雇用契約の終了確認、解決金支払いを内容とする調停が成立した例。
2	941 -95	東京地裁 平19.6.27 （審判）	申平19.4.27 ①19.6.5 ②19.6.27	既に雇用している電話相談員全員に採用試験受験を課し、そこで不採用とされたうえで、期間満了により雇止めとなった申立人2名につき、審判により、契約期間（本件雇止めの翌日（07年4月1日）から半年間）相当の地位確認および賃金相当額（上記期間の賃金として、各金55万余円）の支払いが命じられた例。
3	1013 -170	秋田地裁 平22.6.1 （審判）	申平22.2.12 ①平22.3.31 ②平22.4.30 ③平22.6.1	私立大学の任期付き准教授が降格・減給、雇止めされた件につき、いずれも無効であるとして、准教授たる地位確認および賃金支払いを命じる審判がなされた例。
4	1017 -97	東京地裁 平22.11.10 （審判）	申平22.8.19 ①平22.10.5 ②平22.10.21 ③平22.11.10	有期労働契約を締結し、反復更新していた警備員が職務上のミスを理由に雇止めされた件につき、合意退職（会社都合）、解決金（賃金約6か月分相当）支払いの審判がなされた例。
5	1070 -169	前橋地裁 平22.12.10	申平24.7.12 ①平24.9.3 ②平24.11.12 ③平24.12.10	人事考課結果により嘱託職員としての継続雇用を拒否された申立人が地位確認を求めた件につき、解決金（継続雇用があったとした場合の7カ月分）の支払いによる調停が成立した例。

解決金支払いの結論で、解雇の場合と同様の方法です。本件では審判と同じ内容の調停案を会社は拒否したため調停不成立となりました。尚、有期であっても継続雇用に対する期待を保護する必要がある場合の解決金の金額決定は難しい判断になります。

オ　事件5・前橋地裁平24.12.10労判1070号169頁は継続雇用を拒否された理由が人事考課の悪さでしたが、評価の問題点（①不足する点が少ないこと、②評価の悪い方への不自然な変更、③人事考課の非開示）の他に、大企業又は地元有力企業の出身と思われる使用者側審判員から、通常経験している人事考課制度の知識を活用し事案の解明の努力（質問や意見）がされた点が注目されます。小規模企業にとって、使用者側審判員の意見は規模の違いによる管理レベルの違いを痛感させられることが多いものです。

第2節　外部人材の活用法（選択肢）

1　総論

　直接雇用（内部人材）以外の外部人材の活用についても選択として十分に検討する必要があります。

(1)　もともと外部社員の活用は、直接雇用者の雇用維持ができなくなって解雇トラブルが発生することを想定して、それを予防するための対策ですが、それ自体としてもまた様々なトラブルを生み出しています。せっかくトラブル予防の知恵として考えられ、企業経営のためになるものですから、運用上の問題を把握し、適正な運用を考える必要があります。

(2)　外部社員共通のメリットとして以下のものがあります。

　ア　業務遂行に必要な能力を有する人材を募集コストをかけずに迅速に確保できること。

　イ　請負先とは雇用契約関係がないため、雇用調整のコストをかけずに（リスクもなく）業務量の変動に合わせた活用人数の調整が可能であること（製造現場ではこれが最も重要です）。

　ウ　労働・社会保険の手続が不要であるため管理コストが抑制できること。

2　労働者派遣

(1)　**総論**

　ア　労働者派遣は、①労働者と派遣元企業との間に労働契約関係があること、

②労働者と派遣先との間に指揮命令関係があること、の２点を基本的要素としています。労働者は派遣先の指揮命令の下で就労するだけで、派遣先との間に労働契約はなく、労働契約の相手方である使用者は派遣元企業です。それゆえ、間接雇用とか外部社員と言われます。この結果、労働者派遣は、「労働者・派遣先企業間に指揮命令関係があること」によって業務処理請負（労働者は請負企業の指揮命令の下で労働し、受入企業の指揮命令には服さない）と区別されます。また、労働者・派遣先企業間に指揮命令関係しかないので、出向（労働者・出向先間に部分的または包括的な労働契約関係が成立する）とも異なります。

（図表２－３）労働者派遣の意義

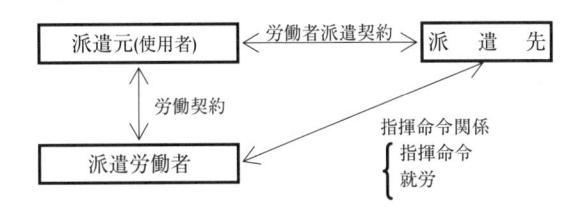

イ 労働者特定行為の規制について

(ア) 派遣先企業は、労働者派遣契約の締結に際して、派遣労働者の特定を目的とする行為をしないように努めなければならず（労派遣26条7項）、具体的には、特定の派遣労働者を指名すること、性別や年齢を限定すること、履歴書を送付させること等が特定行為とされ、事前面接も禁止されます（平成11.11.17労告138号［派遣先が講ずべき措置に関する指針＝派遣先指針］）。また、派遣元企業も、派遣先の特定行為に協力してはならない（派遣元指針）とされています[121]。

(イ) しかし、この規制は、派遣のマッチング機能を失わせるデメリットが大きい、派遣労働者の権利保護とは無縁の規制であるとして批判が強く、紹介予定派遣については規制が撤廃されました。

(2) 二重派遣

ア 「二重派遣」とは、「派遣先が派遣元から派遣された労働者をさらに第三者

---

[121] 裁判例として、リクルートスタッフィング事件・東京地判平17.7.20労判901号85頁では、もともと労働者派遣法26条7項は、派遣先に対し、特定行為をしないよう努力義務を課すにとどまっているから、本件派遣先がこれに違反して特定行為をし、派遣元がこれに協力したとしても、直ちに不法行為になるとはいえず、本件諸事情を総合すれば、本件面談は被控訴人会社が控訴人に対し賃金等相当額の損害賠償責任を負うべき違反行為ということはできず、また、これが原因で控訴人主張の損害が発生したとみることもできないから、不法行為に基づく賃金など相当損害金の請求も認められないとされています。

に再派遣するということ」です。派遣先としては自己の雇用する労働者でない者を派遣し他人の指揮命令下におくことになるので、「労働者供給」に該当し、これを業として行うことは禁止されています（職安法44条）。この点派遣法の中には禁止の条文はありませんが、当然のこととされています。
イ　ある派遣元事業主が、労働者派遣の受注にあたって、自社には現在依頼に対応できる派遣労働者の人数がいない場合や依頼に関する職種、職務能力の派遣労働者がいない場合に、再下請的に別の派遣元事業主に依頼して労働者派遣を求めて、派遣された労働者をユーザー側に派遣してその依頼に応えるケースが典型的な二重派遣です。
　　しかし、実際は請負や業務委託等の形式をとり、その再委託、再下請（禁止されない形態）か、再派遣・二重派遣（職安法上の労働者供給に該当し違法）か等、適法性・有効性が問題となります[122]。
ウ　適法な形態としては以下のものがあります。
　(ア)　業務請負とする方法
　　　　（甲←［請負］＝A←［請負］＝B）
　　　「請負契約」による業務処理とし、それを下請負契約という形でさらに請負により行うことは適法です。但し、合法的かつその実体を伴った「請負業務」（契約上も実態上も請負の要件である「労働者派遣と請負との区分基準（告示）」に適合し、「労働力を自ら直接利用する」もので、独立業務処理としての要件をそれぞれ充足するもの）であることが必要です（図表2－5参照）。派遣先の元請負業者が派遣労働者を直接指揮命令する必要があり、指揮命令を注文者が行う場合には「二重派遣」に該当し、違法です。
　(イ)　注文者と事業者の間を請負とし、自己の業務へは派遣とする方法
　　　　（甲←［請負］＝A←［派遣］＝B）
　　　注文者甲との間に請負業務処理契約を結んだ事業者Aが請負人として「自分の事業」として請負業務を処理するにあたり、その業務の処理につ

---

[122] ヨドバシカメラほか事件（1審東京地判平17.10.4労判904号5頁、2審東京高判平18.3.8労判910号90頁）は、パワハラと指導のところでも取り上げますが［177頁注150］、問題となった店舗の労働実態について、厚労省職安局は、実体として派遣労働であるとし、「Y₁、Y₂社（派遣会社）→Y₃社（電気通信事業等を目的とする）→Y₄社（家電量販店）」という派遣は法律で禁じられている「二重派遣」であると判断し、各社にそれぞれ職安法44条、派遣業法5条、24条違反（二重派遣、無許可業者の派遣と受入など）があると認定し、職安法48条2項による「文書指導」を行っています（労判904号6頁のコメント欄）。

き下請的な派遣元事業者となる者Bと労働者派遣契約を結び、当該派遣元Bより労働者派遣を受けて、その派遣労働者を自己の請負業務に使用する場合です。この場合は、労働者派遣契約は1個であり、派遣された労働者は再度派遣されるのではなく、派遣先で、派遣先の業務（請負業務）に従事するので（ここで甲の指揮を受けてはいけません）、二重派遣には該当しません。

　㈦　出向社員を派遣する方法

　　　（甲←［派遣］－A←［出向］－B）

　　自社Aに関係会社Bより出向を求め、出向社員を派遣就業の同意をとって注文者甲に労働者派遣とする方法も適法です。「出向」は、出向元Bに在籍したまま、出向先Aの従業員（被雇用者）ともなるという二重の雇用関係が生ずるもので、出向した労働者を出向先Aが注文者である派遣先事業主甲に派遣することは「自己の雇用する労働者」を派遣することになり、派遣法の派遣に該当し、「労働者供給」にはなりません。

　　但し、出向は適法な出向と認められる場合（自社の子会社、関係会社といったグループ企業間の人事上の措置としてみとめられる場合が典型例）でなければならず、実質的な労働者派遣に該当する出向であるときは二重派遣に該当します。人材ビジネス会社や構内請負を事業とする会社間の出向形態の場合については、もともと企業間の人事異動形態とはいえないので、本来の出向とは認められず、実質的には労働者派遣に該当するので二重派遣になり違法となるとされています[123]。

(3) 黙示の契約論

　ア　社外労働者（派遣労働者・請負企業の労働者）を人材を供給する派遣企業から受け入れている事案で、派遣企業から解雇された労働者が受入企業との労働契約の存在を主張できるかが問題となっています。もちろん明示の契約がないわけですから、「黙示」の契約が成立するかどうかの問題です。派遣企業や受入企業にとって予期しない事態になって大きな問題になっています。また組合介入の多い問題でもあります。

　　業務請負でも問題になりますが、ここで検討しておきます。

---

[123] 尚、他社からの出向労働者は、当初から派遣スタッフとして出向を求めるときは、本人の出向にあたっての同意を要し（労働者派遣法第32条第1項）、出向社員を労働者派遣するにあたっても本人の同意が必要です（同条2項）。

イ　黙示の意思表示の考え方は解釈として認められていますから、黙示の労働契約も場合により成立する可能性はあり、肯定する裁判例もあります。但し、契約の成否というシビアな問題に関する判断である以上、厳格な判断（認定）になることはやむを得ないと考えられています（土田57頁）。本来雇用契約を締結するかどうかは自由であるという「採用の自由」という憲法で保障された企業の極めて重要な権利を侵害する（採用を強制する）理論ですし、黙示の意思表示理論における認定がルーズになりやすいことを考えれば（黙示の意思表示の限界が問題になっています[124]）当然厳格に考えるべきです。

ウ　問題となる要素について

(ア) 適法な純正請負では労働契約の要素（労働提供と賃金支払いの対価関係）について、請負企業が指揮命令等人事管理を行い、労務提供を受け、それに対して賃金を支払っているので、請負企業が使用者であり、受入企業との間に契約は成立しえないことは明らかです[125]。

問題となるのは受入企業が作業上の指揮命令を行っている偽装請負の場合で、且つ請負企業が名目的な存在に形骸化している場合です。

(イ) 受入企業が指揮命令をする偽装請負の場合は違法（職安法44条違反）であり、黙示の契約が成立すると短絡的に考える説もありますが、不当です。

「職安法違反の事実から導き出されるのは、受入企業・労働者間の使用従属関係のみであり、それを根拠に労働契約の成立を肯定することにはやはり飛躍がある。」（土田58頁）とされています。

(ウ) この点、土田57頁では従来の裁判例を分析し、①受入企業が労務指揮権以外に採用や配置の権限を有して人事管理を行っていること、②受入企業が請負企業に支払う請負料金が賃金と直接連動するなど、受入企業が賃金

---

[124] 黙示の意思表示の限界については、増補民事訴訟における要件事実第1巻・法曹会42頁で以下のとおり論述されています（黙示の意思表示の要件事実については同37-43頁）。
「黙示の意思表示における表示行為が持つ表示価値は小さく、その効果意思の外形的・表見的明確性は低いから、黙示の意思表示に当たる具体的事実の中に一定の効果意思を認識するについては、当該表示行為の持つ客観的意味を明らかにする作業すなわち解釈が、明示の意思表示の場合と比較して、はるかに重要な役割を担うことになる。
黙示の意思表示において、この解釈の重要性の度合いが大きくなればなるほど、その作業の実質は、当該具体的事実に対してある一定の表示行為がされたものと評価すべきであるとの一種の規範的評価の設定に近づくことになる。しかし、黙示の意思表示という以上、理論的には、具体的事実によって表示された意味の解釈という限界を超えることはできないものと考えるべきである。この意味で、右解釈は、ある確定された事実に対して一定の法的価値判断として下される評価を本質とする過失や正当事由などの判断とは異なる。」

[125] 尚、労働者派遣の場合も労働者派遣法2条で労働契約上の使用者は派遣元であると明示しているので業務請負の場合と同じ扱いになります（土田58頁）。

第2章　非正規雇用の活用

を実質的に決定していること。その結果、③請負企業が形骸化し、人事管理や賃金支払いのいわば代行機関と化していることが必要とされていると整理されています。

(エ)　近時の裁判例について、以上の点を整理して一覧表（図表2－4）にまとめてみました[126]。また、以下に要素ごとの検討をしておきます。原告労働者をX、派遣元をA、派遣先をYと表示します。

エ　雇用従属性や人事管理面の要素について
　(ア)　採用の面談や見学等について
　　a　XがYで就労する前に行われた面談は、業務の概要だけについての説明が行われたにすぎず、派遣労働者の特定行為に当たるとは言えないし、そこで労働条件の詳細や採否が決められたものとも評価しがたい（東レリサーチセンター事件1審判決）。
　　b　日本トムソン事件・2審判決は採用について、Xら4名がA社と正式な雇用契約をする以前にY社の工場を見学していた点についても、同工場が臭いで充満した職場であり、就労者が金属アレルギーであったことが原因で、1日ないし数日で退職する者が少なからずいた中で、「主としてXらに就労する職場を見せてその体質に合うか否かを判断させる目的で行われたものであって、労働者派遣法26条7項にある派遣労働者を特定したり、Y社が実質的にXらの採用不採用を決めたりすることを目的として行われたものとは認められないとしました。
　　c　マイスタッフ2審判決は派遣先が実質的に募集・採用を行ったことはないとしました。
　　d　パナソニックプラズマディスプレイ上告審判決もYはAによるXの採用に関与していないとしました。
　　e　日本化薬事件判決も採用前に工場見学をさせたが、Yが採用に関与した事情はないとしています。
　(イ)　その他の問題
　　a　派遣先事業主として派遣労働者に対して、労務の具体的指揮命令を行っていたことは当然として、派遣先としての権限を超えて、派遣労働

---

[126] 結果的に黙示の契約成立を認める判例は表に入りませんでした。この点、マツダ防府工場事件・山口地判平25.3.13労判1070号6頁（後述3業務請負の(2)オ派遣の注136〔147頁〕で紹介しています）は、肯定した注目すべき例ですが、問題点が指摘されていますので、表に入れていません。同事件の労判解説では派遣法制定後に黙示の労働契約の成立が認められた事案が少ないので今後の展開が注目されるとしています。

133

　　　　者の人事労務管理等を事実上支配していたような事情は窺えない（三菱電機ほか事件判決）。
　　　ｂ　日本トムソン事件１審判決は、作業上の指揮監督権や配置・懲戒の権限を有していたものの、解雇権限まで有していたわけでないとしています。
　　　ｃ　日本化薬事件判決もＹが懲戒権を発動した事実はないとしています。
　(ｳ)　以上のとおりですから、就業前の派遣先の行動は派遣先の権限を超えてはならず、あくまでも受入企業のためのものであると説明できる程度に限定的になされるべきです。
　オ　契約の本質的要件（賃金と労務提供）について
　(ｱ)　賃金の決定・支払等について
　　　ａ　日本トムソン事件２審判決は、業務委託料の決定の点でも、派遣される労働者一人当たりの時給を基準として決めていたことが不合理とはいえず、むしろ、派遣元であるＡ社が労働者によっては、こうした対価の時間単価よりもかなり低額の賃金を支払っていた点からは、「Ａ社が独自の判断でＸらに対する賃金額を決定していた」ものであるとしています。１審判決も賃金や諸手当についてＡ社が主体的に決定していたとしています。
　　　ｂ　マイスタッフ事件２審判決は派遣先Ｙが実質的にＸの賃金等の労働条件を決定して賃金を支払っていたということはないとしました。
　　　ｃ　東レリサーチセンター事件判決はＸは契約や更新に当たり常にＡ社と労働条件について協議し、その都度Ａ社と合意していたとしています。
　　　ｄ　パナソニックプラズマディスプレイ事件上告審判決はＸがＡから支給を受けていた給与等の額をＹが事実上決定していたといえるような事情もうかがえず、かえってＡはＸに本件工場のデバイス部門から他の部門に移るよう打診するなど、配置を含むＸの具体的な就業態様を一定の限度で決定し得る地位にあったものと認められるとしています。
　　　ｅ　日本化薬事件判決も、ＡがＸの賃金決定を行っていたとしています。
　　　ｆ　以上のことから、派遣元が独自に労働条件の決定を行うこと、またそれがしっかりできる企業（派遣会社）を選定しておくことが必要です。
　(ｲ)　労働者の認識・理解について
　　　ａ　マイスタッフ事件２審判決はＸも自己が派遣元の派遣社員であること

第2章　非正規雇用の活用

（図表2－4）黙示の契約の成否に関する裁判例

労判	事件名	裁判所	成否	考慮要素 ①使用従属性と人事管理	②契約の本質的要件 賃金支払	②契約の本質的要件 労務提供	③独立性
921－5	マイスタッフ（一橋出版）	東京高判 平18.6.29	○否定	○募集採用を実質的に行っていない	○原告も派遣元の従業員であることを理解していた。○派遣先が実質的決定をしている事実はない		○独立性あり（独立した使用者としての実質がある）
921－33	伊予銀行・いよぎんスタッフサービス	高松高判 平18.5.18	○否定		○雇用契約締結の意思表示合致が認められる特段の事情なし		○独立した経営を行い、社会実体を有している
993－5	パナソニックプラズマディスプレイ（パスコ）	最2小判 平21.12.18（上告棄却・不受理）（2審を維持）	○否定	○採用へ関与していなかったこと	○Yには賃金額の事実上の決定権もなかったこと ○Aが具体的就業様態を一定程度決定していたこと		
1008－73	東レリサーチセンター	大津地判 平22.2.25	○否定	○就労前の面談は、業務の概要だけについての説明だけを行ったもの	○Xは契約や更新に当たり、常にA社と労働条件について協議し、その都度A社と合意していた。○Xは自ら派遣労働者であって、Y社との間に労働契約がないことを十分認識していた。		○A社は形式的・名目的な存在ではなく、独立した派遣元企業としての実態を有する存在である。グループ外の一般企業にも派遣案件の開拓を行っており、専ら派遣には当たらない
1025－24	積水ハウスほか	大阪地判 平23.1.26	○否定	○AはXの出退勤管理を行っていた	○賃金はAが独自で決定している。○Xは「派遣」の意味をよく解っている。		○AとYの間に資本関係、人的関係は一切ない。○AはY以外にも派遣をしている。
1029－72	日本化薬	神戸地姫路支判 平23.1.19	○否定	○採用前に工場見学をさせたが採用に関与した事情はない ○Yが懲戒権を発動したことはない	○賃金の決定はAが行っていた。○Xは一貫して派遣元の従業員であり（派遣先の従業員でない）という認識であった		
1039－20	日本トムソン	大阪高判 平23.9.30	○否定	○工場見学は体質（アレルギー）等のチェックのために過ぎない ○採用への関与はない	○A社の独自の判断をしている（Yより受ける時給よりかなり低い金額の場合もある）		
1040－5	三菱電機ほか	名古屋地判 平23.11.2	○否定	○人事管理等を事実上支配していたような事情はない	○Xらにおいても雇用主は派遣会社Aであるとの認識をもって就業していたこと		

　　　　　を理解していたとしました。
　　　　b　東レリサーチセンター事件判決もXは自ら派遣労働者であって、Y社との間に労働契約がないことを十分認識していたとしています。
　　　　c　日本化薬事件判決も、Xは一貫して派遣元Aの従業員であって派遣先Yの従業員ではないという認識であったとしています。
　　　　d　以上のことから、派遣社員であるという当然の法律関係を文書上明確にし、それを十分派遣労働者に認識させる措置を取っておくことが大切です。特に積水ハウス事件で交付されていた「JobCard」は参考になります[127]。
　カ　独立性の要素（前記②）について
　　(ア)　独立性の要素の重要性について
　　　　a　労働判例880号の新春鼎談「最近の3判決をめぐって～労働者派遣と派遣元・派遣先企業の義務」）の鼎談の中で、安西弁護士から「賃金は派遣元からもらっているのに派遣元に雇用されていないというのかという争いである」との観点から、派遣元と派遣労働者との関係が有名無実になっているかどうかが非常に重要であり、派遣元の存在が形式的名目的なものに過ぎないという点を重視する発言がされています。
　　　　b　また、パナソニックプラズマディスプレイ（パスコ）事件の上告理由で「原判決は、黙示の雇用契約の成否の判断要素として、事実上の使用従属関係、賃金支払関係、労務提供関係の3要素のみあげているが、これは、この3要素の他に請負会社等の独立性を重視してきた従来の高等裁判所判例と大きく異なる」ものであるとして批判していますが、妥当です。
　　　　c　雇用契約成立の要件事実としての本質的要素を考えても、賃金支払と役務提供が対価関係にあり、賃金支払が最も重要な要素であることは明らかですから、賃金支払を行っているという基本的地位を否定するには、その地位を否定するに足りる根拠として派遣・請負会社の独立性を重視

---

[127]「被告リクルートスタッフィングは、原告との本件派遣労働契約を締結する際、また、更新する際、原告に対し、その都度、JobCardを交付しているが、同Cardには、派遣先、派遣元、派遣条件の記載があり、原告が被告積水ハウスの下で就労する業務については、前提事実(2)イ(イ)で記載したとおりの各記載がなされていた。」との事実を認定し（39頁）、「②原告は、被告リクルートスタッフィングに派遣労働者として登録していること（前提事実(1)ウ）、③原告が被告積水ハウスで働き始める際に被告リクルートスタッフィングから交付を受けたJobCardには派遣労働であることが明示されていたこと（前提事実(2)イ、上記1(1)ウ(ア)）」を使用者に有利な事情として考慮しています（42頁）。

することは妥当であると考えられます。
　(イ)　裁判例について
　　　a　マイスタッフ事件2審判決は、Yは形式的且名目的な存在ではなく派遣先との関係にも派遣元としての独立した企業又は使用者としての実質を有しているし、本件派遣先への具体的な派遣という場面においても一体ではなく独立性があるとしています。
　　　b　東レリサーチセンター事件判決は、A社は形式的名目的な存在ではなく、独立した派遣元企業としての実体を有する存在であり、グループ以外の一般企業にも派遣案件の開拓を行っており「専ら派遣」には当たらないとしています。
　　　c　いよぎんスタッフサービス事件上告審判決も派遣元企業は独立した経営を行い、社会的実体を有しているとしています。
　(ウ)　以上のことから、「専ら派遣」に当たるかという別の問題もあるので、出来るだけ多方面において派遣会社の独立性を高める努力をしておくべきです。
キ　参考となる総合判断の裁判例
　積水ハウス事件判決（大阪地判平23.1.26労判1025号24頁）は黙示の労働契約の成否について、企業としての独自性があるかどうか、派遣労働者と派遣先との間の事実上の使用従属関係、労働提供関係、賃金支払い関係があるかどうかなどを総合的に判断して決するのが相当であるとした上で[128]、以下の事実を認定し、成立を否定しています。簡明にまとめてありますので紹介します。
　①　AY間に資本関係、人的関係は一切なく、Aは独立の法人格を有する株式会社であって、Y以外の会社にも派遣労働者を派遣していること。
　②　Xは、Aに派遣労働者として登録していること。
　③　XがYで働き始める際にAから交付を受けたJobCardには派遣労働者であることが明示されていたこと。

128　この判決は、黙示の契約が成立する例外的な場合を「派遣元が形式的な存在にすぎず、派遣労働者の労務管理を行っていないのに対して、派遣先が実質的に派遣労働者の採用、賃金額その他の労働条件を決定し、配置、懲戒等を行い、派遣労働者の業務内容・派遣期間が労働者派遣法で定める範囲を超え、派遣先の正社員と区別し難い状況となっており、派遣先が派遣労働者に対し、労務給付請求権を有し、賃金を支払っている等派遣先と派遣労働者間に事実上の使用従属関係があると認められるような特段の事情がある場合」としています。

④ Xの賃金については、Aが独自に決定していたこと。XはAから支払われる賃金を受領していたこと。
  ⑤ Xは、本件派遣労働契約を締結するにあたって、一度は了解したものの、その後正社員として働きたいということでAの担当者に対し、同契約締結を断ろうとしたこと、またXは同派遣就労をする前にもAを通じて派遣就労していたこと。
  ⑥ AはXの派遣就労に関し、派遣先管理票による出退勤等の管理を行っていたこと。
  ⑦ AはXに対し、本件派遣労働契約時ないしその更新時ごとに、派遣先会社、派遣期間等が記載されたJobCardを交付していたこと。
  ⑧ XとAとの間で本件派遣労働契約が締結され、AY間で本件労働者派遣契約が締結されていること。

(4) **登録型派遣の雇止めの問題**
  ア 常用型派遣の場合は派遣が終了しても派遣労働者と派遣元企業との間の労働契約は継続していて、新たな派遣先が確保できなくても直ちに解雇できるものではありません。派遣元企業は使用者の帰責事由に基づく就労不能として賃金支払義務を免れません（民536条2項）。
  イ これに対して、登録型派遣の場合は、派遣期間と労働契約期間が同一とされているため、労働者派遣が終了すれば労働契約も当然に期間満了により終了すること（雇止め）になります。しかし、通常の期間雇用の場合と同様に派遣労働者が長期間同一派遣先に派遣され続けてきたケースでは派遣労働者に雇用継続の期待が発生するか、その期待を保護する必要があるか、雇止めを認めるかという問題があります。
    (ア) この点、伊予銀行・いよぎんスタッフサービス事件は、契約更新が続いたケースで雇止めの効力が問題となりました。
      a これは企業グループ内の親会社の銀行Aに対して人材派遣の子会社Yから約13年にわたって継続して派遣されていた登録型派遣労働者Xに関する労働者派遣契約が解除されて終了したためXY間の有期労働契約が雇止めになった事例です。
      b 高松高判平18.5.18労判921号33頁は派遣契約が終了した以上雇用契約も終了するとしました。その理由はこの場合に派遣労働者の保護をすること（雇用継続すること）は常用代替防止を図る派遣法の趣旨に反する

こと、登録型有期雇用契約は派遣先・派遣元間の労働者派遣契約を前提としていることです[129]。

(イ) このように登録型派遣の場合は長期間雇用していても雇用継続は保障されませんから、使用者として受給の不安定な業務で活用が可能です。

(5) **労働者派遣契約の途中解除の問題**

ア 労働者派遣においては、ユーザーである派遣先企業が優位に立つため、派遣期間中に労働者派遣契約を解除し、その結果、派遣元の派遣会社が労働者の解雇をするに至るというトラブルが多く見られます。この点の相談は非常に多いので以下に詳しく述べておきます。

イ 派遣先の責めに帰すべき事由による解除の場合、①派遣先は派遣元に相当の猶予をもって申し入れること、②派遣先の関連会社での就業あっせん等、派遣労働者の新たな就業機会を確保すること、③②ができない時は、派遣先は、少なくとも30日前の予告又は30日分の賃金相当額の損害賠償を行うこと等が指針（平成11労告138号）によって求められてきましたが、平成24（2012）年の派遣法改正では、労働者派遣契約の当事者は、労働者派遣契約の締結に際し、派遣労働者の新たな就業機会の確保、派遣労働者に対する休業手当などの支払に要する費用を確保するための費用負担に関する措置、その他の労働者派遣契約解除に当たって講ずる派遣労働者の雇用安定に必要な措置に関する事項を定めておかねばならないこと（同法26条1項8号）、派遣先は、派遣先の都合による労働者派遣契約の解除に当たって、当該派遣労働者の新たな就業機会の確保、派遣元による当該派遣労働者に対する休業手当の支払に要する費用を確保するための費用負担、その他、当該派遣労働者の雇用安定に必要な措置を講じなければならないこと（同29条の2）が定められました。

ウ 労働者派遣契約の解除は派遣先企業と派遣元企業間の問題であって、当然には派遣元と派遣労働者間の労働契約は解消されません。派遣元が労働契約を解除（派遣労働者を解雇）しない限り、残存する労働契約期間（当初予定されていた派遣期間）、契約は存続します[130]。

エ 労働者派遣契約解除が労働者の帰責事由による場合を除き、派遣元は別の

---

[129] 最2小判平21.3.27労判991号14頁も解雇権濫用法理の類推適用を否定したこの判決を維持しています。同旨の裁判例として一橋出版・マイスタッフ事件・東京高判平18.6.29労判921号5頁があります。

[130] 「労働者派遣契約が解除された場合、派遣元・派遣労働者間の労働契約も当然に解約される」という合意は、労契法17条の「やむを得ない事由」の要求に照らし、原則として無効と解されます（荒木497頁）。

派遣先に派遣するなどして労務提供を可能とすべきであり、その努力を怠った場合、派遣元（使用者）の責めに帰すべき事由による履行不能として賃金支払義務を負うと解されます。派遣元が努力したにもかかわらず、別の派遣先に派遣できず、当該派遣労働者が労務提供不能となった場合、派遣元は休業手当（労基26条）を支払わねばならないと解されます（以上荒木497-498頁）。

オ　派遣元による派遣労働者の解雇について

(ア)　常用型で無期契約で雇用されている派遣労働者の場合、解雇権濫用法理（労契16条）が適用され、解雇の客観的合理的理由・社会的相当性があるか検討されます。

常用型派遣労働者の解雇に整理解雇法理を適用し、解雇無効とした例としてシーテック事件・横浜地判平24.3.29労判1056号81頁があります。

(イ)　常用型・登録型で有期契約で雇用された労働者の契約期間中途の解雇には、労契法17条の「やむを得ない事由」が必要です。

　　a　契約期間途中での解雇について必要とされる「やむを得ない事由」は、期間の定めのない労働契約についての解雇に必要とされる「客観的に合理的な理由」や「社会通念上の相当性」よりも狭い（厳格である）ことをよく認識すべきです。

　　b　「やむを得ない事由」を否定した裁判例としては以下のものがあります。

　　　(a)　プレミアライン事件・宇都宮地栃木支決平21.4.28労判982号5頁[131]

　　　(b)　ニューレイバー（仮処分）事件・横浜地決平21.3.30労判985号91頁では、「やむを得ない事由」がある場合に限って期間内解除が許されるところ（労働契約法17条1項、民法628条）、派遣先会社との労働者派遣契約解除によって派遣労働者の就労場所が消滅し、派遣元会社が派遣料の支払いを受けられなくなることをもって、直ちに「やむを得ない事由」に当たると解することはできないとされ、本件解雇につき「やむを得ない事由」があるとは認められず無効とされ、債務者Y社に期間満了までの賃金仮払いが命じられました。

　　　(c)　ワークプライス（仮処分）事件・福井地決平21.7.23労判984号88頁

---

[131] 有期労働契約の期間内の解雇は、「やむを得ない事由」がある場合に限り認められ、このことは、当該労働契約が登録型を含む派遣労働契約であり、派遣先との間の労働者派遣契約が期間内に終了した場合であっても異なることはないとされ、またこの期間内解雇の有効性の要件は、期間の定めのない労働契約の解雇が権利濫用として無効となる要件の「客観的に合理的な理由を欠き、社会通念上相当であると認められない場合」（労働契約法16条）よりも厳格なものであるとしています。

「債務者（派遣元企業）Ｙとしては、労働者派遣業の上記特質を理解したうえ、派遣労働者確保のメリットと派遣労働者Ｘに対する需要の変動リスク回避などの観点を総合的に勘案して、派遣期間だけ労働契約を締結する形態ではなく、期間１年という期間を定める形で労働契約を締結したのであるから、その契約期間内については派遣先Ａとの労働者派遣契約の期間をそれに合わせるなどして派遣先を確保するのが務めであり、それによって労働契約中に派遣先がなくなるといった事態はこれを回避することができたのである。したがって、本件において、Ａとの間の労働者派遣契約が解約され、その当時、Ｘに対する新たな派遣先が見出せず、就業の機会を提供できなかったことについてはＹに帰責事由が認められるというべきである」（決定要旨）

(d) 社団法人キャリアセンター中国事件・広島地判平21.11.20労判998号35頁[132]

c 問題となる裁判例について

(a) 三都企画建設事件・大阪地判平18.1.6労判913号49頁

① 派遣労働者の勤務状況を労働者派遣契約上の債務不履行（中途解除事由）と評価できない場合の同契約の中途解除について、派遣元会社が労働者の債務不履行の存否について判断することが困難である以上、帰責事由（民536条２項）はないとして派遣労働者の賃金請求権を否定し、休業手当請求権だけを認めました。

② この点、危険負担は、債務の履行不能の場合の反対債権の存否に関する危険の公平な配分を趣旨とするところ、労働者派遣契約上の

---

[132] ① 派遣労働者として被告Ｙに登録し、派遣期間を１年間として訴外Ｍ社に派遣されていた原告Ｘに対し、期間満了前の中途解除の通告がなされた件につき、当該解約通知による本件労働契約の終了は認められないとして、Ｘによる期間満了までの賃金相当額の請求が認められました。
② Ｘ・Ｙ間の派遣労働契約において、派遣先の事情による派遣契約解除が派遣労働契約の終了事由となる旨の合意があったとは認められないとされました。
この点判決が「派遣契約の解消が派遣労働の終了事由となる旨の合意」の存否を判断している点については、(本件では合意の成立を否定したが) 期間の定めのある労働契約につき期間前の解雇に「やむを得ない事由」による制限を設けている法（民法628条、労働契約法17条１項）の趣旨からいって、また、労働者がいつ解雇されるか解らないという不安定な状態に置かれることからいっても、そのような合意はそもそもその効力を否定すべき（公序違反）ではないかとの疑問がある。」とする解説（労判998号37頁）があります。
③ 本件派遣労働契約の中途解約については、派遣先であるＭ社の事業の状況を基準にその必要性などを判断するのが合理的であり、派遣元Ｙと派遣先Ｍ社を一体とした「使用者側」とみて「やむを得ない事由」の有無を検討すべきであるとされ、本件の事情からすれば、Ｘの派遣労働契約をあえて期間満了前に解消しなければならないようなやむを得ない事由を認めることはできないとされました。

債務不履行がない派遣労働者に賃金喪失の危険（リスク）を負担させることは公平を欠きます。たしかに、派遣元企業は労働者の勤務状況（債務不履行の存否）を知ることは困難ですが、労働者派遣契約の締結によりこのような場合も賃金支払い義務を負担するというリスクを引き受けたものと解すべきであるとされています（土田701頁）[133]。

(b) アウトソーシング事件・津地判平22.11.5労判1016号5頁は、登録型派遣契約解除による労働契約の中途解約の事例につき、整理解雇法理に即して判断し、整理解雇がやむを得ないとまで言えなかったことから解雇無効を導いていますが、端的に労契法17条のやむを得ない事由の存否を論ずべきであるとされています（荒木498頁）。

d 以上のとおり、「やむを得ない事由」に当たるとされる事例は、極めて少ないものと考えられます（この点は通常の有期雇用の場合も同様です）。例として、派遣労働者が派遣先の適法な命令に従わないこと等を理由に労働者派遣契約が解約された場合を解雇の合理的理由ないしやむを得ない事由と評価され得るとされています（荒木498頁）ので、解約に当たっては慎重な判断が求められます。

(6) 労働組合による労働者供給

ア 総論

労働者供給とは、「供給契約に基づいて労働者を他人の指揮命令を受けて労働に従事させること」をいいます（職安法4条6項）。労働者供給事業を行い、または供給事業を行う者から供給される労働者を使用することは禁止されています（同法44条）。このように、労働者供給事業が全面的に禁止されるのは、供給業者が労働者を事実上の支配下に置き、労働者・供給先間に介在して中間搾取を行ったり、強制労働を行わせるなどの弊害が生じやすいためです。これに対して弊害が生ずる余地の少ない労働組合又はそれに準ずるものによる無料の供給事業だけは許可制の下で（厚生労働大臣の許可を得て）認められています（同法45条）。

イ 活用について

---

[133] 荒木497頁も「派遣先・派遣元共に、労働者に帰責事由のある場合を除き、派遣労働者の雇用の安定を図るべき義務があると解され（労派遣26条1項8号、29条の2、30条の3参照）、派遣労働者の帰責事由の有無を確認することなく交替要求に応じた場合、派遣元には労働者の就労不能につき、民法536条2項の帰責事由を認め、賃金請求権を肯定すべきであろう」とされます。

142

(ｱ)　この点についての裁判例は少ないのですが[134]、私がある訴訟[135]で感じたことは、労働組合といっても派遣会社と同じで供給先があれば労働組合と組合員の利益になる関係（共存共栄の関係）にあり、労働組合との関係は安定的であるのが原則的であるということです。意外に知られておらず、実際に利用されている業種や利用数も多くはありませんが（自動車による運送業が多い）、もっと活用されてもいいのではないかと思います。

　(ｲ)　労判（遊筆）に以下の参考になる意見があります。

　　「労働者供給事業は、戦前日本にはびこった労働ボスの人貸し業であり、労働者は中間搾取で人間の尊厳を奪われていた。それゆえＧＨＱが問題視し、1947年制定の「職業安定法」で禁止された。だが、労働組合が無料で行う「ローキョー」は特別に合法となり、職業安定所と並んで労働力需給機能を果たすことが期待された。「ローキョー」は少数例しかなく、研究者や実務家に知られず、マスコミにも絶対に取り上げられることのない、いわば職業形態の秘境である。「ローキョー」がすぐさま非正規問題を解決すると言い張るつもりはない。だが、かすめ取りが発生しない、健全な労働市場の機能をフル回転させる、間接雇用なのに集団的労使関係が形成されるなどの特徴を内蔵する点で、非正規問題解決の１つのモデルになりうる。」（本田一成・労判1049号２頁「非正規問題の真因と「ローキョー」！？」）

3　業務請負

(1)　総論と適法要件

　職安法施行規則４条を基礎に出された「労働者派遣事業と請負により行われる事業との区分に関する基準」（昭和61.4.17労告37号、いわゆる「37告示」）では、請負と認められるためには、①自己の雇用する労働者の労働力を自ら直接利用すること（業務遂行、労働時間、秩序維持についての指示を自ら行うこと）、②請け負った業務を自己の業務として契約の相手方から独立して処理すること（資金を自ら調達し、法律上の事業主としての責任を全て負い、単に肉体的労

---

[134] 裁判例としては、鶴菱運輸事件・横浜地判昭54.12.21労判333号30頁、渡辺倉庫運輸事件・東京地判昭61.3.25労判471号６頁、泰進交通事件・東京地判平19.11.16労判952号24頁があり、いずれも、供給先と供給労働者の関係は労働契約であるが、その契約関係は労働組合と供給先との間において当該労働者に係る供給契約が存在する限りでのものであるという特殊な契約であることを認めています。

[135] トラック会社に対して労働組合による労働者供給がされていた労働者（組合員）の解雇（雇止め）と正社員にするという約束が問題となった事例です。労働者（組合員）の問題行動を理由に供給停止を会社が申入れて組合が了承したケースで、正社員にするという約束があったという理由で地位確認を求めたが無理な理論構成であるために労働者が全面的に敗訴しています。

143

働力提供でないこと）の全てを満たすことが必要であり、これを満たさない場合には労働者派遣事業を行う事業主とするとしています。これを表にまとめておきますので（図表２－５）、自主的にチェックをして下さい。

(2) **偽装請負の問題点と解消策**

　ア　はじめに

　　マスコミが違法な偽装請負について大きく報道し、行政も厳しく摘発している現在、コンプライアンス（遵法）の観点から、企業として偽装請負をしないように、また偽装請負をすみやかに解消するように求められることは当然のことです。しかし、現実にはどのように解消すべきか苦慮する企業が多いのが実情です。以下その方法（問題とされるもの、違法・脱法のやり方も含む）について検討します。

　イ　出向

　　(ア)　業務請負の場合は、発注企業が請負企業の労働者に直接指揮命令できません。この問題を出向を用いて解決するという対応が考えられました。

　　　①　発注企業から請負企業に管理職などを出向させ、その出向者から請負企業の労働者に対して指揮命令を行う形式（指揮命令者の出向）が考えられます。これは形式的には請負企業自らが指揮命令を行っているという関係になります。

　　　②　逆に請負企業から発注企業に請負業務を行う労働者を出向させ、発注企業が直接労働者に対して指揮命令を行う形式（請負企業の労働者の出向）は発注企業が出向者に対して指揮命令しているという形式です。

　　(イ)　しかし、本来「出向」とは、親会社やグループ会社等において、人事交流や雇用保障、子会社への技術指導などの目的で行われるもので、人材ビジネスとして利益を上げる目的で行われるものではない。①②はいずれも、通常の出向の概念から外れており、偽装請負を適正にみせかけるための脱法行為にすぎないと考えて、厚生労働省は、このような出向の実態は、職安法で禁止する労働者供給事業にあたるとして是正指導の対象としています。そこでこれらのやり方は避けなければなりません。

　ウ　転籍

　　(ア)　真実「転籍」が成立すれば、前記の脱法的な「出向」と異なり偽装請負の問題は解決できます。

　　　発注企業において、請負企業への「転籍」を前提に、「退職金上積み等

第2章　非正規雇用の活用

(図表2－5) 請負の適正化のための自主点検表

①「直接利用」要件（「指示その他の管理」）	業務遂行方法	労働者に対する業務の遂行方法に関する指示その他の管理を自ら行う。
		作業場における労働者の人数、配置、変更等の指示を全て受託者が行っている。
		労働者に対する仕事の割当て、調整等の指示を全て受託者が行っている。
		労働者に対する業務の技術指導や指揮命令を全て受託者が行っている。
		受託者自らが作業スケジュールの作成や調整を行い労働者に指示をしている。
		欠勤等があった時の人員配置は、受託者が自ら指示、配置をしている。
		仕事の完成や業務の処理方法の教育、指導を受託者自ら行っている。
		作業者の個々の能力評価を受託者自らが行い、発注者に能力評価の資料等を提出することはない。
		発注者の許可、承認がなくても、受託者の労働者が職場離脱できる。（但し、施設管理上、機密保持上の合理的理由がある場合は除く）
	労働時間	労働者の労働時間等に関する指示その他の管理を自ら行う。
		受託者が労働者の・就業時間、休憩時間の決定、・残業、休日出勤の指示、・欠勤、遅刻、早退等の勤怠管理を行っている。
		発注者の就業規則をそのまま使用したり、その適用を受けることはない。
		発注者が作成するタイムカードや出勤簿をそのまま使用していない。
		個々の労働者の残業時間、深夜労働時間、休日労働日数の把握、確認、計算等を発注者が行うことはない。
	秩序維持	企業における秩序の維持、確保等のための指示その他の管理を自ら行う。
		発注者が作成した身分証明書、ＩＤカード等を使用していない。（但し、施設管理上、機密保持上の合理的理由がある場合は除く）
		発注者から直接受託者の個々の労働者の能力不足等の指摘を受けていない。
		発注者が面接等を行い受託者の労働者を選定することはない。
		発注者と同一の作業服（帽子を含む）を着用していない。（但し、施設管理上、機密保持等の合理的理由がある場合、または有償による貸与は除く）
		労働者の要員の指名、分担、配置等の決定を受託者が全て行っている。
②「独立処理」要件	資金	業務の処理に必要な資金を全て自らの責任において調達・支弁する。
		必要になった旅費、交通費等をその都度発注者に請求することはない。
		原料、部品等を発注者から無償で提供されていない。
		出張交通費の実費を発注者の旅費規程によって請求、支払いすることはない。
	責任	業務の処理について、民法・商法その他の法律に規定された、事業主としての全ての責任を負う。
		契約書に、業務の処理につき受託者側に契約違反があった場合の損害賠償規定がある。
		契約書に、受託者の労働者の故意、過失による発注者または第三者への損害賠償規定がある。
		労働安全衛生の確保、責任は受託者が負っている。
	その他	単に肉体的な労働力を提供するものとはなっていない。 単なる肉体的な労働力の提供では要件を満たせず、①業務の処理に必要な設備、機械等を受託者が用意するか有償で借りる、②発注者に無い受託者独自のノウハウ等を用いて業務を処理することのどちらかの要件が必要です。
		処理すべき業務を、①受託者の調達する設備・機器・材料・資材を使用し処理している、または発注者が設備等を調達する場合は無償で使用していない、②受託者独自の高度な技術・専門性等で処理をしている。（①②のどちらかに該当している）
		契約書に、完成すべき仕事の内容、目的とする成果物、処理すべき業務の内容が明記されている。
		労働者の欠勤、休暇、遅刻等による作業時間の減少等に応じて、請負代金の減額等が定められることになっていない。
		請負代金は、｜労務単価×人数×日数または時間｜となっていない。（但し、高度な技術・専門性が必要な場合を除く）

145

を条件とした合意退職」によって、余剰人員となった労働者との雇用関係を終了させます。これにより請負企業がすでに製造ノウハウを持つ労働者を雇用できることになります。

　(イ)　「出向」と「転籍」の区別は、雇用されていた企業への復帰の可能性があるか否かです。形式は転籍でも、復帰が合意されていれば、実質的に出向と評価されます。また転籍では転籍時に労働者の個別的同意が必要となりますが、発注企業の労働者が請負企業（下請会社）へ転籍することについて、「真の同意」があるか疑問です。通常、一定期間後に復帰する約束があるはずですから（発注企業の方がかなり労働条件が良いので、そうでないと労働者は同意しないでしょう）、実質上は出向であり、脱法行為となります。

　　　これに対して、請負企業の労働者が転籍するとすれば（現状では考えにくいですが）、発注企業が請負企業の労働者を直接雇用することになります。この場合も通常は、請負企業への復帰が予定されているでしょうが、そうするとこれも実質は出向であるとして脱法行為となります。

エ　契約解消

　(ア)　現行の業務委託が偽装請負に該当し違法とされるので、発注企業と請負企業間の契約自体を解約し、発注企業として必要な労働力は、新たに自社従業員としてふさわしい労働者を新規に募集・採用するという対応策が考えられます。企業には採用の自由があるので、発注企業が偽装請負で働いていた請負企業の労働者を採用しなければならない法的義務はありません（例外としては黙示の契約が成立する場合があります）。発注企業は、直接雇用するのであれば採用基準を厳格にし、労働者を選別することができます。

　　　この方法は契約を解消し、請負企業の労働者を切り捨てる結果となるので、企業のイメージダウンにつながる場合があることは覚悟する必要はあります。

　(イ)　直接雇用の問題は後のカで述べます。

オ　派遣

　　派遣であれば、他人の雇用する労働者に直接指揮命令ができるので、派遣に切り替える方法も当然考えられます。

　　その際、問題となるのは「派遣期間の制限」です。政令26業務であれば、

期間制限なく派遣を利用することができますが、その他の一般業務の場合、原則として1年、派遣先の過半数労働組合等からの意見聴取手続を経ても3年という期間制限が付されています（労働者派遣法40条の2）。そのため、同一業務で3年を超えて継続して派遣を利用することはできません[136]。

カ　直接雇用

　(ｱ)　偽装請負で働く労働者を発注企業が直接雇用することによって、違法状態を解消する策も考えられます。しかし、元々直接雇用することによる人件費の固定費化を回避するために外部社員を活用していたわけですから、この点は慎重に考える必要があります。「期間の定めのある雇用形態」とし、雇止めを利用する方法がよくある例です。雇止めの問題は前述したとおりです。

　　ただし、この場合、通常の有期雇用の場合と同様漫然と契約更新を繰り返していると、雇止めをしようとする際に「解雇権濫用の法理」が類推適用され、雇止めが無効とされるリスクが発生します（判例）。したがって、実務的には更新回数に上限を設けるべきであると考えられていますが、労働契約法の改正後は「無期転換」を回避するため不可欠となっています。そして、今後人材不足の時代を迎えると言われていますから、更新上限に達してもなお雇いたい優秀な人材については、正社員登用制度で対応しま

---

[136] 問題は、「継続」の意味で、いわゆる「クーリング期間」と呼ばれる派遣停止期間を3ヵ月を超えて間に挟めば、「継続」とはならず、派遣受入の再開が可能とされています。そこで、派遣を期間制限いっぱいまで利用した後、クーリング期間は直接雇用で対応し、そして再度派遣に戻すという手法をとっている企業があります。但し、この手法（当初、派遣労働者として受け入れていた者を直接雇用してそのまま使い続け、クーリング期間経過後に再度派遣元に戻して派遣してもらう）も職安法・派遣法の脱法であると批判される恐れが大きいと考えます。
　この点、マツダ防府工場事件・山口地判平25.3.13労判1070号6頁は、クーリング期間中は派遣労働者をサポート社員として有期で直接雇用し、その後、再び派遣労働者として継続的に受け入れた後に派遣先または派遣元で期間満了ないし雇止めされたケースにおいて、派遣元と派遣労働者との派遣労働契約および派遣元と派遣先との労働者派遣契約がいずれも無効であるとして、派遣労働者と派遣先との間で期間の定めのない労働契約が黙示的に成立したとされ、労働者派遣法における派遣可能期間の定めは、常用代替を防止する目的で設けられたものであり、クーリング期間について単に3か月の期間経過のみで判断することは相当でなく、恒常的労働の代替防止という制度趣旨を踏まえて実質的に判断すべきとされました。
　この判決の労判解説（9～10頁）では、「判旨は、前掲・パナソニックプラズマディスプレイ（パスコ）事件・最高裁判決を踏まえつつ、そこで残された「特段の事情」の有無を検討し、派遣労働契約と労働者派遣契約とを無効とすることで、派遣先であるY社との間で黙示の労働契約の成立を肯定している。その背景には、派遣法の常用代替防止目的をY社が組織的に潜脱してきたとの価値判断がうかがえる。判旨を突き詰めれば、派遣法での期間制限違反から派遣労働契約と労働者派遣契約を無効とするに等しい。そこからさらに、派遣先との間で黙示の労働契約が成立したとする判旨の論理、および黙示の労働契約の内容決定については十分に批判の余地がある」「労働契約法の改正により（平成25年4月施行）、一定の有期雇用について無期雇用への転換が義務づけられ、いわゆるクーリング期間のあり方もあわせて問題となると予想される」と問題点が指摘されています。

す。
　　　但し、管理がルーズで更新拒絶ができなくなる場合がありますから、継続的に専門家に相談し、制度設計をよく考える必要があります。
　(イ)　尚、直接雇用化による対応は、請負企業の労働者を引き抜くことになるので、利益を失う請負企業とトラブルが発生する場合もあります。そこで、派遣に切り替え、紹介予定派遣の形式で、元の雇用主である請負企業に紹介料等の金銭（補償）が入るようにして、トラブルを防止することも考えられています。
キ　個人との業務委託
　　企業が労働者を雇用せず、個人事業主として業務委託契約を締結して、自社の業務に従事させる形態も見られます。特に、情報サービス業界では、ＳＥ等の専門能力を有する個人との間で業務委託契約を締結することが多く、労基法や労安衛法上の使用者としての責任や、労働保険、社会保険の負担を回避しています。
　　しかし、当該個人に事業者性がなく、企業との間に使用従属性がある場合は、労基法上の労働者として、使用者は責任を負います。この「労働者性」の判断は厳格に行われる傾向にあります。
ク　製造工程一括請負
　(ア)　製造業で適正な業務委託が成り立つためには、製造企業から一定規模の製造工程を一括して請負企業に委託し、請負企業が製造企業の事業場において、30人程度の労働者を使って、受託した業務を処理するという体制をとることが必要と考えられています。一定の人数であれば請負企業がコスト的に現場責任者である「工程管理者」を選任し、「工程管理者」が労働者に指揮命令をして、業務を遂行できます。これに対して、各請負企業から数名単位の労働者が派遣され、様々な請負企業の労働者が、製造企業の労働者とも混在して働く状況では、受入先の製造企業自身が指揮命令せざるをえず、偽装請負の状態となってしまいます。
　(イ)　偽装請負となることを防ぐ適正な業務のあり方の例は以下のとおりです[137]。

---

[137] 当該受託業務を独立して処理できる技術やノウハウを持っている請負企業は少ないので、一定期間製造企業が請負企業の労働者に教育訓練を実施することが、必要となり、その間、製造企業から請負企業に労働者を出向させ、その出向労働者を請負企業の労働者の教育研修に当たらせることも考えられています。この出向は、請負企業が独自に受託業務を処理することができるようになるための技術指導を目的とした出向であ

a　請負企業は製造企業の製造工程の一部を一括して請け負い、一定規模の人員の体制で受託業務の処理に当たります。
　　　b　請負企業と製造企業の労働者が、作業場に混在し、製造企業から請負企業の労働者に対する指揮命令が行われることを防ぐため、請負企業の労働者の作業場所をできるだけ明確に区分する[138]。
　　　c　製造企業の労働者か請負企業の労働者かが分かるように、作業着等も形や色などで区別する。
　　　d　請負企業は、製造企業の指揮命令を受けず、自ら受託業務を処理する。自社の労働者に指揮命令し、当該業務を処理する技術やノウハウを有する現場責任者である「工程管理者」を常駐させ、ＯＪＴによる教育訓練することによって、物づくりの技術や管理者としての知識を備えた労働者を育成する。使用者の安全配慮義務の観点からは請負企業が独自に採用後安全衛生教育を十分に行い、事故防止にも注意する。また、現場責任者は正社員が望ましい。
　　　e　製造企業の事業場内に請負企業専用の事務所等を借り、間接事務部門に従事する職員を配置し、勤怠や労働時間等の労務管理、給与計算等の事務は請負企業自身が行う。

(3) 請負社員の活用法

　請負社員の活用についてここにまとめておきます。

ア　派遣と請負との違い

　請負社員と派遣社員は共に外部社員として活用されていますが、両者には以下の主な違いがあり、これを前提として使い分けを考える必要があります。

(ア) 指揮命令権限

　　①　派遣では、指揮命令権限は派遣先が有していて、派遣社員は派遣先の作業指示に従って派遣先の業務に従事します。
　　②　これに対し、請負では、指揮命令権限は請負会社にあり、請負会社の作業指示に基づいて請負社員が請負会社の業務を遂行することになります（請負先の社員が直接請負社員に作業指示をすることはできません）。

り、いわば適法な処理を目指すという良い目的を持ったものであって人材ビジネスをカモフラージュするための脱法的出向とは、区別されると考えられます。

[138]　わかりやすい例としては製造企業内の工場一棟を請負企業だけで使用するとか、請負企業が製造企業の工場内の一区画で作業に従事することが考えられます。区画を衝立や線引きによって明確に仕切り、請負企業の看板を掲げるなどして、その区画内は請負企業の作業場であることを明示します。

(ｲ) 料金の設定方法
　　① 派遣の場合は、一般的に「時間当り単価×派遣社員の労働時間数」の計算方式で派遣料金が設定されます。
　　② これに対し、請負の場合は、契約で定められた完成すべき業務の量（例えば完成させる製品の個数）によって請負料金が定められます。
　イ 派遣と比べた請負のメリットとして以下のものがあります。
　　① 請負の場合、派遣のように契約期間を制限する法的規制がないので、長期的・継続的な活用が容易であること、
　　② 請負の場合、作業指示を請負会社に任せることができるので、その分管理コストを低く抑えることができること（特に多人数を要する製造現場では効果が大きい。但し作業指示を任せても支障がないという場合に限られます）。
　ウ 派遣との使い分け
　　(ｱ) 外部社員の活用に適すると判断できる業務は以下の５つが挙げられます。
　　　① 業務の変動が大きい、あるいは見通しがつきにくい業務
　　　② 汎用的なスキルで遂行できる業務又は短期間で習熟できる業務
　　　③ 社員を雇用するとコスト高になる業務
　　　④ 会社の中核となる技術・技能の継承との関わりが薄い業務
　　　⑤ 取引先や顧客との調整を必要としない業務
　　(ｲ) 外部社員の中でも派遣社員と請負社員のどちらを活用すべきかについての一般的に考えられている判断基準については以下のとおりです[139]。
　　　① 業務量で単価を決めることができるかどうか（できる→請負可）
　　　② 社員と外部社員との混在作業を必要とする業務かどうか（必要→派遣）

---

[139] 製造現場での活用の問題
①「物の製造」業務に対する労働者派遣が法律で認められていなかったときには、製造現場では派遣社員の活用ができず、やむを得ず業務請負を活用するところが多く、その中には、実際には請負先による指揮命令や「社員の時間あたり単価×労働時間」による料金設定など、派遣に近い形で活用していた所も多かったようです。しかし、2004年の改正労働者派遣法により、物の製造業務での派遣社員の活用ができるようになったため、業務の性質上、請負社員よりも派遣社員の活用が適した製造現場で合法的な派遣社員の活用ができるようになりました。
②派遣期間の上限として、従前、物の製造現場への派遣には継続して最長１年までという期間制限がありましたが、この制限は2007年２月までのもので、2007年３月１日以降は「最長３年」までとなっています。この上限期間を経過した後も業務継続が必要な場合の対策・方法として、業務請負に移行する場合には業務請負で業務遂行できる体制が必要です。
③特に、請負元による指揮命令の下で業務を行うこと（例えば前記「混在」がないように別ラインとする。）、業務量による料金設定が行えるように業務成果の定量的な指標を設けることが必要です。

③ 外部社員への作業指示を行う必要があるかどうか（必要→派遣）
④ １年を超える期間、業務の継続が見込まれるかどうか（長期→請負）
⑤ 期間制限への対応が可能かどうか（不可能→請負）

(4) 安全配慮義務

ア 安全配慮義務は、「ある法律関係に基づいて特別な社会的接触に入った当事者間において、当該法律関係の付随的義務として当事者の一方又は双方が相手方に対して信義則上負う義務」とされていて[140]、直接の労働契約関係にない当事者間でも広く認められています。

土田489頁では肯定した裁判例を（図表２－６）にある８類型に整理されています。

イ 以上のとおりですから、自社の従業員だけでなく協力関係にある会社の従業員に対しても安全配慮を怠ることはできません。ここでは上記のうち実務上問題になることが多い下請労働者に対する元請企業の安全配慮義務に関する主な裁判例を取り上げます。

㈦ 三菱重工神戸造船所（難聴１次、２次）事件・最１小判平3.4.11判時1391号３頁・労判590号14頁。

a これは、造船所で働いていた労働者30名余りが３つのグループに分かれて難聴障害について損害賠償を求めた訴訟ですが、下請企業の従業員（下請工）もいて、元請企業の責任があるかが問題となりました。

b 下請工について、２審判決（大阪高判昭63.11.28労判532号49頁）は、

⒜ 「下請企業と元請企業間の請負契約に基づき、下請企業の労働者が、いわゆる社外工として、下請企業を通じて元請企業の指定した場所に配置され、元請企業の供給する設備、器具等を用いて又は元請企業の指示のもとに労務の提供を行う場合には、下請労働者と元請企業は、直接の雇用契約関係にはないが、元請企業と下請企業との請負契約及び下請企業と労働者との雇用契約を媒介として間接的に成立した法律関係に基づいて、特別な社会的接触の関係に入ったものと解することができ」るとしました（判決原文、判時1391号117頁）。

⒝ また、以下の事実関係を認定しました（判時1391号117-118頁）。

① 神戸造船所では、下請会社（個人企業も含む）が出入りし、専ら

---

[140] 陸上自衛隊八戸車輛整備工場事件・裁３小判昭50.2.25民集29巻２号143頁

あるいは主として神戸造船所の下請をしており、これらの下請会社は、他の企業の下請をしたり、あるいは自ら元請をすることはほとんどなかった。
　　　② 下請会社の従業員の作業場所はほとんど神戸造船所に限定されていた。ごく一部の工具類を除き、被告所有の機械、工具類を使用して作業している。下請の労働者は、被告の本工とほとんど同一の作業をしている。
　　　③ 下請工が本工と一体となって作業をする場合には、被告の職制が指揮監督をする。下請工が本工と別個の作業をする場合には、被告は、下請企業のボーシンと称する管理担当者を通じて指揮監督をすることもあるが、被告が下請工を直接指揮監督することもまれではない。
　　(c) そして、神戸造船所の下請工は事実上被告から作業場所、工具類の提供を受け、事実上被告の指揮監督を受けて稼働し、その作業内容も本工と同一であったりするのだから、被告は、下請工に対しても、安全配慮義務を負担するものというべきである、としました。
　c 最高裁判決も２審の事実認定を前提として「上告人の下請企業の労働者が上告人の神戸造船所で労務の提供をするに当たっては、いわゆる社外工として、上告人の管理する設備、工具類を用い、事実上上告人の指揮、監督を受けて稼働し、その作業内容も上告人の従業員であるいわゆる本工とほとんど同じであったというのであり、このような事実関係の下においては、上告人は、下請企業の労働者との間に特別な社会的接触の関係に入ったもので、信義則上、右労働者に対し安全配慮義務を負うものであるとした原審の判断は、正当として是認することができる。」（判決原文、判時1391号５頁の部分）としました。
　(イ) 鹿島建設・大石塗装事件・最１小判昭55.12.18民集34巻７号888頁、労判359号58頁は、養生網開口部からの転落事故において、「下請会社との下請契約を媒介とし、下請会社の請負工事全般に亘って、その工程を管理し、工事の進捗状況も十分に把握して工事の段階に応じ、工事及び安全について指示や指揮、命令できる立場にあるのであるから、元請会社は下請会社の工事に介入し、直接間接に指揮監督しているものというべきである。そこで元請会社は下請会社の塗装工に対し、使用者と同視しうる関係にある」

第2章　非正規雇用の活用

という考え方を前提として元請会社の「安全保証義務」を認めた2審判決（福岡高判昭51.7.14民集34巻7号906頁）を維持したものです。

(ウ)　以上の例について、労働契約と同視できるような関係（労務の管理支配性＝実質的指揮監督関係）の存在が必要であり、安全配慮義務を肯定する裁判例はこれらを充たすものであると考えられています。そして、わかりやすい要件としては前記三菱重工業事件で挙げられた3つの要件（①元請会社の設備、工具類の使用、②元請会社の事実上指揮監督の存在、③仕事内容が元請会社の本工と同じ）が重要であって、他の類型を判断する際にも参考になるものです。そこで、事故やトラブルの防止のためには元請会社が安全配慮義務があるという前提で、安全配慮を尽くすという方法もありますし、上記要件が欠けるようにする努力をすること（①工具類は請負

(図表2-6)　安全配慮義務の類型と裁判例

	類型	裁判例
1	下請企業の労働者に対する元請企業の安全配慮義務	●三菱重工神戸造船所（難聴1次、2次）事件・最1小判平3.4.11判時1391号3頁・労判590号14頁★ ●鹿島建設・大石塗装事件・最1小判昭55.12.18民集34巻7号888頁、労判359号58頁★
2	出向労働者に対する出向先の安全配慮義務	●協成建設工業ほか事件・札幌地判平10.7.16労判744号29頁 ○新興工業・大成建設事件・福岡地判昭49.3.25判時744号105頁 ●三菱電機事件・静岡地判平11.11.25労判786号46頁 ○A鉄道事件・広島地判平16.3.9労判875号50頁
3	親子会社における子会社労働者に対する親会社の安全配慮義務	●平和石綿・朝日石綿工業事件・長野地判昭61.6.27判時1198号3頁・労判478号53頁
4	請負契約関係にある零細下請人に対する元請会社の安全配慮義務	●和歌の海運送事件・和歌山地判平16.2.9労判874号64頁 ●高橋塗装工業所事件・東京高判平18.5.17労判935号59頁
5	業務処理請負によって受け入れているが、実質的に指揮監督関係にある労働者に対する元請会社の安全配慮義務	●植樹園ほか事件・東京地判平11.2.16判例761号101頁 ●アテスト・ニコン事件・東京地判平17.3.31労判894号21頁（従業員のうつ病自殺について業務軽減をすべき義務を認めたもの）
6	元請→下請→孫請の重畳的請負関係がある場合の孫請会社従業員に対する元請会社の安全配慮義務	●O技術事件・福岡高那覇支判平19.5.17労判945号24頁
7	専務取締役の地位にあるが、実体としては雇用契約（労働契約）にある者に対する会社の安全配慮義務	●おかざき事件・大阪高判平19.1.18労判940号58頁
8	高齢者事業団の会員に対する就業先会社の安全配慮義務	●三広梱包事件・浦和地判平5.5.28労判650号76頁 ●綾瀬市シルバー人材センター事件・横浜地判平15.5.13労判850号12頁

（●義務違反肯定［有責］、○義務違反否定［無責］★本文で説明）

会社で用意させて、元請会社の物は使用させない、②元請会社から事実上も指揮監督があると言われないように請負会社の現場責任者への指示等になるように徹底すること、③本工と下請工の仕事内容を異にするよう、社外工に任せる仕事を吟味すること）も考えられます。

第3章 採用後の指導・教育・処遇の問題

第1節 教育・指導の要点

　基本的なコミュニケーション能力の問題については既に第1章〔2頁〕で述べていますので、ここでは上司の役割等ビジネスコミュニケーションのあり方について検討します。

1　コミュニケーションにおける上司の役割と努力

(1)　部下とのコミュニケーションを図る場合に、通常部下の「報連相」がないと非難することが多いのですが、部下を非難する前に上司として十分なコミュニケーションをとるためにすべきことをしているのでしょうか。この点についてわかりやすく指導のポイントを述べたものとして、中井嘉樹「はじめての部下指導の心得」（経営書院）があります。

　　ここでは「報連相」の対となる「命解援」という上司側の行動が問題とされていて有益ですので、以下に引用します。指導や研修等で検討されればよいと思います。

　　「重要なことは、部下に「報連相」を要望する前提には、上司側に「命解援」があるということです。例えば、映画等における軍隊のイメージから「命解援」を想定して見ますと、次のようになるでしょう。

(命)　1週間後の○月○日までに、△△高地の敵を殲滅し、占拠せよ。

(解)　△△高地を占領すれば、敵の補給路を断つことができ、北部戦線における我が軍は優位に展開を図ることができる。これ以上の損害を出すことなく、北部戦線を終結させることが可能になる。

(援)　この作戦はとても重要な作戦であり、そのためには空軍の支援も要請できるようになっている。必要があれば、いつでも空爆実施の用意がある。

　　というようなイメージになります。

　　このような「命解援」があって、初めて下記のような「報連相」が行われるのです。ちなみに、「命」と「報」が対をなし、同様に「解」と「連」、「援」と「相」がそれぞれ対をなしています。

(報) 今日のところは作戦通り順調に来ています。しかしながら、前方500ｍのところに敵が強力な防衛ラインを引いており、今後の苦戦が予想されます。

(連) 一方、敵が補給路を断たれることを危惧し、今朝から大量の物資移動を行っているもようです。

(相) 敵の物資移動が完了する前に、兵力を増員し△△高地占領を早めるか、あるいは、空軍に要請し、補給路への直接の空爆も考えられますが、いかがいたしましょう？

このことから、「命解援があって、はじめて的確な報連相がある」ということを容易に理解していただけることと思います。

例えば、(解)で記載した内容を、事前に説明していなかったとします。命令を受けた部下は、△△高地のことにしか目が行っていませんので、敵が物資移動を活発化したことにまで注意が行き届かず、その後の(連)はなかったことでしょう。

また、(援)を明確に伝えておかなければ、(相)の中身の発想は浮かばなかったことでしょう。

「なんでそれを今の今まで言ってくれなかったんだ！」「なんで一言、相談してくれなかったんだ！」と、上司が部下の報連相の弱さをなじる前に、自分の命解援はどうだったのか、考えてみる必要があります。

上司が必要とする「報連相」は、実は「命解援」があってはじめて可能となるのです。」(前掲書17～18頁)

(2) 上記「命解援」の意義と「報連相」との関係を表にまとめると(図表3-1)のとおりです。

(図表3-1)「報連相」と「命解援」

部下		↔		上司
指示命令を受けたことに対して、その進捗状況、あるいは結果を知らせること	報告	↔	命令	適切な指示命令を出すこと
通報の必要性を察知し、自発的に状況、あるいは結果を知らせること	連絡	↔	解説	出した指示命令を遂行することが、いかに価値あることなのか、あるいは我々にとっていかに大切なことなのか、その目的や意義をきちんと解説し、十分理解させること
何かを決めるために、人の意見を聞いたり、話し合ったりすること	相談	↔	援助	出した指示命令を完遂するために、組織を挙げて支援をすること

第3章　採用後の指導・教育・処遇の問題

2　判例にみる各企業の指導の方法と教訓

(1)　ブルームバーグ・エル・ピー事件・東京地判平24.10.5労判1067号76頁

ア　本件は通信社Y社の記者Xに対する能力・適格性低下を理由とした解雇が無効とされたものですが、外資系会社に特有の計画的プログラムが見られ、事案としては敗訴していますが、参考になるものとして紹介します。

イ　Y社の指導内容の概要は以下のとおりです。

「平成21年12月のXに対する勤務評定では、速報記事の重要性に対する認識を改める必要があること、「Best of the Week」等の選出記事が目標を下回ること、記事の速度・量を増やすこと等が指摘され、「要改善」ないし「要観察」と評価されていた。また、21年12月10日、Y社はXに対し、Xの生産性向上を目的として、アクションプラン（1〜3か月程度で課題を設定し、達成状況をフィードバックするもの）への取組み（第1回PIP）を命じた。22年1月27日、第1回PIPの達成状況についてのフィードバックがなされたが、全ての目標を達成するに至らなかったと評価されたため、翌28日から同内容で2回目のPIP、さらに同年3月6日から3回目のPIPが実施された。第2、3回目のPIPの開始時に、Y社はXに対し、パフォーマンスと勤務態度についての基準を遵守せず、期待されるパフォーマンス・レベルやその他の会社規則または手続に従わない場合、解雇を含むさらなる措置を受ける可能性があることを警告した。」（労判解説より）

ウ　本件では主として記者としての能力が問題となり、Y社は①執筆スピードの遅さ、②記事本数の少なさ、③記事内容の質の低さを問題としましたが、判決はいずれも問題が「労働契約の継続を期待することができないほどに重大なものであるとまでは認められない」として、「解雇事由とすることには、客観的合理性があるとはいえないというべきである」としています。

①　そして、スピードの遅さについては、制限時間についての資料はXに明示されていないことから、不遵守が直ちに解雇事由になるほどの重要な内容になっていなかったこと、遅延例が多くないことの他、Xとの間でその（遅い）原因を究明したり、問題意識を共有したりした上で改善を図っていくなどの具体的改善矯正策を講じていなかったことを指摘しています。

②　次に、記事本数の少なさについては、X以外の14名の記者と比較する証拠がないことから「少ない」という評価ができない他に、「第1回PIPにおいては目標数に遠く及ばなかったものの、第2回、第3回の各PIPに

157

おいては目標数を達成するか、またはそれに近い数値に及んでおり、この点についてのＹの指示に従って改善を指向^(ママ)する態度を示していたと評価し得る」と指摘されています。

③ 記事内容の質の低さについて、「Ｘの記事内容の質向上を図るために具体的な指示を出したり、Ｘとの間で問題意識を共有した上でその改善を図っていく等の具体的な改善矯正策を講じていたとは認められない」「PIPで設定された目標に対するＸの前記達成度合いからすれば、必ずしもＹの指導に対する理解や姿勢がなかったとは言えない」と指摘しています。

エ 以上のことから、具体的な指示をしたり、問題点の原因究明と問題意識の共有などをして具体的改善矯正策を講じる必要がありますし、改善の傾向が示されている場合は直ちに解雇に及ぶべきでなく改善指導を続けるべきことがわかります。

(2) **エース損害保険事件・東京地決平13.8.10労判820号74頁**

ア 債務者（損害保険業）Ｙの従業員であった債権者ら（X_1、X_2）が、平成13年３月13日にＹから解雇の意思表示を受けたが、これには労働協約違反の違法があり、Ｘらには解雇事由がなく、解雇権濫用に当たり無効であると主張して、地位保全および賃金仮払いを求めた事案です。

イ 事実関係の概略は以下のとおりです。

(ｱ) Ｙは、平成11年３月に人員削減や支店の統廃合を前提とする中期経営計画を組合支部に示し、支部との間で、組織変更や新人事制度に関する協議等に関する「賃金に関する労使協定書」を締結しました。Ｙは、平成11年７月のエースリミテッドによる買収に伴い、同社の指揮の下で人員削減のために希望退職の募集、全社員の配置を異動させるポジションの「社内公募」制度の導入を決めました。支部はこれについて中央労働委員会への斡旋申請、東京都地方労働委員会への救済申立等を行い、支部の組合員らは社内公募に応じませんでした。Ｘらも社内公募に応募しなかったところ、平成11年12月に、X_1は熊本支店へ、X_2は前橋支店に配転となりました（Ｘらは本件配転まで地方支店での勤務経験はありませんでした）。

(ｲ) 平成12年２月ころの時点から、Ｘらを含む５名の社員を業績や業務効率が低い社員（ローパフォーマーまたはプアパフォーマー）と認識し、その配属先の支店長らに、その勤務状態を具体的にかつ詳細にリストアップしたレポートを出させ、Ｘらを含む該当従業員４名に「警告書」を出させて

いました。同年5月16日、人事担当取締役は、弁護士に「労働能率が著しく低く、Yの事務能率上支障があると認められた社員」を退職勧奨する方法を相談し、種々のアドバイスを受けました。同取締役はこれに基づいて、Xら4名を対象として、勤務する支店の支店長4名に対して「問題社員の対処について」と題する書面で、上記経過及び今月末を目指してXらを現在のポジションからはずすつもりであること、一日も早く各支店に新たな人材を配置できるようにすべきであることを述べるとともに、誰が読んでもいかにして本人がYの事務能率上支障を来しているか理解できるようなレポートを作成提出することなどを事細かに指示しました。すなわちYは、この時点で既にXらをYから排除した上で、契約社員等を配置することを決定していました。

　　Yは、Xらに、平成12年8月31日に同年9月14日までの自主退職を勧告し、退職しない場合は、就業規則53条1項3号「労働能力が著しく低くYの事務能率上支障があるとみとめられたとき」に該当するとして解雇すると通知しました。また同日付自宅待機命令を以降2週間ごとに13回繰り返し、平成12年9月1日から平成13年3月16日まで自宅待機とし、職場への立ち入りを禁じました。平成13年3月14日にYはXらを本社に出頭させ、解雇通知と「解雇事由について」という文書を交付しました。

ウ　本決定は、解雇権濫用として解雇を無効としましたが、仮にXらが作業能率等が低いにもかかわらず高給であるとしても、「Xらとの合意により給与を引下げるとか、合理的な給与体系を導入することによってその是正を図るというなら格別、自ら高給を支給してきたYがXらに対しその作業効率が低い割に給料を上げすぎたという理由で解雇することは、他国のことはいざ知らず、我が国において許容されないというべきである。」と述べています。

エ　ここで問題であるのは、はじめに「退職ありき」の判断があって誠実に改善のための努力をしていない姿勢です。弁護士としても不当解雇につながるような形でせっかくの助言が利用されてしまうのは不本意です。

(3) 日本ヒューレット・パッカード事件・東京高判平25.3.21労判1073号5頁

ア　本件は電子計算機等の研究開発及び製造販売等を目的とする被告Y社の従業員として、社内ウェブのメンテナンス、サポート業務に従事していた原告Xにつき、Y社就業規則37条8号に定める解雇事由である「勤務態度が著しく不良で、改善の見込みがないと認められるとき」に該当するとされ、解雇

159

が有効とされた例です。このケースでは会社が行った指導が十分であって解雇に至る経緯が評価されていますので、成功例として紹介します。
イ　判決が評価した会社の努力について（判決原文より）
　(ア)　Yにおける人事評価、職位等（判決原文12頁の(3)の部分）
　　　「ア　Yでは、平成17年から平成21年当時、人事評価制度として、「PPR（Performance Plan & Review）」ないし「FPR（Focal Point Review）」と呼ばれる制度を採用していた。これは、会計年度（「FY」と記す場合があり、例えば、「FY02」は、2001年（平成13年）11月1日から2002年（平成14年）10月30日までの期間を意味する。）ごとに、期首に上司と部下がその期の目標設定をし、その後定期的に上司と部下との間で業務の進捗を確認する面談を行い、年度末に上司が部下を評価し伝えるというものであった。部下が人事評価に不満である場合、上司、人事部の三者で面談を行うこととなる。
　　　イ　Y社従業員に対する　評価（Rating）には、評価の高いものから、
　　　K　「Key Performance」（目標を大幅に上回っている、常に期待を超えた Performance behaviors を実践している）（以下「K評価」という。）、
　　　P　「Strong Performance」（目標に合致又はしばしば目標を超える、常に目標どおりの Performance behaviors を実践している）（以下「P評価」という。）、
　　　I　「Improvement needed」（期待に沿わない結果そして／あるいは期待に沿わない Performance behaviors）（以下「I評価」という。）があり、K評価、P評価、I評価の分布割合は、FY06～FY08を通して、K評価が23～25％程度、P評価が70～72％程度、I評価が3～5％程度である。
　　　ウ　また、Yにおける職位には、①Expert（エクスパート）を含む、部下をもたない管理職と、②Manager（マネージャー）を含む、部下を持つ管理職等があり、①の下に、Intermediate（インターミディエイト）を含む、非管理職である一般社員がいる。
　　　　　Xは、平成20年7月まではエクスパートという、部下のいない社員としては上位の職位にあり、管理職格として扱われていたが、同月、インターミディエイトに降格した。

第3章　採用後の指導・教育・処遇の問題

　　　　エクスパートの職位にある者は、与えられた仕事を行うだけではなく、今後を見据えたビジネスプランを自ら考え、そのプランを関係者に説明し、実施をリードするということを求められる。
　　　エ　Yでは、一番下のⅠ評価を受けた従業員について、同評価を受けた会計年度が終了し評価が固まった後、約6か月の期間を設けて目標を立て、改善するように取り組む内容となっている。約6か月の期間においては、上司と当該従業員が毎月最低1回は面談を行うこととなっていた。」
　(イ)　YのXに対する人事評価（判決原文13頁の(5)の部分）
　　　「XはPPR制度下で、平成21年6月の解雇前の直近6年間で計5回（FY03, FY05, FY06, FY07, FY08）、Ⅰ評価であり、数回にわたりⅠマネジメントによる改善プログラムを受け、改善のための指導を受けた。Xの上司となった従業員らはPPR（FPR）やⅠマネジメント、加えて日常的な業務に際しての面談・指導等を通じて、約5年間にわたりXの業務能力やコミュニケーション能力、他者からの指示・指導に対する姿勢等の改善を試みた。」
　(ウ)　本件解雇までの経緯（判決原文24頁の2の部分）
　　　「証拠（〈証拠略〉）によれば、Xに対するYの評価は、本件解雇前の直近6年間（平成16年ころから平成21年まで）、マネジメントの職務として不足している、エクスパートとしての資質に欠ける、単純な作業はできるが高度な戦略的思考は説明に大きな時間を要する、与えられた職務及び職務以外の環境に不満が多い、自分の意見に固執する、協調性に欠けるなどと評され、合計5回のⅠ評価を受けているが、Yは、平成16年ころからXに対し、約5年間にわたり、Ⅰマネジメントによる改善プログラムを適用し、PPR制度下における指導及び複数の上司による日常的な指導を通じて、業務能力、勤務態度上の問題の改善を試みてきたものと認められる。
　　　そして、平成20年3月、Xに対して退職勧奨の前提となるコレクティブアクションが適用され、同年7月、Xの職位をエクスパートからインターミディエイトに降格し、平成21年6月、本件解雇に至った。」
　ウ　以上の点について努力の要点をみると、①極めて長い期間かかって指導を継続していること（この点で最初から不良社員と決めつけて処理の方向性を決めていた感のあるブルームバーグ・エル・ピー事件と異なります）、②最

終段階でも、いきなり解雇でなく、退職勧奨の前提となる「コレクティブアクション」が適用され、その後に降格し、翌年ようやく解雇に至っていることです。非常に丁寧なやり方で、どの会社でも真似のできるものではありませんが、参考にはなります。

(4) セコム損害保険事件・東京地判平19.9.14労判947号35頁

ア これは原告労働者Xの、Y社入社当初からの職制・会社批判等の問題行動・言辞の繰り返し、あるいは職場の人間関係の軋轢状況を招く勤務態度からすると、ＸＹ間の労働契約における信頼関係は採用当初から成り立っておらず、入社約1年後の本件解雇時点では、もはや回復困難な程度に破壊されているとして、Xの礼儀と協調性に欠ける言動・態度を理由とする即時解雇が合理的且相当なものとして有効とされた例です。

イ このケースは非常識でどう考えても解雇有効と考えられる者の場合ですが、Xの言動に対して根気強く注意が繰り返されていますので、紹介しておきます。

　Ａ（職場の長・センター長）からは指導・警告あるいは厳重注意が数回なされ、さらに同年9月9日には、取締役で損害サービス業務部長のＩからも警告を受けている。Ｄ（人事グループの課長）もXを人事グループの部署に呼び、7～8回ほど面談し、指導したが、Xの言動には変化が見られず、平成18年3月29日には、ＤがXの言い分をとりまとめた文書に基づき職場ミーティングが開かれるまでの事態に至った。そしてそのミーティングでも、Xとそれ以外の職場の者という形での対立状況は解消されなかった。

(5) 解雇のあり方との関係で日常の労務管理の重要性を示す例としてＴ社事件・東京高判平22.1.21労経速2065号32頁があります[141]。

特に有名な裁判例ではないですが、日常の労務管理面で参考になるものです

ア この事件は派遣会社の営業職として雇用された原告Xに対し、社有車を子供の保育園への送迎に使用したこと等15項目にわたるXの言動を理由として普通解雇したことの有効性が争われた事案です[142]。

イ まず、1審の甲府地判平21.3.17労経速2042号3頁（平成21年7月30日発行）

---

[141] 菅野561頁注19では、解雇通知（解雇理由証明書ではない）に記載されていなかった事由を訴訟において追加することを認めた裁判例として、このＴ社事件を挙げています。

[142] この判決に対して次の高裁の逆転判決を予想するような的確な解説（同号2頁の「時言」。執筆は岩井國立弁護士）があります。

では、解雇無効となりましたが、以下の問題が指摘されていました（岩井解説）。

㈦　組織の一員としての不適格性をうかがわせる数々のＸの言動が浮き上がっており、何ゆえ会社敗訴に至ったのかが疑われるほどである。解雇無効としながら慰謝料が極めて低額（30万円）であることからＸの就業状況にかなりの問題があるとの裁判所の心証が窺われる。

㈧　解雇事由とされる15項目にわたるＸの言動と就業規則所定の解雇事由該当条項との整合性にもかなり問題がある（当該言動が何ゆえ会社の主張する解雇条項に該当するのか理解できないものが多い）。

㈨　前掲解説（時言）は「日常の労働管理を的確に行うことの重要性」という表題であり、事件では①上司である営業所長作成の「指導メモ」が断片的であって信用性が否定されたこと、②上司による的確な指導の形跡はなかった。問題児として半ば放任していたのではないかと思われるほどであるとの問題を指摘し、以下のコメントをしています。

　「規律違反に対する懲戒解雇事件と違い、日常の就業状況における問題点を事由とする普通解雇事件は、当該解雇処分の有効性に関する裁判所の理解を得るのはかなり難しいのが通常である。普通解雇の有効性に関する裁判所の理解を得るためには、まずもって日常の労務管理における教育指導が都度的確になされていることが最低限必要であり、日常の労務管理を的確に行ったにもかかわらず改善の見込みがないこと、個別具体的な事実の積み重ねにより解雇せざるを得ない事情を主張・立証することが求められるのである。」

㈩　東京高判平22.1.21労経速2065号32頁は以下のとおり（要旨）前記１審判決を取り消しました（会社全面勝訴）。

①　Ｙ主張にかかる解雇理由のうち、「朝営業先に直行し、出社しないこと」、「職務怠慢を正当化する発言」、「上司の営業への同行の拒否」等及び事後的に解雇理由として追加された「ガソリン代の不正請求」の事実が認められ、Ｘの上記各行為は、就業規則の普通解雇事由又は懲戒解雇事由に該当する。

②　Ｘは上司による多数の指導に対し様々な形で執拗に度のすぎた反抗的な対応その他を重ねたほか、社内秩序の意味を十分に理解認識していたはずのＸが就業時間内にＹの事務機器を私用に用い、社有車を職務外に

利用し、あまつさえガソリン代の不正請求を重ねるなどの諸行状に照らして、YにおいてXに対しなお教育指導を重ねて社内で円滑な仕事を行わせるよう努めるべきであると認めるに足りる格別な事情もうかがえない本件においては、本件解雇が社会通念上も相当なものであると認めざるを得ない。

(オ) 以上の経緯を考えると、会社側で指導を十分に行い、且つその指導の事実を文書で残すなどしておけば非常識な労働者の行為を抑止できたものと考えられますし、もっと簡単に勝訴できたはずです。

3　意思伝達の方法の選択

(1) 指導の方法がどのようなものかによって労働者の受け取り方が違うことから、指導の効果が違ったり、トラブルになりやすかったりしますので、どのような方法を採ればよいかという意思伝達の方法の問題についても考えておく必要があります。

(2) この点、一般的に用いられている面談、電話、手紙、メールについて検討します。それぞれの方法の違い（情報量や問題点）について表にまとめておきますが、メリットとデメリットを考えて使い分ける必要があります。

ア　面談は意思伝達の基本です。一番伝える情報量が多く、配慮を怠らなければ最も間違いのない方法です。

イ　電話では声のニュアンスからある程度相手の感情が読み取れますが、不十分ですし（表情やしぐさ等からどこまで本心か読み取れません）、感情的な言い合いになりやすいこともありますから、重要なこと、特に相手に不利益なことや相手の感情を害する恐れのある場合で慎重な対応をすべき時には必ず面談を行うべきです。

ウ　手紙（書簡・面接と共に行う文書交付を除く）の場合は表明内容が明確になっている場合に、相手にきつく受け取られる場合があります。両者が遠隔地にいる関係で面談ができない場合に面談に代わるものとして用いられることがありますが、十分表現内容に配慮すべきです。特に近時は手紙を出すことが、昔に比べて少なくなっていることもあり、手紙を出すことは特別なことと考えられていますから、慎重に文面を考えることが期待できます。

　　文書にすることは言った言わないの問題を避けることでよいことですが、いろいろなニュアンスで真意を伝えることができない場合がありますから、内容が確定していることについて正式な文書を送ることが一番の利用方法で

しょう。
　エ　メールは業務上も日常的に事務的な事柄について利用されています。送信回数が多いこともあり、よく考えず軽々に送付してしまうこともあります。送ってしまった後にしまったと思うこともあるでしょう。文面としては通常の手紙と同様、良くも悪くも証拠として残ります。特にトラブル発生後やトラブルになる恐れのある時は避けるか、慎重に文面を考えるべきです。
　　メールの内容が問題となった判例であるA保険会社上司事件〔179頁以下で詳説〕の1審判決でも「そのニュアンスが介在しないだけに直接的な伝わり方をする」と危険性を指摘されています。

(図表3－2) 意思伝達の方法

方法		目（視覚）表情	耳（聴覚）声のニュアンス	表現の内容自体 正確性（文字・言葉）	慎重さ
面談		◎	○	△	○
電話		×	○	△	△
文書	手紙	×	×	◎	◎
	メール	×	×	○	△

4　コミュニケーションの活性化の試み
(1)　コミュニケーションの活性化の努力
　ア　コミュニケーションを活性化することにより人間関係をよくし、結果として業務を円滑に遂行することは好ましいことです。しかし近時は社内の親睦行事へ参加しない若者が増え、昔のように「赤ちょうちん」で上司の悪口を言ってガス抜きをする、同僚、先輩との打ち解けた会話の中で自分の現状と今後の行動を考える等の機会が減少していて、不満や不信が高まり、労使トラブル発生の原因の1つとなっていると考えられます。
　イ　そこで近時は昔のように社内のイベントを復活しようとする動きや、上司が部下を飲み会に誘って意思疎通を図ることを奨励する試みなど様々な努力をしています[143]。

---

[143] この点で「人事実務」（産労総合研究所）では定期的にコミュニケーション活性化の試みの特集企画がなされていますので、以下に簡単に紹介します。
　① 2013年4月（1123）号・特集「社内イベントで一体感を高める」（スポーツ、トラベル、パーティ、コミュニケーション＆ファミリー）の中で、社内イベント実施後の職場内の変化について、職場の中でコミュニケーションが増えた（49.4％）、他の部門と仕事がしやすくなった（43.4％）、仕事に対するモチベーション

日本の企業や社会の良いところ、強みはチームプレーが素晴らしいところ
　　であり、その前提としてチームのメンバーの意思疎通と信頼関係は絶対に必
　　要です。その意味でコミュニケーション活性化の試みは、単に法的リスク対
　　策にとどまらず企業のポテンシャル（潜在的能力）引き上げることになるの
　　で重要です。
(2)　罰ゲームによるイベント盛り上げは一種のコミュニケーションの手段として
　　理解可能ですが、それにも限度があります。
　　　K化粧品販売事件・大分地判平25.2.20労経速2181号3頁は、上司から販売目
　　標個数未達成の罰ゲームとして、「ウサギの耳の形をしたカチューシャ」を含
　　む「易者のコスチューム」の着用をさせたことが問題となり、判決は罰ゲーム
　　の目的自体（レクリエーションや盛り上げ等）は妥当であるが、着用が任意で
　　あったとしても原告がこれを拒否することは非常に困難な状況であった等の事
　　情から、過度に心理的負荷を負わせる行為であり不法行為にあたる（慰謝料20
　　万円を認める）とした事例です。
　　　このような人により拒絶反応を示すことが予想されるイベントについては、
　　本人が喜んでやれるものか、無言の圧力がかかっていないか、本人の立場もよ
　　く考えて企画すべきです。
(3)　飲酒強要という古典的なパワハラの例として、ザ・ウインザー・ホテルズイ
　　ンターナショナル事件（1審東京地判平24.3.9労判1050号68頁、2審東京高判
　　平25.2.27労判1072号5頁）があります。現在の常識からもはずれているので厳
　　禁すべきです。

5　上司等との関係における心理的負荷の認識の必要性

(1)　労災認定の場合に上司等との関係における心理的負荷の大きさが一覧表でわ

　　が上がった（35.3％）等の成果があるとのことです（同号10頁）。ポイントはイベントの「目的」と「対象
　　者」を明確にし、効果を最大化することです（同号11頁）。
②　2013年6月（1125）号・特集「社内コミュニケーションを深めるさまざまな取組み」の中では、対話の
　　促進ツールや手法の活用、上司と部下のコミュニケーションの改善法、コミュニケーションを促進する社
　　内広報の進め方、「社内SNS」の効果的活用法、社内コミュニケーションを促進するオフィス設計と環
　　境づくりが事例を基に検討されています。
③　その他の特集例としては以下のものが参考になります。
　　i　2011年9月（1104）号・特集「社内コミュニケーション促進のトレンド」
　　ii　2010年12月（1093）号・特集「コミュニケーションと組織力～人と組織と社会の絆を太くするコミュ
　　　ニケーション施策」
　　iii　2008年7月（1039）号・特集「目標管理を通じたコミュニケーション」（これは懲戒前の指導の方法
　　　として参考になるものです）
　　iv　2007年1月（1006）号・特集「組織力を発揮させる社内コミュニケーションの活性化策」

かりやすくまとめられています。ここでは労災認定の問題を論じるのではなく、上司や使用者側が指導する際に部下・労働者が受けるストレスを推測し、トラブル・事故が発生しないように適切な指導を心掛ける場合の参考資料になると考えます。そこでこの部分だけを抽出して表にまとめました（図表3－3）。

(2) 労災認定の場ではストレス―脆弱性理論で業務上の心理的負荷（ストレス）と本人側の素因（脆弱性）の相関関係で業務起因性を判断していますが、予防的にはストレスの強さをよく認識しながら、他方、日常よく観察して部下・労働者の脆弱性・強靭性も把握して適切な助言・指導・叱責を行うべきです。

(3) 昔プロ野球で賢明な監督は、「打たれ強い」信頼する主力選手を「叱られ役」に選びカミナリを落とすことでチームの規律を保ち、力を発揮させていたことは参考になる例です。

（図表3－3）上司との関係での心理的負荷の強度

基本的出来事	心理的負荷の総合評価の視点	心理的負荷の強度を「弱」「中」「強」と判断する具体例			
		▲「弱」の例	●「中」の例	■「強」の例
（ひどい）嫌がらせ、いじめ、又は暴行を受けた(29)	・嫌がらせ、いじめ、暴行の内容、程度等 ・その継続する状況 (注) 上司から業務指導の範囲内の叱責等を受けた場合、上司と業務をめぐる方針等において対立が生じた場合等は、項目30等で評価する。	▲複数の同僚等の発言により不快感を覚えた（客観的には嫌がらせ、いじめとはいえないものも含む） 【解説】 部下に対する上司の言動が業務指導の範囲を逸脱し、又は同僚等による多人数が結託しての言動が、それぞれ右の程度に至らない場合について、その内容、程度、経過と業務指導からの逸脱の程度により「弱」又は「中」と評価	●上司の叱責の過程で業務指導の範囲を逸脱した発言があったが、これが継続していない ●同僚等が結託して嫌がらせを行ったが、これが継続していない	■部下に対する上司の言動が、業務指導の範囲を逸脱しており、その中に人格や人間性を否定するような言動が含まれ、且つ、これが執拗に行われた。 ■同僚等による多人数が結託しての人格や人間性を否定するような言動が執拗に行われた ■治療を要する程度の暴行を受けた
上司とのトラブルがあった(30)	・トラブルの内容、程度等 ・その後の業務への支障等	▲上司から、業務指導の範囲内である指導・叱責を受けた ▲業務をめぐる方針等において、上司との考え方の相違が生じた（客観的にはトラブルとはいえないものも含む）	●上司から、業務指導の範囲内である強い指導・叱責を受けた ●業務をめぐる方針等において、周囲からも客観的に認識されるような対立が上司との間に生じた	■業務をめぐる方針等において、周囲位からも客観的に認識されるような大きな対立が上司との間に生じ、その後の業務に大きな支障を来した

第2節 文書による指導の重要性（一般論）

1 上司の指導の証拠化の必要性
(1) 「指示の内容が不明確であって何をすべきか解らないからです。はっきりして下さい。」等の反論・言い訳をさせないためにどのような行動に問題があるのか（改善点は何であるのか）、改善のためにどうするのかを具体的に指導して、改善のため行動を求めることが必要です。
(2) 口頭での指示・指導は「そんなことは聞いていません」との言い訳を招くので、明確な内容の書面を作成し、交付することです。後日に指導した証拠になりますし、指示・指導の効果が強くなります。
(3) 業務命令として厳しく行う場合でも、単なる指導として行う場合でも、具体的に何をすべきかを明示し、何故それを求めるかの理由も明記し、期限も付します。その文書を出さざるを得ない過去の経緯（本人の不良な態度の数々）も念のために付記しておくと、本人も自分の置かれた立場を強く認識することになるはずですから有益です。

誰が名義人になるか（代表者か、担当責任者か、直属の上司か）はケースバイケースですが、必ず文書を出す日付を忘れず、また、文書を受領したという証拠となるために2部作成し、1部を本人に交付し、1部に受領の署名（押印）ももらっておくべきです（受領日付欄も）。

書式については上記の要素を入れているなら、特に問題はありません。何回か作成していると自然に書式はできてくるものです。

(4) **作成して保存すべき文書について**
 ア 以下に作成・保存が考えられる例を挙げておきます。
   (ア) 会議を開催する場合（簡易な打合せでも）、必ず議事録を残す。
   (イ) 会議の結果について上司に簡単な報告をする場合、報告は文書（メールでも可）で行う。
   (ウ) 現実に注意指導を行ったら必ず記録をする。特に面談を行った場合は面談記録を残す。
   (エ) 顧客からクレームがあった場合は必ずクレーム報告書を作成しておく。
   (オ) 教育・研修を行った場合は関係資料（必要性を裏付ける情報資料を含む企画資料、開催に関する報告書・議事録・配布資料、参加者名、質疑応答

の内容等）を作成し保存する。
　　　(カ)　社内で連絡し合った内容についてのメールやメモを保存する。
　　　(キ)　本人に交付した文書があれば必ず文書受領の日付と署名をもらっておく。
　　イ　以上の資料を「セット」でしっかりと保存してあれば顧問弁護士も、早く事件の見通しの判断がしやすくなり、勝てる可能性があると考えれば強気な対応が可能となります。
　　ウ　以上のことは、不利益処分に関して考えられるすべての場面で行われるべきです。

2　「文書」の重要性

(1)　文書の2つの機能について
　　ア　労働者の行為規範形成上の有用性
　　　　口頭で指示等をすると伝言ゲームのように上司の意思が正確に伝わらず混乱を招いたり、指示の内容が不明確なものとなりがちです。組織を円滑に効率よく運営するためには文章で正確に表現された内容を多数の者に伝達することが必要です。この意味で組織管理上の重要なものであり、ピラミッド型大規模組織運営の基礎ともなるものです。以上のことは行為規範として労働者の行為を規制していることを意味しています。
　　イ　紛争解決時の裁判規範としての機能
　　　　この面での文書作成の意味は、裁判に勝つための有利な証拠作りとしての意味を持っています。このことは第1章31頁で既に述べています。
　　　(ア)　証拠について
　　　　　a　客観的証拠としての「書証」が重要であると言われます。
　　　　　　「処分証書」といわれる文書（立証命題である意思表示その他の法律行為が記載されている文書。例として、契約書、手形、遺言書などがあります）や紛争状態が生じる前に作成された報告文書（作成者の見聞、判断、感想などが記載されている文書。例として領収書、商業帳簿、日記、手紙、陳述書など）がある場合は、それらの書面に記載された意思表示や事実が認められる（信用性が認められる）可能性が高いです。その結果、それらの書面の内容と異なる事実を主張しようとする場合は、何故事実と異なる内容が記載されているのか、その理由、原因となる事実を十分に示す必要があります。
　　　　　b　証拠については、訴訟手続では特に「書証」が重視されて勝てる武器

になりますが、賢明なレベルの高い企業は日常的にあらゆる場面で書証の作成・記録化に努力していますし、その内容の改訂見直しの作業をしています。これは将来の訴訟において勝つための苦労を日々行っていることを意味しています[144]。

c　ある事実について、その事実があった当時に作成されたものでなく、後日訴訟等の手続のために作成されたものは、信用できるという特段の事情がない限り、証拠価値はかなり低いと一般的に考えられています。逆に将来に備えて争いのない時期に備忘のために作成された文書や内部資料として作成されていた文書は作為が入らず事実が述べられていることが多いことから比較的信用性があります。このように「作成時期」がいつかが問題となりますので、日常的に文書を作成して、保管保存をしておくことは大変意義があることです。

d　メールの問題点について

(a)　メールは情報の断片化が著しいという傾向があり、一つの文書としてプリントアウトされたものだけを読んだのでは意味が解らなかったり、誤解を生じさせてしまう恐れがあるといわれています。事件の全体像を理解するには、やはりそれなりの一定のまとまりのものを出さなければならないともいわれています。しかし、まとまったものを証拠として出すととんでもない分量になる恐れもあります。

(b)　また、情報が瞬間的に交換されていることが多いので、内容が非常に瞬時性を持ったものになっていて、前後のメールが反対になっていたり、変更されているものもあり、一定のメールだけでは流れが把握できないこともあります。その意味で、自分に都合のいい部分だけを書証として提出すること（つまみ食い的なやり方）が容易であるという危険性も指摘されています。

(c)　しかし、メールはやり取りがあった当時に実際に作成された文章であり、後から作られた証拠よりは信用性が高いものです。

---

[144] 山浦善樹弁護士は「見積書、納品書、電話やＦＡＸ記録等の基礎的帳票類を正確に記録している企業、記録するにあたって例えば代金回収や苦情処理に対応できるように工夫と改善の努力がみられる企業、資料を整理して必要なときにはすぐに提出できる態勢にある企業・・・地味で目立たないことではあるがこういうことに経営者が注意を払い費用と時間をかけている企業に対しては、裁判所としても何とかしてやりたくなる」という裁判官の本音を聞いたことがあると述べておられます（伊藤滋夫統括編集『民事要件事実講座第5巻：企業活動と要件事実』129頁）。

特に、メールが証拠として優れている点は、①メールの発信の時刻まで明確に記録されること、②前後の関係までまとめて出せば、その経緯については争いにくくなり、その流れに反する主張はしにくくなること、③メールは日常的に細かなことをやり取りする場合に比較的気軽に利用する通信手段であるだけに、作為が入りにくく、当時の状況をリアルに再現するものとして証拠価値が高いと考えられること等です。

(イ) 「要件事実」の重要性

a 民事訴訟では争いとなる権利の発生、障害、消滅等の各法律効果が発生するために必要な要件に該当する事実が重要であり、これを「要件事実」と言います。そして、訴訟はこの要件事実が認められるかどうかという点を中心として審理されます。

b 民事上の権利の実現を図る民事訴訟においては、権利の発生事由を根拠づける要件事実は当該権利を主張する者が主張立証すべきであり、権利の障害事由や消滅事由を根拠づける要件事実はそれら事由を主張する者が主張立証すべきことになります。労働関係では権利の発生事由や障害・消滅事由が客観的な合理性、社会通念上の相当性などの規範的な評価を要する要件を含んでいる場合が多く、規範的要件への該当性を主張する者が規範的評価を根拠づける事実を主張立証し、同要件への該当性を否定する者が同評価を妨げる事実を主張立証すべきこととなります[145]。

(ウ) 「訴訟に勝てる企業」は確実にあります。勝つための重要な武器としての要件事実をよく考えて活動しているということは、訴訟に勝つための努

---

[145] ① 労働関係で最も基本的な要件事実の1つとして「雇用契約」があります。
「賃金額」は請求原因で必ず具体的に主張することが必要とされています。雇用契約の本質は労働力の提供とこれに対する一定の報酬の支払の約束ですから、雇用契約締結時の「賃金額」は雇用契約の本質的要素として請求原因事実となります。

② 次に実際に最もよく使用されるものの1つである「解雇権濫用」の場合の要件事実の主張は以下のやり方になります。
解雇権濫用は、権利濫用論の一例であり、権利濫用はいわゆる「規範的要件」であり、規範的要件では、規範(解雇権濫用)自体が要件事実ではなく、当該規範を根拠づける事実及びこれを障害する事実が要件事実とされています。この立場からは、解雇権濫用の主張がされる場合、まず評価根拠事実の主張立証が先行するのが論理的ですが、これに対して実務上は、労働者側から何等落ち度なく勤務してきたこと等の概括的な主張があれば一応解雇権濫用の評価根拠事実の主張があったものとして、使用者側に、就業規則上の解雇事由等の解雇の理由を解雇権濫用の評価障害事実として主張立証させるのが一般的であるとされています。

力を普段からしているということになります。

a 例えば、契約交渉はお互いに自分に有利なことをできるだけ相手に認めさせようとする駆け引きですが、もし発生したら困る（損する）場合を想定し、その場合にできるだけ損（リスク）を少なくしようとします。双方が譲り合って合意することにより契約は成立するので、契約書は法的リスク対策文書や法的リスク限定文書の意味を持っています。

内容としてはこちらから請求する場合には請求が完全にできるよう、請求に必要な要件をもれなく相手が認めるような内容にし、あるいは立証のことまで考え、証拠が少なくても訴訟で請求を認めさせやすい条文にする等工夫をします。

他方、相手方の請求についてはできるだけ認める場合を少なくするようにしたり、期間制限をしたりします。

以上のとおり、契約書の作成は将来争われたときに裁判で勝てる土俵づくりの意味があるので、要件事実について十分理解して行わないと意味がないのです。

b 「要件事実」は訴訟で勝つという点についてもっとも重要な要素です。

「要件事実」を考えて当事者が主張を行いますので、要件事実をしっかり研究している弁護士は、そうでない弁護士よりも有利です[146]。そして、何が「要件事実」であるかを弁護士だけでなく会社の法務担当者に伝えておくと弁護士が検討や収集を指示していなかった事実や証拠が会社側から自主的に出てくることもあります。

c 尚、裁判所が和解を勧める段階で要件事実に基づいて自分の心証（どちらが有利かについての）を示して（その時点での暫定的なものですが）和解の方向を示すことがありますが、その場合に会社側の理解が早くなり、和解成立に向けてスムーズに手続きを進めることができます。また、和解をする場合の和解条項（の案）についても要件事実論を基礎として重要な要件事実について解決する文言が欠落しないようにすることで、後日紛争が発生しないように考えられています。

---

[146] 『労働関係訴訟の実務』（白石哲編著・商事法務）（東京地裁労働部在籍経験のある多数の裁判官が執筆しています）では、重要な30の論点について、労働者側と使用者側に分けて主張立証上の留意点を簡明に分析されていて、事件を担当する各弁護士にとって主張立証の方向性を定めることに役立つだけでなく、依頼者からの聴取事項や資料収集の際の参考となるものです。『労働事件審理ノート〔第3版〕』（山口幸雄ほか編・判例タイムズ社）と共に実務に役立つ必読の文献です。

第3章　採用後の指導・教育・処遇の問題

第3節　パワハラの判例分析と予防

　パワハラといわれないように、以下に特に教育指導とパワハラの関係について判例を上げて検討しておきます。

1　はじめに

(1)　勤務成績不良や非違行為に対する上司の教育・指導を無視したり反抗したりすることは懲戒処分の対象となり、悪質ならば解雇の理由にもなります。この種の紛争は、処分や解雇に関して発生することが多かったのですが、そのような場合でなくても教育・指導自体を「パワハラ」として違法であると争う事件が生じています[147]。

(2)　パワハラの定義

　パワハラについては、「職場のパワーハラスメントとは、同じ職場で働く者に対して、職務上の地位や人間関係などの職場内の優位性を背景に、業務の適正な範囲を超えて、精神的・身体的苦痛を与える又は職場環境を悪化させる行為をいう。」と定義されています（平成24年3月15日付職場のいじめ・嫌がらせの問題に関する円卓会議のワーキング・グループ報告。以下「WG報告」といいます）。

(3)　行為類型（WG報告）

　職場のパワーハラスメントの行為類型の典型的なものをWG報告がまとめているので（図表3-4）に整理しておきます。

---

[147] A保険会社上司事件・東京地判平16.12.1労判914号86頁ではパワハラの定義に関して以下のとおり判示しています。
　A社の社内研修資料（〈証拠略〉）には、「パワーハラスメントとは『他者に対して社会的勢力を利用し、職務と直接関係のない、あるいは適切な範囲を超えた嫌がらせの働きかけをし、それを繰り返すこと。そしてその行為を受けた者が、それをハラスメント（嫌がらせ）と感じたとき』に成立します。業務や報酬を与える権利を有する人（上司）とそれに従う人（部下）、あるいは集団を率いる人（上司）とその集団に属する人（部下）との間には、大抵の場合心理的な大きなパワーの差があります。優位な立場の人がこのパワーの差を利用して相手にハラスメント（嫌がらせ）を行うことを"パワーハラスメント"と言います。と記載がある。そして、具体例の一つとして「仕事上のミスを注意するのに人格を否定するような発言（罵倒、暴言）がなされる。」を挙げている。上記のパワーハラスメントの定義が厳密に正確かどうかはともかく（たとえば、働きかけが繰り返し行われることを要件としているように読めるところ）、一応の基準として参考となる。
　本件のメールは、原告の私的な生活に干渉するものではなく、純粋に原告の業務の遂行状態についての評価を内容とするものであるから、「適切な範囲を超えた働きかけ」と言えるかどうかが問題となる。言い換えれば、上司である被告が部下である原告に対し、業務上の指導の範囲を逸脱していたと評価できるかどうかが問題である。

173

(図表3-4) パワハラの行為類型

行為類型	留意点
① 暴行・傷害（身体的な攻撃）	①については、業務の遂行に関係するものであっても、「業務の適正な範囲」に含まれるとすることはできない。
② 脅迫・名誉棄損・侮辱・ひどい暴言（精神的な攻撃）	②と③については、業務の遂行に必要な行為であるとは通常想定できないことから、原則として「業務の適正な範囲」を超えるものと考えられる。
③ 隔離・仲間外し・無視（人間関係からの切り離し）	
④ 業務上明らかに不要なことや遂行不可能なことの強制、仕事の妨害（過大な要求）	④から⑥までについては、業務上の適正な指導との線引きが必ずしも容易でない場合があると考えられる。こうした行為について何が「業務の適正な範囲を超える」かについては、業種や企業文化の影響を受け、また、具体的な判断については、行為が行われた状況や行為が継続的であるかどうかによっても左右される部分もあると考えられるため、各企業・職場で認識をそろえ、その範囲を明確にす取組を行うことが望ましい。
⑤ 業務上の合理性なく、能力や経験とかけ離れた程度の低い仕事を命じることや仕事を与えないこと（過小な要求）	
⑥ 私的なことに過度に立ち入ること（個の侵害）	

2 協調性の欠如

(1) 協調性については、①営業職などの対人折衝の仕事における対応能力、②管理職の指導能力、③チームとしての共同作業能力が問題になります。

(2) 土田590頁では「労働法コンプライアンスと法的リスク管理」としてこの「協調性の欠如」を取り上げ、「労働契約は組織的集団的性格を有しており、労働者は、労務給付に際して上司や同僚との協調性にも配慮して行動することを求められるため、独善的な行動によって集団内の規律や協調性を著しく欠く場合は解雇事由となりうる」とされます。

(3) 実際の裁判例について、以下に挙げておきます[148]。

ア 京都たつた舞台事件・大阪高判平18.11.22労判930号92頁

---

[148] その他の判例として以下のものがあります。
① トムの庭事件・東京地判平21.4.16労判985号42頁は、顧客へのなれなれしい態度が問題となったケースですが、美容院の店長として被告Y社に勤務していた原告Xに対する普通解雇につき、Xの施術の技術力・方法、勤務態度、接客態度、Y社の指導等に対する改善状況、業務に及ぼした支障の状況が、「勤務成績または効率が著しく不良で就業に適さない」というY社就業規則上の解雇事由に該当するものとされ、それを理由としてなされた本件解雇は解雇権の濫用に当たらず有効とされました。
② 東京都自動車整備振興会事件・東京高判平21.11.4労判996号13頁では会員とのトラブル（不適切な窓口対応や電話対応が繰り返されたことに対して多くの苦情が寄せられたこと）を理由とする副課長から係長への降格（人事権行使）が有効とされました。
③ ＣＳＦＢセキュリティーズ・ジャパン・リミテッド事件・東京高判平18.12.26労判931号30頁は、整理解雇の事案について、同僚との人間関係が悪化しているために配転（解雇回避措置）の余地がないとして解雇を有効とした例です（4要素を採用しています）。
④ ユニスコープ事件・東京地判平6.3.11労判666号61頁は労働者が自己の方法やスケジュールに固執して会社の指示に従わないために業務上の混乱を招き、改善も見られない場合です。
⑤ セコム損害保険事件・東京地判平19.9.14労判947号35頁（本章第1節「判例にみる各企業の指導の方法と教訓」の157頁で取り上げています）。

(ア) 原告労働者Ｘの勤務する被告会社Ｙの業務内容である伝統演劇等のいわゆる裏方の仕事内容との関係で解雇事由に該当するかどうか以下のとおり具体的事由が検討されました。

　　a 「都おどり」という京都の有名な舞台の準備の件では、①現場で他の職人からの指示や忠告を受けることを拒むために他の職人との関係がうまくいかず、周囲から無視されたりする。②大道具の分解や組み立てを従業員らで共同して行うべき時に、別の場所にいたり、不必要な掃除をしていたりすることが重なる。現場責任者から強く叱責されると、返事もせずに、手を挙げる仕草をして現場を離れてしまう（他の従業員が代わりをする）。③障子の開閉のタイミングが集中力が欠けるために演者との間が合わない。早すぎたのか遅すぎたのかも理解できない状態であった。他の職人であればとることができるようになるタイミングを、最後までつかめなかった。

　　　舞台芸術では、演者と裏方とが、間あるいはタイミングを合わせることが必要不可欠の要素であるが、Ｘには、裏方に必要な演者と一体となって作業するために必要な時間的感覚が欠けているために問題（都おどりの件）が発生した。

　　b 共同作業に関しては、①指示した作業の意味が解らない。何のために仕事を見ている必要があるのか十分に理解していなかった。②舞台上の共同作業が必要なときに、舞台を離れていたり不必要な掃除をしていたり、肝心な時に姿を消していたりする。これから共同作業に必要な理解が欠けていること、その資質から従業員同士の共同作業に適していないことがわかる。

　　c 演者との関係では、①裏方は演者に対して礼儀をもって接しなければならないのに、Ｘは演者である女優に声をかけたとして、そのお付の人から苦情が出た。②照明部の女性に自分で作った名刺を渡して「一緒に食べましょう。」と会話したとして照明の責任者から苦情を受けた。これらから劇場関係の業務に従事するものとして求められる別職種の人に対し、礼儀をもって接するという点に欠けることがわかる。

(イ) 以上の行為は、いずれも「業務能率等が著しく不良である」場合に当たるか、それをうかがわせる事実ということができるところ、これらの事実を総合して勘案すると、Ｘは、他の従業員と協調して作業するという特殊

性があるYでの勤務について適合せず、しかもそれはXの素質によるものが多いものと認められるから、Xは就業規則43条1項が規定する「業務能率等が著しく不良である場合」に該当し、それを理由とするYのXに対する本件解雇には解雇権の濫用はなく、正当というべきであるとされました。

イ　A病院事件・福井地判平21.4.22労判985号23頁は服務規律に従おうとする姿勢の欠如（診療開始時刻の不順守、保険適用外検査の無許可実施、書類作成、カルテ返却の懈怠等）や患者と接する臨床医として、また組織で医療行為を行う勤務医としての資質・能力に疑問を抱かせるに十分な事情（患者やその家族とのトラブル、不必要な検査の実施、処方の無断変更）を総合すると就業規則上の解雇事由があるとした例です。また、受持ち患者数の減少、序列逆転となる人事措置、退職勧奨、いじめ、監視行為及び解雇自体が全て違法ではないとして損害賠償請求が棄却されました。

ウ　日本マーク事件・東京高判平9.10.16労判733号81頁は、協調性の乏しい労働者であるが能力・成績自体は優秀と評価される場合に「就業状態が著しく不良」という解雇事由に該当しないとしたものです。土田590頁（注93）では、この判例を引用し、「協調性の欠如は解雇理由の判断要素としては副次的要素にとどまる。」との限界を指摘されます。

3　教育指導への反抗的態度[149]

(1)　教育や指導は、その目的が適正であり、方法も妥当であれば、それに反抗したり無視したりすることは許されません。態度が悪質であれば勤務態度不良として解雇も有効とされます。

(2)　上司への反抗や上司を愚弄したことを理由とする解雇も事案によっては有効とされています。

---

[149] 裁判例としては以下のものがあります。
① 三菱電機エンジニアリング事件・神戸地判平21.1.30労判984号74頁は、注意や出勤停止処分を受けても改善せず、かえって上長に反抗し、揶揄し、愚弄するようになったのであるから、自らの行為によって会社との信頼関係を破壊したものといえ、したがって会社にこれ以上の労働契約関係の維持を強いるのは相当でなく、本件解雇は合理的、相当性を備え有効であるとしました。
② 山本香料事件・大阪地判平10.7.29労判749号28頁は同僚への感情的対応も解雇理由とされた事案で、原告の種々の言動は、部下の上司に対する言動としての程度を超えており、また、職場の秩序を乱すものであるとして、解雇が有効とされました。
③ 富士タクシー事件・新潟地判平7.8.15労判700号90頁では勤務能力に問題がある者に対して適切な教育なしに行った解雇が問題となり、接客不良を理由とするタクシー運転手の懲戒解雇は、懲戒理由が存しないにもかかわらずなされたものであって無効であるとしました。
④ セコム損害保険会社事件・東京地判平19.9.14労判947号35頁は入社直後から職制・会社批判をしていたために信頼関係を形成できなかったとして解雇を有効とした例です。この判決は162頁で詳しく取り上げています。

第3章 採用後の指導・教育・処遇の問題

何度いっても上司のいうことを聞かないケースや上司の指摘に対する過剰な反発、度の過ぎた反抗的対応などのケース、さらに、上司のいうことを全く聞かずその旨宣言したこと、注意や出勤停止処分を受けても改善せず、上司を愚弄したことを理由とする解雇等も有効とされたものがあります。

(3) 尚、勤務能力に問題がある者に対して適切な教育なしに突然解雇することは解雇権濫用になりますので、十分な教育指導が必要です。

4 教育指導の態様[150]

(1) 教育・指導の態様が、通常の態様ならば違法とされることはありません。裁判所は、「職場における上司の部下に対する発言、行動等が部下において受け入れ難いとか、感情の対立を招く性質のものであったとしても、そのことのみで部下に対する不法行為となると解するのは困難であり、その発言、行動等が、職場における上司と部下という、通常想定し得る関係を超えたものであるなどといった特段の事情のないかぎり、不法行為の成立を認めることはできないというべきである」としています[151]。

(2) 非違行為を理由とする教育や指導の態様については、反省を求めるために発

---

[150] 暴力が問題となった例として、ファーストリテイリングほか（ユニクロ店舗）事件・名古屋高判平20.1.29労判967号62頁（上告棄却・不受理・最3小決平20.9.30）は、店長から頭突きなどの暴力を受けて妄想性障害になった事案で、当該行為を違法とした例です。また、ヨドバシカメラほか事件・東京高判平18.3.8労判910号91頁（1審は東京地判平17.10.4労判904号5頁）では、仕事上のトラブルをめぐって、派遣先従業員から受けた暴力について、加害者とその使用者の責任を認めた例です。

裁判例には以下のものがあります。
① カジマ・リノベイト事件・東京地判平13.12.25労判824号36頁では、業務命令違反を理由に4回にわたってけん責処分を受けた後になされた勤務成績・能率不良等を理由とする解雇につき、会社の業務に支障を来した程度も、社会通念上さほど重大なものとはいえないこと、会社は、第1けん責処分後に限っても、一連のけん責処分に対する労働者の反論や対応を見極めて、労働者と対話するなどといった方策を十分講じたとは認めがたく、会社には、第4けん責処分の後であっても、減給、出勤停止のような他の懲戒処分を行うことに特段支障はなかったと認められることから、解雇理由となるべき事情を総合考慮しても、解雇は権利（解雇権）の濫用であるとされ無効であるとされました。また、けん責処分については、処分を行うか否かを決定する権限は専ら使用者にあり、この権限を濫用して処分を行うなどと言った特段の事情のない限り、その処分の内容、時期、回数等を問わず、処分を行うこと自体が不法行為に該当すると解することはできず、本件においては会社がその裁量権を濫用したものと認めるには足りないとされました。
② 東京医療生協中野総合病院事件・東京地判平16.9.3労判886号63頁は、適正な指導をしなかったことが懲戒事由とされた例です。
③ ロックスジャパン事件・大阪地決平12.3.10労判795号87頁では、部下に対して「えこひいき」をしたことが正当な解雇理由とされました。
④ 天むす・すえひろ事件・大阪地判平20.9.11労判973号41頁では社長が転職を勧誘しながら、職務に関して肉体的疲労及び精神的ストレスを蓄積させ、健康状態を著しく悪化させるような言動を繰り返して行い、精神疾患になり退職を余儀なくされたケースで、不法行為の成立が認められ150万円の慰謝料の支払いが命じられました。1000万円の移籍料の不払いも問題とされ支払が命じられた珍しい事件です（第1章で移籍料の合意の問題として紹介しています）。

[151] カジマ・リノベイト事件・東京地判平13.12.25労判824号36頁。結果として労働者の慰謝料請求を棄却しています。

する特定の業務命令の適否が争われています。人格権を侵害する命令や、暴力が許されないのは当然です。

5 教育・研修のあり方
(1) ＪＲ福知山線脱線事故の原因としていわゆる「日勤教育」が挙げられ、それを契機に教育・研修の違法性が問題となっています。以下に主な判例について検討します。

  ア ＪＲ西日本尼崎電車区事件・大阪高判平18.11.24労判931号51頁（原審・大阪地判平17.2.21労判892号59頁）は、日勤教育への不安等から自殺したことが争点になりましたが、日勤教育と自殺とは条件的因果関係はあるが予見可能性がなかったので相当因果関係がなかったと判示しました。この点は後の第5章の予見可能性のところ〔353頁〕でも述べます。

  イ ＪＲ西日本森ノ宮電車区事件・大阪高判平21.5.28労判987号5頁、上告棄却・最1小判平22.3.12、原審・大阪地判平19.9.19労判959号120頁
   (ア) 被告Y₁社の行う「日勤教育」は事故等を起こした者に対する再教育として、乗務員に対して日勤勤務への勤務変更を命じた上で行われる教育であり、本来、広い裁量に基づくものであるとされました。しかし、Yの行った日勤教育（顛末書やレポートの作成のほか、作業標準の書き写し、4日間にわたる車両の天井清掃、3日間の除草）の中に実施の必要性が認められないものがあったとされ（Yらは線路上にスズメがいたというだけのことを「進路妨害」という異常事態を想起させる言葉を用いて報告したことは不適切であると主張した）、日勤教育として車両の天井清掃や除草作業を命じられたことで精神的苦痛を受けた原告労働者Xが、Y₁およびY₁の首席助役Y₂、同区長Y₃に対してなした慰謝料等の請求が認められました。
   (イ) ①期間が不必要に長すぎること（不安定な地位に置くことになる）、②教育計画や到達目標が明示されなかったことが問題とされていますので、制度の設計と運用を合理的で必要な限度で行うべきです。

  ウ みずほトラストシステムズ事件・東京地八王子支判平18.10.30労判934号46頁では、入社後半年での自殺の原因として新人研修のあり方が争われ、安全配慮義務違反はないと判断されました。この点も後の予見可能性のところ〔354頁以下〕で詳述します。

6 個別指導・特に叱責のあり方
(1) 部下に対する教育・指導は、その態様によっては労働者の名誉・信用を害し、

人格権侵害として損害賠償が認められます。特に会議中の同僚の前、もしくは同僚をも念頭においた叱責が問題となります。
　ア　会議中における人間性を否定するような暴言や非難[152]
　　三洋電機コンシューマエレクトロニクス事件・広島高松江支判平21.5.22労判987号29頁では、原審判決（鳥取地判平20.3.31労判987号47頁）は、長年勤続した従業員たる地位を根本的に脅かす嫌がらせであったとして300万円の損害賠償を認めましたが、広島高松江支判は、原告のふてくされた態度や一連の行為を録音していたことから損害額を10万円としました。
　イ　会議以外に同僚の前で、もしくは同僚が関連した叱責
　　富国生命保険事件・鳥取地米子支判平21.10.21労判996号28頁は生命保険会社である被告Y1社の営業所において班長・マネージャーであった原告Xが、営業所長である被告Y3の手続懈怠が元で発生した死亡保険金のトラブルやXの班の分離を巡る動きなどを契機にストレス性うつ病に罹患し、欠勤、休職の後、自動退職となったという事案です。
　　被告Y2支社長及びY3所長が行った、(i)他の社員の前でXに不告知教唆の有無を問いただしたこと、(ii)Xの承諾なくX班の分離を決行したこと、(iii)Xに対しマネージャー失格であるかのような言葉で叱責したことが違法な行為であったとされ、Y1社およびY2、Y3の不法行為責任が認められました。
　　また、叱責と損害との因果関係について、ストレス性うつ病の発症までの因果関係しか認めず、うつ病の重篤化や退職との因果関係は認めませんでした。
　ウ　メールによる叱責
　　(ア)　メールによる叱責の問題についてはA保険会社上司事件（東京高判平17.4.20労判914号82頁、原審・東京地判平16.12.1労判914号86頁）が有名です。
　　　a　同僚に対するものも含めたメールによる叱責（表現の内容は「意欲がない、やる気がないなら、会社を辞めるべきだと思います。当ＳＣにとっても、会社にとっても損失そのものです。あなたの給料で業務職が何人雇えると思いますか。あなたの仕事なら業務職でも数倍の業績を挙げて

---

[152] 会議での叱責をこえた罵倒が問題となった例として、美研事件・東京地判平20.11.11労判982号81頁があります。顧客からのクレームに応じ解約したことが問題とされ、同僚からのいじめ、降格措置さらに会社からの退去命令の違法性が争われました。損害額として就労不能にもとづく１年間の賃金喪失分と慰謝料80万円を認めました。

179

(図表３－５) A保険会社上司事件

	東京地裁判決 (平16.12.1労判914号86頁)	東京高裁判決 (平17.4.20労判914号82頁)
結果	0（原告敗訴）	5万円支払（一部認容）
目的	是認できる	是認できる
表現方法	一時的叱責の範囲で業務指導の範囲を逸脱していない。	表現において許容限度を超え、著しく相当性を欠く。
	本件メールは、上司の叱責としては、相当強度のものと理解でき、これを受ける者としては、原告Xに限らず、相当のストレスを感じることは間違いない（被告Yも本人尋問で認めている。）。しかし、この表現だけから直ちに本件メールが業務指導の範囲を逸脱したもので、違法であるとするのは無理がある。 本件メールに至った経緯をみると、（中略）その経緯に照らせば、Yが組織の責任者として、課長代理にあるXに対し、その業務成績の低下防止のため奮起を促す目的で本件メールを送信したことは十分に首肯できる。 本件メールがX以外の所属ユニットの従業員に送信されている点をXは不当とする。たしかに、Dが同様に他の従業員にもメールを送信しているから、他の従業員のXに対する不満に対処するという目的からすれば、重ねてYが他の従業員にまで送信する必要はないという考え方もできる。しかし、そのことは、業務指導を行う上司の裁量の範囲内であり、Xに対する人格の侵害になるとまで断ずることはできない。 以上検討したところによれば、Yの本件メールは、Xに対する業務指導の一環として行われたものであり、私的な感情から出た嫌がらせとは言えず、その内容もXの業務に関するものにとどまっており、メールの表現が強いものとなっているものの、いまだXの人格を傷つけるものとまで認めることはできない。	ア （前略）本件メール中には、（中略）退職勧告とも、会社にとって不必要な人間であるとも受け取られるおそれのある表現が盛り込まれており、これが控訴人本人Xのみならず同じ職場の従業員十数名にも送信されている。この表現は、（中略）人の気持ちを逆撫でする侮辱的言辞と受け取られても仕方のない記載などの他の部分ともあいまって、Xの名誉感情をいたずらに毀損するものであることは明らかであり、上記送信目的が正当であったとしても、その表現において許容限度を超え、著しく相当性を欠くものであって、Xに対する不法行為を構成するというべきである。 イ （前略）本件メールの前記文章部分は、前後の文脈等と合わせ閲読しても、退職勧告とも、会社にとって不必要な人間であるとも受け取られかねない表現形式であることは明らかであり、赤文字でポイントも大きく記載するということをも合わ(ママ)せかんがみると、指導・叱咤激励の表現として許容される限度を逸脱したものと評せざるを得ない。Yの上記主張は採用することはできない。

いますよ。」）の違法性が問題となりました。

　　b　叱責内容が業務に関連すること（目的は是認できること）は原審および控訴審ともに認めましたが、名誉毀損の有無について原審は違法性を認めず、控訴審は違法として5万円の賠償を認めました。裁判所によっても判断が分かれるケースであり、明確な基準をたてにくいケースと考えられます。以下に詳しく検討します。

　(ｲ)　検討

a　まず事件の概要として、在職中に訴えたもので会社は被告になっていません。上司だけが被告です。請求は100万円で認容はゼロまた5万円という金額で、極めて少額の損害賠償の結果となっています。また、地裁と高裁で判断が違います。これを表にしてみました（図表3－5）。
　　b　教訓としては、高裁判決が問題としたことは絶対にしないことです。以下に留意点を挙げておきます。
　　　(a)　「退職勧告とも、会社にとって不必要な人間であるとも受け取られるおそれのある表現」が盛り込まれていることについて、このような問題となる表現は一切しない（慎重に言葉を選ぶ）ことです。
　　　(b)　「これがX本人のみならず同じ職場の従業員十数名にも送信されている。」ことについても、言われる者の気持ちを考えて必要最小限の者だけに送ること（客観的な名誉の毀損の他に、主観的な名誉感情毀損もありえます）が必要です。
　　　(c)　「人の気持ちを逆撫でする侮辱的言辞と受け取られても仕方のない記載」があることについても、上記と同様にしないことです。
　　　(d)　「赤文字でポイントも大きく記載する」についても、必要でもない過剰表現は絶対にしないことです。
　　c　メールという伝達方法の問題点については、165頁で述べていますので、使用する場合は、よりよい選択肢がないか検討すべきです。
(2)　叱責の内容（程度問題）について
　ア　ヴィナリウス事件・東京地判平21.1.16労判988号91頁は、発言内容が極めて悪質で（罵声・罵倒を繰り返す、30分近く叱責を続ける、電話対応を問題として、電話を取らなくてもよいと言って仕事を減らしたりした）自殺未遂まで発生したケースで、人格を否定し、侮辱する域にまで達していると判断されました。但し、自殺を企てたのは本人の自殺願望による面があることと加害者（発言者）が自殺直前まで本人がうつ病であることを知らなかったことを考慮して慰謝料額を80万円としています。
　イ　ＰＥ＆ＨＲ事件・東京地判平18.11.10労判931号65頁[153]では、上司の「暴言」の違法性が争われ、業務遂行態度の改善を促すためのもので不法行為とまで

---

[153] この判例はログデータを使って残業時間の認定を行ったものとしても興味深いものがあります。第5章で論述します〔362頁〕。

はいえないと判断しました[154]。上司の意図を重視していますが、これを直接立証するのは困難であり、労働者に厳しい見解とする解説もあります。
(3) 教育や指導のしかたが要因となって疾病に罹患した場合、それが業務に起因するかが問題になります[155]。
　ア　指導行為の違法性自体について、労働者の勤務成績や態度等から一定の強い指導はやむをえないと解されるか否かの、必要性の度合いについて、裁判所により評価が異なっています。前田道路事件に見られる松山地判と高松高判の対立がその好例ですが、難しい問題であることを示すものです。
　イ　医療法人財団健和会事件・東京地判平21.10.15労判999号54頁では、職種や業種の問題については特に医療現場においては一定の厳しい指導は必要であると判断されています。Xの上司Aは、単純ミスを繰り返すXに対して、時には厳しい指摘・指導や物言いをしたことがうかがわれるが、それは人の生命・健康を預かる職場の管理職が医療現場において当然になすべき業務上の指示の範囲内にとどまるものであり、その他の発言等も違法なパワハラ・いじめ・退職強要とはいえず、また本件解雇が不法行為を構成するほどの違法性を有するとは認められないとして、Yの安全配慮義務違反および不法行為の成立を否定し、Xの損害賠償請求が棄却されました。
(4) 過労とともに上司から長時間叱責されたことが、うつ病罹患、それにともなう自殺の原因であるとして安全配慮義務違反と判断される事件が増えています。
　ア　前田道路事件
　　ここでは前田道路事件の高松高判平21.4.23労判990号134頁と原審・松山地判平20.7.1労判968号37頁を取り上げます。保険会社上司事件と同様、裁判所によって判断が違った例です。
　　(ｱ)　業績に関連する虚偽報告を行うための「不正経理」について叱責を受け

---

[154] 「原告Xが被告Y代表者から厳しい言葉なり態度で臨まれたのは9月に入って以降のことであること、そのようなY代表者の態度の顕現からXの退職まで1月以内であること、実際にY代表者がXに示した言動もXの就業状況に何らの問題がない中での謂れのない指摘ではなく、私的因縁や嫌がらせといった類の文脈での言動でもなく、叱咤する言動そのものに多少比喩的あるいはきつい表現が見られても、会社の利潤追求目標なり組織のあり方とXの現状の業務処理状況との落差からY代表者が取った表現態度であることは明らかであり、その文脈、シチュエーションに鑑みればY代表者の当該言動はXの人格権をいたずらに侵害したりことさらに精神的打撃をXに加えることを意図したものでなく、業務遂行態度、考え方の改善を促すために行ったもので、不法行為を構成するほどの違法性があるものとまでは評価できない」としています。
[155] この点、労災認定に関してはストレスの程度やパターンに応じて一定の認定基準が整備されています（心理的負荷による精神障害等に係る業務上外の判断指針について〈平成11年9月14日基発第544号〉）。そこでは上司とのトラブルについても配慮がされています。

たことを理由とする管理職の自殺が問題となりました。原告Ｘら（遺族）は、①恒常的な長時間労働、②計画目標の達成の強要、③有能な人材を配置するなどの支援の欠如、④叱責と架空出来高の改善命令、⑤業績検討会等における叱責、⑥メンタルヘルス対策の欠如等から安全配慮義務違反を主張し、原審は安全配慮義務の違反を認めました。他方、控訴審は、執拗な叱責ではなかったこと等からその違反を認めませんでした。この件については、一定の指導をする必要がある場合に、どの程度の非難が適切かは非常に難しい問題です。

以下に詳しく検討します。

(イ) 事案の概要

本件は、Ｙ社の従業員であったＡが自殺したのは、上司から、社会通念上正当と認められる職務上の業務命令の限界を著しく超えた過剰なノルマ達成の強要や叱責を受けたことなどにより、心理的負荷を受けてうつ病を発症または増悪させたからであるなどとして、Ａの妻であるＸ₁および子であるＸ₂（以下、合わせて「Ｘら」）が、Ｙ社に対し、主位的に不法行為に基づき、損害賠償金および遅延損害金を、予備的に債務不履行（安全配慮義務違反）に基づき、損害賠償金および遅延損害金の支払いを求める事案です。以下に経緯を紹介しておきます。

a　Ｙ社は土木建築工事の請負などを業とする株式会社である。Ａは、昭和36年生まれで、昭和61年4月にＹ社に入社し、本店技術研究所に勤務した後、いくつかの四国内の営業所・事務所勤務を経て、平成15年4月、東予営業所の所長に赴任した。なお、Ａの平成15年度の給与収入は、諸手当を含めて合計1009万余円であった。

Ｙ社において営業所は、管轄地域の営業活動および工事施行の統括管理を担当していた。また独立採算を基本にしており、毎年2月から3月にかけて翌年度の目標を立てて「年間の事業計画書」を作成し、支店に報告することになっていた。営業所にとって事業計画は、自分たちが目標として掲げた数値であり、ノルマとなるものであった。

Ａは、東予営業所長に就任した1か月後の平成15年5月頃から、受注高、出来高、原価等といった営業所の事業成績に関するデータの集計結果を報告する際に、営業事務担当Ｉに対し、現実の数値とは異なる数値を報告するように指示を行うことにより、「不正経理」を開始した。

b　Aの行った「不正経理」は、(i)実際には受注をしていない工事を受注したものとして受注額を計上する「架空受注」、(ii)工事未施工分の出来高を当月に計上する「架空出来高」、(iii)下請業者に対し請求書の発行を待ってもらったり、受領した請求書を意図的に止めておく「原価未計上」、(iv)ある工事の原価を別の工事に付け替える「原価移動」などであった。

　平成15年1月に四国支店工務部長に就任したGは、平成15年6月、東予営業所の出来高と原価の数字のバランスに異常があることに気付いた。Gは、Aに対し、「架空出来高」の計上の有無について確認を行い、Aがこれを認めたため、その解消を指示した。

　Gは、営業所の運営は原則的には所長の自主性に任せる方針であったこと、「架空出来高」の詳細な調査は困難であること、直ちに支店に赴いて調査を行わなければならない程の額ではないであろうと認識していたこと、Aの将来性を考慮したこと等から、自ら個々の工事ごとに「架空出来高」の詳細な内容まで突き詰めることはしなかった。Aは、平成16年初め頃、Gに対し「架空出来高」を是正したと報告したが、実際には是正されていなかった。

　c　Gは、平成16年4月、四国支店長に就任し、Gの後任としてFが四国支店工務部長に就任した。Fは、経理担当者から、同年6月頃、東予営業所から報告を受ける業績結果等の数字におかしい点がある旨の指摘を受け、Aおよび営業課長を四国支店に呼んで事実確認をしたところ、Aから、同年6月末時点で約1800万円の「架空出来高」を計上しているとの報告を受けた。FはAに対し注意を行い、今後の架空出来高の解消法について話し合いを行った。また、報告の席に同席したGは、Aに対し、「去年もやっていて注意していたのに、何やっているんだ」と注意した。Aが報告した1800万円の「架空出来高」は、決して少なくはない数字であったが、修正できない数字でもなかった。Fは、大幅な赤字を出して架空出来高を解消する方法だと本社への報告が必要となり、これによって新任の所長でありかつ優秀な社員であったAの経歴に傷がつく事態に発展することを懸念し、計画的に「架空出来高」を解消していく方法を採用して、その具体策について指導を行った。これに対して、Aは、反省した様子で「今後はきちっとやっていきます。自分が先頭になってやってきます。」と述べ、また、他には不正経理等はない旨述べた。

d　Fは、同年8月上旬、東予営業所の工事のうちの一部が赤字工事となっていることに気付き、工事日報を確認しようとしたが、東予営業所では工事日報をつけていなかった。そこでFは、同年8月11日、Aおよび工事課係長Bに対し、日報を書いて毎日報告するよう指導し、しばらくは日報をファックスで送らせることとした。Fは、同月17日以降、東予営業所から送られてきた日報を見て、気付いた点について、その都度電話で、指示・指導を行った。この指導は、BとともにAに対して行われることもあり、Bは、AがFとの電話を切った後5分くらい、立ち上がれないような雰囲気で落ち込んで黙って考え込んでいる姿を見たことがあった。またBは、日報報告の際、FがAに対し、「この成績は何だ。これだけしかやっていないのか。」と叱責しているのを電話越しに聞いたこともあった。

　同年9月10日午後6～8時頃までの間、東予営業所において、業績検討会が行われた。業績検討会は、営業所において月に3回開催され、売上げ、利益、営業成績、工事の進捗状況を確認するものであるが、Bは、業績検討会の資料作成に当たり、Aから数字の改竄を指示された。

　業績検討会の席上、検討会資料の予算変動費と日報の予算変動費とが異なることが判明し、Fは、業績検討会資料を作成したBに対し、「言ってることと資料の内容が違うじゃないか」、「数字をきちっとやっていかないといつまでたってもこの営業所よくならないよ。」等と言って注意した。

　また、Fは変動費に通常と異なる点を見つけ、その工事の日報を見せるようにBに指示したが、Bからは「日報はない」との回答を受けた。これは、実際は、架空の工事であったため日報が存在しなかったものであったが、Fは、7月に注意した後も、Aが「不正経理」を継続しているとは思わず、単に従前同様に工事日報が作成されていないものと思い、お盆明けから再三にわたり工事日報の重要性を説き、改善のための指導を行ってきたにもかかわらず、いまだに日報を作成していない工事があることに関して、Bに注意をした後、「現時点で既に1800万円の過剰計上の操作をしているのに過剰計上が解消できるのか。出来る訳がなかろうが」、「会社を辞めれば済むと思っているかもしれないが、辞めても楽にはならないぞ」とAを叱責し、「無理な数字じゃないから、このぐら

いの額だから、今年は皆辛抱の年にして返していこうや」等と、東予営業所の従業員全員を鼓舞した。

　e　Aは、同年9月13日、東予営業所の人目に付きにくい場所で自殺を図り、死亡した。Aの寮の部屋に置いてあったゴミ箱の中から発見された遺書には、「怒られるのも言い訳するのもつかれました。自分の能力のなさにあきれました。申し訳ありません」、「X_1へ　決して労災などで訴えないでくれ　ごめん」などと書かれていた。

　f　なお、Aの自殺後、X_1はYに対し、労災申請を行うに当たって、Aが行った社内メールの履歴や四国支店所長会議の議事録などの提出および遺族補償年金支給請求書および葬祭料請求書の事業主の証明について要請した。これに対し、Y社は、Aの遺族の今後の生活を最優先に考えるべきとの社長の指示の下、X_1の要請に全面的に協力した。

　新居浜労基署長は、Aの死亡を業務上の災害と認定し、平成17年10月27日、X_1に通知した。X_1は、Y社関係者に連絡することなく、「パワーハラスメント（職権による人権侵害）が原因と認められた異例のケース」として、Y社を非難する内容の記者会見を行った。

　g　東予営業所の第80期決算（平成17年3月末）で確定したところによると、Aは、合計2860万2000円の「架空出来高」を計上し、合計1425万6000円の「原価未計上」を行っていたことが判明した。その結果、東予営業所の第80期の粗利益は約マイナス5300万円となった。

(ウ)　地裁判決

　①　Aは遅くとも自殺直前にはうつ病に罹患していたとされ、遺書の内容や責任を追及する叱責が行われた業績検討会に近接した時期に自殺が行われたことなどからすると、不正経理についての上司による叱責・注意が、Aの死亡という結果を生じさせたとみるのが相当であり、上司の叱責・注意とAの死亡との間に相当因果関係が認められるとされた。

　②　Y社が、Aに対し過剰なノルマ達成を強要したとは認められないが、約1800万円の架空出来高の解消を踏まえたうえでの事業計画の目標値は、Aの営業所を取り巻く環境に照らして達成困難なものであったというほかなく、毎朝工事日報を報告させて、他の職員から見て明らかに落ち込んだ様子を見せるまで叱責したり、本件業績検討会の際に「会社を辞めれば済むと思っているかもしれないが、辞めても楽にはならない」旨の

発言をして叱責したことは、不正経理の改善や工事日報を報告させる指導自体が正当な業務の範囲内に入ることを考慮しても、社会通念上許される業務上の指導の範疇を超えるものと評価せざるを得ず、Aの自殺と叱責との間に相当因果関係があることを考慮すると、Aの上司が行った電話および業績検討会における叱責等は不法行為として違法であり、Y社の安全配慮義務違反も認められるとされた。

③　Aの上司は、(i)Aに対し、不正経理の是正等のため叱責等を繰り返し行っており、その中には社会通念上許される業務上の注意の範疇を超える叱責等もあること、(ii)Aが会社を辞めなければならなくなる程度に苦しい立場にあること自体は認識していたこと、(iii)本件営業所の実情を調査せず、Aの申告よりもさらに大きな不正経理があることに気付かないまま、結果的には効果的ではなかった是正策を厳しく求めたことなどに照らすと、Aに対する叱責等の時点で、Aの上司は、Aが心理的負荷から精神障害等を発症し自殺に至るということを予見できたというべきであるとされた。

④　本件事情等を総合的に考慮すると、Aにおける過失割合は6割を下らないとされた。

⑤　Aの遺族であるXらの損害額につき、上記過失相殺および葬祭料の控除、Aの妻である原告X₁に対する遺族補償年金前払一時金の控除などにより、X₁に対する472万余円、Aの子であるX₂につき2362万余円とされた。

(エ)　高裁判決

a　高裁判決は一審地裁判決を取り消しましたが、その要旨は以下のとおりです。

①　架空出来高の計上等につき、上司らの是正指示から1年以上が経過した時点においても是正されていなかったことなどを考慮すれば、上司らがAに対し、不正経理の解消や工事日報の作成についてある程度厳しい改善指導をすることは、上司らのなすべき正当な業務の範囲内にあるものといえ、社会通念上許容される業務上の指導の範囲を超えるものとは評価できず、上司らの叱責等を違法ということはできないとして、これを不法行為に当たるとした一審判断を否定した。

②　Y社の安全配慮義務違反を基礎づける事実としてXらが主張する、

①恒常的な長時間労働、②計画目標の達成の強要、③有能な人材の配置などの支援の欠如、④叱責および架空出来高の改善命令、⑤業績検討会等における叱責等の事実がいずれも採用できないとされ、さらに、2審で主張した、⑥メンタルヘルス対策の欠如につき、Y社において当該対策が何らとられていなかったとはいえず．またAの本件発症・自殺につきAの上司らには予見可能性がなかったとして、Y社の安全配慮義務違反を否定した。

b　安全配慮義務違反の有無についての判旨原文は以下のとおりです（判決137～138頁の部分）。

(a)　Xらは、①恒常的な長時間労働、②計画目標の達成の強要、③有能な人材を配置するなどの支援の欠如、④Aに対する叱責と架空出来高の改善命令、⑤業績検討会等における叱責、⑥メンタルヘルス対策の欠如等を安全配慮義務違反を基礎付ける事実として主張し、Yには安全配慮義務違反があるとする。

(b)　まず、上記①の点について検討すると、Aの死亡前の直近6か月のAの所定外労働時間の推計は、原判決認定のとおり、平成16年3月は88.5時間から101.5時間、同年4月は63時間から73時間、同年5月は50.25時間から59.75時間、同年6月は73.25時間から84.75時間、同年7月は52.25時間から60.75時間、同年8月は56.25時間から65.25時間であり、その平均は63.9時間から74.2時間であって、Aが恒常的に著しく長時間にわたり業務に従事していたとまでは認められない上、往復の通勤時間に約2時間を要することとなったのは、Aが東予営業所長就任後に松山市内に自宅を購入したためであることは原判決判示のとおりであるから、これらの事情にかんがみると、Xらの上記①の主張は採用することができない。

(c)　また、上記②、④及び⑤の点については、原判決の認定事実及び上記(1)で判示したとおり、Aの上司らがAに対して過剰なノルマの達成や架空出来高の改善を強要したり、社会通念上正当と認められる職務上の業務命令の限度を著しく超えた執拗な叱責を行ったと認めることはできないから、Xらのこれらの主張は採用することができない。

(d)　さらに、上記③の点についても、Aが上司らに対して東予営業所の所員の補強を要請した事実は証拠上認められない上、平成16年9月5

日付けのDの東予営業所から高松高速道路工事現場への異動は、東予営業所の粗利益の向上等を目的としたものであって、Aもこれを事前に了解していたことは原判決認定のとおりであるから、Xらの上記③の主張は採用することができない。

　(e)　上記⑥の点については、平成16年5月19日に四国支店において職場のメンタルヘルス等についての管理者研修が実施され、Aを含む管理者が受講していることは原判決認定のとおりであって、Yにおいてメンタルヘルス対策が何ら執られていないということはできない。

　　　　　また、同年7月から9月ころにかけてのAの様子について、東予営業所のAの部下らには、Aに元気がないあるいはAが疲れていると感じていた者はいたものの、Aが精神的な疾患に罹っているかもしれないとか、Aに自殺の可能性があると感じていた者がいなかったことは原判決認定のとおりであり、さらに、Aの上司らは、Aが行った架空出来高の計上額は約1800万円であると認識していたのであって、これを遅くとも平成16年度末までに解消することを目標とする業務改善の指導は、必ずしも達成が容易な目標ではなかったものの、東予営業所の業績環境にかんがみると、不可能を強いるものということはできないのであり、架空出来高の計上の解消を求めることによりAが強度の心理的負荷を受け、精神的疾患を発症するなどして自殺に至るということについては、Aの上司らに予見可能性はなかったというほかない。

　　　　　したがって、Xらの上記⑥の主張は採用することができない。

　(f)　以上のとおり、安全配慮義務違反を基礎づける事実としてXらが主張する事実はいずれも採用することができず、Yに安全配慮義務違反があったと認めることはできない。

(オ)　地裁判決と高裁判決との論点についての対比を表にすると（図表3－6）のとおりです。

イ　以上の判決の教訓として、以下の点が考えられます。

(ア)　長時間労働をさせないように、残業チェックと場合によっては残業禁止を命じること

(イ)　計画目標の達成の強要（またはそれと疑われること）はしないこと

　　　本件では事業所単位の目標しかなく、それもノルマ達成の強要とはいえないとされましたが、各人のノルマを課したり、強制的な要素を入れたり

しないことです。
　(ウ)　必要な場合に人的支援（増員・援助）をすること
　　　本件では、人的支援をしていないことについて、裁判所はＸからの補強（増援）要請がなかったということでマイナスには考えませんでしたが、場合により本人の要請を待たず、使用者の判断で人的支援を行うことも必要です。
　(エ)　叱責や指導のあり方に注意すること。表現方法、程度、場所、相手の人格や心理状態に十分注意し、社会通念上許容される程度のものにとどめること
　(オ)　メンタルヘルス対策を行うこと。たとえば研修を行って、その記録を残しておくこと
　(カ)　予見可能性が重要（予見可能性なきところ民事責任なし）であるので、症状の兆候や既往症が悪化していないかに十分に注意すること

（図表３−６）前田道路事件の地裁判決と高裁判決

			地裁判決（松山地判平20.7.1）		高裁判決（高松高判平21.4.23）	
結論			企業の責任肯定（6割過失相殺）	●	否定	○
相当因果関係			肯定	●	判断せず	−
安全配慮義務	義務違反		義務違反あり	●	義務違反なし	○
	基礎付け事実	指導	厳しい改善指導は社会通念上許される業務上の指導の範疇を超えるものであり、違法	●	正当な業務の範囲内で違法ではない	○
		Ｘの主張	① 長時間労働はあったが疾病を招く程に至っていない	○	① 恒常的長時間労働なし	○
			② ノルマ達成の強要があったとまでは認められない	○	② 計画目標の達成の強要なし	○
			③ 判断なし（その余の点について判断するまでもなく）	−	③ 支援の欠如なし　Ｘからの補強要請なし	○
			④ 社会通念上許容される程度を超える違法なもの	●	④ 叱責及び架空出来高の改善命令等→違法性なし	○
			⑤ 同上	●	⑤ 業績検討会等における叱責等→違法性なし	○
			⑥ （一審ではない）控訴審で問題となった。	−	⑥ メンタルヘルス対策あり（管理者研修を行っていた）	○
	予見		予見可能性あり	●	発症・自殺につき予見可能性なし	○

○は使用者有利、●は労働者有利

　(キ)　遺族（家族）の対応に注意すること
　　　この事件の訴えの経緯については以下のものがあります。
　　　ａ　自殺した本人は「決して労災などで訴えないでくれ、ごめん」という

遺書を残していて、自らに責任があることと会社のやり方に不服がないことを認めていた。
	b　遺族の生活を最優先に考えるとの社長の指示の下、会社は労災申請に全面的に協力した。
	c　労災認定後、X₁（妻）は会社に無断で会社を非難する記者会見を行った。

　　会社の手厚い態度を無視する信義則に反するようなやり方に対して、会社が徹底して争うことは当然ですが、遺族は人格や考え方も被害者本人とは別であり、会社の実情を知らないため、会社に対してこのような対応になることがあるので、気を許せません。遺族の考え方、人間性、態度にも十分留意すべきです。

7　正当な職務行為かどうかの判断の枠組み

(1) 正当な職務行為の範囲内にあたるかどうかを見極める判断枠組みについて、考慮要素として、行為の目的、態様、頻度、継続性の程度、被害者と加害者の関係性等があるとされています（一般的には目的と態様の２つに分けて考えられているようです）。（実務245頁）

(2) この点整理すると以下のとおりです

　ア　行為の目的
　　(ｱ)　まず行為の目的という主観的要素が違法性判断の評価に影響することは明らかです。
　　(ｲ)　前述した保険会社上司事件では目的は是認できるとされています。前田道路事件でも、厳しい改善指導は不正経理の改善のためであり、目的は業務上の妥当なものと考えられています。もし目的が業務上無関係なもの、不当なものであれば結論は変わっていたでしょう。
　　(ｳ)　違法な目的である例として、追い出し目的、単なる私的感情に基づくいじめ目的、労働組合嫌悪の意図（不当労働行為になるような事案）等があり、このような目的・意図が認定されると違法評価は免れません。

　イ　行為の態様
　　(ｱ)　まず行為の態様がどのようなものかは違法性評価に大きく影響する要素です。目的が主観的なものであることからなかなか判断しにくいことと比べて、行為の外形から比較的客観的に判断できます。
　　(ｲ)　既に「４　教育指導の態様」、「５　教育・研修のあり方」、「６　個別指

導・特に叱責のあり方」においてこの行為態様については詳しく論じています。

(ウ) 前述した保険会社上司事件や前田道路事件では、表現方法や行為の態様が問題とされ、業務指導の範囲を逸脱しているかどうかについて、1審と2審で裁判所の判断がわかれています。非常に難しい判断になることが多く、このようなグレーゾーンと呼ぶべき事案もあることから、慎重に非難される要素をできるだけ除去した手段による指導が必要となります。

ウ 行為の頻度、継続性の程度（1回だけのものではないこと）

行為の頻度・継続性の程度が考慮されるべきことも当然ですが、この点A保険会社上司事件の1審判決〔173頁注147参照〕はA社の社内研究資料におけるパワハラの定義をとり上げて働きかけが繰り返し行われることを要件としているように読めることに疑問を呈しています（労判914号88頁）。

エ 被害者と加害者の関係性

国（護衛艦さわぎり）事件・福岡高判平20.8.25判時2032号52頁は、海上自衛隊の護衛艦「さわぎり」に乗艦していた被害者（三等海曹）が上司からパワハラ発言を受けたという事案ですが、自衛官の職責、発言時の状況、発言者と被害者の関係等から、ある程度厳しい指導を受けるのは合理的理由があるとし（判決原文によると「海上自衛隊の護衛艦の機関科に所属する隊員は、日常の業務においても、事故が発生した際には人命や施設に大損害が及ぶおそれもある上、場合によっては、危険な任務に臨むことも想定され、できるだけ早期に担当業務に熟練することが要請されるのであるから、ある程度厳しい指導を行う合理的理由はあったというべきであり」と述べています。但し事案では人格自体を否定非難するもので違法としています）、他の上官の言動については、親しい上司と部下の間（この事案では自宅に家族ぐるみで歓待したりして好意を持っていた）の軽口として許容されないほどのものとはいえず違法ではないとしています（判時69頁の部分）。

8 損害額

(1) 指導行為の結果、病気になったり退職を余儀なくされた場合、名誉や人格権侵害を理由とする精神的損害についてはその算定の基準は不明確です。裁判所の裁量の範囲で、指導行為自体の悪質さに関する実質的な評価が示されています[156]。

(2) 被害者本人の資質との関連で過失相殺の有無・程度が問題になり、ここでも、

事案の特質やそれに対する裁判所の評価が一定程度示されています[157]。

9　パワハラ問題の対応法と予防法

(1) 問題対応のあり方の基本についてはハラスメント共通の問題としてセクハラ問題対応法が参考になります。

　ア　パワハラの被害を受けた被害者からの事情聴取の際に注意すべき点は以下のとおりです。

　　① ゆっくり時間をかけて疑いを挟まずに聞くこと（被害者は混乱したり、記憶をなくしていたり、表現がうまくできないことがあるし、急ぎすぎると被害者との信頼関係を築けず十分な事情聴取ができなくなるおそれがある）。

　　② 被害者の心のケアが必要な場合、カウンセリングを受けることをすすめる（カウンセラーの紹介も）。

　　③ 被害者を追いつめたり非難したりしないこと。

　　④ 被害者の感性を肯定すること（嫌なことは嫌と言うことを評価してあげる）。

　　⑤ 証拠がないとか弱いからと簡単に決めつけて判断する雰囲気を出さない（証拠面の評価は後にする）。

　イ　調査のあり方の問題事例の検討

　　(ア) 裁判例の中でパワハラの事実関係の調査のあり方に関する問題事例として参考になるのがT運送事件・大阪地判平22.1.29労判1003号92頁です。

　　　これは、他の女性従業員をいじめ等の陰湿な行動によって退職に追い込んだこと、入社3年6か月を経過したにもかかわらず事務スキルが上がっておらず、今後も上がる望みがないことを理由として、原告X（総務部において正社員として総務、会計、労務に関わる事務を担当していた女性）が解雇された件につき、Xは、いじめを受けたという女性従業員からの苦情に係る事実を否定していること、被告Y社は事実関係の確認をしておらず、またXの直属上司がXに対して注意指導を行ったことは認められない

---

[156] 三洋電機コンシューマエレクトロニクス事件・鳥取地判平20.3.31労判987号47頁、控訴審・広島高松江支判平21.5.22労判987号29頁は上司の叱責の違法性が認められたにもかかわらず、慰謝料額に顕著な差異がみられる事案です。原審は、長年勤務した従業員たる地位を根本的に脅かす嫌がらせであったとして300万円の損害を認めましたが、控訴審は、原告のふてくされた態度や一連の行為を録音していたことから損害額を10万円としました。
[157] 川崎市水道局事件・東京高判平15.3.25労判849号87頁は単純な職場いじめ事案で、上司によるいじめを要因とする自殺について被害者本人の資質等から7割の減額をしています。

ことなどからすると、Xがいじめ等を行っていたとまでは認めることはできず、また、Xのスキルが不足していたとも認めがたいから、本件解雇には合理的な理由があるとはいえず、解雇権を濫用するもので無効とされ、Xの地位確認請求および賃金支払い請求が認められた例です。いじめの事実確認をせず、いじめの被害者の退職もとめることができなかった問題事例ですが、その他にも会社の指導等の努力を証する証拠が作成されていない点でも教訓の多い裁判例です。

(イ) まず、「いじめ」(パワハラ)の事実の確認・実態調査を慎重に行う必要があります。この点は「いじめ」を行った者の懲戒処分も想定されますが、後日処分が争われたときに非違行為としての事実を十分に立証(証明)できることが必要です。そこで被害者・加害者の双方から十分に聴取を行い、客観的合理的な判断が可能な情報を収集すべきです。

(ウ) そして事情聴取等の他顛末書や報告書(上司への)を作成し、できれば専門家の協力を得て文書を作成して事実を確定する作業を行う必要があります。

(2) 上司の処分について

問題行動のあった上司を必ず注意又は懲戒することが必要です。反省がないと再発のおそれがありますし、他の者へも良い影響を与えません。そのためにも上司に対する懲戒規定の整備が必要です。

(3) 防止策の策定

① 実態調査を実施し、現状を正確に把握すること。

② (ハラスメントに対する)企業方針を統一すること。そしてその方針を「理念」や「指針」として具体的に明確化することです。

③ 社員への方針の宣言、就業規則への禁止規制の盛り込み。

④ 文書配布、研修、会議等のあらゆる機会を通じて周知徹底させること(特に予防のための社内研修は必須のものです)。

⑤ 事後的に対応する場合の企業の相談窓口は複数用意すべきです(相談しやすい体制づくり)。

(4) パワハラ問題の予防の留意点について

ア まず、指導・助言・叱責とパワハラの違いについては、どこまで行ってよいのか限界は微妙であり、難しい問題です。裁判官によって異なる判断(典型例として前田道路事件〔182頁以下で詳述〕)もあります。

特に「パワハラ」になるのを怖がりすぎると指導ができなくなるといういわゆる萎縮的効果の問題がありますから、企業内でパワハラ研修（特に対象は管理職）を行い、してよいこと（白）、してはならないタブー（黒）、どちらか解らないから避けたり、慎重に行ったり、他の方法を検討すること（グレー、灰色）に分類して考えるのが有益です。

このグレーゾーンの場合は程度問題ややり方により異なる微妙な問題が多いので、ここがパワハラ研修のメインテーマとなります。

（図表3－7）に白、黒、灰の一応の簡単なタイプを考えてみましたが、WG報告〔173頁〕のもののようにもっと良い分類を考えて対応して下さい。

（図表3－7）白黒グレーの考え方の例

	事件のタイプ	裁判例（事件名）
白	使用者側に問題はなく労働者の申立ての方が不当である場合 （多くは、労働者が非常識な例）	○たつた舞台事件 ○三菱電機エンジニアリング事件 ○セコム損害保険会社事件
灰（グレー）	裁判所でも判断が分かれる難しい事件 （叱責の方法と程度の問題）	▲保険会社上司事件 △前田道路事件
	同様の状態でも人により結論が異なる場合	▲△国（護衛艦さわぎり）事件（自衛官） （人間関係の親疎）
	ある程度厳しい指導が許される場合 （程度問題）	△医療法人健和会事件（医師） ▲△国（護衛艦さわぎり）事件（自衛官）
	暴言の場合	△ＰＥ＆ＨＲ事件
黒	暴力を伴う場合	●ヨドバシカメラほか事件 ●ファーストリテイリングほか（ユニクロ店舗）事件
	目的自体が不当な場合 （いじめ、組合嫌悪、追い出し）	●多数

　イ　「若年性」うつ（未熟型）（新型）の特殊性として、「うつ」になりやすいことと被害者意識（あるいは一種の攻撃性）が指摘されていますので、トラブルになりやすいことや、対外的信用の問題が発生しやすいことに留意すべきです。

　　新型うつのタイプは危険が大きいとして、もしそのような者であると疑われれば採用で選別すること、採用するとしても、単純作業・人とのコミュニケーションが必要でない部門に限ることが無難です。

　　これに対して、旧型うつのタイプは、企業の配慮により悪化は予防できま

すので、こちらは企業の責任が大きいです〔以上は4頁の(イ)参照〕。
　ウ　基礎的コミュニケーション力の欠如については第1章第2節〔3頁〕で述べています。
　エ　少数精鋭の組織を作るためには、採用後の指導も大切ですが、採用面接のあり方も問われます。これは前述したところですが〔2頁以下〕、企業の人材についての基本的な考え方（理念）の確定が必要ですし、質問のあり方を考えること、面接担当者の教育、面接結果の反省と方法の改善のくりかえし（フィードバック）が必要です〔21頁〕。
　オ　近時、パワハラ防止のための使用者の上司に対する選任・監督責任についての注目すべき判決・アークレイファクトリー事件・大阪高判平25.10.9労判1083号24頁（結果として30万円の慰謝料を認容）が出ています。
　　(ア)　この事案は派遣先上司らによるパワハラ行為に対する損害賠償請求事件ですが、以下のとおり判示しています。
　　　①　監督者が監督を受ける者を叱責し、あるいは指示等を行う際には、労務遂行の適切さを期する目的において適正な言辞を選んでしなければならないのは当然の義務である。
　　　②　監督者において、労務遂行上の指導・監督を行うに当たり、そのような言辞をもってする指導が当該監督を受ける者との人間関係や当人の理解力等をも勘案して、適切に指導の目的を達しその真意を伝えているかどうかを注意すべき義務がある。
　　　③　本件では監督を受ける者に対し、極端な言辞をもってする指導や対応が繰り返されており、全体としてみれば、違法性を有するに至っている。
　　　④　パワハラ行為を行ったとされる従業員らは業務上の指導の際に用いる言葉遣いや指導方法について、同人らの上司から、指導や注意および教育を受けたことはなかったことから、会社に従業員らの選任・監督について、その注意を怠ったものと認めるのが相当である。
　　(イ)　この判決を参考にすれば、①部下を持つ指導的立場にある者の選任には言語を上手に使えるコミュニケーション能力の高い者を充てるべきであり、且つ②言葉遣いや指導方法についての「指導・注意・教育」が必要であることがわかります。

10　ハラスメント関係の労働審判

(1)　ここでハラスメントについて労働審判を活用して早期解決を図る方法につい

て紹介します。一般にハラスメントは客観的証拠がなく、詳細事情の主張立証が必要であって、事実認定が難しく解決が長びくことが多いものです。しかし、ハラスメントの事実が明らかであるとか、被害者が妥協したある程度の解決でもよいと考えるならば利用は十分に考えられます。

(2)　東京地裁平20.4.22労判956号95頁は会社代表者のセクハラが明白なケースで、会社は24条終了（複雑事案の終了）を主張しましたが、審判委員会は200万円（慰謝料）の支払を命じました（請求は300万円）。

　会社は20万円しか支払わないとして、審判委員会の説得（本件は証拠もそろっている事案であるし裁判でも認定は変わらないであろうと述べて説得を試みた）に応じず審判になり、異議申立をして訴訟に移行したということですが、審判委員会の心証が正しいとすれば、無駄な争いであり、代理人弁護士の指導力が問われます。

　このケースでは本人が机上で書いたメモ（日時、行為を記載）や男性元従業員の出頭が心証の決め手になったようです。

(3)　札幌地裁平22.4.28労判1004号179頁は雇用主（歯科医院を経営する歯科医師）から過度な叱責、暴行、侮辱的発言等の行為を受けた歯科助手（女性）につき、第1回期日において（申立から1ヶ月半程度）調停（①謝罪条項、②給与の約1年4ヶ月分に相当する解決金支払い、③会社都合による退職の確認）が成立しました。

　このケースは雇用主から注意をメモするようにと指示されて随時記入していた被害労働者本人のメモが証拠になっています。

(4)　名古屋地判平19.7.13労判1019号97頁は、以前労働審判を申し立てた労働者のために会社資料等を提供したとして会社代表者からいじめを受けていた労働者が、損害賠償請求の形で労働審判を申し立てて、退職金支払い等の調停が成立した例です。

　労判で解説のコメントをされた労働者側代理人によると、①退職直前の有給休暇取得拒否、②退職金の不当減額、③業務引継に難癖をつけることを予測して、退職時における使用者側からの妨害や違法行為を防止して円滑な退職を模索して労働審判を活用して、目的通り無事審判委の「監視下」で円満退職できたとされています。使用者と立場は違いますが、賢明な方法です。

(5)　東京地裁平23.3.16労判1028号97頁は上司からのセクハラおよび職種配転拒否を訴えたところ、事実上退職強要を受けたタクシー運行管理者（女性）につき、

解決金（95万円）の支払等の調停（第1回で申立後約1ヶ月半）が成立した例です。

労働者側代理人は労働者が精神疾患を有していたこともあり、早期解決にふさわしい案件であったとコメントしています。

(6) 札幌地裁平23.9.20労判1037号96頁は、長時間労働を強いられ、その後職務上のミスを理由に厳しい叱責を受けた後自殺したスーパー精肉部門責任者につき、解決金の支払いを内容とする調停が成立した例です。

労災の死亡事案で労働審判の選択は通常難しいと考えられますが、本件は既に労災認定がなされていること、長時間労働があった点について労使双方に争いがなかったことから短期間で和解の話を進めることができるケースでした。このケースは第4回期日で調停が成立していて、労働審判委員会の解決に向けた強い気持ちが伺えます。

(7) 労判1079号171頁（係属裁判所は不明）は、試用期間中に配属された部署で上司のハラスメントを受け、他の部署への異動を拒まれたため試用期間満了直前に退職届を出した新規学卒労働者Xにつき、2ヶ月分相当の解決金支払いの調停が成立したケースです。ここではX側は金額は不満でしたが、労働審判が出されると確実に会社は異議申立をするので、訴訟移行となるが、求職中のXは訴訟に負担を感じたため、審判ではなく調停成立を選択しました。

(8) 以上のとおり、様々なケースで労働審判が申し立てられています。その他にあっせん申立の例も多く、争いの金額が大きくない事件を含めて、争われやすくなっていることを十分認識して予防に取り組むことが必要です。

第4節 人事処遇の問題点

1 合意原則と籍の問題

(1) 人事処遇については、「配転」→「出向」→「転籍」→「解雇・(任意) 退職」の順に不利益が大きくなります。そして、不利益が大きくなるにつれて、合意の認定や処分の有効性の判断は厳しくなると考えられます。図表3－8にまとめてみました。

(2) 「配転」については、同一会社内での勤務条件変更であって、①職種限定や勤務地限定の合意があれば本人の同意がなければ職種や勤務地の変更は許されず、②許される場合でも配転命令権の濫用の問題があります。

「出向」の場合、最近の学説・裁判例は具体的合意説ともいうべき立場[158]に立っているとされています（土田389頁）。

「転籍」の場合は転籍の都度の個別的同意が必要と解されています（土田400頁）。

「任意退職」の場合は、完全に雇用喪失となるので、当然真の（本心からの）同意が必要です。また「解雇の承認」も極めて例外的な場合以外は認められません。強要の要素が入ると種々の問題（強迫による意思表示の取消、準解雇、不法行為に基づく損害賠償等）が発生します。

（図表３－８）合意原則と籍の問題

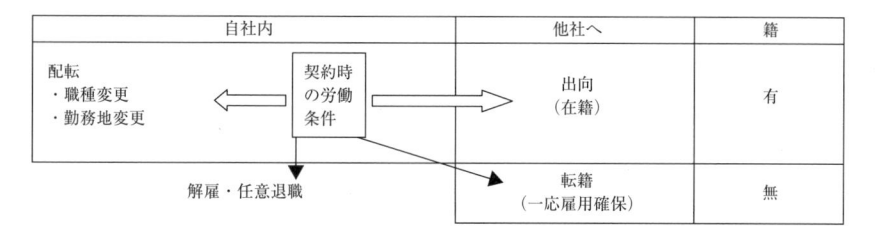

自社内		他社へ	籍
配転 ・職種変更 ・勤務地変更	←契約時の労働条件→	出向 （在籍）	有
解雇・任意退職		転籍 （一応雇用確保）	無

2 配転

人事異動では配転、出向、転籍が問題となりますが、本書では紙幅の関係で最も一般的な配転の問題をとりあげます。

(1) 「配転」とは「従業員の配置の変更であってしかも職務内容または勤務場所が相当の長期間にわたって変更されるもの」をいいます。

長期雇用システム下の正規従業員は、労働契約で職種ないし職務内容や勤務地を限定せずに採用され、企業組織内での職業能力・地位の発展のために配転が行われるのが普通であり、就業規則でも「業務の都合により出張、配置転換、転勤を命じることがある」などと規定されています。この配転命令を根拠づけるのは、労働契約上の職務内容・勤務地の決定権限（配転命令権）です。

(2) 配転で最も問題になるのは、まず配転命令権が労働契約の内容（職種や勤務地を限定して採用されていること）による制約をうけることです（これが第１関門）。

---

158 出向命令権の根拠としては事前の同意や労働協約・就業規則の出向条項で足りるが、その中で出向先の労働条件・処遇、出向期間、復帰条件（復帰後の処遇や労働条件の通算等）が整備され、内容的にも著しい不利益を含まないことを求める見解

次に、配転命令権が肯定される場合でも、配転命令権は労働者の利益に配慮して行使されるべきものであり、濫用されてはならない。（業務上の必要性があって行われるべきであり、また、本人の職業上・生活上の不利益に配慮して行われるべきである）とされていることです。これが「権利濫用論」の検討段階であって、第２関門です。

(3) 争いになり訴訟になれば、以上の２段階の審査がありますが、紛争予防としても、配転を考える場合は必ず以上の２段階チェックが必要です。以下にこの２段階チェックについて判例で問題となっていることを検討します。

(4) 労働契約による制約

　ア　職種の限定（特約）による制約

　　(ア)　労働契約の締結の際に当該労働者の職種が限定されている場合、職種の変更は一方的命令ではできません。医師、看護師、ボイラーマンなどの特殊の技術、技能、資格を有する者については職種の限定があるのが普通と考えられます。

　　　例えば日本テレビ放送網事件・東京地決昭51.7.23判時820号54頁労判257号23頁では、アナウンサーの他職種への配転命令について、申請人（女性）が大学在学中よりアナウンサーとしての能力を磨いて難関のアナウンサー専門の試験に合格し、しかも20年近く一貫してアナウンス業務に従事してきたという事情から、職種が採用時の契約からアナウンサーに限定されていたと認められ、それ以外の職種への配転を拒否できるとされました。これらの労働者を配転させるには、本人の同意を得るか、就業規則上の合理的な配転条項を用意しておく必要があります。

　　(イ)　但し、例外的に特殊技能者でも、長期雇用を前提として採用された場合は、当分の間は職種がそれに限定されているが、適当な段階で他職種に配転されうるとの合意が成立している、と解すべきケースもあります[159]。

---

[159] ① 例えば九州朝日放送事件・最１小判平10.9.10労判757号20頁は上記事例と同様のアナウンサーのケースですが、入社以来、24年間アナウンサーとして勤務した女性を、１・２次配転命令で他の業務に配転させたことを有効とした原判決が維持され、上告が棄却された例です。２審判決が「労働契約においてアナウンサーとしての業務以外の職種には一切就かせない旨の職種限定の合意が認められない限り、その地位確認請求はできない」としたのは相当であるとしています。
② 古賀タクシー事件・福岡高判平11.11.2労判790号76頁はタクシー運転手のケースですが、タクシー運転業務から営業係への配転命令につき、同人の労働契約は、タクシー乗務以外の業務に一切就かせないという職種を限定した趣旨のものではなく、雇用後相当期間経過後の経営管理上の諸事情に照らし、会社において業務上の必要があるときは、従業員の同意なくして配置転換を命ずる権限が留保されているものと解するのが相当としました。

(ウ) また、特別の訓練を経て一定の技能を修得し、長い間その職種に従事してきた労働者の労働契約も、その職種に限定されていることがあります。しかし、技術革新、業種転換、多角経営化などの激しい今日では、このような職種限定の合意は成立しにくいといわれています[160]。

イ 勤務場所の限定（特約）による制約

(ア) 労働契約上勤務場所が特定されている場合、その変更には労働者の同意が必要です[161]。

(イ) 本社採用の大学卒の幹部要員の場合、勤務場所を特定せず、全国の支店・営業所・工場などの事業所のどこにでも勤務する旨の合意が成立しているのが普通です。しかし、採用時に家庭の事情などから転勤に応じられない旨を明確に申し出て採用されている場合には、勤務地限定の特約が認められることがあります[162]。

---

[160] 例えば日産自動車村山工場事件・最1小判平元.12.7労判554号6頁は「車軸機械工」の組立ラインへの配転が問題となったケースですが、十数年から二十数年にわたって「機械工」として就労してきたものであっても、右事実から直ちに、労働契約上職種を「機械工」に限定する旨の合意が成立したとまではいえないとし、就業規則の規定、時代的趨勢等からして、業務運営上必要がある場合には、右必要に応じ、個別的同意なしに職種の変更等を命令する権限が会社に留保されているとみるべきである、機械工の組立作業等への配転命令につき、右配転命令権の濫用には当たらないとした原判決が維持された例です。合意に消極的な裁判例の傾向は、労働者を多様な職種に従事させながら長期的に育成していく長期雇用システムを背景としていると解されています。

[161] a 現地採用で慣行上転勤がなかった工員を新設の他地の工場に転勤させるには、本人の同意（契約の変更）が必要です。例えば、新日本製鉄事件・福岡地小倉支決昭45.10.26判時618号88頁は、八幡製鉄所勤務の労働者に対する新設の君津製鉄所への配転命令が労働契約に反し無効とされた仮処分事例ですが、当初から労働者は八幡製鉄所を志願し、会社もこれに同意して勤務場所を八幡製鉄所とする労働契約が成立したと認定しています。そしてこのことは八幡製鉄所名義の採用通知によって明白であるとしています。

b 事務補助職としての女性従業員も、労働契約上転勤のないことが前提とされていることが多いです。例えばブック・ローン事件・神戸地決昭54.7.12労判325号20頁では、和歌山県有田市に居住して和歌山市所在の会社和歌山業務に勤務していた独身女子社員Xに対する大阪業務課への配転命令が労働契約に反し無効とされました。決定は、Xは昭和30年生まれの女子で有田市に両親と同居していたこと、右住所から勤務先の会社和歌山業務まで通勤に片道1時間を要したが配転先の大阪事業所までは片道2時間30分を要すること、Xが就職するきっかけとなった新聞の募集広告には勤務場所が和歌山市内となっていたことなどから、本件当事者間の労働契約においては、Xの勤務場所を和歌山市内とする旨の暗黙の合意がなされていたものと推認するのが相当で、就業規則に会社は業務上必要あるときは異動を命じる旨の規定が存在することだけから右合意の存在を否定できないとしました。

c 現地採用労働者についても、就業規則上の転勤条項を明確に承知した上で雇用され、転勤の趣旨が余剰人員の雇用の維持にあるようなケースでは、一方的転勤命令が有効とされています。エフピコ事件・東京高判平12.5.24労判785号22頁では、茨城県の関東工場に勤務していた労働者らに対する広島県福山市の本社工場への転勤が、会社の経営合理化方策の一環として行われることになった関東工場生産部門の分社化・本社工場の新規生産部門新設の動きに伴う人事異動であり、当該会社の置かれた経営環境に照らして合理的なものであったとされました。

[162] 例えば新日本通信事件・大阪地判平9.3.24労判715号42頁では、原・被告間の雇用契約においては、勤務地を仙台に限定する旨の合意が存在していたと認め、本件配転命令は、勤務地限定の合意に反するものであり、原告の同意がない限り効力を有しないとしました。

(ウ)　以上のような勤務場所の限定・非限定を明確にする雇用管理として、転勤を予定する幹部社員コースとそれを予定しない通常社員コースとに分けて（それぞれ「総合職」「一般職」などと呼ぶ）、契約時にいずれかを選択させるコース別雇用制（勤務地限定制）があります。

(5) 配転命令権の濫用論
　ア　配転命令が当該労働者に与える職業上ないし生活上の不利益によって権利濫用となるかどうかは、当該配転命令の「業務上の必要性」（当該人員配置の変更を行う必要性と、その変更に当該労働者をあてること（人員選択）の合理性（必要性））と、その命令がもたらす「労働者の職業上ないし生活上の不利益」との比較衡量によって判断されます[163]。
　イ　労働者の職業上ないし生活上の不利益が転勤に伴い通常甘受すべき程度のものである場合には、業務上の必要性は余人をもって替えがたいという高度のものであることを要せず、労働力の適正配置、業務の能率増進、労働者の能力開発、勤務意欲の高揚、業務運営の円滑化などのためのものでよいとされています[164]。
　ウ　労働者本人の疫病罹患について、ミロク情報サービス事件・京都地判平12.4.18労判790号39頁は、メニエール病に罹患していることを知りながらなされた、より長時間の通勤を要する京都から大阪への転勤命令について、病気のために長時間の通勤に耐えられるか疑問であるとして、権利濫用としました。
　エ　共稼ぎ夫婦の別居を余儀なくするような転勤命令は問題です。
　　(ア)　業務上の必要性が十分にあり、また労働者の家庭の事情に対する配慮（住宅、別居手当、旅費補助等）をしているような場合に命令を有効としたものがあります[165]。

---

[163] 育児・介護休業法は、子の養育または家族の介護状況に関する使用者の配慮義務を定めているので、これは権利濫用の判断に影響します。
[164] 東亜ペイント事件・最２小判昭61.7.14判時1198号149頁労判477号６頁では、同居中の母親や保母をしている妻を残して単身赴任することになる不利益が、転勤に伴う通常のものと判断されました。
[165] ①　帝国臓器製薬事件・東京高判平8.5.29労判694号29頁では、会社は、転勤命令により控訴人らが受ける経済的・社会的・精神的不利益を軽減するための社会通念上求められる措置を講じており、本件転勤命令により控訴人らが受けた経済的・社会的・精神的不利益は、転勤に伴って通常甘受すべき範囲内のものとされました。
　　②　新日本製鐵（総合技術センター）事件・福岡高判平13.8.21労判819号57頁では、技術研究所の機能移転に伴う北九州市から千葉県（富津市）への２名の転勤命令につき、業務上の必要性があり、他の不当な動機・目的の存在は認められず、また単身赴任に伴い同人らが受ける経済的、精神的不利益は決して小さくはな

第3章　採用後の指導・教育・処遇の問題

　　(イ)　転勤による通勤の長時間化により育児に支障が生ずることは、転勤命令の権利濫用性に関する考慮事項となるが、育児上の不利益がなお通常甘受すべき程度のものであるときは、転勤命令は有効とされています[166]。
　オ　「職業上の不利益」については、降格的配転や賃金減額（手当削減）の配転などで問題となります。
　　(ア)　降格的配転について、北海道厚生農協連合会（帯広厚生病院）事件・釧路地帯広支判平9.3.24労判731号75頁では、原告に対する、副総婦長から病院中央材料室の副看護部長待遇への配転命令につき、業務上の必要が大きいとはいえないにもかかわらず、原告に通常甘受すべき程度を著しく超える不利益を負わせるもので人事権の濫用に当たるとして無効とされ、原告の精神的損害に対し慰謝料100万円の支払いが命じられました。
　　(イ)　職種変更に伴う賃金の減額は、職種と賃金が連動する賃金制度下では制度（規程）に従う限り許容されますが、職種と賃金が連動していない制度下では、一方的減額は許されません[167]。
　カ　配転命令が、「不当な動機・目的」をもってなされた場合には、権利濫用となります。
　　(ア)　労働者を退職に導く意図でなされた転勤命令が権利濫用とされた事例
　　　a　マリンクロットメディカル事件・東京地決平7.3.31労判680号75頁では、医療機械器具販売会社の東京マーケティング担当マネージャー（課長代理待遇）が、仙台営業部への配転命令を拒否したことを理由として懲戒解雇されたケースで、配転命令の必要性が不明確であり、配転により退

いが、赴任時の配慮（単身赴任か家族帯同赴任かの選択に際し一定の配慮を行っている）、各種転勤援助措置（社宅（寮）の貸与、各種手当の支給）を講じているから、その不利益は転勤に伴い労働者が通常甘受すべき程度を著しく超えているとは認められないとして、有効とされました。
③　共稼ぎの女性に対する転勤を権利濫用でないとした事例として、JR東日本〔東北自動車部〕事件・仙台地判平8.9.24労判705号69頁があります。これは国鉄民営化に伴う原告（女性2名）らに対する青森自動車営業所の車掌兼ガイドから盛岡自動車営業所勤務への転勤命令が、労働契約違反、配転命令権の濫用、性差別、不当労働行為等の不法行為に当たらないとして損害賠償の請求を棄却したものですが、特に共働きの夫、8歳・5歳・3歳の子供と離れて単身赴任を余儀なくされた原告の転勤による家庭生活上の大きな不利益も、転勤に伴い通常甘受すべき程度を著しく超えるものとはいえず、配転命令権の濫用に当たらないとされました。
[166]　ケンウッド事件・最3小判平12.1.28労判774号7頁があります。これは三歳児を保育園に預けて働いている共働きも女性に対する、東京都目黒区所在の本社から東京都八王子市の事務所への異動命令に業務上の必要性があり、また被る不利益は小さくないが、なお、通常甘受すべき程度を著しく超えるとはいえない以上、権利の濫用に当たらないとされた例です。
[167]　例えば東京アメリカンクラブ事件・東京地判平11.11.26労判778号40頁では、等級号俸制を採用する被告のもとで職種の変更に伴う賃金の減額措置につき、被告においては職種の変更に伴い当然に変更された等級号俸が適用されているとはいえない等として、原告の差額賃金の請求が認容されました。

203

職を期待するという不当な動機・目的でなされたものとして、配転命令が無効とされ、配転命令拒否を理由とする解雇が無効とされ、月額40万円の限度で仮払金の支払いが認容されました。

　　　b　フジシール事件・大阪地判平12.8.28労判793号13頁では、①開発部長に対する筑波工場への本件配転命令１につき、業務上の必要性があったものとはいえず、退職勧奨拒否に対する嫌がらせというべきで権利の濫用であるとして無効とされ、②本件配転命令１の前に命じられた自宅待機は、配転命令１と一体の処分であり、不当な動機・目的を有する無効なものとされました。③また、奈良工場への本件配転命令２につき、従前は嘱託社員が行っていたゴミ回収業務に、原告を配置する業務上の必要性はなく、権利の濫用であるとして無効とされました。

　　(イ)　会社批判の中心人物に対する転勤命令が権利濫用とされた事例として朝日火災海上保険（木更津営業所）事件・東京地決平4.6.23労判613号31頁があります。ここでは配転は、組合の内外において会社に強く対抗する姿勢をとり続けてきた債権者を嫌悪し、これに対し不利益な取扱いをするという不当な動機・目的を持ってなされたもので、権利濫用に当たり、無効であるとされました。

　　(ウ)　労働組合を嫌悪して不当介入する事例（必ず無効となります）は多いです。

3　人事権行使としての降格

(1)　「降格」には、職能資格等級の引き下げと、職位の引き下げとがありますが、本書では職位の引き下げをとり上げます。

　　この「職位」とは、企業組織における指揮命令関係上又は組織上の地位をいい（具体的には、部長・課長・係長など）、この職位の引き下げ、例えば、課長の職位から外して課長代理とすることなどです[168]。

(2)　要件と留意点について

　　ア　職位の引き下げとしての降格を命ずる権限については、使用者に広い裁量権を認める判例が多いとされています[169]。

---

[168] 職能資格と職位は別のものであり、職能資格等級が上がっても職位が据え置かれること（ポスト不足の場合など）や、逆に、職位が引き下げられても職能資格は変わらないこともあります。

[169] 例えばバンク・オブ・アメリカ・イリノイ事件・東京地判平7・12・4労判685号17頁は、「使用者が有する採用、配置、人事考課、異動、昇格、降格、解雇等の人事権の行使は、雇用契約にその根拠を有し、労働者を企業組織の中でどのように活用・統制していくかという使用者に委ねられた経営上の裁量判断に委ねら

イ 一般の配転の場合も、使用者に裁量権が認められていますが、職位の引き下げは管理職の地位から労働者を外すものであることが多い点に特色があります。管理職ポストにつきいかなる者が適性をもつかに関しては経営上の判断を尊重すべきであるので、使用者に広い裁量権を認めることには合理性があります。そして、管理職の中でも、特に上級管理職の場合は、その任免についての使用者の裁量権の幅は広まり、逆に、下級管理職の場合は、使用者の裁量権の幅が相対的には狭くなると考えられます[170]。

ウ 職位の引き下げが使用者の「権利の濫用」と評価されるかどうかについては個々の事案での諸要素の総合判断になります。

(ア) 前記バンク・オブ・アメリカ・イリノイ事件判決は判断要素について、裁量権の逸脱の判断にあたり、使用者側における業務上・組織上の必要性の有無・程度、労働者がその職務にふさわしい能力・適性を有するかどうか、労働者の受ける不利益の性質・程度等の諸点を考慮すべきであるとしています[171]。

(イ) 前記医療法人財団東京厚生会事件判決では、当該企業における昇進・降格の運用状況も考慮要素に加えられています。降格が従前から比較的しばしば行われてきたことが、降格を有効とした判断に影響を与えた裁判例もあります。

(ウ) 配転一般では、権利濫用の判断要素として、業務上の必要性と労働者の被る不利益の程度があげられていますが、職位の引き下げについては、「当該職位に対する労働者の適性」が特に取りあげられています。

(エ) 他方、労働者の被る不利益としては、従前の職位のもとで受けていた賃金・手当の減少が問題になります。管理職の場合、役職手当の減額幅が大きくなることがありますが、当該役職に対する適性がないと判断された場

れた事柄であり、人事権の行使は、これが社会通念上著しく妥当を欠き、権利の濫用に当たると認められている場合でない限り、違法とはならない」としています。事案としては、機構改革の一環として、業務上・組織上の高度の必要性から行われた課長職からオペレーションズテクニシャン（課長補佐職相当）への降格は、裁量権を逸脱した濫用的なものではないとされましたが、右降格後、さらに総務課（受付業務担当）へ配転したことは、原告の人格権（名誉権）を侵害する、会社に許された裁量権の範囲を逸脱した違法なものであり不法行為を構成するとされました。

[170] 近鉄百貨店事件・大阪地判平11.9.20労判778号73頁では55歳到達による役職離脱後の部長待遇職から課長待遇職への降格が権利濫用とされ、不法行為を構成するとされ、不法行為による損害として、給与・賞与の差額分約94万円、慰謝料30万円等の支払いが命じられました。

[171] 同旨の判断を示すものとして、上洲屋事件・東京地判平11・10・29労判774号12頁があります。これは店長に対して流通センター流通部への異動を命じ、職務等級を五等級から四等級に降格させた降格異動が、勤務態度に照らせばやむを得ないとして、権利の濫用には当たらないとされた例です。

205

　　　　合は、経済的不利益が大きくても、権利濫用の成立は認められにくくなります。
　　エ　尚、労働者を管理職ポストから外して著しく下位の職位に配置する降格命令については、役職者としての名誉ないしプライドが損なわれることが、人格権侵害として違法と評価されることもありえます。
(3)　**懲戒処分としての降格との区別について**
　　ア　ある降格が懲戒処分としての降格と人事上の措置としての降格のいずれに当たるかが問題となることがありますが、これは事実認定の問題であり、使用者の行った降格の意思表示の趣旨を、その形式、内容、意思表示に至る経緯・手続等に照らして判断されます[172]。
　　イ　予防的には懲戒処分か人事処分か明確に示すような処分のあり方を考えるべきです。

4　休職

(1)　「休職」とは、「ある従業員について労務に従事させることが不能または不適当な事由が生じた場合に、使用者がその従業員に対し労働契約関係そのものは維持させながら労務への従事を免除することまたは禁止すること」[173]をいいます。ここでは「私傷病休職」(病気休職)を処遇の問題として取り上げます。懲戒処分としての休職(懲戒休職)については220頁以下で詳述します。

(2)　「私傷病休職」(病気休職)は業務外の傷病(私傷病)による長期欠勤が一定期間(3カ月～6カ月が普通)に及んだときに行われるもので、休職期間の長さは通常勤続年数や傷病の性質に応じて異なって定められます。この期間中に傷病から回復し就労可能となれば休職は終了し、復職となりますが(「治癒」している場合に、当然に復職(休職終了)となる場合と、使用者の復職(休職を解く)の意思表示を要する場合とがあるとされています)、回復せず期間満了となれば、自然(自動)退職または解雇となるので、この制度の目的は「解

---

[172] ①　医療法人財団東京厚生会〔大森記念病院〕事件・東京地判平9・11・18労判728号36頁では、被告の就業規則には懲戒処分としての降格が規定されていないこと、及び、被告が制裁として当該降格を行うことを明らかにしていなかったことから、当該降格は懲戒処分には当らないとされました。
②　アメリカン・スクール事件・東京地判平13・8・31労判820号62頁では、当該降格処分を記した文書が作成された経緯、処分が決定された理由・手続及び過程、就業規則の内容、口頭での説明内容などの事情を総合考慮して、いずれの措置がなされたかを決すべきであるとされました。そして、降格を通知する文書には懲戒処分であることを示す表現が含まれていたが、就業規則には懲戒処分としての降格の定めがないこと、人事委員会や理事会においては人事上の措置として報告・議論されていることなどから、人事上の措置としての降格がなされたものと判断されました。

[173] 菅野524頁

(3) 「治癒」について

　ア　復職の要件たる「治癒」とは、原則として従前の職務を通常の程度に行える健康状態に復したときをいうと解され、ほぼ平癒したが従前の職務を遂行する程度には回復していない場合には、復職は権利としては認められないのが原則です[174]。

　イ　しかし、当初は軽易業務に就かせればほどなく通常業務へ復帰できるという回復ぶりである場合には、使用者がそのような配慮を行うことを義務づけられる場合もあります[175]。

---

[174] 従前の職務を通常の程度に遂行できる健康状態に回復していることを要する裁判例として
　① 姫路赤十字病院事件・神戸地姫路支判昭57.2.15労判392号58頁は、疾病による左足大腿部切断の手術を受け、療養していたXにつき、これを休職処分とし、Xの復職要求を勤務に耐えられないとしてこれを認めることなく、満1年の休職期間の満了を理由に退職扱いとしたことに関し、Xが地位保全等の仮処分命令を求めたものですが、判決は申請を却下しました。判決は、Xは「日常生活においては殆んど不便、苦痛を感ずることはないものと考えられるが、ボイラー技師としての職場は、かなり複雑な動きを要求されるところであって、一部には身体障害者にとってはかなり危険とも思える作業内容を含むものであり、長期間勤務する間には、危険の発生を招来する虞れなしとはせず、更に……緊急事態に対処する能力は、……債権者の現状および……勤務体制に照らすと、不安を感じることを禁じ得ないというべきである。」としています。
　② タカラ事件・東京地判平4.9.8労判616号79頁は、原告は在宅勤務の状態下にあったにしても、交通事故による受傷のため就業できないことが客観的に明らかであった以上、休職処分としたことに違法はないとされ、右休職期間満了後も休職事由が消滅していないとして、退職扱いとしたことが適法なものとされました。
　③ 昭和電工事件・千葉地判昭60.5.31労判461号65頁は昭和53年と54年の2度の復職拒否について検討し、いずれも休職事由消滅（治癒）を否定したものです。
　④ 大建工業事件・大阪地決平15.4.16労判849号35頁は診断書提出拒否が争われた例です。
　ⅰ 18か月の病気休職期間を経た労働者が職務復帰を希望するに当たって、復職の要件である治癒、すなわち、従前の職務を通常の程度行える健康状態に復したかどうかを使用者が労働者に対して確認することは当然必要なことであり、しかも、労働者の休職前の勤務状況および満了日まで達している休職期間を考えると、使用者が、労働者の病状について、その就労の可否の判断の一要素に医師の診断を要求することは、労使間における信義ないし公平の観念に照らし合理的かつ相当な措置であり、したがって、使用者は、労働者に対し、医師の診断あるいは医師の意見を聴取することを指示することができるし、労働者としてもこれに応じる義務があるとされました。
　ⅱ 結果的に本件では労働者Xは、使用者Yにおいて就労することが可能であると判断できるだけの資料を全く提出せず、結局、Yは、Xが治癒したと判断することができなかったのであるから、Yが就業規則の上記規定を適用して行った解雇は、社会通念上相当な合理的理由があるとし、病気休職期間満了後に解雇されたXによる地位保全等仮処分申立を却下しました。

[175] 使用者に復職希望の労働者に見合う業務につかせるなど一定の配慮を行うことを求め、復職当初は軽易業務に就き、段階的に一定程度の猶予期間を置いて通常業務へ復帰できる程度に回復しておればよい等とする裁判例として次のものがあります。
　① エール・フランス事件・東京地判昭59.1.27労判423号23頁、判時1106号147頁
　結核性髄膜炎に罹患して病気休職をしていた申請人Xが、病気が治癒したとして被申請人Y（エール・フランス）に対し復職を申し出たところ、Yは、産業医（専門は整形外科）の判断を尊重し、Xにめまいや耳鳴り等の後遺症があるとして就労を拒否し、休職期間が過ぎたとして自然退職扱いにしたため、XはYに対して地位保全と未払賃金の仮払いを求めました（仮処分申請事件）。
　本判決は、使用者が休職中の労働者からの復職申出を拒否して休職期間満了による自然退職扱いを主張

(4) 職種の限定の有無による取扱いの違いについて

　休職期間満了時に傷病が治癒し復職可能な状態にあるか否かの判断に関する裁判例では職種の限定の有無によって取扱いが異なることが明らかになっていますので、以下に整理しておきます。

　ア　職種限定特約のない場合
　　(ア)　裁判例は、労働契約において職種が特定されていない場合は、原職復帰が困難であっても現実に配置可能な業務があればその業務に復帰させるべきだと解し、原職復帰の可能性を問うことなく復職を広く認める傾向にあります[176]。
　　(イ)　ＪＲ東海事件・大阪地判平11.10.4労判771号26頁
　　　ａ　原告Ｘは脳内出血で倒れ、被告Ｙ（ＪＲ東海）の休職および復職判定委員会（ＪＲ東海総合病院内に設置。委員長（副院長）、部内委員（病院保健管理部長）、部外委員の計３名で構成する）の判定に基づき病気休職中でしたが、３年の休職期間満了により、ＹはＸを退職扱いにすることを決定しました。なお、Ｘは休職期間満了前には復職の意思表示をしており、Ｘは右退職扱いを就業規則等に違反し無効であるとして、従業員たる地位確認ならびに未払賃金等の支払いを請求しました。
　　　ｂ　これに対し、Ｙは、Ｘが就労可能な業務内容等を検討した結果、Ｘに

する場合、復職の可能性に関する主張立証責任が使用者側にあることを明確に判示し、さらにその立証の程度につき、「傷病が治癒していないことをもって復職を容認しえない旨を主張する場合にあっては、単に傷病が完治していないこと、あるいは従前の職務を従前どおりに行えないことを主張立証すれば足りるのではなく、治癒の程度が不完全なために労務の提供が不完全であり、かつその程度が、今後の完治の見込みや、復職が予定される職場の諸般の事情等を考慮して、解雇を正当視しうるほどのものであることまでをも主張立証することを要する」と判示して、その基準を示しました。そして、本件については、①後遺症の回復の見通しの調査をしなかったこと、②復職に当たって、他の課員の協力を得てＸに当初はドキュメンティストの業務だけを行わせながら徐々に通常勤務に服させていく配慮をまったく考慮しなかったこと、③Ｙが復職不能と判断する資料として尊重したＹの産業医の意見書は他の資料と比較して必ずしも適切なものではなかったこと、等を理由に、いまだＹがＸの復職を容認しえない事由の立証があったものとは認められないとして、結局、本件自然退職の効果を否定し、Ｘの申請を認容しました。
② 北産機工事件・札幌地判平11.9.21労判769号20頁は、早退して車で帰宅する途中に交通事故を起こし、業務外の傷病により休職した原告Ｘにつき、休職期間の満了時に復職できる状況にないとしてＸを退職させた被告Ｙの取り扱いが無効と判断されました。
176　ＪＲ東海事件の他にも多くの裁判例がありますが、例としては以下のものがあります。
　① 片山組事件・最１小判平10.4.9労判736号15頁は、職種や業務内容を特定しない労働契約は、当該労働者を配置する現実的可能性のある他の業務への労務の提供を当該労働者が申し出ている場合は、なお債務の本旨に従った履行の提供があるとしました。差戻審（東京高判平11.4.27労判759号15頁）で当該労働者の賃金請求権が肯定されました。
　② 独立行政法人Ｎ事件・東京地判平16.3.26労判876号56頁
　③ キヤノンソフト情報システム事件・大阪地判平20.1.25労判960号49頁

は歩行困難および構語障害等の後遺症があり満足のいく業務遂行ができないとの、Xの復職適否に関する判定委員会の判定結果に基づいて、Xに従事させられる業務はなかった旨主張しました。

　c　判決は、「労働者が私傷病により休職となった以後に復職の意思を表示した場合、使用者はその復職の可否を判断することになるが、労働者が職種や業務内容を限定せずに雇用契約を締結している場合においては、休職前の業務について労務の提供が十全にはできないとしても、その能力、経験、地位、使用者の規模や業種、その社員の配置や異動の実情、難易等を考慮して、配置換え等により現実に配置可能な業務の有無を検討し、これがある場合には、当該労働者に右配置可能な業務を指示すべきである」としたうえで、Yの企業規模、事業内容・職種やXの身体状況等を考慮して、少なくともXは、Yの工具室での業務は就業可能であり、YはXを右業務に配置換えすることも可能であったと判断しました。

　d　本判決は、復職希望の労働者に対しその能力に応じた職務を分担させる工夫を使用者に求める根拠を雇用契約における信義則に置いています。また、Xの復職適否に関する判定委員会の「治療継続６ヶ月自宅安静が必要（加療）」との判定については、精密診断書等に照らすと誤った判断であり、右判定に基づきXの復職を認めないとしたYの判断にも誤りがあるとしました。

イ　職種限定特約のある場合
　(ｱ)　これに対し職種が特定されている場合は、従前の職務に従事することができるという回復の程度は比較的高く求められ任用者の配慮は軽減されます[177]。
　(ｲ)　カントラ事件・大阪高判平14.6.19労判839号47頁は、慢性腎不全のため

---

[177] カントラ事件以外の裁判例として、以下のものがあります。
①　ニュートランスポート事件・静岡地裁富士支決昭62.12.9労判511号65頁
　　大型トラックによる長距離運送に従事していた運転手について、長距離運転に耐えうるものではなく、原職務である大型トラックの長距離運転手として就労可能な状態に回復しているとは言えないと判示しました。そして、「道義的に別として」フォークリフト運転等の労働者の健康状態に見合う職種、内容の業務を見つけて就かせなければならないとの法律上の義務はないと判示しています（判決68頁）。これは原則論による妥当な判断です。
②　全日本空輸（退職強要）事件・大阪地判平11.10.18労判772号９頁（実務216-7頁で論評されています）は、復職後ただちに従前の業務に復帰できない場合でも、比較的短期間で復帰することが可能である場合には、休業に至る事情、使用者の規模、労働者の配置等の実情から見て、短期間の復帰準備時間を提供したりするなどが信義則上求められ、このような信義則上の手段をとらずに解雇することはできないとされた例です。

2年近く休職した後の復職の申出を拒否された大型貨物自動車運転手の、就労を求めたときから現実に復職するまでの間の賃金請求権の有無が争われた事例です。

a 　一審原告Ｘは運転者として職種を特定して貨物運送業を営む一審被告Ｙに雇用され、それ以降、大型貨物自動車運転手として稼働してきました。Ｙの就業規則によると、業務の都合によって職種変更や職場異動等を命ずることがあり、また、業務外の傷病により6カ月継続して欠勤したときは休職とし（その間賃金は不支給）、休職期間（最高2年）満了後復帰できないときは退職扱いとするとされていました。

b 　Ｘは平成8年9月26日以降慢性腎不全のために欠勤を続けたため、Ｙは平成9年3月26日からＸを休職扱いとしていました。平成10年6月1日、Ｘは同月16日から復職したいとＹに申し入れたが拒否され、後日、Ｙの指示に従って産業医の診察を受けたところ、同産業医は、運転業務への就労は危険と判断し、慢性腎不全、慢性肝障害により就業不可と記載した診断書を作成しました。Ｙはこの診断に基づきＸの復職は困難と判断しました。

c 　平成11年1月20日、Ｘは再び産業医の診察を受けました。同産業医は、長距離運転や8時間以上の労働をせず週2回以上の休日をとり、軽作業（デスクワーク）の就業なら可と記載した診断書を作成しました。この診断以降、Ｘは組合を交えてＹと復職のための交渉を行ったところ、Ｙは、疾病が悪化した場合は休職期間満了を持って退職する、休職期間中の賃金は一切支払わない、復職の期日は調印後とすること等を復職の条件とする「覚書」を用意しました。Ｘはこの覚書に納得できなかったため合意に至らず、話合いは平行線をたどりました。Ｘは賃金の仮払いを求める仮処分を大阪地裁に申し立て、平成12年1月21日に、同年2月1日から復職すること、復職後は軽い庫内作業、助手、短時間の運転業務等に就くこと、過去分の賃金につき公正な審理による解決を妨げないこと等を内容とする和解が成立し、Ｘは同年2月1日から職務に復帰しました。

d 　争点は、平成10年6月16日（復職を求めた時点）から平成12年1月末日（復帰日の前日）までのＸの賃金請求権の有無です。1審において、Ｘは、復職を求めた時点（平成10年6月16日）から現実に復職するまで

の間のYによる就労拒否は理由がなく、受領遅滞に当たると主張し、現実に復職するまでの賃金(賞与を含む)合計994万2506円および遅延損害金(年6分)の支払いを求めました。

e　1審判決(大阪地判平13.11.9労判824号70頁)は、Xが復職を求めた時点でXの復職準備のための期間を提供したり、教育的措置をとるなどの信義則上の手段をとらずに就労の申出を拒むことは正当な理由があるとはいいがたいとして、その間の本人給、住宅手当、下車勤務手当の合計461万9550円および遅延損害金の支払いを命じましたが、賞与については立証がないとして棄却しました。

f　高裁判決は1審の判断と異なり、産業医の2度目の診察後の平成11年2月1日から平成12年1月末までの賃金(賞与・その他の諸手当の一部も含む)合計389万8572円および遅延損害金(年6分)の支払いを認めました。

(a)　本判決はまず、職種を特定して雇用された労働者が従前の業務を通常の程度に遂行することができなくなった場合には、原則として、労働契約に基づく債務の本旨に従った履行の提供はできない状況にあると解されるが、他に現実に配置可能な部署ないし担当できる業務が存在し、会社の経営上もその業務を担当させることにそれほど問題がないときは、債務の本旨に従った履行の提供ができない状況にあるとはいえないとしました。

(b)　その上で、本判決は、運転者にはある程度の肉体労働に耐えうる体力ないし業務遂行力が必要とされるが、他方で就業規則において業務の都合による職種変更も予定されており、平成10年6月にXが復職を申し出た際にYが産業医の診断を重視して復職を認めなかった判断は正当であるが、平成11年1月の産業医の2度目の診断に基づくと、Xは遅くとも平成11年2月1日には業務を加減した運転者としての業務を遂行できる状況になっていたと認められ、Xは債務の本旨に従った履行の提供をしたものであるとして、復職が可能になった同年2月1日から平成12年1月末日までのYの賃金支払義務を認めました。

g　判決の意味

この判決については、使用者側の特殊事情として、①就業規則上使用者の業務の都合による職種変更が予定されていて、その職種中「作業員」

は「運転手」であっても就労が可能であること、②長距離運転を前提としない短距離運転業務であれば当該労働者も就労可能性があったこと、③業界では有力企業であること等があり、これらの特殊性を考慮した判断であって、職種限定の特約のある契約一般に妥当するものではない例外的取扱いと考えるべきです（同旨、実務216頁）。

(5) **休職命令の問題**

ア 以上は最も多く問題となっている復職時の「治癒」と復職すべき職務について述べましたが、その前提として、休職命令の可否についても問題があります。

イ 休職命令の発令の可否について

(ｱ) まず、前述したとおり、休職制度は一種の解雇猶予制度ですから、使用者が休職制度の適用の余地があるのに適用せずに解雇した場合は解雇権濫用となる恐れがあります（K社事件・東京地判平17.2.18労判892号80頁）。休職制度の利用を十分に検討すべきです。

(ｲ) また、休職期間満了になれば自然退職又は解雇になるので、休職事由（就業規則所定の長期欠勤等の事由）があることについては使用者に主張立証責任があると考えられています。

(ｳ) 休職事由の存否を判断する対象業務については前述した復職時の業務と同様の考え方が妥当します。

職種限定特約のない場合は、配置される現実的可能性があると認められる業務の存否についての配慮・判断が必要となります[178]。

(ｴ) 休職事由の有無の判断に必要な資料として医師（産業医）の診断書・意見書、診療記録等のほか労働者の労務提供状況、業務の結果、社内的対外的な業務全体への影響についての説明資料（社内での報告書を含む）が考えられますので、これらを十分に準備・確認した上で実施するべきです。

(6) 健康診断の問題については第5章〔384頁以下〕で詳述します。

---

[178] この点実務213頁で片山組事件・最1小判平10.4.9労判736号15頁を引用しての論述があります。

第4章　懲戒と解雇

第1節　不良社員の改善方法と解雇までの進行手順

1　問題点と手順

　第3章の文書指導でも改善されない異常事態の場合にどのような処分をするかが問題になります。この点を簡単にまとめると以下のようになります。

(1)　懲戒処分に入る前に書面で丁寧で十分な指導・警告をしておきます。(第3章)

(2)　次に懲戒処分により不良部分を矯正して反省改善の上正常な業務遂行ができるようにします。その場合でも必要に応じて、まず軽い処分から徐々に重い処分へと順に使います。

　懲戒処分には特別な要件が必要とされていますので、理解して慎重に行うべきです。

　懲戒処分でもなかなか改善しない場合、解雇をすぐに考えがちですが、後述するとおり、最終手段として考える説が有力ですから、休職までの比較的軽い処分を有効に活用すべきです。(以上は本章第2節)

(3)　退職をさせたいと思うときでも、解雇を避けるためにまずは話し合い解決を求めるべきです。ここでは問題のない上手な退職勧奨の方法を理解して使用することが必要となります。(本章第3節)

(4)　そしてようやく懲戒解雇をすることになります。その場合でも円満解決のために、普通解雇や諭旨解雇（諭旨退職）を選択するかどうかを検討します。(本章第4節)

2　サッカーのたとえ

　たとえの例として、サッカーのレフェリー（審判）の試合管理のやり方がわかりやすいでしょう。この点は「処方箋」の215頁以下で詳しく述べていますが、ここでも簡単にまとめておきます（対比については図表4－1参照）。

　懲戒処分は人事管理の基本のはずですが、十分活用されていない企業がほとんどです。日本の中小企業ではアメ（賞与・厚遇）は与えるのにムチ（懲戒）を使

わない甘い経営をしているところが多く、従業員の管理ができておらず、規律がゆるみ不正が行われたり、効率経営ができないことにもなります。厳しくすれば不正は防げ、レベルの高い経営ができるはずです。

例えとして「サッカー」の試合におけるレフェリーの笛の吹き方を挙げれば分かりやすいでしょう。

サッカーのレフェリーが警告する方法を誤れば（例えば一発レッドカードの場合〔＝不当解雇に相当〕）猛烈抗議を受けます。これに対して、何も警告せず、カードも出さず放任すれば、何でもありとなりラフプレーが横行して荒れた試合になってしまいます。優秀なレフェリーはふさわしいところでふさわしい警告やカードを使うものです。口頭注意→イエローカード→レッドカードという警告の手段は企業における懲戒の手段と同様、相当性・平等性を備えたものであるべきです。

（図表4－1）サッカーのたとえ

		労使関係	サッカーのゲーム
管理の主体		経営者（使用者）	レフェリー
管理の手段		アメ（賞与・待遇）とムチ（懲戒）の併用	ペナルティを課す
管理の手順（段階）	Ⅰ 軽・小	口頭注意だけでなく文書指導を行う これを繰り返すことが効果的であり、有効とするために行っておくべき	口頭注意（警告）をしておく（文書は出せない） 多数回行われるとは限らない
	Ⅱ 中	懲戒解雇以外の懲戒手段（戒告、けん責、減給、降格、休職等） 選択肢が多い	イエローカードを出すこと ・1試合で1枚だけなら選手は萎縮して大人しくプレーする（後の試合への出場にも支障が出る） ・1試合で2枚で退場
	Ⅲ 重・大	懲戒解雇 ・即時退職扱い ・退職金の全部または一部を支払わない	レッドカードを出すこと ・1枚で即退場（1名プレーヤーの数が減ることはチームとして大打撃である）

第2節　懲戒処分[179]

1　懲戒の意義

(1)「懲戒処分」とは通常「従業員の企業秩序違反行為に対する制裁罰であるこ

---

[179] 懲戒処分全般について、特に懲戒処分の有効性について網羅的に判例を整理されたものとして、河本毅「判例から考える懲戒処分の有効性」（経営書院）があります。本書は予防的見地から、実務上問題になること

とが明確な労働関係の不利益措置」を指すとされていますが[180]、懲戒権の根拠とその限界については争いがあり、具体的な事例についても多くの論争があります。

(2)　日本の企業では、懲戒権の発動が少なく（懲戒処分をしたことのない企業が多い。）、有効な人事管理がなされていない（アメとムチの使い分けができていない）という大きな問題がありますので、この点、予防的観点からの見直しが必要です。

2　懲戒権の根拠と限界

(1)　①まず、そもそも使用者が、どのような法的根拠に基づいて懲戒処分ができるのかという懲戒権の根拠の問題（この点は大きく分類して、固有権説と契約説があります[181]）と、この根拠の問題と関係する論点として、②就業規則上懲戒に関する根拠規定が存しない場合でも使用者はなお懲戒処分ができるのか[182]、③就業規則上懲戒事由や手段を列挙している場合は限定的意味をもつのか例示的意味をもつのか、というものがあります。

(2)　実際上多くの企業が就業規則上懲戒に関する規定を整備していますが、裁判所は従業員の当該行為が就業規則上の懲戒事由に該当し、且つ発動された処分の内容が就業規則に則っていることを要求しており、就業規則の「合理的解釈」と「懲戒権濫用法理」（労働契約法15条。懲戒処分が客観的に合理的な理由を欠き社会通念上相当と認められない場合は、権利の濫用として無効となる。）によって具体的妥当な結果を出しています[183]。

　この「懲戒権濫用」という理論は「解雇権濫用」と同様に法律にもなっているので知っていて当然の常識と考えられるのですが、これを知らない経営者が不当解雇や不当処分をしてしまうことが多いことから、就業規則取扱マニュアルの作成・交付が必要です[184]。

が多い問題（よく相談、問合せ等があるもの）を取り上げていますので、事案に必要な場合にもれなく検討するためにはこの本の参照をおすすめします。
[180]　菅野488頁
[181]　判例は、企業及び労働契約の本質から使用者の企業秩序定立権と労働者の企業秩序遵守義務を導き出し、使用者の懲戒権をこの企業秩序定立権の一環として肯定していて、基本的には固有権説に属すると考えられています（菅野489頁）。
[182]　判例は、就業規則に明定して初めて行使できると考えています。この点を明確に述べたのがフジ興産事件の最高裁判決（第1章第5節の中の就業規則の効力要件のところ〔56頁以下〕で詳述しています）です。
[183]　尚、就業規則の規定についての裁判所の合理性審査については60頁以下で述べたとおりです。
[184]　このことも既に第1章第5節の73頁で述べたとおりです。

3 懲戒の手段

(1) けん責・戒告

ア 「けん責」とは「始末書を提出させて将来を戒めること」、「戒告」は「将来を戒めるのみで始末書の提出を伴わないもの」と区別されます。「戒告」の規定がない就業規則もありますが、「けん責」とは別のものであり、段階を踏んで処分していくべきであって、欠かせないものです。これらは実質的な不利益のない形式的な処分ですが、昇給・一時金・昇格などの考課査定上不利に考慮されうるし、また何度か繰り返されるとより重い懲戒処分が行われます。

イ 始末書は自己の非違行為を確認・謝罪し、将来同様の行為をしない旨を誓約する文書で、就業規則上けん責処分の場合に提出を求められています[185]。

「顛末書」や「報告書」は非違行為や事件発生の事実関係や経緯について事実を報告させるものであって、行為者の反省や謝罪を求める意味はない文書と考えられています。そこで、これは「懲戒」ではないので、業務命令として当然に求めることができるものですから、「始末書」とは区別して、十分に活用すべきです。

ウ けん責処分を受けた者が始末書を提出しない場合、不提出を理由に懲戒処分ができるのかが問題になっています。

(ｱ) この点、肯定説（懲戒できると考える）と否定説（懲戒できない。懲戒処分によって強制できないと考える）があり、裁判例も分かれていますが[186]、否定説の考え方に立って対応すべきであると考えます。

(ｲ) 否定説の根拠理由として、以下のものが挙げられています。

① 労働契約は労働者の人格までを支配するものではないから、始末書提出は労働者の任意に委ねられ、その提出を懲戒処分によって強制するこ

---

[185] 尚、けん責処分の場合以外の処分についても始末書提出を求めている規定例もあるようであり、この場合は懲戒処分の付随的処分としての意味があるとする考え方があります（河本毅「判例から考える懲戒処分の有効性」経営書院74頁）

[186] 肯定する裁判例として、黒川乳業（労働協約解約）事件・大阪地判平17.4.27労判897号43頁（遅刻者に対する訓告処分と始末書不提出を理由とする出勤停止処分を有効とした）などがあります。
否定する裁判例として、①共栄印刷紙器事件・名古屋地決昭53.9.29労判308号90頁は、個人企業の同族会社において、無断遅刻の多い（入社1年5か月の間に遅刻が180回に及んでいた）従業員にその始末書の提出を拒否したことを理由になされた懲戒解雇が懲戒権の濫用として無効とされた例です。「同族会社の個人企業では、往々にして労使関係が会社の専断的なものとなりやすく、それに不満を持つ従業員がささいなことから懲戒処分の対象とされやすい。本件もその一例として実務上の参考例となろう。」とする解説があります。
②福知山信用金庫事件・大阪高判昭53.10.27労判314号65頁は、謹慎処分中の行為につき求められた誓約書の不提出等を理由とする諭旨解雇が懲戒権の濫用とされた例です。

とはできない（菅野491頁）。
② 否定する裁判例の理由として、「これを許すことは反省や謝罪を強要し、個人の内心の自由を侵害することになる、労働契約は債務の本旨に従った労務提供義務を負うが、労働者の意見や感情まで取引の対象にしていない。始末書の提出が間接強制されることになる、二重の処分を加えるに等しいなど」とまとめられています[187]。
(ｳ) 「戒告処分」という会社が一方的に行うことができる有効な懲戒手段があり、十分に括用ができるので、判例が分かれている所でリスクを冒してまで肯定説に立って処分する必要はありません。

通常問題の事実が明白なら、まともな労働者は反省するものですし、そうすれば使用者もよい社員になってもらうように配慮をします。これに対して、反省の意を示さないということは、自ら不良社員であること、今後同様のことを繰り返す恐れのある人間であることを態度で表明するようなものですから、使用者も厳しく対応する必要があると覚悟を決めて、以後厳しく指導・処分を続けるべきです。

以上の意味で、最も軽い処分である「戒告」や「けん責」は、問題となっている労働者が、会社のために働いてくれる（貢献してくれる）ものか、そうでない不良社員であるかを見極める「リトマス試験紙」のようなものです。もし、不良社員ではないかという疑いがあると判断されればさらに指導・処分を繰り返し、最悪は手順を踏んで懲戒解雇まで持ち込んで解決することになります。この点は慎重かつ上品に、厳正な対応をしていくべきです。
エ 特に、文書にして具体的に問題点を指摘しておくことです。改善を求める心理的効果と、後日に備える証拠としての価値（裁判官への説得材料づくり）があるので、徹底して行うことです。まじめに行えば労働者に対してボクシングの「ジャブ」や「ボディブロー」のように効いて改善が期待できます。

(2) 減給
ア 「減給」とは、労務遂行上の懈怠や職場規律違反に対する制裁として、本来労働者が受けられる賃金額から一定額を差引くことを言います（過怠金、罰金等名称に関係なく）。減給については、労基法91条で、①1回の額が平均賃金の1日分の半額を超えてはならない、②総額が一賃金支払期における

---
[187] 河本前掲書75頁。

賃金の総額の10分の1を超えてはならないと制限しています。
　イ　減給についても「相当性」（金額）の問題はありますが（わずか3000円の減給を無効としたものとして後述の七葉会事件判決〔221頁〕があります）、経済的な不利益はそれほどでもないために争われることのリスクも少ないので、活用を考えるべきです。

(3) 降格

　ア　役職・職位・職能資格などを引き下げる降格は、企業の人事権の行使として行われる場合以外に、懲戒権の行使（懲戒処分の1つ）としても行われることがあります。その場合は、懲戒処分の一種としてどのような降格を行うのかを就業規則上明確に定めておく必要があります。（菅野492頁）

　イ　「降格」は人事権発動の場合（根拠規定がなくても可能で、裁量権は大きい）と懲戒処分の場合がありますので、区別して運用する必要があります。

　　(ｱ)　懲戒処分としての降格とは別に、使用者は労働者をその能力や資質に応じて組織の中で位置付ける人事権があるので、労働者の能力や資質が現在の地位にふさわしくないと判断する場合は、人事権の行使としてその地位を解任して降格できます。これについて就業規則上の規定は不要です[188]。

　　(ｲ)　また、人事考課については、労働者の保有する労働能力（知識・技能・経験）、実際の成績（仕事の正確さ、達成度）、その他多種の要素を総合判断するもので、広い裁量権があります。そして評価の前提となった事実に誤認があるとか、動機において不当なものがあるとか、重要視すべき事項をことさらに無視するとか、重要でない事項を強調するなどにより、評価が合理性を欠き社会通念上著しく妥当性を欠くものでない限り違法とすることはできないとされています[189]。

　　(ｳ)　懲戒と人事処分（人事権を行使して行う措置）には似たものが多いので、それぞれの効果と要件の違いと区別の基準についてここでまとめておきます。

---

[188] アメリカン・スクール事件・東京地判平13.8.31労判820号62頁では出入り業者からの金品の授受を理由として施設管理部長に対してなされたマネージャーから2段階下のアシスタント・マネージャーへの降格処分は懲戒処分ではなく、労働契約に基づく人事権の行使によるものとされました。出入り業者からの金品の授受は就業規則に違反する行為であり、施設管理部長としての不適格性は明らかであるなどとして、本件降格処分が賃金の不利益が伴うものであるとしても、なお人事権の適切な行使の範囲内であるとされた例です。

[189] 光洋精工事件・大阪高判平9.11.25労判729号39頁は、人事考課をするにあたり、評価が合理性を欠き、社会通念上著しく妥当を欠くと認められない限り、これを違法とすることはできないとした上で、人事考課に裁量権の逸脱・濫用があったとは認められないとして、賃金・退職金の差額等の請求を棄却しました。

a 「注意」と懲戒としてのけん責・戒告は昇給延伸や人事考課上の不利益があるかどうかで異なります。
　　　b 「自宅待機命令」と懲戒としての出勤停止・休職とは、出勤していない期間中の賃金不支給で区別されます。
　　　c 普通解雇と懲戒解雇は退職金不支給や再就職が困難となること（懲戒解雇者の烙印を押されること）が異なります。
　　　d いずれも制裁という客観的な性格があることが人事処分と異なりますが、降格の場合には特に効果のうえで区別が難しいのでどちらかを明確にしてトラブルを防止する必要があります[190]。
　　　e 以上の点を表（図表4－2）にまとめておきます。
　　㈣ 尚、人事権行使の処分の場合は、①懲戒事由の存否が争われて不利になるリスクを防げること（人事権行使の方が裁量が大きくて使用者に有利であること）、②人事処分の後に懲戒をしても二重処分にはならないこと（例として自宅待機の後の懲戒解雇の処分）から、選択肢として検討すべきです。
　ウ 「降格」にも限度があることについては、東京医療生協中野総合病院（降格）事件・東京地判平16.9.3労判886号63頁が参考になります[191]。

---

[190] 尚、人事処分としての降格の不当労働行為性が争われた事案（未公刊）で、人事権の行使によるものであって、懲戒の意味がないということを明示（明記）して掲示板に掲示してトラブルを防止しようとしたのに、組合側が「みせしめ」として懲戒処分として行ったと批判して争いになったことがありました。

[191] ① 被告Y（東京医療生活協同組合）の設立する本件病院（東京医療生協中野総合病院）で、内科部長として勤務していた医師（原告）Xが、懲戒処分としてなされた内科部長解任と医員への降格（本件処分）の無効を主張して、内科部長たる地位の確認、降格前の基準による給与を受ける地位にあることの確認を求めました。Xは平成4年に内科医長として採用され、同6年から診療部門内科部長に昇進して、内科全体の管理を担当していました。しかし、部下にあたる訴外A医師が勤務中に飲酒し、酩酊状態で診察していたのを知りながら漫然と放置していたこと、また、患者への説明が不十分だったり侮辱的な言動をとったりした、患者に金銭を要求しているとも捉えられかねない言動をしたなどのクレームがあったことから、Yは、平成15年4月、就業規則規定に基づき、懲罰委員会で事情を聴取したうえで、Xを内科部長から免じ、医員に降格する本件処分を行いました。これにより、Xの給与のうち、医師職能給は従前の3等級（部長、所長、副部長）から1等級（医員）となり月額9万1140円減額され、特殊勤務手当（月額5000円）と管理職手当（月額13万5000円）が支給されなくなりました。
② これに対してXは、懲罰委員会出席に当たって議題を知らされておらず、反論の用意のないまま出席を余儀なくされたものであり適正手続を経ていない、本件処分は理由がなく、仮にあったとしても懲戒権の濫用に当たると主張しました。
③ 判決は、YのXに対する、部下にあたるA医師への監督不備、患者に対する説明不足、侮蔑的言動、金銭要求等の不適切な対応を理由とする懲戒処分が有効とされました。しかし、より上位の管理者が処分されていないこと、非違行為への事前の注意や警告がなかったこと、すぐさま重大な結果を招来するものとまではいえないこと、大幅な格下げと賃金減額となることを考慮すると、懲戒処分は内科部長を免じる限りで理由があるが、医員に降格することは処分として重きに失し、社会通念上相当とはいえないとされました。

降格をする場合に、選択肢がある場合（2段階以上の降格がありうるなど）は、そのうちどれを選択するか、諸事情を考慮して濫用とされない確実な方法を選択することが大切です。

（図表4-2）人事権行使と懲戒権行使の差異

	人事権行使	懲戒権行使	区別の基準
処分（手段）の種類	注意	けん責・戒告	昇給延伸・人事考課上の不利益
	自宅待機命令	出勤停止・休職	賃金の不支給
	降格人事	降格処分	―
	普通解雇	懲戒解雇	退職金不支給・再就職の困難さ
明確な根拠	不要	必要（就業規則の存在と周知の要件）	
処分の相当性	広い裁量・ただし人事権濫用の問題あり	必要（厳しい要件）	

※右欄「区別の基準」は「制裁」という客観的性格を持つ

（土田労働契約法424-425頁を参考に図表にまとめたもの）

(4) 休職（出勤停止）[192]

ア　出勤停止期間中は賃金が支給されず、勤続年数にも算入されないのが普通とされています。

イ　懲戒解雇の前提としての自宅待機は、有給にしておくこと[193]。

懲戒の対象となる者に対して、最終処分を決定するまでの間、暫定的に自宅待機（出勤停止）を命じることがあります。懲戒処分となるのかどうか（懲戒とすれば就業規則の定めがあることが前提ですが）が問題になります。もし暫定的処分として懲戒になるのなら、肝心の後の懲戒処分は二重処分とし

結果的に、懲戒としての3等級から1等級への降格の一部を無効として、賃金が1級降格後（2等級）の基準によるものであることの確認請求が認容されました。

尚、①より上位の職位にある病院長や副院長が、医師の問題行動に具体的措置を講じなかったからといって、直接の管理者が免責されるわけではないとされました。また、②就業規則上、懲罰委員会開催に当たって事前に内容を告知することや反論の準備を与えることは要求されておらず、本人に対して委員会冒頭で内容が告知され、逐一反論ができていることからすると、形式的にも実質的にも適正手続きの違背はないとされました。

192 ここでは長期・短期を問わず、「休職」として検討します。河本毅「判例から考える懲戒処分の有効性」（経営書院）では「出勤停止」「懲戒休職」「懲戒停職」「暫定的出勤禁止」に分けて整理分析されています。
193 尚、労働者には「就労請求権」はないので、賃金を支払う限り、使用者には就業規則における明示の根拠なく命令を発することができます。

て無効となってしまいます（一事不再理については241頁で後述）。懲戒処分とみられないように賃金の支払いをしておくべきです[194]。

ウ　停職（休職）期間については、長すぎると懲戒権濫用と判断されるおそれがあるので、長すぎないように相当性の判断は控え目にしておくことです。

(ｱ)　七葉会事件・横浜地判平10.11.17労判754号22頁は、情状に鑑み、減給処分で十分として7日間の出勤停止処分を無効とした例です。この判例については短期の休職の例として以下に検討しておきます。

　　a　事案は園外保育中に2人の園児を一時見失ったことに対する懲戒処分が問題となりましたが、判決の要旨は以下のとおりです。

　　　①　園外保育において蚊に刺された園児に薬を塗ることは保母（現在の保育士）として必要な業務行為であり、もう一人の保母が他の園児を見守っていると信頼するのが通常であるから、薬を塗っていた時に他の園児2名を見失ったことを理由としてなされた減給処分は、処分の程度として重きに失し無効である。

　　　②　保母が薬を塗っていた間に、園児を見失ったもう一人の保母の責任は、薬を塗っていた保母に比して重いが、短時間で園児が保護され、反省していることから、減給処分とすることで十分であって、7日間の出勤停止処分は裁量権を逸脱し無効である。

　　　③　出勤停止処分と減給処分は質的に別個の処分であるから、適法な減給処分の範囲内で出勤停止処分に基づく賃金未払いの一部を有効とすることはできない。

　　b　教訓としては、

　　　①　減給処分（3000円）が無効とされた件については、戒告又はけん責処分が相当であったということかあるいは他の保母を信頼するのが通常であるとして過失を否定されて処分なしとするか、どちらかが妥当

---

[194] 裁判例には以下のものがあります。
　①　自宅待機期間中も賃金が支払われたのであるから、自宅待機は懲戒処分ではなく、後になされた懲戒解雇は二重処分として無効にはならないとするもの（ダイエー［朝日セキュリティーシステムズ］事件・大阪地判平10.1.28労判733号72頁）。
　②　出勤停止期間について、給与を支払っているので懲戒処分ではなく、調査又は処分を決定するまでの前置措置として就業を禁止した業務命令に過ぎない（二重処罰に当たらない）とするもの（京王自動車事件・東京地決平10.11.24労判761号150頁）。
　③　部下の不正行為発覚後行われた上司の営業所長に対する自宅待機命令について、懲戒処分ではなく、使用者の有する指揮命令権に基づく労働力の処分の一態様であり、業務命令の一種に過ぎないとするもの（関西フェルトファブリック事件・大阪地決平8.3.15労判692号30頁）。

であったということです。本件は保母が組合員であり、不当労働行為も問題となっていること、事件の性質上保護者の声も無視できず不問に付しにくいという難しい事情があったと思われますが、不処分とすることを含めて慎重な対応が必要です。

② 減給処分と7日間の出勤停止は経済的不利益の程度が違うということですが、わずか3000円の減給でも重すぎるとされることがあることが注目されます。

(ｲ) 岩手県交通事件・盛岡地裁一関支判平8.4.17労判703号71頁は6か月の懲戒休職につき、重すぎるとして、3か月の限度で有効とした例です。この判例については長期の休職の例((図表4-3)の一覧表にまとめています)の代表例として以下に検討しておきます[195]。

　a 事案はバス会社YのバスガイドXが、平成4年10月18日の代休、同年10月25日の年休、同年11月15日の生理休暇、同年12月6日の特定休日の4回にわたり、勤務命令に応じずに休み、民謡大会等に出場、出演したことにより、休職6か月、処分後4年以内に任意退職した場合の退職金の減額、以後、懲戒事由に類似した行為をした場合には懲戒解雇とする旨の懲戒処分を受けたため、その無効確認及び休職期間中の給与の支払いを請求した事件です。

　b 判決の要旨は

　　① 懲戒休職6か月は、懲戒休職では最高限度であり、長期の給与の不支給を伴う重いものであって、本件懲戒処分はその根拠事実などから

---

[195] 内部告発関係について、いずれも比較的長期の処分を有効としたものがあります。
① 中国電力事件・最3小判平成4年3月3日労判609号10頁（懲戒処分無効確認等請求事件）は、原子力発電所批判の組合ビラの内容がその大部分において虚偽であり、その配布行為は正当な組合活動の範囲内のものとは言えず、懲戒事由に該当するとし、ビラの発行配布を理由とする組合役員に対する懲戒処分（休職2ヶ月1名、同1ヶ月3名、減給半日3名）を有効とした原判決を維持しました。この判決では1審2審とも処分有効としています（1審山口地判昭60.2.1労判447号21頁、2審広島高判平元.10.23労判583号49頁）。
② 首都高速道路公団事件・東京地判平成9年5月22日労判718号17頁は、被告公団に在職中に原告が行っていた新聞投書により、被告は著しく名誉が毀損され職場秩序が乱されたとして、就業規則に基づき、原告を停職3ヶ月の懲戒処分としたことが相当であり、有効と判断された例です。本件投書には不適当な見解表明に当たる部分があること、被告の名称又は職名を使用した投書であったこと、本件投書が市議会に取り上げられたり協議会メンバーにより被告に対し激しい非難が行われ、反対運動が再燃するなど影響大であったこと、地元関係者や関係各方面に対し多大な混乱を生ぜしめ、職場秩序を危うくしたこと等、懲戒事由の存在が認められること、原告が従来から被告業務に関し投書行為を重ね、被告が口頭注意、文書警告などを通じて自制を求めていたにもかかわらず、あえて本件投書を行ったこと等、諸事情を総合考慮して、停職3ヶ月の懲戒処分には裁量権逸脱はなく相当であり有効と判断しました。

第4章　懲戒と解雇

（図表4−3）　懲戒休職関係裁判例一覧表（1ヶ月以上の長期の場合）

労判	事件名	裁判所	休職期間	結果	事案／●使用者に不利／問題行動
279-27	朝日新聞社	東京高判 昭52.6.30	1ヶ月	○有効	<本社印刷局職員>業務遂行をピケにより妨害したこと
323-48	電電公社 福島局	福島地判 昭54.6.25	2ヶ月	○有効	<電話局職員>三里塚闘争および沖縄返還協定反対集会参加につき無断欠勤扱いされた例
373-37	あけぼのタクシー	福岡地判 昭56.10.7	①3ヶ月 ②3ヶ月	○有効	<タクシー運転手>①料金メーターの不正操作／②社内掲示文書を2度にわたりはぎとった行為
476-78	健和会	福岡地裁小倉支判 昭61.2.20	1年	●無効	<財団法人の参事の地位にある従業員>病院建設のための協力債募集計画を推進中、手形不渡りとなったことを契機として開催された協力債債権者の集会で、法人を中傷する発言をしたこと<●更に軽度の処分をもってしても懲戒の目的は十分に達しうる>
510-90	国鉄直方自動車営業所	福岡地裁直方支決 昭62.1.13	12ヶ月	○有効	<出納整理事務担当職員>運賃料金割引券の発行・行使につき不正行為があったこと等
549-48	九州工業学園	福岡地裁小倉支判 平元.8.10	3ヶ月	●無効	<私立高校の教員ら>卒業アルバム編集の瑕疵に関して校長および教頭がした一連の職務上の指示、命令に対する反抗、強要、職務命令違反等の行為<●明らかに程度を超えるというだけで具体的な程度について言及なし>
587-6	佐伯町立津田小学校	最2小判 平3.4.26	3ヶ月	○有効	<小学校のクラス担任教諭>研修を命じる職務命令に従わないこと、保護者とのトラブルによるクラス担任解除命令に従わないこと
609-10	中国電力	最3小判 平4.3.3	X_1 2ヶ月 X_2 1ヶ月 X_3 減給半年	○有効	<労働組合の役員ら>原発反対のビラ（虚偽事実記載あり）配布に指導的役割を果たした
635-11	ケンウッド	東京地判 平5.9.28	1ヶ月	○有効	<女性従業員>本社から八王子への異動命令を拒否し、36日間欠勤したこと
695-152	JR西日本（多車種教育）	大阪地判 平8.4.22	6ヶ月	○有効	<国鉄清算事業団所属の国労組合員ら>教育研修命令に従わず抗議行動を行ったこと
703-71	岩手県交通	盛岡地裁一関支判 平8.4.17	6ヶ月	●無効	<バス会社のバスガイド>出勤指示に応じず民謡大会に出場・出演したこと等 <●3ヶ月の限度で有効>
718-17	首都高速道路公団	東京地判 平9.5.22	3ヶ月	○有効	<機械設備に関係する工事の監督等従事者（機械職）>計画決定して、実施することになっていた高速道路建設工事につき、ルート変更をすべきと新聞投書をし（議会で取り上げられ）、反対運動を再燃させた行為
910-72	A大学	東京地判 平17.6.27	3ヶ月	○有効	<国立大学教授>セクハラ行為（但し、その後の停止措置を二重処分として慰謝料100万円の支払を命じた）
987-79	学校法人関西大学（高校教諭）	大阪高判 平20.11.14	3ヶ月	●無効	<高校教諭>修学旅行（スキー学舎）の引率中、降雪により延期となった状況下で夕食時に飲酒したこと<●減給相当>
1039-73	Q大学	大阪地判 平23.9.15	6ヶ月	●無効	<国立大学準教授>深夜に大学院生（女性）を誘い密室である研究室で性交渉の事実を疑われる状況を作り出したこと<●3ヶ月相当>

223

　　　　　３か月の限度で有効であるとするものです。この点は七葉会と同様相当性判断の問題です。
　　　②　また以後類似の行為をした場合は懲戒解雇にする旨の、さらに４年以内に任意退職をした場合は退職金を減額する旨の懲戒処分は、被告の規則・規定等に根拠がない等から無効と判断されました。
　　　　　この点、将来に向けての処分は根拠規定を欠くことの他、無効であると考えられる厳しすぎる内容のものであって、全体として「やりすぎ」であるとの印象を強める結果になっています。懲戒処分の場合は１つひとつ根拠規定を確かめながら、確実に有効と認められる程度に控えめな相当性判断が妥当と考えます。
　　ｃ　教訓として、この判決は３か月の限度で有効であると合理的限定解決をして救済してくれていますが、すべて無効とする判決もありますから、やはり妥当な少し控えめな期間を考えるべきです。
　エ　懲戒休職の活用について
　　㈠　実際例として、軽い「戒告・けん責」処分の後にいきなり懲戒解雇をするケースが多いようですが、選択肢として中程度となる懲戒休職制度をもっと活用すべきであると考えます[196]。その理由は以下のとおりです。
　　㈡　まず、懲戒休職は懲戒解雇と異なり無効になっても、損害は休職期間中の未払い賃金の支払いが中心となりますから、使用者にとってリスクが小さいですし、労働者にとっても争う利益が小さいので訴訟など正式な争いになることは少ないと考えられます。
　　㈢　また、解雇が難しいときでも、解雇に次ぐ厳しい処分として、使用者の強い意思を示すことができます。戒告等の軽い処分と異なり懲戒休職の後に態度を改めないとさらに厳しい処分が待っているという圧力がかかりますから、通常は改心して懲戒の目的を達することが可能となります。
　　㈣　特に中小企業では、職場で顔も見たくないという感情が強い経営者が多

---

[196] 裁判例として、宮崎信用金庫事件・福岡高宮崎支判平14.7.2労判833号48頁は、出勤停止程度にしておくべき事案でした。元労働組合の副委員長ら２名の従業員が信用金庫の不正融資疑惑を解明するために、コンピューター端末を利用して、顧客情報を入手して組合活動等に用いたことを懲戒事由とし、解雇しました。
　１審（宮地地判平12.9.25労判833号55頁）は解雇の有効性を認めましたが、控訴審（福岡高裁宮崎支判平14.7.2労判833号48頁）は、労働者による不正疑惑の告発が発端となって企業の不正行為が暴露され、告発に発展した経緯に着目して、このことにより内部告発のもつ違法性が減殺されたものと認めて、当該解雇を権利の濫用であるとし、１審判決を取り消して無効としました。不法入手行為については窃盗罪として処罰される程度に悪質な行為ではなく、出勤停止より重い処分を課することはできないとしたものです。

いのですが、とりあえず一定期間目の前からいなくなることと、ある程度の強い制裁を加えたということから感情を抑えることができ易くなります。この意味で懲戒解雇の代用として利用でき、不当解雇の予防になります。

(5) 懲戒解雇

ア 「懲戒解雇」は最も厳しい懲戒処分であり、通常は解雇予告も予告手当の支払もなしに即時になされ、退職金の全部又は一部が支給されません。但し、不支給が退職金規定などに明記してあることが必要であり、また、労働者のそれまでの勤続功労を抹消（全額不支給の場合）又は減殺（一部不支給の場合）する程度に著しく信義に反する行為があった場合に限られると制限的に解されています。この点について説明します。

(ア) 懲戒解雇事由が、退職後判明した場合の既払退職金返還の規定があるかどうかの確認が必要です。

(イ) 次に合理性の判断が必要です。

a この点は就業規則の合理性審査のところ（第1章第5節の3、60頁以下）でも述べていますが、重大な非違行為者に対する退職金の不支給・減額は長年の労働の価値を抹消・減殺するほどの背信行為が存在することから、原則として適法とされています[197]。

b 退職不支給の事例について

(a) 全面的に肯定した裁判例には（全額不支給を認めるもの）には以下のものがあります。

① トヨタ車体事件・名古屋地判平15.9.30労判871号168頁は、幹部社員（デザイナー）としての発注権限を濫用して下請け会社から多額のリベート（1800万円超）を受領したことを理由とする懲戒解雇を有効とし、無効を前提とする退職金請求を棄却しました。

② 日音事件・東京地判平18.1.25労判912号63頁は、会社に事前の連絡なく一斉に退職し、顧客データや在庫商品を持ち出すなどして多大な損害を与えた場合です。この事件は9名の原告のうち、6名については懲戒解雇事由があり、且つ勤続の功を抹消するほど著しく信義に反する行為をしたとして全額不支給を認めましたが、他の3

---

[197] 立証責任のルールについて、日音事件・東京地判平18.1.25労判912号63頁は長年の労働の価値を抹消するほどの背信行為が存在するとの評価が事実上推定され、不支給の適法性を争う労働者側が同評価を障害する事実を立証する責任を争うとしています。

名の者に対しては、退職時の引継義務の不履行があったとまでいうことは困難であるとして退職金請求を認めました。

(b) これに対して、全面的に否定された例として以下のものがあります。

① 東京コンピューターサービス事件・東京地判平7.11.21労判687号36頁は、在籍中に新会社設立を企て、従業員に新会社の方針を説明したり、また、何らかの勧誘をしたことが推測されるとしても、意図的、計画的に引き抜く等の行為はないのであるから、懲戒解雇には該当しないとされ、退職金の請求が権利の濫用に該当しないとされた例です。逆に被告会社が、原告の在籍中に「金銭上のトラブルが発生」とする旨の文書を、被告会社および関連会社の全従業員に配布したことは、その目的及び範囲の点で社会的相当性を逸脱するものであるから、慰謝料を支払うべきとされました。

② 東京ゼネラル事件・東京地判平8.4.26労判697号57頁は労働者が懲戒解雇を避けるため、任意退職した後に退職金を請求することを権利濫用でないとして認めた例です。

③ アイビ・プロテック事件・東京地判平12.12.18労判803号74頁は社会福祉法人A会の理事に就任するとして辞表を提出し、その実、被告会社と業務内容が競業するB社の常務取締役に就任し、かつ、辞表提出前に被告会社の顧客データをB社に移動するなどした原告の退職金請求につき、原告には懲戒解雇に相当する背信行為があったとして、退職金請求そのものが、権利の濫用に当たると判断されました。

(c) 労働者の非違行為の程度によって懲戒解雇が有効とされても退職金不支給を正当化する程の背信性はないとされて退職金請求が一部認められることもあります。

① 東芝事件・東京地判平14.11.5労判844号58頁は、上級管理職の約1ヶ月にわたる無断欠勤の事例ですが、原告が欠勤届の提出が不可能なほどのうつ病の状況にあったとは認められず、また何らの配慮をすることなく、無断で突然職場放棄したもので、重要な職責を担う管理職として無責任であり、原告の行為は、その功労を減殺するに足りる信義に反する行為に該当するとして、退職金規程に基づく自己都合の場合の基本額の50％の支払が相当とされました。

②　小田急電鉄事件・東京高判平15.12.11労判867号5頁は、鉄道会社社員が電車内で行った痴漢行為について、その職責を重視して懲戒解雇を有効としましたが、退職金不支給については、その賃金後払および所得保障の性格を考慮すると私生活上の行為に対する全額不支給は行き過ぎであるとして3割分（276万円余）の支払いを命じました。

③　東京貨物社事件・東京地判平15.5.6労判857号64頁は在職中の競業行為を認定しましたが（懲戒解雇は東京地判平12.11.10労判807号69頁で有効とされ、既に確定しています）、在職中の長年の功労を否定し尽くすだけの著しく重大な背信性はないとして、退職金の4割5分を減じた減額（434万円余）支給を命じました。

(d)　尚、東急エージェンシー事件・東京地判平17.7.25労判901号5頁は懲戒解雇自体が権利濫用で無効となった場合の不支給を否定したもので、当然です。このような例は極めて多いです。

c　検討

(a)　まず、減額を含めて退職金不支給・減額の選択規定を設けて（又は「不支給とすることがある」にとどめる）、使用者側の裁量権を確保しておくことです。全額不支給を否定する判例も多いこと、小田急電鉄事件などのように一部でも認容してくれればまだよいとしても全部否定（全額支給を命じる）とする裁判例もありますから、労働者の非違行為の程度により、減額支給を選択することが賢明な場合があります。減額されても争う事例は少ないと思われます。

(b)　次に、労働者が退職してしまってから支払った退職金を取り戻す形の場合は労働者の資力の問題もありますから、回収の困難が予想されます。また、懲戒解雇の手続に時間がかかりすぎ、その間に先手を打って労働者が懲戒解雇を避けるため任意退職した後に退職金を請求することもあります。この場合退職金請求が権利濫用になるかという問題があります[198]が、権利濫用論ですから予測可能性に乏しいところです。そこで、できるだけ速やかに懲戒解雇をするか、懲戒解雇事由が存在する場合は（懲戒解雇の有無にかかわらず）不支給にできる旨規定し

---

[198] 濫用肯定例として、アイビ・プロテック事件・東京地判平12.12.18労判803号74頁、濫用否定例として東京ゼネラル事件・東京地判平8.4.26労判697号57頁。

ておくべきです。
　イ　除外認定と予告手当支払いの問題
　　(ア)　解雇予告手当の支払いをせずに即時解雇が許されるためには「労働者の責に帰すべき事由」であることについて、労働基準監督署長の除外認定が必要とされています（労基法20条3項、19条2項）。そこで、労働基準監督署長の除外認定を受けずになされた懲戒解雇の効力が問題となります。この点は実務上よく問題になるところです[199]。
　　(イ)　除外認定を得ずになされた即時解雇の効力については、除外認定は確認的行為にとどまり効力要件ではなく、有効と解されています[200]。
　　(ウ)　さらに進んで、除外認定を事後確認的なものと解して除外認定を受けなくても解雇が労働者の責めに帰すべきものと認められる場合には、使用者は解雇予告手当の支払義務を負わないとする裁判例があります[201]。そこで、「労働者の責めに帰すべき事由」があると判断できる場合は、解雇予告手当を支払わないということも考えられます。解雇の効力に影響がないのですから使用者に大きなリスクはありません。
　ウ　諭旨解雇
　　懲戒解雇より軽い懲戒処分として「諭旨解雇」を設ける企業もあります。
　　また、退職願や辞表の提出を勧告し、即時退職を求める「諭旨退職」と呼ば

---

[199] かつて業務上横領による懲戒解雇の事案で原則通り除外認定を求めたところ、労働者からの事情聴取ができないという理由で除外認定が得られないことがありました。

[200] 共同タクシー事件・横浜地判昭40.9.30労判34号15頁は、飲酒運転して事故を起こしたタクシー運転手に対する懲戒解雇が今日の交通事情からみて特に厳しい規律を社会的に要請されているタクシー事業者たる会社にとって当然の措置であるとして正当とされた例ですが、「除外認定制度は、労務行政の立場から、使用者が恣意的に懲戒解雇乃至即時解雇をなすことを抑制せんとし、かかる場合まずもって行政官庁の認定を受けるよう使用者に義務づけたもので、その本質は事実確認的なものである。除外認定を経たかどうかということと、客観的に労働基準法第20条第1項但書に該当する事由が存在するかどうかということ（本件では懲戒解雇事由の存否）とは別個の問題であって、除外認定を受けないで懲戒解雇した場合でも、現実にその事由が存するならば、有効であり、これに反し除外認定を経た場合でも、本来その事由を欠いているときは、解雇は無効とされざるを得ないのである。」

[201] 裁判例として、①豊中市不動産事業協同組合事件・大阪地判平19.8.30労判957号65号は、同僚（女性）に対して大声で怒鳴りつけたり罵倒したりして同僚との和を乱すことが度々あった女性事務局長Xが同僚女性に対して侮辱的な内容を大声で怒鳴り続けたうえ、暴行を加え加療7日間の傷害を与えた事例です。本件解雇は職場の秩序に反する重大な非違行為であり、労基法20条による保護を与える必要がないもので、同条1項但書の「労働者の責に帰すべき事由」に当たるので、Xの解雇予告手当請求は理由がないとしました。
　同旨のものとして、②旭運輸事件・大阪地判平20.8.28労判975号21頁は取引先などで暴言を吐くなど頻繁にトラブルを生じさせ、また繰り返し無断欠勤するなどしていた原告トラック運転手Xに対する解雇について、被告会社Yの業務遂行および職場秩序に少なからず支障を来したことが認められるとし、本件解雇の解雇事由は解雇予告手当の支給による保護を図る必要のないものと認めるのが相当であり、本件解雇は、労働基準法20条1項但書の「労働者の責めに帰すべき事由に基づく解雇」に当たるとされました。

れる懲戒処分もあります。この場合、所定期間内に勧告に応じない場合は懲戒解雇に処するという取扱いをする企業が多いといわれています。以上2つについても懲戒処分としての有効性を争うことができますが、以下に説明しておきます。

(ア) 諭旨解雇とは、懲戒解雇を若干（退職金の全額または一部を支給という形で）軽減した懲戒処分です。退職願の提出を勧告し（応じれば任意退職の形になります）、それに応じない場合は懲戒解雇するという形をとる場合もあります（「諭旨退職」と呼ぶこともあるようです）[202]。

(イ) 諭旨解雇は懲戒解雇より軽い処分であって、選択肢として検討できますし、一方的判断を行う前の一種の合意解決を図る試みとして意味があります。

　しかし、失職させるという大きな不利益があるので、懲戒解雇に準じた厳しい判断がされます[203]。

エ　懲戒制度が何ら存しない企業（就業規則自体がないとか、その周知がされていない場合も含みます）において使用者が行う「懲戒解雇」は「懲戒」という名称の付された労働契約の解約（普通解雇）にすぎず、本来の懲戒解雇とは異なるとされています。

　懲戒解雇ができない場合は、普通解雇になります（退職金支払義務あり）から、不正を行った許し難い者に対して退職金を支払わざるを得ないという不都合な結果になります。この点は、小企業の経営者に就業規則を作成させる動機になります。

オ　懲戒解雇も解雇ですから、通常解雇と共通の問題点があります。

(ア) 例えば、解雇理由の明示が必要とされているので、どこまで具体的に書くべきか、解雇時期について長期間経過後は無効とされる問題、労働者が

---

[202] この場合でも使用者は退職願の提出勧告を含めて「諭旨解雇」という一個の意思表示をしているので、労働者はその効力を争うことができます（土田433頁）。
[203] この点、近時の裁判例として以下のものを挙げておきます。
① ネスレ日本事件・最2小判平18.10.6労判925号11頁（判批・労判930号5頁土田道夫）は、労働者が上司に対する暴力行為を理由として就業規則所定の諭旨退職処分を受け、一定期限までに退職願を提出しなかったことから懲戒解雇されたケースにつき、これら一連の処分を諭旨退職処分という懲戒処分として取り扱い、事件後7年以上経過し、捜査結果でも不起訴になっていること等から懲戒解雇を濫用として無効としました。これは「長期間経過後の解雇」のところ〔300頁以下〕で説明します。
② りそな事件・東京地判平18.1.31労判912号5頁は退職願（就業規則に違反し、諭旨退職処分のためという理由で提出されたもの）の前提となる諭旨退職処分が無効であることを理由に退職の効力を否定しました。
③ 日本電信電話事件・大阪地判平8.7.31労判708号81頁では、非違行為が重大で懲戒解雇にも値する場合に退職金の一部支給を伴う諭旨解雇を選択したことが相当（有効）とされました。

229

いつまで解雇無効を争えるのかの問題（信義則・権利濫用論）、「解雇の承認」の問題、予備的主張の問題、権利濫用論の総合判断の問題点、解雇無効の場合のリスク等は「解雇の諸問題」〔292頁以下〕で論じます。

(イ) 懲戒解雇は特別の要件が必要であり、効果も特別のものがありますから、懲戒解雇か普通解雇か明示しておくことが必要です。また、就業規則に規定がなければできないことですから、明確に条文上の根拠まで示して通告すべきです。

(ウ) 裁判における解雇理由の追加的主張の問題がありますが、懲戒では特に懲戒処分後に判明した非違行為の処分理由への追加の問題（使用者が労働者のある非違行為に対して懲戒処分を行った後に別の非違行為が判明したという場合には、新たに判明した非違行為をすでに行った懲戒処分の理由に追加できるか）として争われています[204]。

　a 山口観光事件・最１小判平8.9.26労判708号31頁は、休日出勤命令を拒否し、さらにこれに続く２労働日も欠勤したとの認識のもとに「業務命令拒否」、「無断欠勤」を理由とする懲戒解雇がなされた後、同一労働者についての経歴詐称が判明したので、解雇を争う訴訟において経歴詐称をも処分理由に追加した事件ですが、「懲戒当時使用者が認識していなかった非違行為は、特段の事情のない限り、当該懲戒の理由とされたものではないことが明らかであるから、その存在をもって当該懲戒の有効性を根拠付けることはできない」と判示しました[205]。

　b この点、教訓としては、①懲戒処分をする前によく事実関係を調査確認した上で適正な判断をすることが必要であること、②訴訟における処分理由の追加という形式ではなく、追加理由を含む新たな予備的解雇の意思表示をしておくこと等が考えられます。

4　懲戒の事由

(1) 序論

　ア 懲戒処分の対象となる事由（懲戒事由）は、就業規則上各懲戒手続ごとに

---

[204] 静岡第一テレビ（損害賠償）事件・静岡地判平17.1.18労判893号135頁は、懲戒事由の追加は原則として許されないが、不法行為の判断においては、懲戒をした時点において客観的に存在した事実関係に基づいて個別具体的にその該当性を判断すべきものとしています。

[205] これについては概ね妥当な判旨であり、「認識していなかった非違行為」とは「理由として表示しなかった非違行為」と言うべきであろうとされ、「特段の事情ある場合」とは、懲戒理由とされた非違行為と密接に関連した同種の非違行為の場合などを指すのであろう、「特段の事情」をこのように解した事例として、富士見交通事件・東京高裁平13.9.12労判816号11頁がある。」とされています（菅野503頁）。

230

又は一括して列挙されていますが、通常広範で包括的な事項として表現されています。しかし、裁判例では、具体的な事件で懲戒事由に該当するかどうかの判断にあたっては、広範な文言を労働者保護の見地から限定的に解釈する傾向にあります。以下、具体的な類型ごとに検討します。

イ　就業規則の文言どおりに国（裁判所）がルールとして認めてくれないこと（前述した就業規則の合理的審査）は大きなリスクですから、指導する専門家から使用者はきちんと説明を受けておく必要があります。

(2) 経歴詐称

「経歴詐称」は懲戒事由としてほとんどの就業規則に定められていますが、裁判例もこれが懲戒事由となることを認めています（この点は9頁で述べています）。

(3) 職務懈怠

ア　無断欠勤、出勤不良、勤務成績不良、遅刻過多、職場離脱等の「職務懈怠」は一般的に懲戒事由と考えられますが、これらは、それ自体は（労働者側の）単なる債務不履行であって、それが就業に関する規律に反したり、職場秩序を乱した（例えば職場の志気へ悪影響を与えた）と認められた場合に初めて懲戒事由となると解すべきである（菅野495頁）と限定的（制限的）に解されています。

イ　懲戒解雇が有効とされた裁判例として、以下のものがあります[206]。

(ｱ)　東京プレス工業事件・横浜地判昭57.2.25判タ477号167頁・労判397号速報カード37頁は、プレス工場従業員が6ヶ月間に24回の遅刻と14回の欠勤を1回を除き全て事前の届出なしに行い、その間の上司の繰返しの注意や警告にもかかわらずそのような態度を継続した事例で「正当な理由なく遅刻・早退又は欠勤が重なったとき」の条項を適用しました。

---

[206] その他の裁判例としては以下のものがあります。
① 日本消費者協会事件・東京地判平5.12.7労判648号44頁は、勤務態度に問題があり、勤務成績が著しく不良であるとして行われた懲戒解雇の効力が争われた事件です。原告Xは消費者教育関係の職場から商品テスト室への配置換えになって以降上司に反抗的な態度を示したり、上司の指示に従わず仕事を拒否したりしたため、他職場へ再度の配置換えがなされたが反抗的な態度は変わらず、遅刻や無断欠勤も多く、再三の厳重注意処分や譴責処分にも態度が改まらないとして懲戒解雇されました。これに対し、Xは解雇の無効を主張するとともに、主として消費者教育関係等の業務に就労させるよう請求し、加重な労働をさせたことなどにつき文書による謝罪および時間外労働手当や慰謝料の支払いを求めました。裁判所は、勤務成績の著しい不良を理由とする懲戒解雇を有効としました。
② 日経ビーピー事件・東京地判平14.4.22労判830号52頁は、編集業務から福利厚生部への配転された後の業務過誤に対して各種懲戒処分がなされた後に2ヶ月近くにわたって連続的に欠勤し、度重なる職場復帰命令に従わなかった労働者の事例です。

231

(イ) 大正製薬事件・東京地判昭54.3.27労判318号44頁は、製薬会社の外商員につき、①定められた得意先訪問ルートにしばしば違反し、上司から再三叱責されていたこと、②受持区域外の喫茶店に入り2時間位外の外商員と話しこみ、始末書を提出させられたにもかかわらず再度同様のことをしたこと、③販売成績が同僚中最低の部類で、販売代金の回収率も極めて悪いという事情があった事例です。

(ウ) 私用メールと職務専念義務違反の例として、K工業技術専門学校事件・福岡高裁平17.9.14労判903号68頁は、業務用パソコンで出会い系サイトに投稿し私用メールを多数回送受信していた専門学校教員の懲戒解雇を有効とした事例です[207]。

このようなケースについての裁判例は他にもありますが[208]、同じ事件で裁判官により苛酷な処分かどうかの判断が全く異なるということは難しい問題であることを示しています。

(4) **業務命令違反**

ア 業務命令違反も懲戒事由となります。

(ア) 就業についての上司の指示・命令(例えば時間外労働命令、休日労働命

---

[207] 1審(福岡地裁久留米支判平16.12.17労判888号57頁)が職務専念義務や職場規律維持に反するだけでなく教職員としての適格性や学校の名誉信用にもかかわるものであって懲戒解雇事由に一応は該当するが、懲戒解雇は苛酷に過ぎ解雇権の濫用として無効としましたが、これを逆転したものです。高裁判決の要旨(理由)は以下のとおりです。
① 教員Xの私用メールは学校Yの服務規則に定める職責の遂行に専念すべき義務などに著しく反し、その程度も相当に重いものであり、
② その内容も露骨に性的関係を求めるもので、
③ 投稿でメールアドレスを第三者に閲覧可能な状態にしていた行為は著しく軽率かつ不謹慎であるとともに、Yの品位、体面及び名誉信用を傷つけるものである。
④ メールのやり取りにとどまらず、出張時に交際相手と実際に食事を共にしたこともYにおける職責を怠りその名誉を傷つけるものとして軽視できない。
⑤ 大量のメールを勤務時間に送受信していたその分の時間と労力を本来の職務に充てていれば、より一層の成果が得られたはずであって、事務を疎かにしなかったなどということはできない。
⑥ Yがパソコンの使用規程を設けていたか否かでその背信性の程度を異にしない。

[208] その他の例として以下のものがあります。
① 日経クイック情報事件・東京地判平14.2.26労判825号50頁は会社のパソコンを利用した勤務時間中の私用メールが職務専念義務や企業秩序に違反し懲戒処分の対象となりうるとしました。私用メールは送信者が文書を考え作成し送信することによりその間職務専念義務に違反し、私用で会社の施設を使用する企業秩序違反行為になること、他方私用メールを読まされる受信者の就労を阻害し、受信者が送信者からの返信メールの求めに応じてメールを作成・送信すれば、そのことにより受信者に職務専念義務違反と私用企業施設使用の企業秩序違反を行わせることになるとしました。
② グレイワールドワイド事件・東京地判平15.9.22労判870号83頁は就業規則等に特段の定めがない限り、社会通念上相当と認められる限度で、使用者のパソコン等を利用して、1日2通程度の就業時間中の私用メールを送受信しても、職務専念義務に違反するものではないとし、結果として解雇は解雇権の濫用に当たり無効であるとしました。

令、出張命令、配転命令、出向命令等）の違反等ですが、この場合の懲戒処分の有効性の問題点としては、①使用者の命令が労働契約の範囲内の有効なものか否か、②（命令が有効であったとしても）労働者にその命令に従わないことにやむを得ない事由が存したかどうか、③労基法上の問題（時間外、休日労働命令の場合）があります。

(イ)　「業務命令違反」はもっと活用すべき「懲戒事由」であり、業務命令違反をくり返す場合は懲戒解雇も可能になります。残業禁止と帰宅命令を出すべき旨判決で述べられた富士通四国システムズ事件については残業問題のところ〔373頁以下〕で詳細に論じます。また、争いになることが多い配転命令については配転のところ〔199頁以下〕で述べています。

イ　労働者に対する所持品検査は、現金・貴金属等の不正隠匿・領得行為、会社物品の不正持出しや危険有害物持込みなどの摘発・防止、企業秩序や職場規律の維持等の目的で行われていますが、方法・程度により労働者の名誉・プライバシー等の人権侵害を生じるおそれがあるので、その限界が問題となります。

　　判例（西日本鉄道事件・最2小判昭43.8.2民集22巻8号1603頁・労判74号51頁）は、電車やバスの乗務員に対して行われる「所持品検査」について、これらが私人による犯罪捜査の機能を果たし、労働者の人権を侵害する危険が大きいので、厳格な要件（①検査を必要とする合理的理由の存在、②検査の方法が一般的に妥当な方法と程度で行われること、③制度として職場従業員に対して画一的に実施されるものであること、④明示の根拠に基づくこと）を必要としています。

(5) **業務妨害**

　　従業員の行為が勤務先企業の業務の妨害となる場合は懲戒事由となります。

①　例えば、組合の争議行為が使用者の業務を積極的に阻害する態様で行われ、正当性がない場合です。この場合、行為者の役割に応じて相当の懲戒処分をすることができます。

②　また労使の個別トラブルが発展して労働者が業務妨害行為をしてしまう場合もあります。

　　ダイハツ工業事件・最2小判昭58.9.16判時1093号135頁・労判415号16頁は、自宅待機命令に従わず無理矢理就業の試みを執拗に繰り返した労働者に対する懲戒解雇を有効としました。

(6) 職務規律違反

ア　企業内部での労務の遂行等労働者の行為を規律している諸々の規定（職場規律）の違反は懲戒処分の対象となります[209]。ここでは特に上司の監督責任の問題とタイムカードの不正打刻の問題を取り上げます。

イ　部下の不正行為の見逃しや見過し（上司の監督責任）

(ｱ)　部下の多額の横領行為を重過失で発見できなかった営業所長に対する懲戒解雇を有効とした関西フェルトファブリック事件・大阪地判平10.3.23労判736号39頁では、懲戒解雇が有効とされた理由（事情）として、①横領金額が多額（9000万円超）であること、②横領者と長時間密接に行動を共にしていたにもかかわらず、上司として経理上のチェックをしなかったこと、③横領者に大金を立替払をさせておきながら精算を申し出ることなく放置し、横領者が大金を立て替えることに疑問を呈することがなかったこと、④上司として健全な常識を働かせれば横領者の行為に不審の念を抱き、横領行為を容易に知り得る状況にあったと言えることがあり、以上のことからほとんど故意に近い程度の重過失と言えるとしています[210]。

(ｲ)　上司（管理者）に対する固有の懲戒規定のない例もありますが、効果的な人事管理のためには必要です。

ウ　タイムカードの不正打刻

(ｱ)　近時は厳しい時間管理責任が使用者側に課せられており、タイムカード等による適切な管理が求められています。この点でよく問題になるのが不正打刻の問題です。

---

[209] 最も明白なものは、横領・背任・窃盗・暴行等の犯罪行為（非違行為）ですが、本文に述べた問題の他に、例えば以下の例もあります（詳細は河本穀「判例から考える懲戒処分の有効性」経営書院138頁以下の「X 懲戒解雇」参照）。
① 取引先からのリベート収受（ナショナルシューズ事件・東京地判平2.3.23労判559号15頁は、会社と同種の小売店を経営したこと、商品納入会社にリベートを要求し、収受したこと等を理由とする商品部長の懲戒解雇が有効とされた例）
② コンピューターデータの無断抜取り・メモリ消去（東栄精機事件・大阪地判平8.9.11労判710号51頁は、ＮＣ旋盤工の行ったコンピューターデータの無断抜き取り行為及びＮＣ旋盤のメモリ消去、加工用テープの無断持ち帰りなどを理由とする普通解雇が有効とされた例）
③ 機器の不正購入（バイエル薬品事件・大阪地決平9.7.11労判723号68頁は、規定の手続を経ることなく総額約1500万円に上る危機を会社に無断で購入し、不正な納品書および請求書を作成させたこと等を理由としてなされた研究員の懲戒解雇が有効とされた例）
④ タクシー運転手のメーター不倒・料金横領（裁判所は金額や回数の多少にかかわらず懲戒処分を有効と認める傾向といわれています）
[210] 尚、上司に対する損害賠償請求を認めた判例として、厚岸町森林組合事件・釧路地判平10.5.29労判745号32頁があります（部下の越境伐採による隣接町に対する賠償金支払いの損害額の５％の限度で上司に対する求償を認めた事案です）。

(イ) 会社が不正打刻を厳に戒めていた状況下で勤務に服さなかった同僚の出勤表にタイムレコーダーで退出時刻を不正に打刻した場合には懲戒解雇が問題となります。

　　a　八戸鋼業事件・最１小判昭42.3.2民集21巻２号231頁・労判74号57頁の事案は、時間管理が不正確になり、従業員の間に苦情、不満があったためタイムレコーダーを備え付け、１ヶ月の準備期間を置いて、従業員がその使用に習熟するのを待って実施しました。その後間もなく他人の出勤表に不正打刻をする者が現れるようになったため、会社Y（上告人）は不正行為の絶滅を期して、総務部長名で「不正を依頼した者と依頼された者を解雇する」旨の告示を掲揚し、その旨を従業員全員に周知徹底しました。X（被上告人）はこの警告を熟知していたにもかかわらず、あえて無視して不正打刻（同僚が勤務しなかったのに勤務したことにする）に及んだというものです。

　　b　控訴審判決（仙台高判昭40.2.11労判74号63頁）はふとしたはずみで偶発的になされたものであり、重すぎるとして懲戒解雇を無効としましたが、最高裁はそのような認定は極めて合理性に乏しいとして、特段の事情がない限り懲戒権の濫用にはならないとして高裁に差し戻しました（最１小判昭42.3.2労判74号57頁）。

　　c　ここでは会社が、①準備期間を置いたこと、②不正がなされた場合の処分を警告し、それを周知徹底していたこと（それにも関わらず不正をすると、非常に悪質なものとみなされることになります）が評価されていますから、実務的に①②は必ず行うべきです。

(ウ) 無効にならないように注意すること

　　a　従前放置（黙認）していて、上記のような配慮をせずに、いきなり新制度を適用して処分することは、不意打ちになりますから、懲戒権の濫用となる危険が大きいと留意すべきです。

　　b　処分が無効となった裁判例がありますが[211]、いずれもいきなり「解雇」

---

[211] ①　奈良中央病院事件・奈良地決昭55.10.6労判357号69頁は、タイムカードに不実記載をした見習看護婦が年齢が若く社会経験が少ないこと（未だ精神的に十分発達していないこと）から教育上の配慮義務があるとして、普通解雇を無効とした事例です。通常の従業員ではこの理由は使えません。
②　社団法人神田法人会事件・東京地判平8.8.20労判708号75頁は、始業から15分以内の遅刻、タイムカードの改竄を繰り返すなどし、役員らの指示に素直に従わなかった従業員を懲戒解雇した事案で、同様の回数の遅刻をしたほかの者が解雇されていないことを理由に解雇無効としています。この点は、同様の立場にある者との比較として、平等原則の適用を検討すべきです。

ということが問題となっており、その不正の程度により、「戒告・けん責」や「休職」等、解雇より軽度の処分を検討すべきです。

(7) 従業員たる地位・身分による規律の違反

ア 私生活上の非行

(ア) 従業員の私生活上の犯罪その他の非行は多くの就業規則で懲戒事由とされ、裁判例も数多くあります。

a 裁判例では従業員の私生活上の言動のうち、事業活動に直接関連するものや企業の社会的評価を毀損するものだけが企業秩序維持のために懲戒の対象となると考えられ、就業規則の明文について限定解釈して不当な処分のないようにチェックしています[212]。

b 日本鋼管事件・最２小判昭49.3.15民集28巻２号265頁・労判198号23頁は、鉄鋼会社従業員が米軍基地拡張反対デモの中で逮捕・起訴され、懲戒解雇ないし諭旨解雇された事件で、従業員３万人の大企業の一工員の本件行為が会社の体面を著しく汚すとはいえない（解雇無効）とされた例です。判決は、従業員の非行が会社の体面を著しく汚すといえるための判断基準として、①当該行為の性質、情状、②会社の事業の種類・態様・規模、③会社の経済界に占める地位、経営方針、④従業員の会社における地位・職種等諸般の事情から総合的に判断して、その行為が会社の社会的評価に及ぼす影響が相当重大であると客観的に評価される場合である必要がある旨判示しています。

(イ) 男女間のスキャンダルの問題（会社内の風紀秩序の問題）は、労働者のプライベートにどこまで使用者が入れるかという問題の１つとして実務上

---

[212] 有名な横浜ゴム事件・最３小判昭45.7.28民集24巻７号1220頁・労判114号37頁は、深夜酩酊して他人の家に侵入し、住居侵入罪として罰金刑に処せられた従業員に対する懲戒解雇処分を行為態様、刑の程度（罰金刑）、職務上の地位等の諸事情から無効とした例です。

X（［原告・被控訴人・被上告人］）・Y会社［被告・控訴人・上告人］タイヤ工場製造課の従業員）は昭和40年８月１日午後11時20分頃、飲酒の上、他人の居宅の屋内に忍び入ったが、家人に誰何されたため直ちに屋外に出て逃走したが、まもなく私人に逮捕され、警察に引渡されました。その後数日を経ないうちにXの犯行及び逮捕の事実がうわさとして広まり、工場近辺の住民及びY従業員の相当数が知ることとなりました。Yは賞罰規則所定の「不正不義の行為を犯し、会社の対面を著しく汚した者」に該当するとして、同年９月17日にXを懲戒解雇しました。そこでXはYに対して雇傭関係存続確認請求訴訟を提起しました。

１審・２審共Xの請求を認容したので、Yが上告しましたが、上告棄却となりました。最高裁は「・・・右賞罰規則の規定の趣旨とするところに照らして考えると、問題となるXの右行為は、会社の組織、業務等に関係のないいわば私生活の範囲で行われたものであること、Xの受けた刑罰が罰金2500円の程度に止まったこと、YにおけるXの職制上の地位も蒸熱作業担当の一工員ということで指導的なものでないこと等原判示の諸事情を勘案すれば、Xの右行為がYの対面を著しく汚したとまで評価するのは当らないというほかない。」と判示しています。

も争われるところです[213]。

　この点、観光バス業界は、業界の特殊事情により、肯定する裁判例がありますが、他業界では原則として否定的であり、企業としては、従業員の私的問題として、原則不介入の態度をとるべきでしょう。業務への悪影響が出た場合には、それ自体をとらえて処分することで足りるはずです。

イ　兼業

(ｱ)　兼業が法律で規制される公務員と異なり、民間企業の従業員の兼業は法律で直接規制されていません。しかし、就業規則等で、従業員が、使用者の許可・承認を得ずに、他企業に就職したり、自ら事業を営むことを禁止し、違反に対する制裁として懲戒処分（特に懲戒解雇）を定めるのが通例で、同業他社への就職が退職金不支給や減額の事由とされたり、懲戒事由の一つである企業に損害を与えた場合に該当すると扱われることがあります。兼業または競業にあたるとして、就業規則にもとづき、懲戒処分（特に懲戒解雇）や退職金の不支給・減額を行った場合に、その処分の有効性、あるいは退職金請求権が問題となります。そして、この種の紛争は、①近年の労働時間短縮によって自由時間が増加するため、労働者が兼業しようと思えばできる機会が増えること、②終身雇用の概念の希薄化によって、同業他社への転職や引抜きが増加しつつあることから、今後増加していくと予想されます。

(ｲ)　実際に問題となるのは、「労働者が労働提供義務を負わない労働時間外に行う兼業」ですが、労働者は、労働契約を締結することによって企業の一般的包括的な支配に服するわけではなく、労働時間の中で業務上必要な範囲で拘束されるだけですし、しかも労働者には憲法22条で保障された職業選択の自由があることを考慮すると、職務遂行とは基本的には無関係な職場外での行為である労働時間外の兼業を行うことは、原則的には労働者の自由であり、使用者による規制（許可制等）の対象にはならないと考えられます。しかし、企業秩序に兼業が影響を及ぼすこと（例えば兼業による疲労によって本来の労務提供がおろそかになる等）もあるので、労働時間外の兼業行為であっても、使用者の許可を要求して規制しようとする就

213　ケイエム観光事件・東京地判昭63.5.27判時1279号151頁・労判519号63頁（観光バス会社のガイドとの情交関係を理由として運転手に対する普通解雇を認めた例）や、繁機工設備事件・旭川地判平元.12.27労判554号17頁（妻子ある同僚との職場恋愛を理由とする女子従業員の懲戒解雇を無効とした例）があります。

業規則の規定には合理性があります。そこで、従来の裁判例は、兼業を行う労働者の自由を侵害しない限度で、兼業を規制する使用者の業務上の必要への配慮をすることによって、労使間の利益調整を図っています。

a　合理的限定解釈

裁判例でみられる方法として、兼業規制の趣旨、目的を考慮した就業規則条項の限定的解釈を行って、規制対象である兼業の範囲を、企業秩序を乱し、または労務提供を不能、困難にするものに限定した上で、一方で、兼業の目的、兼業先での地位や労務の性質、継続期間等を、他方で本来の企業での地位や労務の内容、雇用形態等を考慮して当該兼業が規制されている兼業に該当するかを判断するという方法があります。営業等への具体的悪影響がないときや[214]、使用者の黙認下の公然化した兼業の場合には、さらに解雇に権利濫用法理による絞りをかける裁判例もあります。企業秩序を乱す恐れのない兼業を許可する義務を使用者は負うとする裁判例も同様の立場といえます[215]。

b　就業規則上会社の許可なく兼業（二重就職）することを禁止し、その違反を懲戒事由としているものが多く見られますが、判例は会社の職場秩序に影響せず、且つ会社に対する労務の提供に格別の支障を生ぜしめない程度・態様の二重就職は禁止の違反とはいえないとし、そのような影響・支障のあるものは禁止に違反し、懲戒処分の対象となるとしています[216]。

---

[214] 国際タクシー事件・福岡地判昭和59.1.20労判429号64頁は、タクシー運転手として勤務しながら、父親経営の新聞販売店の業務に従事したことが就業規則上の兼業禁止規定に違反するとしてなされた懲戒解雇が無効とされた例です。

[215] 瀬理奈事件・東京地判昭和49.11.7労判212号52頁は、被告会社飲食店瀬里奈で客の自動車保管、店の案内をしていた原告が、勤務終了後約2時間、別の会社Tに勤めるにあたって、被告は原告の兼業許可請求を認める義務を負うかどうかが問題となりましたが、判決は、「使用者の経営秩序に影響がなく、また、労働者の使用者に対する労務の提供にも支障がないような場合には、使用者は、たとい労働者の兼業を必要とする度合いが少ないときでも、兼業許可請求を許可すべき義務を負う」としました。日本放送協会事件・東京地判昭和56.12.24労判377号17頁は許可なく長期間欠勤し、自主映画の製作に従事していたことを理由とする懲戒解雇を有効としました。

[216] 橋元運輸事件・名古屋地判昭47.4.28判時680号88頁・労判160号70頁は、個人的色彩の強い下請会社Yで長年働いてきた従業員3名が、代表者の親族間の争いから、代表者の実弟が設立した競争会社の取締役に就任するに至ったため、二重就職を禁止し、その違反を解雇事由とする就業規則の規定により解雇されたケースです。Yは、懲戒解雇の場合は退職金を減額または支給しない旨の退職金規定を根拠として、退職金の支払もしないので、3名のうち2名は、退職金の支払を、他の1名は解雇の効力を争って地位確認の訴を提起しました。判決は、解雇は有効としましたが、退職金規定の解釈適用については労働者に永年の勤続の功を抹消してしまうほどの不信行為がない以上退職金を全額支給しないことは許されないとして、16年間もの功績を考えると4割は支給すべきものと判示しました。

238

労働者の私生活上の行為を問題にするのですから、会社の許可を必要とする場合を限定的に解しているのです。

(ウ) 禁止される二重就職（懲戒の対象となる）とされたものとしては以下のものがあります。

a 労務提供に支障を来たす程度の長時間の二重就職の例として、小川建設事件・東京地決昭57.11.19労判397号30頁があります[217]。

b 使用者から従業員に対し特別加算金を支給しつつ残業を廃止し疲労回復・能力向上に努めていた期間中の同業他社における就業が問題となった例として、昭和室内装置事件・福岡地判昭47.10.20労判164号51頁があります。家具組立工が会社再建のための特別措置としての時間外・休日労働廃止の間に、競業他社で１日２、３時間７日間就労していた事例で、

---

[217] 小川建設事件について

① 債権者Xは、昭和55年２月25日、総合建設業、一般土木建設工事業等を含む債務者会社Yに事務員として雇用され、午前８時45分から午後５時15分まで営業所に勤務し、本社・外回りの社員・顧客からの電話連絡の処理、営業所内の清掃、本社・営業所間の通信事務、営業所内の書類整理等に従事するかたわら、キャバレーにおいて、同年４月８日から５月15日まではリスト係（ホステス、客の出入りのチェック）として、６月10日から翌56年３月３日までは会計係（客からの飲食代金の領収、ホステスの指名料、ドリンク料金等の記録）として、午後６時から午前零時まで就労していました。Xのこの就労の事実を知ったYは、右就労が会社就業規則31条４項（「会社の承認を得ないで在籍のまま他に雇われたとき」）に該当しており懲戒解雇にすべきところを通常解雇にとどめるとして、Xを解雇しました。裁判所は、Xの地位保全・賃金仮払いの申請をいずれも却下しました。

② 就業規則における兼業制限規定の合理性について、「法律で兼業が禁止されている公務員と異り、私企業の労働者は一般的には兼業は禁止されておらず、その制限禁止は就業規則等の具体的定めによることになるが、労働者は労働契約を通じて１日のうち一定の限られた時間のみ、労務に服するのを原則とし、就業時間外は本来労働者の自由な時間であることからして、就業規則で兼業を全面的に禁止することは、特別な場合を除き、合理性を欠く。しかしながら、労働者がその自由なる時間を精神的肉体的疲労回復のため適度な休養に用いることは次の労働日における誠実な労務提供のための基礎的条件をなすものであるから、使用者としても労働者の自由な時間の利用について関心を持たざるをえず、また、兼業の内容によっては企業の経営秩序を害し、または企業の対外的信用、対面が傷つけられる場合もありうるので、従業員の兼業の許否について、労務提供上の支障や企業秩序への影響を考慮したうえでの会社の承認にかからしめる旨の規定を就業規則に定めることは不当とはいいがたく、したがって、同趣旨の債務者就業規則第31条４項の規定は合理性を有するものである。」（判決原文31頁）とされています。

③ そして、本件解雇の相当性については、「債務者就業規則第31条４項の規定は、前述のとおり従業員が二重就職をするについて当該兼業の職務内容が会社に対する本来の労務提供に支障を与えるものではないか等の判断を会社に委ねる趣旨をも含むものであるから、本件債権者の兼業の職務内容のいかんにかかわらず、債権者が債務者に対して兼業の具体的職務内容を告知してその承諾を求めることなく、無断で二重就職したことは、それ自体が企業秩序を阻害する行為であり、債務者に対する雇用契約上の信用関係を破壊する行為と評価されうるものである。そして、本件債権者の兼業の職務内容は、債務者の就業時間とは重複してはいないものの、軽労働とはいえ毎日の勤務時間は６時間に亙りかつ深夜に及ぶものであって、単なる余暇利用のアルバイトの域を越えるものであり、したがって当該兼業が債務者への労務の誠実な提供に何らかの支障をきたす蓋然性が高いものとみるのが社会一般の通念であり、事前に債務者への申告があった場合には当然に債務者の承諾が得られるとは限らないものであったことからして、本件債権者の無断二重就職行為は不問に付して然るべきものとは認められない。」（判決原文32頁）としています。

判決は原告らの二重就職の状況、態様など、事実関係を詳細に検討した上、就業の規律を乱し、他の労働者の作業意欲を減退せしめるなど、企業に好ましくない影響を与えたものと判示し、原告らの請求（地位確認等請求）を排斥しました。労判解説の表題は「会社の厳重な警告を無視した二重就職は懲戒解雇に値する」となっています。

　　　ｃ　他の企業と継続的な雇用関係に入ることが規制対象となる兼業であるとし、解雇有効とした例として阿部タクシー事件・松山地判昭42.8.25判時494号63頁・労判27号3頁があります[218]。

　　(エ)　原則として兼業は可能であって、例外的場合に不許可とする考え方の方への流れもありますし、労働ＣＳＲ、ワーク・ライフ・バランス、企業は労働者個人の全生活を支配するものではないとの考え方、豊かな人生の応援等の理念からすると厳しすぎる兼業規制は見直す必要があります。

　　ウ　誠実義務違反

　　　従業員は職場外で且つ勤務時間外であっても労働契約上の誠実義務違反行為について懲戒処分を受けることがあります。例としては以下のものがあります。

　　①　私生活上でも勤務先企業の製品の不買運動を行うこと。
　　②　会社攻撃のビラ（その内容が事実を歪曲し且つ中傷誹謗するもの）を配布すること。
　　③　会社の重要な機密を漏洩すること。
　　④　幹部職員が同業他社を設立すべく部下の大量引抜きを図ること[219]。

5　懲戒処分の有効要件

(1)　序論

　ア　懲戒事由の存在が認められる場合でも、懲戒処分が有効であるというためには、①罪刑法定主義類似の諸原則、②平等取扱いの原則、③相当性の原則、

---

[218] タクシー運転手が、みずから購入したダンプカーによる建設現場への土砂運搬作業に、欠勤して従事した（一方の会社を欠勤しつつ他社で労働した）ケースであって、判決は「とくに前示の程度にまでいった二重雇用は、およそ人と人との信頼関係をもって始めてその成立と継続が可能となる労働契約の性質を考えれば、被告会社と原告らの雇用関係の継続を著しく困難ならしめる重大な信義則違反と考えられる」としています。

[219] 裁判例としては、日本教育事業団事件・名古屋地判昭63.3.4労判527号45頁（従業員を勧誘・引き抜きして、同種の営業内容の会社を設立しようとしたこと、東京本社への転勤命令に従わなかったこと、営業所業務を混乱させたこと等を理由とする幹部職員らに対する懲戒解雇が有効とされた例）、ラクソン事件・東京地判平3.2.25判時1399号69頁・労判588号74頁（計画的な非常に悪質な大量引き抜きの事件です。引き抜きの内情が見事にあばかれてしまった珍しい興味深い事例）があります。

④適正手続の4つの要件が判例・学説上必要とされていました（有効要件）。このうち特に①②③の原則については、判例では処分の「客観的合理的理由があること」又は「社会通念上相当」の用語で説明され、これらを欠くと懲戒権の濫用として処分は無効となると解されていました[220]。このような考え方が労働契約法15条（懲戒権濫用の規定）で明文化されました。
イ　解雇と同様、懲戒権の濫用（無効）となるトラブル防止のため、これらの要件についての知識を使用者に知らせることが必要です。
ウ　また、問題外（無効）の行為の例として、「動機・目的の不当性」（特定人のねらい打ち、組合嫌悪等の例）がありますので、使用者の考え方や姿勢も問われます。

(2) 合理的な内容
ア　罪刑法定主義類似の諸原則
(ア)　懲戒事由とこれに対する懲戒の種類・程度が就業規則上明記されていること。
　　就業規則については明記の他に周知が効力要件である（フジ興産事件最高裁判例）ことは既に第1章第5節〔56頁以下〕で詳論しましたが、各事業所ごとでの「周知」を徹底すべきです。
(イ)　その規定は規定されるより以前の事犯に対しては遡及しては適用されないこと（不遡及の原則）。
(ウ)　同一の事犯に対し、2回懲戒処分をすることはできないこと（一事不再理の原則）。
　　懲戒解雇のための調査のためとして、自宅待機をさせて、その間無給とすることがあるようですが、二重処分となり、本来の目的である後の解雇が無効となるので、有給とし、できるだけ早く結論を出すように努力すべきです。このことは既に述べたとおりです〔220頁〕。

220　ダイハツ工業事件・最2小判昭58.9.16判時1093号135頁・労判415号16頁（自宅待機命令に反して工場内への入構を強行し、警士の負傷、ベルトコンベアの停止等による職場の混乱を再三にわたり招くなどした工場従業員に対する懲戒解雇について、懲戒権濫用に当たり無効とした一審判決〔労判273号24頁〕と原審大阪高裁判決を覆し、社会の通念上相当なものとして是認できるとしています）、崇徳学園事件・最3小判平14.1.22労判823号12頁（学校法人事務局次長が不適正な経理処理等を理由に学園から懲戒解雇され、これを不当として地位確認等を請求した事件につき、同人が災害復旧に係る保険金を直接、工事業者に振り込ませたり、工事代金支払いの事実を会計帳簿に記載しなかったこと、また備品のリース契約に際し仲介業者に不当な利益を取得させたことは、学園の信用を失墜させ、損害を与えたもので、事務局最高責任者としての責任は免れないとされ、本件懲戒解雇は客観的にみて合理的理由に基づくものとされ、解雇権の濫用に当たり無効と判断した原判決〔広島高判平11.4.13労判823号17頁〕が破棄されました。）

(エ)　以上の３つの原則を、「罪刑法定主義類似の原則」といいます。これはペナルティとして刑事処分（重大なこと）に準ずる厳格な取扱いを求める意味があります。
　イ　平等取扱い
　　(ア)　平等取扱いの問題で解りやすい例を挙げると、赤穂浪士事件があり、吉良（蟄居閉門のみ）と浅野（切腹・とりつぶし）という幕府の処分の不均衡（当時は「けんか両成敗」が通常のルールでした）に対する異議申立の形として討ち入りが行われたと考えられます。
　　(イ)　同じ規定に同じ程度に違反した場合は、懲戒の内容は同一種類、同程度であるべきであり（高知放送の場合は、放送記者とアナウンサー）、また、懲戒処分は、同様の事例についての先例を十分検討して慎重にされるべきとされます。これを「平等取扱いの原則」といいます。
　　(ウ)　以上のことから、従来黙認してきた（処分例のなかった）種類の行為に対して懲戒処分を行う場合、不意打ちとなって不平等・不公平な結果とならないように、事前に十分警告をしておくことが必要とされています。周知徹底のための周知期間も設けるべきです。
　　(エ)　高知放送事件は懲戒解雇可能であるところを普通解雇にしたのに争われた例ですが、教訓が多いので第４節〔279頁以下〕で詳しく紹介します。
　ウ　相当性
　　(ア)　懲戒は、規律違反の種類・程度その他の事情に照らして相当なものでなければならないとするのが判例であって、仮に懲戒事由に該当しても、当該行為や被処分者に関する諸般の事情（情状）を考慮され、重きに失する（懲戒権の濫用）として無効とされることがあります。
　　(イ)　中小企業では「相当性」について全く考えず、瞬間湯沸器的な不当解雇発言（堪忍袋が破れて小さな事ですぐ解雇という）をすることによるトラブルも多いですが、これは負けパターンです。「軽い処分から始めて丁寧に手順良く」という方法が基本です。

(3)　**適正手続**
　懲戒処分を発するには以下の手続的正義（適正手続）も必要であるとされています（手続的要件）。
　就業規則上又は労働協約上組合との協議等が要求される場合には協議すべきですし、そのような規定がなくても、本人に弁明の機会を与えること（企業に

とっても不当解雇をしないように慎重な手続をとっているという意味がある)は最小限必要とされています。そしてこれら手続的要件に反する処分は「ささいな手続上の瑕疵」でない限り、「懲戒権濫用」として無効になるとされています[221]（菅野504頁）ので、使用者からの説明や処分対象者の弁解を聞くという手続も丁寧に行う必要があります[222]。

(4) 懲戒処分と不法行為

　ア　懲戒処分は、労働者に経済的不利益を与えたり、その名誉・信用を害して精神的苦痛を与える措置ですから、懲戒権の濫用と評価される場合は、処分の無効、使用者や責任者の不法行為（民法709条）が成立することがあります。ただし、使用者の故意・過失や労働者の不利益（違法性）を慎重に検討すべきであって、懲戒権濫用が直ちに不法行為になるわけではないとされています[223]。

　イ　尚、不当な懲戒処分（特に懲戒解雇）は多額の損害賠償責務債務を発生させることから株主代表訴訟の対象となります[224]。

---

[221] 手続が問題となった裁判例として、
① 中央林間病院事件・東京地判平8.7.26労判699号22頁は院長の懲戒解雇について、病院経営者と院長との契約関係が委任契約ではなく雇用契約であることを前提として、就業規則所定の懲戒委員会が開催されず、これに代替する措置も取られていないことは、懲戒解雇の手続的な面においても瑕疵が大きいとし、懲戒解雇を無効とし、院長の賃金請求を認めました。
② 千代田学園事件・東京高判平16.6.16労判886号93頁では賞罰委員会の不開催、弁明の機会の不付与が問題となり、判決は「前記……によれば、控訴人における従業員の処罰は、賞罰委員会の推薦または申告により行われるものとされ、同委員会は処罰すべき者について訓戒・譴責以外の処罰の程度方法等を審議して理事会に上申するが、この場合には審議を受ける本人に口頭又は文書による弁明の機会を与えなければならないとされているところ（就業規則37条、賞罰委員会規則2条、8条）、本件懲戒解雇が賞罰委員会の推薦または申告により行われたことを認めるに足りる証拠はなく、また、控訴人は被控訴人らに弁明の機会を与えていないから、本件懲戒解雇は上記手続規定に違反するものである。」としました。
③ 東京医療生協中野総合病院事件・東京地判平16.9.3労判886号63頁（この判例については降格のところ〔219頁〕で詳述しています）
[222] 弁解の機会を与えたとされた例として、トヨタ車体事件・名古屋地判平15.9.30労判871号168頁、小田急電鉄事件・東京高判平15.12.11労判867号5頁。
[223] 判例については、懲戒解雇の場合は「解雇と不法行為」のところ〔307頁以下〕で挙げていますが、それ以外については、以下に主なものを挙げておきます。
① 肯定例として、日本航空事件・東京高判平元.2.27労判541号84頁（無効な懲戒処分を公表して労働者の名誉信用を害した事例）があります。
② 否定例としては、ブイアイエフ事件・東京地判平12.3.3労判799号74頁（使用者が懲戒事由該当性ありと判断したことに故意過失がない場合）、三和銀行事件・大阪地判平12.4.17労判790号44頁（戒告処分の無効確認によって精神的損害を回復できる場合）があります。
[224] 実際に渡島信用金庫（会社代表訴訟）事件・札幌高判平16.9.29労判885号32頁では、未払賃金相当額を含む3075万円余の損害賠償を理事に命じています。理事や取締役の責任が追及されるということになれば、他の分野と同様に、適正な組織運営に努めなければならないという経営陣への圧力となり意識改革が進むことが期待できます。

6 内部告発の問題
(1) 問題点
　近時は内部告発が増加し[225]、労働者の行った内部告発に対する懲戒処分の効力が大きな問題となっています。労働者は、人的・継続的な性格を有する労働契約の特殊性から、使用者の秘密・名誉・信用を毀損してはならないという誠実義務を負っています。しかし、
① 公益保護の観点からは、企業の不祥事が明らかになるのは内部告発がきっかけになることも少なくないので、内部告発が相当とされる場面もあります。
② 企業の不祥事を外部に明らかにし、これを是正するのは、当該企業の利益と考えられます。
③ 労働者も市民として表現の自由を有しています。
　そこで内部告発に対する懲戒処分の効力（懲戒の限界）が問題となるのです。

(2) 保護の必要性
ア　1990年代以降、様々な組織における法令違反が不祥事として次々と発覚しました（公共工事の談合、総会屋への利益供与、証券取引の損失補填、食品の偽装表示、リコール隠しなど）。そして、法的責任追及と社会的非難が行われ、法令の遵守（コンプライアンス）が企業経営の重要課題となりました。そして、企業の不正行為の多くが従業員やその他の企業関係者の内部告発行為によって判明したことから、違法行為を正すための内部告発の価値と正当性が認識され、労働者の内部告発行為を保護する立法制度が図られ、ついに平成16年6月に公益通報者保護法が制定され、平成18年4月施行されました。

イ　リトマス試験紙としての公益通報者保護法
　(ア) 日本のムラ社会ではお上の「法」よりもムラの掟のような社会（共同体）

---

[225] 内部告発が続発する背景事情としては、以下の点が指摘されています。
① コンプライアンスに対する国民の規範意識の高まり（不正を知ったとき良心が許さない。社会正義の方を優先するという人が増えつつあるということ）
② 会社への忠誠心の減少（リストラや就労意識の変化、終身雇用システムの崩壊）
③ ストレスが溜まり、不満を外に漏らしやすい心理的状況（不況下での競争激化による勤務条件や生活の悪化、先行への不安、円滑さを失った人間関係等）
④ ＩＴ技術の発展（メール、ホームページ）により個人による情報の発信、交換が安易になったこと。ネット告発の例のように瞬時に悪い情報が広がる）
⑤ 内部告発を積極的に支援する団体の活動（弁護士グループ、市民団体、労働組合等）
⑥ 内部告発者保護立法（内部通報者保護法制度）は不正を防止するために内部告発者を保護しようとする立法であり、かつて身内への裏切りということでためらわれた告発も、裏切りが公認されたことで心理的抵抗感が薄れつつあります。

第4章　懲戒と解雇

のルールの方を優先するしきたりがあり、現在の「違法」とは逆の考え方でした。上からルールで規制しようとしても徹底できず、違反者を摘発しようとしても、内部告発者は「村八分」（裏切り者）となるのが怖いので内部告発などしません。

(イ)　各種法律制度を欧米から導入し、文明開化をした明治期以降も本質は変わらず、法律に依拠しないというムラ社会の構造は続きました。

(ウ)　その後前述したとおり平成16年に公益通報者保護法が制定されましたが、これは内部告発を奨励することにより、国家の法律を無視する（違法状態を温存しやすい）ムラ社会の構造を否定する意味を持っていると考えます。

日本社会が理念上は、ついにムラ社会の古い構造を否定し、ルール（法律・契約）に依拠する新しい社会に変わったといえます。この意味で、内部通報者保護法は「法化社会」のシンボルとして、古いムラ社会を否定し、

（図表4－4）年々高まる遵法（コンプライアンス）水準

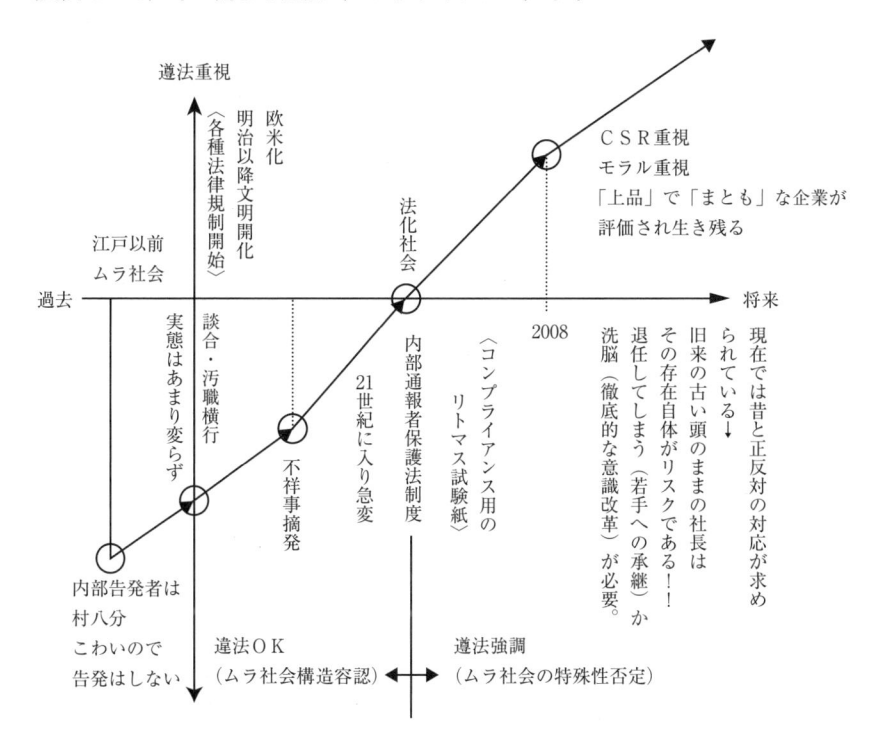

245

近代的民主的社会へ移行したことを明確に示す（その存否によって社会の性格がわかる）「リトマス試験紙」のようなものです。

(エ) 今後ますます遵法（コンプライアンス）水準が上がっていくでしょうし、「上品」で「まとも」な企業だけが評価されて生き残っていく社会になることが期待できます。

(オ) 経営者としては、遵法重視となり、旧来と全く違った正反対の対応が求められる状況になっており、旧来の古い頭のままの経営者はその存在自体がリスクであるとも考えられ、遵法精神を理解する若年者への継承や徹底的な意識改革が必要です。

(カ) 以上のことを図にまとめると（図4-4）のようになります。横に時間、縦にコンプライアンス水準を示していますが、ますますコンプライアンスが強化される方向性が予想されます。

(3) 公益通報者保護法

ア 「公益通報者保護法」は、「公益通報[226]」をしたことを理由とする公益通報者の解雇の無効等、並びに公益通報に関し事業主および行政機関がとるべき措置を定めることにより、公益通報者の保護を図るとともに、国民の生命・身体・財産その他の保護にかかわる法令の規定の遵守を図り、もって国民生活の安定および社会経済の健全な発展を目的としています（1条）。

イ 同法は、通報対象事実について公益通報をしたことを理由とする解雇、労働者派遣契約の解除、降格、減給その他の不利益取扱いを禁止していますが（3条～5条）、これらの保護の要件は、通報の相手方によって区別されています。すなわち、

① 当該労務提供先への公益通報の場合、「通報対象事実が生じ、またはまさに生じようとしていると思料する場合」で足ります。

---

[226] ここで「公益通報」とは、労働者（労基法9条）が、不正の目的でなく（「不正の利益を得る目的、他人に損害を加える目的その他の不正の目的でなく」）、その労務提供先の事業者、役員、従業員等について「通報対象事実」が生じ、または正に生じようとしている旨を、当該労務提供先等（「当該労務提供先若しくは当該労務提供先があらかじめ定めた者」。たとえば、当該企業の内部告発を受け止めて企業内で対応するための機関として指定された弁護士事務所など。）、当該「通報対象事実」について処分もしくは勧告等をする権限を有する行政機関（監督官庁）、または、その者に対し当該「通報対象事実」を通報することがその発生・被害の拡大の防止に必要であると認められる者（その他の通報必要者）に通報すること、と定義されています（公益通報者保護法2条）。

また、「通報対象事実」は、「個人の生命または身体の保護、消費者の利益の擁護、環境の保全、公正な競争の確保その他の国民の生命、身体、財産その他の利益の保護にかかわる法律として別表で掲げるものに規定する犯罪行為の事実ないしはそれら法律の規定に基づく処分の理由となる事実」をいいます。

② 監督官庁への公益通報の場合、上記につき「信じるに足りる相当の理由がある場合」であることが必要となり、
③ その他の通報必要者に対する公益通報の場合、②に加えて下記のいずれかに該当することが必要となります（2条）。
 (ⅰ) ①、②の通報をすれば解雇その他の不利益取扱いを受けると信じるに足りる相当の理由がある場合
 (ⅱ) ①の通報をすれば証拠の隠滅等をされると信じるに足りる相当の理由がある場合
 (ⅲ) 労務提供先から①、②の通報をしないことを正当な理由なく要求された場合
 (ⅳ) 書面や電子メール等により①の通報をした後20日を経過しても当該通報対象事実について正当な理由なく調査が行われない場合
 (ⅴ) 個人の生命・身体に危害が発生し、または発生する急迫の危険のあると信じるに足りる相当の理由がある場合

（図表4－5）公益通報者保護法の保護要件

通報の相手方	保護の要件		
①当該労務提供先	通報対象事実が生じ、またはまさに生じようとしていると思料する場合		
②監督省庁	（上記につき）信じるに足りる相当の理由がある場合		
③その他の通報必要者（(ⅰ)から(ⅴ)までのいずれか）	信じるに足りる相当の理由がある場合	プラス	(ⅰ) ①、②の通報をすれば解雇その他の不利益取扱いを受けると信じるに足りる相当の理由がある場合
			(ⅱ) ①の通報をすれば証拠の隠滅等をされると信じるに足りる相当の理由がある場合
			(ⅲ) 労務提供先から①、②の通報をしないことを正当な理由なく要求された場合
			(ⅳ) 書面や電子メール等により①の通報をした後20日を経過しても当該通報対象事実について正当な理由なく調査が行われない場合
			(ⅴ) 個人の生命・身体に危害が発生し、または発生する急迫の危険のあると信じるに足りる相当の理由がある場合

ウ ①の公益通報を書面等で受けた事業者は、通報対象事実の中止その他是正のために必要と認める措置をとったときはその旨を、通報対象事実がないときはその旨を、公益通報者に遅滞なく通知するように努めなければならないとされています（9条）。
エ ②の公益通報を受けた行政機関は、必要な調査を行い、通報対象事実があ

ると認めるときは、法令に基づく措置その他適当な措置をとらなければならないとされます（10条）。

オ　今後、裁判例は、本法の規定によっては保護されない内部告発の不利益取扱いのケースでも、本法の公益通報者保護の考え方を参考にして保護のための判断していくものと考えられています。

(4) 判例について

ア　企業が従業員の内部告発行為に対して企業秩序違反として懲戒処分等を行い、従業員がこれを争う事例が多くなり、裁判所は、当該内部告発の内容、目的、態様、その他諸般の事情を総合的に勘案して、服務規律との衝突にもかかわらず保護に値する行為か否かを判定しています。総合判断のポイントは、以下のとおりです[227]。

① 告発内容の真実性、ないしは真実と信じる相当の理由の有無
② 告発行為の基本的目的が法違反や不正の是正にあること（目的の公益性）
③ 告発行為の態様が相当なものであること

イ　主な判例についていくつか紹介しておきます。

(ア)　医療法人恩誠会事件・東京地判平7.11.27労判683号17頁は、告発が公共的利益のために有益で重要であることからわかりやすい例であって結果も妥当なものです[228]。

(イ)　宮崎信用金庫事件については224頁の注196で紹介しています。

---

[227] 後記大阪いずみ市民生協事件判決はこれに④告発内容の当該組織にとっての重要性を付加しています。

[228] ① 被告Ｙ（医療法人恩誠会）経営の病院で、患者にＭＲＳＡ（メチシリン耐性黄色ブドウ球菌）保菌者の増加が見られていたところ、原告ら医師Ｘらは、同病院某医師の抗生物質の投与方法等をその原因と考え、同病院院長らに対し、医師Ａに対する指導を上申したが、その後もＡの治療方法が改善されなかったことから、Ｘらは、Ｙには改善の意思がないと判断し、保健所に、同病院内で抗生物質の過剰・不適切投与等が行われており、ＭＲＳＡ発生の原因となっていると申告したが、Ｘらはこれを理由に普通解雇されました。

② 裁判所は、以下のとおり判示して解雇を無効としました。
　同病院においては、Ａが抗生物質の過剰かつ不適切な投与を行うなどしていたこと、その診療方法は、同病院院長も、非常識であると考えて、Ｙの実質的経営者に対しＡの解雇を上申していたほどであって、医学的見地から誤りである蓋然性が高いこと、当時、同病院においては、ＭＲＳＡ保菌者が相当数存在し、死亡者も発生しており、第3世代系の抗生物質の過剰かつ不適切な投与がその原因の1つとなっている可能性が高く、Ａの診療方法は入院患者の身体・生命の安全に直接関わる問題であること、Ｘらは同病院の院長や実質的経営者らに、Ａの診療方法等について、再三その指導改善を求めたが、Ａの診療方法に変化はなく、ＸらはＹが右診療方法等を改善する気がないものと判断して、保健所による指導改善を期待して右内部告発に及んだものであり、不当な目的は認められないこと、Ｘらが、右保健所への申告内容が右保健所を通じて公表されたり、社会一般に広く流布されることを予見していた意思は認められないこと、Ｙは右申告の翌日にＸらを本件解雇したものであるが、本件解雇通告時はもちろん、その後も保健所を通じてＸらの申告内容が外部に公表されたことはなく、保健所から不利益な扱いを受けたこともないことが認められる。以上によれば、Ｘらの保健所への申告を理由に、Ｘらを解雇するのは、解雇権の濫用にあたると言うべきである。

㈦　大阪いずみ市民生協事件・大阪地堺支判平15.6.18労判855号22頁は、①告発内容が真実であり、ないしは真実と信ずべき相当な理由があるか否か、②告発の目的が公益性を有するか否か、③告発内容の当該組織にとっての重要性、④告発手段・方法の相当性等を総合考慮して、当該内部告発が正当と認められた場合には、仮に当該組織の名誉・信用が毀損されたとしても懲戒処分を行うことはできないとしました[229]。

㈢　トナミ運輸事件・富山地判平17.2.23労判891号12頁の判決要旨は以下のとおりです。

① 被告会社Ｙのヤミカルテルおよび容積品の最低換算重量を正規の重量を超える重量に設定し、運送距離の計算を最短距離で行わず遠回りの路線で行うなどして認可運賃を超える運賃を収受していたことにつき、原告従業員Ｘが外部の報道機関に内部告発したことは正当な行為であって法的保護に値する。

② 人事権行使において法的保護に値する内部告発を理由に不利益に取り扱うことは、配置、異動、担当職務の決定及び人事考課、昇格等の本来の趣旨目的から外れるもので公序良俗にも反し、正当な内部告発によっては他の従業員と差別的処遇を受けることがないという期待的利益を侵害するものであって、使用者は不法行為に基づく損害賠償義務がある。

③ 使用者は、信義則上、雇用契約の付随的義務として、その契約の本来の趣旨に則して、合理的な裁量の範囲内で配置、異動、担当職務の決定及び人事考課、昇格等についての人事権を行使すべき義務を負っており、その裁量を逸脱した場合にはその義務に違反したものとして債務不履行を負う。

④ ＹがＸを旧教育研修所に異動させたうえ、個室に配席し、極めて補助的な雑務をさせていたこと、Ｘを昇格させなかったことおよび退職強要行為は、Ｘが内部告発を行ったことに対する報復としてなされたものであり、Ｙの人事権の裁量の範囲を逸脱するものであるとして、損害賠償責任を認めた（慰謝料200万円、賃金格差分1046万円、弁護士費用110万円を認容）。

---

[229] この判決は、判例法上初めて判断基準を明示したと評価されていますが（労判891号13頁のコメント欄）、また、懲戒権濫用の判断枠組みとは異なり、内部告発が正当であれば懲戒事由該当性が阻却されるという手法が示されているとの解説もあります（山川隆一・労働法の争点第3版113頁）。

(オ)　オリンパス事件・東京高判平23.8.31労判1035号42頁も有名な判決です[230]。
　ウ　裁判例の概観としては、①告発内容の大部分が事実に基づいていなかったり、あるいは、その内容が虚偽の事実を織りまぜたり、事実を誇張歪曲するなどして、全体として使用者を中傷誹謗するものであるときは、内部告発に対する懲戒処分等を有効としており、また、②告発内容が概ね真実であったり、あるいは真実であると信じたことに相当な理由がある場合には、更にその公表の主体、公表の相手方、公表の仕方、公表事実の内容、公表の目的、公表の経緯などの諸要素を総合考慮し、就業規則上の懲戒事由である「使用者の名誉又は信用を傷つけること」「使用者の業務上の秘密事項又は不利益となる事項を他に漏らすこと」等に該当するかどうかを検討していると解されています[231]。
　エ　懲戒事由に該当するとされた場合であっても諸般の事情に照らし懲戒解雇という処分が重きに失すると評価される場合（損なわれた秘密・名誉・信用に比し、懲戒解雇という処分が重すぎると評される場合など）には、懲戒権の行使が客観的に合理的理由を欠き社会通念上相当として是認することができないとされ、懲戒解雇が無効とされることがあります。これは懲戒権濫用論（解雇の場合は解雇権濫用論も）の問題ですから、使用者は合理的に慎重な判断をする必要があります。

(5)　コンプライアンスの徹底
　ア　労働者の内部告発についてはコンプライアンス（遵法）経営重視の視点から奨励される方向であり、内部告発者保護法制の立法後の今日では、労働者による不正疑惑の告発をしやすい環境を構築することが企業の責務であり、解雇等の処分によって内部告発を抑制、制裁しようということは論外という

---

[230] 判決要旨は以下のとおりです。
① Xの本件内部通報を含む一連の言動がXの立場上やむを得ずにされた正当なものであったにもかかわらず、所属する事業部の部長でXの上司にあたるY₂はこれを問題視し、業務上の必要性とは無関係に、主として個人的な感情に基づき、いわば制裁的に第1配転命令をしたものと推認でき、第1配転命令は、Xの内部通報をその動機の1つとしている点において、通報による不利益取り扱いを禁止した運用規定にも反するものである。
② 第1から第3配転命令は、いずれも人事権の濫用である。
③ Y₂の行為並びにXが第1配転命令後に受けたパワーハラスメントについて不法行為が成立し、これらのパワーハラスイメント及びY₂の不法行為はいずれもY₁社の職務を執行するにつき行われたものであるから、Y₁社も使用者として責任を負うとし、Y₁社およびY₂の損害賠償責任を認めた。
[231] 裁判例については、土田道夫・判評538号37頁（判時1834号199頁）、小宮文人・判評456号57頁（判時1585号219頁）参照。

ことになります。その意味で、これから従前よりますます企業に対して判例は厳しい判断をしていくことになると考えられます。「コンプライアンス（遵法）」と適正な対処法については第6章〔400頁以下〕で改めて述べます。

イ　オリンパス事件は内部通報の処理を定めるコンプライアンスヘルプライン運用規定があった事案ですが、コンプライアンス室の対応は、運用規定14条2項の守秘義務に反して通報者個人が特定されうる情報を他に開示してしまったという問題がありました。この点、運用規定を作るだけでなく、その趣旨を尊重していかに適正な運用を図るか、どうすれば徹底できるのかを検討すべきです。

ウ　この点の裁判例の中には判断の分かれるものが多く[232]、難しい問題ですから、慎重な検討が必要です。

エ　社内又は社外（例えば弁護士事務所）に社員からの電話・メール・手紙などによる告発を受ける窓口が必要とされています[233]。その点で以下のポイントに留意すべきです。

　(ア)　自由にモノが言える雰囲気が必要です。「目安箱」を設置したが利用されなかったという企業がありましたが、自由にモノが言えない雰囲気、密告後の待遇について従業員が信頼していないことが原因と考えられます。

　(イ)　できるだけ社内で早期に芽を摘み取るシステムにすべきです。
　　職務の問題はできるだけ職制（通常の相談・報告制度）内部で解決するのが基本であるべきですし、効果的です。そして、不正問題だけでなく、広く悩み、ジレンマ、不満、不審等をできるだけ気安く相談・報告できる窓口であるべきです。数多い話の中に当然不正の内部告発も含まれてくるし、告発もしやすくなっているという仕組みであるべきです。このような

---

[232]① 宮崎信用金庫事件（224頁の注196で取り上げました）では1審2審の判断が全く異なりました。
　② 学校法人敬愛学園（国学館高校）事件・最1小判平6.9.8労判657号12頁は、高校教諭が、校長の不正行為を示唆した文書を弁護士会及び弁護士会長らに送付するなどした事例で、糾弾文書が学校教育及び学校運営の根幹にかかわる事柄につき、虚偽の事実を織り交ぜ、又は事実を誇張わい曲して、上告人及び校長を非難攻撃し、全体としてこれを中傷ひぼうしたもので、また週刊誌への情報提供行為が社会一般に広く流布されることを予見ないし意図してされたもので、かかる行為は校長らの名誉と信用を著しく失墜させ、労働契約上の信頼関係を著しく損なうことは明らかであるとして、権利の濫用に当たるとした原審（仙台高秋田支判平5.2.24労判657号15頁）の判断（1審秋田地判平2.5.18労判657号37頁も同じ）を違法とした。
[233] 消極的な見方（意見）は「密告を奨励するようで（心理的）抵抗がある」「職場の和や活力、士気を損なう」「日本の組織風土になじまない」「社内の抗争や中傷行為等の悪用が懸念される」等を挙げます。しかし、密告奨励のメリットの大きさと比べると大したことではないし、従前の不正を前提とする活力や士気というのは無くてもよいものです。不正を隠すような会社の方が社内抗争や中傷という黒い部分が大きいのが通常です。消極説には理由がありません。

広い窓口とする意味で「ヘルプライン」という名称が一般的となっています。従前の「ホットライン」というより告発しやすい効果があるとのことです。
　(ウ)　窓口はバイパス的に1つでなく複数、多数用意することです。1つの窓口が機能しないことも考えてリスクを分散しておく意味があります。
　(エ)　窓口担当者の対応も利用者を安心させるような受け方にするように研修もしておくことです。そして秘密厳守（不利益処分禁止）、1回目の対応をできるだけ誠実に結果を出せる方法で行うことが必要です。
　(オ)　また、コンプライアンスルールは企業関係者全員に平等に適用されるべきであり、特定の人間（社長、役員、実力者）や特定部門だけ特別扱いを受けて除外されるということは絶対にあってはいけません。

7　社内不正への対応法と予防法

　以上に懲戒処分について論じてきましたが、懲戒する必要をなくすこと、すなわち不正防止の根本策についても検討し、再発防止にも真剣に取り組む必要があります。

(1)　社内不正防止のためには、①社員が不正に走るきっかけをなくすこと、②企業側の原因を認識して対策を考えて実施すること、③不正の芽をつんでいくシステムづくりを常時心がけることが必要です。従業員が犯す個人的な不正についていずれも重要な労務管理の問題ですので、以下に予防の要点について説明します。

(2)　**不正を生む土壌・要因について**
　ア　社員側の要因例として、①取引先と親しくなりすぎて誘惑に負けること、②現金を直接手にすることができる立場にあったこと（懐に入れてしまう）、③組織的な社内不正があり担当者が引き込まれること、④出世目的で（又は無理に業績を上げるために）不正に走ること等があります。
　イ　企業側の要因としては、①急成長していて、企業の組織、人事体制など管理システムが規模拡大に応じて整備されていない、②業績悪化が長く続き、社内の雰囲気が暗く、社内のモラルが低くなっている（終身雇用制度や右肩上がりの給与体系が崩れ、労使関係が不安定となり、会社への忠誠心やモラルの低下がみられる）、③不正があった場合に不正を究明し処罰することをせず、あいまいに放置し、かえって不正の芽を大きく育ててしまったこと、等が指摘できます。

(3) 社内調査の基本について

　ア　特定部門・特定の者を対象にした調査ではないという雰囲気作りが必要です。

　　①銀行の要請（融資を受ける準備）、②税務調査の事前準備、③新しいシステム（コンピューター等）導入にあたりシステム全体の見直し、④将来の合併や株式会社公開（資格審査）のための見直し等を調査の目的（理由）とします。

　イ　企業内不正のチェックシステムを持たない企業には上場（株式公開）は認められませんが、上場を目指すかどうか関係なく成長をめざす企業としてはシステム整備は不可欠であるという意識を会社に浸透させることが大切です。但し、調査される側の気持ちを考えると、対象と考える部署だけでなく、他の２、３の部署も合わせて調べる位の配慮も必要ですが、上記の調査目的（名目的なもの）を活用します。

　ウ　方法についてはわかりやすい例を（図表４－６）にまとめておきます。

（図表４－６）社内調査の方法の例

	調査の方法の要点	特に注意すべき点
売上関係	本社に報告している営業日報、各支店に保存されている売上の伝票、銀行預入票及び各支店利用の普通預金通帳を元にその整合性を調査する。	○過度の値引販売をしていないか。 ○回収を遅らせて（取引先の利益となる）バックリベートを受け取るような不正がないか。
人件費	履歴書、給与明細表、タイムカード、源泉所得税、人別徴収簿、業務日報等を元に架空計上、水増計上の有無を調査する。	○アルバイト等架空の人件費を計上して着服（横領）していないか。
販売費・一般管理費	交際費、営業費の支出を中心に請求書や領収書等を元に調査する。	○特に役員の交際費の中に明らかな私的な支出や社内基準から逸脱したものがないか。

(4) 不正防止策の基本

　　基本は「確認照合」と「内部牽制」です。ひとりに自由にさせないことです。

　ア　確認照合の例として以下のものがあります。

　　①　売掛金について得意先に残高確認をする。これは債権回収の基本とされていることです。

　　②　買掛金・未払金についても相手先経理担当者に直接確認する。

　　③　仮受金・仮払金・預り金・前渡金などの仮勘定等について個人別整理をする。報告書をまとめる。「仮」の勘定に不正が多く含まれているので特に注意をする必要があります。

④　在庫品の帳簿卸数量と実地棚卸数量の照合をする。この点は経営の基本です。時間がかかりますが絶対にすべきことです。
　　⑤　固定資産の現物と固定資産台帳との照合をする。
　イ　「内部牽制」の考え方は絶対に必要です。
　　①　「受注」「販売」「回収」の各部門を担当者別（別人）に分ける。
　　②　入出金業務と現金出納帳記帳業務を（別人）に分ける。
　　③　小切手の記入者とその押捺者を分ける。
　　　要は１つの取引について１人の担当者で完結させない（自由に処理できないようにする）ことです。
　　　尚、「規定」はあっても果して「機能しているか」を徹底的にチェックすることも必要です。ルーズな運用になっていて不正発覚があってはじめてルーズであったことを知るという例も多いです。
(5)　**具体的予防の対策について**
　ア　現金の処理については解りやすいところですが、不正が多いのでやはり注意が必要です。担当者に任せ切りになったために横領された例が非常に多いです[234]。
　　(ア)　入金について
　　　①　店頭売上の場合は、キャッシュ・レジスターまたは連番を付した売上伝票を使用させ、レシート・伝票控えを顧客に渡す。営業時間終了後、現金を毎日照合確認する。
　　　②　その日の入金はそのまま銀行へ預け入れる。
　　　③　入金現金を直接支出には回さない。
　　　④　銀行勘定調整表を毎月作成し、帳簿と照会を行う。
　　　⑤　郵便物中に現金が含まれていれば、そのリストを作成する。
　　　⑥　郵便物の開封とリストの作成は別々の者が担当する。
　　　⑦　現金の送金リストを現金および預金の入金記録と照合確認する。
　　(イ)　出金について
　　　①　一定金額以上はすべて小切手ないし手形あるいは銀行振込により支払う。
　　　②　小切手、手形は支払いを裏付ける証拠を確認した後に限り署名する。

---

[234] 尚、企業の経理担当者の業務上横領事件で、帳簿の不正操作について会計専門家の助力をを得て迅速で正確公正な調査を図ったことがあります。

③　未使用の小切手帳を厳重に保管する。
④　小切手の署名に印鑑を使用する場合は、小切手の保管者とは別の者が署名印を厳重に保管する。
⑤　支払いが終わった請求書等の証拠書類には二重支払いを防止するために「支払済」の印を押す。
⑥　毎月一度は銀行から銀行勘定照合表を入手し、銀行勘定調整表を作成し、帳簿残と銀行残が合理的な関係になっていることを出納責任者以外の者が確認する。

イ　売上（販売）について
　(ア)　売上（販売）の留意点は以下のとおりです。
①　「商品の取扱い」と「記帳」は、別々の者が行う。
②　連番を付した出荷伝票を使って管理を行い、毎月末に出荷伝票の連続性を確認する。
③　発行した請求書と出荷伝票を照合し、出荷したものについて請求漏れがないように注意する。
④　請求書記載の単価が価格表上の単価に合致しているか否か、サンプル抽出法により毎月確認する。
⑤　毎月末に売掛金元帳と総勘定元帳の残高を、元帳記帳担当者以外の者が確認する。
⑥　売上返品については、返品入庫伝票等の添付があったものに対してだけ承認する。
⑦　得意先元帳の売掛金の「年齢調べ」を定期的に行い、回収が遅れている得意先に対し、支払いの督促をする。
⑧　売掛金の貸倒償却に対しては責任者が理由書等を検討し、慎重に承認する。
⑨　与信限度額の設定を承認し、その限度を超えないように毎月売掛金残高と照合する。
⑩　販売手数料などの支払は担当者経由ではなく、直接相手先に支払う（銀行振込など）。これは販売手数料の横領の防止が目的です。
　以上は債権回収の基礎知識と言われているもので、必ず遵守する必要があります。
　(イ)　購買についても同様に考えます[235]。

ウ　資産管理

(ア)　棚卸についての留意点は以下のとおりです。

①　棚卸品に関する「現物管理」とその「記帳」は、別の者が行う。

②　期末には、保管責任者以外の者が連番を付した棚卸原票を用い、タグ方式による実施棚卸を行う。その結果を帳簿残高と照合し、不一致は責任者に報告する。

③　棚卸品の廃棄や売却は責任者の承認の下に行う。

(イ)　固定資産や有価証券の管理についても確認・照合と内部牽制は必要です[236]。

エ　賃金

①　従業員の給与計算、人事、給与の支払の職務は分担する。

②　従業員の出勤の記録をタイムカードや出勤簿を使用して正確に記録する。ここは第5章第2節で詳細に述べています。

③　従業員の行った勤務時間の集計や賃金・給与の計算は、担当者以外の者

---

[235] 購買についての留意点は以下のとおりです。
①　「原材料・商品等の取扱い」とその「記帳」は、別の者が行う。
②　物品購入については、全ての注文書に対して承認を行う。
③　新規購買先と取引をする場合は、事前にその必要性を検討し、承認する。
④　一定金額以上の購買は、複数の企業から相見積りをとり、承認する。
⑤　買掛金の計上にあたっては、注文書控え、納品書および請求書を添付させ、これらの証拠の正当性を確認し、支払伝票に承認の押印・署名をする。
⑥　購買担当者は定期的に変更する。これは購買先との馴れ合いから生ずる共謀による不正を防止するためです。

[236](1)　固定資産に関する留意点
①　固定資産は所定の場所に保管・管理し、その所在は固定資産台帳に全て記入する。
②　固定資産台帳と総勘定元帳を定期的に照合し、その存在を確認する。
③　固定資産には台帳番号と位置する整理番号を付し、定期的に台帳の記録と照合する。
④　持ち運び可能な工具、備品を従業員に勝手に社外に持ち出させない。
⑤　固定資産の取得・売却をする場合は、必ず複数の企業から相見積りをとり、最も有利な業者からの購入・売却を承認する。これは大切なことですが意外に徹底されていません。これを徹底することは企業の利益につながります。
⑥　固定資産の売却、除去、廃棄にあたっても、責任者が承認する形式にすべきであって、勝手にさせない。

(2)　有価証券に関する留意点
①　有価証券は安全な場所（社内金庫、外部の貸金庫あるいは銀行）で保管する。持ち出しには責任者の承認を必要とする（直属の上司の他、さらにその上司の確認等二重にチェックする）。
②　有価証券は有価証券台帳に記載し、台帳記入者および保管責任者以外の者が定期的に現物と照合確認する。これは不正防止と早期発見のためです。当然外部保管の物も確認します。
③　有価証券の取得、売却および担保差入も、予め定められた責任者の書面による承認に基づいてのみ行う。ここでも「書面」という確実な方法が必要です。
④　公債証書、債権などの利札についても適正な管理を行う。
⑤　有価証券担当者を定期的に変更する。これを換金性が高くリスクが大きいので、安全のためです。

がその妥当性を検証する（上司等が承認する）。
④　賃金（給与）の支払いは銀行振込により行う。それが困難な場合には、賃金の支払いにはできるだけ立会い、受け取るべき人が受け取っていることを確認する。
⑤　賃金の改定については責任者（人事部長等）の承認を必要とする。不利益変更の場合は第1章〔62頁以下〕で詳論しています。
⑥　賃金台帳と従業員名簿は定期的に照合する。
⑦　従業員を採用ないし退職させることに対しては責任者（人事部長等）の承認を必要とする。
⑧　人事担当は退職者を給与支払部門へ速やかに通知する。

　以上は当然のことですが、過去に全国展開している人材派遣業の企業でアルバイト費の架空計上の事件の相談を受けたことがあります。(i)本社の管理機能が弱く、(ii)遠隔地の事業所で本社のチェック機能がほとんどない、(iii)完全に信頼できる管理者がいない、(iv)アルバイトやパートの人数や出入（入退社）が極めて多いような条件が重なった場合に、現地の責任者や担当者が悪意を持てば大きな不正が発生する危険があります。原則通りのチェックが必要です。

オ　その他
①　予算と実績の比較を行い、大きな乖離がある場合は、その原因を追及する。
②　月次決算で前年同月値の比較や予算の進捗状況を確認し、異常値がないか確認する。
③　複数の数値の整合性を検証する。
④　就業規則上に懲戒規定を定め、社内不正を犯した場合の罰則を明記し、従業員に周知させる。上司が担当者と意思疎通があって不正に関与しているという疑いのある事例もあり、上司の不正についての懲戒規定も必ず設けておくべきです。
⑤　内部牽制が諸規定どおりに運用・機能しているかどうかを確かめるための「内部監査」を実施する。
⑥　従業員の不正或いはそのおそれがある行為を他の従業員が発見した場合に、その事実を通報（告発）する制度を導入する。これは「コンプライアンス経営」の問題であるので「内部告発」を奨励すべきです。6で前述し

ています〔244頁以下〕。

　尚、不正の調査（チェック）は、なかなか難しいものです。前田道路事件では不正が一部発覚した後も不正を続けていたことについて上司はもう不正をしていないであろうと安心していたケースです〔182頁以下参照〕。なかなか難しいことですが、ここでは性悪説に立って徹底したチェック・調査が必要とされています。

カ　従業員

　不正を犯すのは「人」ですから、人がシステムのスキ間をかいくぐるのを完全に防止するのは困難ですが、「従業員との円滑なコミュニケーション」（風通しのよい企業風土）がやはり有効な予防策の1つです。その中で従業員の不審な行動（生活態度）のチェックも可能となると考えられます。注意すべき点を以下に列挙してみます。

① 生活様式の変化（高価な車を乗り回す、高価な服飾品を身につける）
② 趣味の変化・金銭の使い方（急にギャンブルにのめり込む、金づかいが荒くなる）
③ 心理状態の乱れ（精神的にまいっている様子がうかがえる）
④ 出勤状態（休日出勤が多くなった）
⑤ 不審な電話・金銭取立の電話（サラ金・ヤミ金）

(5) **不正発覚時の対応**

ア　総論

　従業員の不正が発覚した場合は、まず「損害額」を確定するとともに、誰の行為かを突き止めることが必要です。同時に顧問弁護士等に相談し、従業員は不正の内容により、懲戒又は解雇します。支払のない場合は、民事訴訟手続により回収を図ります。事案によっては刑事告訴を行うことも検討します。

　懲戒処分や解雇、損害賠償については本章で別述しますので、ここでは刑事告訴について説明します。

イ　刑事告訴を検討します。

　(ｱ)　特に問題となるのは財産に関する犯罪です[237]。

---

[237] 財産に関する犯罪には以下のものがあります。
① 窃盗罪（刑法第235条。他人の財物を窃取した場合には10年以下の懲役）。
② 横領罪（刑法第252条）は他人から管理を委託された自己の占有する他人のものを不法に取得（領得）した場合で、窃盗罪より軽い5年以下の懲役。企業における財物の場合は、当該財物の管理者（従業員）

(イ) 刑事告訴をする目的は、①民事的な損害賠償（損害の回復）のために圧力をかける目的で行い、有利な示談をすること（有利な示談ができれば告訴を取り下げるケースも多い）、②社内秩序維持と再発防止のために見せしめ的効果を狙って刑事責任を負わせようとすることが考えられます。この点、単に腹が立つ等ということではなく、何のために刑事告訴を行うのかを、経営者として明確に意識をして判断をすべきです。

(ウ) アサヒコーポレーション事件・大阪地判平11.3.31労判767号60頁（「解雇と不法行為」の309頁の注292で詳述）では、輸入商品の数量不足につき十分な調査もせず単なる憶測で業務上横領として懲戒解雇と取引先などへの通知、刑事告訴を行ったことについて不法行為が成立するとされました。これらは全て難しい問題ですから事実を確認した上で専門家に相談して慎重に判断すべきことです。

8 情報管理〜漏洩防止

(1) はじめに

個人情報保護法（正式名称は「個人情報の保護に関する法律」。以下「法」といいます）が制定（平成15年5月30日）・施行されても相変わらず情報漏洩等情報管理の不備の事件報道が相次いでいます。漏洩は人によって行われるので情報管理は人事管理の問題でもあります。そこでここでは法律の詳細な説明というより、情報漏洩防止に関して特に人事管理面から説明します[238]。

は「業務上」占有者であるため、その者が行う横領は「業務上横領罪」（刑法第253条）となります（刑罰は単なる横領よりも重く、窃盗罪と同一の10年以下の懲役）。
③ 背任罪（刑法第247条）は、他人（企業）ためその事務処理を委託された者（従業員）が、自分または第三者の利益のために、または委託者に損害を加えることを目的で、その任務に背いた行為をし、当該委託者に損害を与える罪（5年以下の懲役または50万円以下の罰金）です。
④ 人を欺いて、金品をだまし取るか、債務を免除させたりするなどの不法な利益を得、または他人に得させた場合は詐欺罪（刑法第246条10年以下の懲役）が成立します。但し代金を払うつもりがあっても資金が不足している場合は単なる債務不履行にすぎず、悪意がなかったという弁解（払うつもりはあったが残念ながらお金がないだけである）がなされた場合に犯意（騙し取る意思）を証明しにくいので立件は難しいです。

[238] 尚、各省庁のホームページで「ガイドライン」が示されていますのでご覧下さい。特に経済産業省と厚生労働省のもの。
個人情報保護法による個人情報処理の具体的留意点は以下のとおりです。
①利用目的の規制として、利用目的をできる限り特定化すること（法15条1項）、利用目的の変更は変更前の利用目的と相当の関連性を有する合理的範囲内に限ること（法15条2項）、予め本人の同意がない場合、特定された利用目的の達成に必要な範囲に限ること（法16条1項）、取得時に利用目的を通知し、又は公表しなければならないこと（本人の知りうる状態にすること）（法18条1項）、変更後の利用目的の通知・公表（法18条3項）等、②予め本人の同意を得ないでの個人データの第三者への提供が禁止されていること（法23条1項）、③取得手段について、偽りその他不正の手段によって取得してはならないこと（法17）、内容の正確性について、正確且つ最新の内容に保つよう努めなければならないこと（法19）、④安全管理のため必要な

(2) 従業員監督のポイントについて

　ア　法21条は、個人情報取扱事業者は法20条にもとづく安全管理措置を遵守させるよう、従業員に対し必要且つ適切な監督をしなければならないと定めています。ここで「従業者」とは、「個人情報取扱事業者の組織内にあって直接・間接に事業者の指揮監督を受けて事業者の業務に従事している者」を言い、雇用関係にある従業員だけでなく、取締役、執行役、理事、監査役、監事、派遣社員等も含まれます。

　イ　監督の方法について

　　(ア)　内部者による漏洩を防ぐためには従業員等内部者の管理が重要です。その基本は漏洩防止のためのルールを社内規則の形（個人情報基本管理規程や顧客情報管理規程）で具体化し、これを守らせることです。

　　(イ)　合理的な範囲・方法で社員等の行動を監督（モニタリング・監視）することも必要です。

　　(ウ)　何が守秘義務の対象としての「秘密」であるかを明確にして、それについての秘密保持義務を自覚させること（警告）が漏洩事故の予防になります。そこで、入社時や異動時、退職時、重要なプロジェクトへの参加の際に従業員等に「誓約書」を書かせて、改めて秘密保持特約を結ぶ必要があります。特にプロジェクト参加時、退職時には、保持すべき「秘密」はある程度特定し明確になるので、できるだけ明確にしておくことです。

　　(エ)　従業員との関係では損害賠償の予定の約定は禁止されている（労基法16条）ので、誓約書の中で秘密漏洩の損害賠償として一定の金員を支払う旨の定めの誓約をさせることはできません。しかし、実損害額の賠償の定めはできるので、予防的効果のためにも実損害について賠償する責任を負うことを誓約させておきます。

　　(オ)　競業禁止規程に、懲戒解雇の場合の退職金不支給、退職後の行為又は退職後に判明した場合の退職金の返還及び損害賠償責任の規定を必ず入れておきます。このようにするのは、退職者が競業企業等に就職する際に企業の顧客名簿を持ち込むケースが多いためです。この点、裁判所は従業員（退

措置を講じなければならないこと（法20）、従業者の他、委託先に対しても必要かつ適切な監督を行わなければならないこと（法21、22）、⑤本人の求めに対する開示義務（法25）、人の求めに対する訂正・追加・削除義務（法26）、人の求めに対する利用停止又は消去（法27）、苦情の適切かつ迅速な処理に努めなければならないこと（法31）等。

職者）の憲法上の権利である職業選択の自由の不当な制約にならないように慎重に判断しています。禁止期間について、2年を有効とした裁判例、3年を無効とする裁判例等があり、期間を短く限定する必要があります。

また、退職金の減額は2分の1を有効とした裁判例、従業員に顕著な背信性がある場合に限られるとした裁判例等があり、容易には認められません。

そこで、「規程」や「誓約書」に無限定に責任追及できるとされていても、実際の運用に当たっては限定的なものと考えて慎重な処理が必要です。

ウ 「従業員管理」のチェックポイントについて

(ア) 従業者の種類（種類により忠誠心が違うこと）を認識しているでしょうか。個人情報を取り扱う者に正社員を置くとか、正社員以外の者（パート・アルバイト・派遣社員・契約社員）を監督する正社員を置いておくことが望ましく、アルバイトに任せたままとか、退職が決まった者を続用するとかはリスクが大きいと考えられます。

(イ) 従業者との間に誓約書を交わすことです。個人情報を取り扱う者との間に秘密保持契約書を交わすこと、業務終了後も一定期間秘密保持義務のあることの確認をしておくことが必要です。

(ウ) 作業手順の明確化（作業ミスによる漏洩防止のため）も必要です。異動・退職があっても後任者に作業内容がわかるようにしておくことや、作業手順書やチェックリストの作成、作業者と別の者が作業内容をチェックしていること（二重チェック）等が必要です。

(エ) 不正は時間外に行われやすいので、就業時間外（早朝・深夜・休日）の勤務は上司の承認の下に行うこと、特に異常に時間外労働の多い従業員や、時間外の個人情報へのアクセス記録については特に注意すること、時間外に作業者が単独で個人情報にかかわる作業をすることを禁止すること等が重要です。

(オ) 在宅勤務の場合に特に管理がルーズになるので、業務を自宅に持ち帰る場合には、上司の承認を必要とするとか、個人情報にかかわる業務を自宅に持ち帰ることを禁止します。

(カ) 従業者が行うべきセキュリティのルールについて文書化し、教育（情報安全セキュリティ教育）を行います。

(キ) 従業者のコンプライアンス意識の向上のための教育・研修（職場への配属時、その他定期的に）を行います。

(ク) 就業規則の整備も大切です。情報管理のルールや個人情報保護規程等に違反した場合の罰則を就業規則で明確に定めることが必要です（前述した罪刑法定主義類似の原則によります）。そして、特に就業規則は事業所ごとに従業者に「周知」されている必要があります（周知性が有効要件）。この点、本社だけで周知していて各事業所では周知されていない事例が多いので、もしまだ周知していない事業所があれば速やかに周知して下さい。

(3) **委託先等管理について**

ア 個人情報を委託契約等により外部の業者に委ね、その第三者が漏洩をした場合、委託元企業は法的責任（不法行為又は債務不履行責任）を問われます。免責はかなり困難ですが、委託先等の選任・監督を厳格に行っていたことを明らかにすることにより、法的責任の拡大や対外的信用毀損の拡大を防止することが可能となります。

イ 予防上のポイントについて

(ア) まず、作業場所を特定することです。委託元社屋内の特定の場所で行うこと、外部記憶媒体の持込を禁止すること等と明確に定めて、委託元の監視可能な範囲（領域）で作業を行わせることです。

(イ) 複製の返還等も必ず忘れずにしておくことです。複製物が委託先に残っていれば不正が生じやすいので、契約終了時に複製物等の返還等を定めること、委託先からデータの複製は存在しないことの『誓約書』を提出させておくこと等が必要です。

(ウ) 再委託契約についてはトラブルになりやすいので特に注意します。再委託先は委託元と直接の契約関係がないため、責任感が希薄であるのが一般であり、再委託先の従業員等の不正が多いとされています。そこで、再委託を原則として禁止すること、例外的に許可する場合でも、委託先の再委託先に対する監督責任の内容を具体的に規定し、違反に対しては直ちに契約解除も可能と規定しておくことが必要です。

(エ) 現実の監督（監査）もよく検討する必要があります。委託元は契約の内容を遵守しているかどうか定期的にチェック（監査）すべきであり、任せきりにしないことです。委託契約を通じて委託先に対して自社と同等レベルの安全管理措置の実施を義務付けること、自らチェックすべきであるが、できないのなら外部の監査専門会社に監査させ監査証明書を出させること

等が必要です。

(4) まとめ

　情報漏洩防止関係の対策として、その他に保険加入、コピー・ＦＡＸ複合機の記録消去、監視カメラ設置、不正アクセス防止やデータ暗号化のソフト、プライバシーマークの取得等費用が必要な対策が考えられます。企業の必要性と意識の問題ですが、業種、規模を問わず、費用をかけなくてもしようと思えばできる前述した対策をとることが大切です。

第3節　退職勧奨等合意退職の模索

1　退職勧奨

(1)　「退職勧奨」とは労働者の退職を勧め促すことですが、人員削減（リストラ）の方法として退職希望者を募って退職の申出を待つだけでは目的達成が困難と考えられる場合に行われます。しかし、個別紛争解決のために、あるいはその予防としての活用も多くみられます。

　退職勧奨の法的性質としては、退職勧奨は人事権に基づき雇用関係にある者に対し、自発的な退職意思の形成を慫慂[239]するためになす説得等の行為であり、法律行為ではなく「事実行為」と考えるのが最高裁の判例です（下関商業高校事件、最1小判昭和55.7.10労判345号20頁）。

(2)　要件論について

　ア　退職勧奨をするのは自由ですが、他方被勧奨者も何らの拘束なしに自由に意思決定をできるのであって、勧奨行為に応じる義務はありません。退職勧奨はあくまでも労働者の自由意思による雇用関係の終了を促すものであり、通常必要な限度に抑制すべきであって、執拗に多数回にわたり行うことは不当な退職強要となり自由な意思決定を妨げ違法となります。そこで自由な意思決定ができる状況を常に確保すべきであって、労働者が退職勧奨に応じる意思のないことを表明した以上、（新たな条件を提示して行う場合でない限り）それ以降勧奨を続行すべきではありません。そして、自由な意思決定を妨げる不当な強要行為とされる場合は、違法な行為（不法行為）として、慰謝料の支払を命じることができるとするのが判例です。

---

[239]　「慫慂」（しょうよう）とは「傍から誘いすすめること」（広辞苑）をいいます。

イ　下関商業高校事件
　㈠　この点下関商業高校事件の１審判決が以下の５つの基準を挙げて、これらを総合的に考えて全体として被勧奨者の自由な意思決定が妨げられる状況にあったかどうかを判断すべきとしていることが参考になります。
　　①　退職勧奨のために出頭命令等を発すること
　　②　被勧奨者が明確に退職意思のないことを表明している場合に、特段の事情もなしに勧奨を続けること
　　③　勧奨の回数・期間が、退職を求める事情等の説明や退職条件の交渉に通常必要な限度を超えること
　　④　被勧奨者の自由な意思決定を妨げるような言動を行うこと
　　⑤　被勧奨者が希望する立会人を認めたか否か、勧奨者数、優遇措置の有無

以下に事案を詳しく紹介します。
　㈡　原告両名は、いずれも昭和26、7年ころ下関市立の商業高校の教諭となりましたが、同市では、県の職員の退職手当に関する条例を受けて、「下関市立学校教員の給与等に関する条例」を制定し、勧奨退職者の退職手当の割増を規定した上、毎年県教育委員会が定める基準年令に準じた勧奨対象者を市教委で選定した上、退職勧奨を行ってきました。この基準年令は、高校教員の場合、昭和40年度から同44年度までの間は男子57才、女子55才であったため、市教委は、各その基準に達した年度、すなわち原告の１名に対しては40年度末から、他の１名に対しては41年度末から毎年退職勧奨をしてきましたが、両名とも43年度末までこれに応じませんでした。そこで、44年度末の３月から45年度５月又は７月まで10回余にわたり、様々な方法で強力に退職を勧奨し、その結果、本人は度々市教委へ出頭を命ぜられるなどにより不安感を覚え、家族も動揺する事態が生じました。原告らは、結局、本訴係属中に任意退職しましたが、この時の勧奨行為が違法であるとして、市及び市教委教育長及び市の教育次長兼学校教育課長をそれぞれ被告として、各自50万円の慰藉料の支払いを求めて、本訴を提起しました。
　㈢　これに対し、１審判決（山口地下関支判昭和49.9.28判時759号４頁・労判213号63頁）は、退職勧奨の意義性質を、公務員法の趣旨、停年制の意義等ともに比較しながら検討した上、それがあくまで公務員の任意の意思

決定を妨げるべきものではないとして、前記①乃至⑤の５つの基準を挙げ、これらの点を総合的に勘案し、全体として被勧奨者の自由な意思決定が妨げられる状況にあったか否かを判断すべきであるとしました。度重なる出頭命令、組合の要求がらみの説得、レポート・研究物の提出命令、配転の示唆等は、その限度をこえて違法であるとし、市に対して、国家賠償法１条１項の責任を認め、２名に対し慰藉料５万円と４万円の支払を命じました（そして、市に対するその余の請求及び他の被告に対する請求は棄却しました）。

(エ)　これに対し同市は控訴しましたが、高裁判決（広島高判昭和52.1.24労判345号22頁）も、１審判決を部分的に削除、修正はしたものの、これを支持しました（同市は上告）。勧奨行為の適法・違法を評価する基準については、①退職勧奨のために出頭を求めるなどの職務命令を発することは許されないこと、②勧奨の回数および期間は退職を求める事情の説明や優遇措置などの退職条件の交渉に通常必要な限度にとどめること、③被勧奨者の名誉感情を害することのないように配慮すること、④勧奨者の数が適正であること、優遇措置があること、などを総合的に勘案し、全体として被勧奨者の自由な意思決定が妨げられる状況ではなかったか判断するとしています。

(オ)　上告審判決（最１小判昭55.7.10、労判345号20頁）は上告棄却しています。

(3) 退職勧奨の適法性の判断基準と留意点

ア　以上の１審と２審の判決はそれぞれ表現は異なりますが、適法性の判断基準（総合的判断の考慮要素）を示しており、実務上大変参考になるものです。１審判決の方が解りやすいと思いますので、１審判決の基準論をもとに（図表４－７）に、基準と留意点を整理しておきます。

イ　上記の判決の基準から明らかなとおり、不必要な長期間の多数回にわたる方法は避けなければなりません。いわば短期決戦のような効率的で上品な要領よい働きかけが必要です。違法な行為であると後で批判されないように勧奨行為をする前に担当者を含めて、作戦会議のような打合せを十分行うべきでしょう。

ウ　そこで大切なのは相手の人格とプライバシーという人権を尊重し、相手の真に自発的意思による退職をお願いするのであるという意識を明確に持つことと慎重に行動することです。パワハラと言われないように言動に十分注

意すべきです。この点パワハラについての総合判断の要素を第3章〔191頁〕で述べていますので、それも参考にして下さい[240]。

　エ　近時注目すべき事例として、日本アイ・ビー・エム事件があります。大規模な退職勧奨について、1審判決東京地判平23.12.28労経速2133号3頁も控訴審の東京高判平24.10.31労経速2172号3頁も違反はないとして不法行為に基づく損害賠償請求を否定しました。

　　(ア)　ここで重要であるのは、退職勧奨において外部にキャリアを求める従業員に対して特別に支援するプログラムを用意し、その特別支援プログラムを実施するために「ＲＡプログラム」（特別支援プログラムの具体的内容の説明、同プログラムへの応募対象者の基準、応募を勧める方法等を定めるもの）を用意していたことです。

　　(イ)　高裁判決は、退職勧奨の態様が、退職に関する労働者の自由な意思形成を促す行為として許容される限度を逸脱し、労働者の退職についての自由な意思決定を困難にするものであったと認められるような場合には不法行為を構成するとしました。

　　　従来、退職勧奨の態様が上記限度を逸脱し、退職についての自由な意思決定を困難にするものであったと認められるか否かについて検討する場合は前記下関商業高校事件のように「退職勧奨行為の態様」について総合判断がなされてきましたが、本件では、新たな判断枠組みとして、第1次的に「ＲＡプログラムの合理性」（退職勧奨の目的、対象者の選定、退職勧奨の方法・手段）について検討をした後、2次的に退職勧奨の態様（個別の選定の合理性、期間・回数等の具体的な退職勧奨の態様）（退職勧奨行為自体が社会通念上相当とされる範囲を超える態様でなされたか否か）を判断すべきとされています。（上記の説明にＲＡプログラムの合理性という考慮要素に加わったものです。）

　　　以上の判断枠組みが今後他の裁判例に影響を与えて類似の判断例が増え

---

[240] どの程度強く勧奨できるかについて高井伸夫「人員削減と賃金ダウンの法律実務」（日本経団連出版）46、47頁によると、退職勧奨は、(a)人員整理など会社都合による場合と、(b)労働者本人に責任がある場合（懲戒事由や成績不良など）に分けられるとされ、(b)の場合には、「本人の抱える責任の程度に比例した強さで退職勧奨できるとされる。特に解雇事由が存在する場合には、通常解雇よりも退職のほうが労働者本人に有利になるので、相当強い態度で退職勧奨することが許される。たとえば、解雇事由のある労働者に対して、使用者から「××を解雇します。ただし○月○日までに退職届を提出する場合には受理する余地があります」旨の解雇通知を行うケースも現実にあるが、それは解雇事由が存在する限りにおいて正当とされる。（懲戒解雇事由がないのに懲戒解雇をほのめかしながら退職勧奨したり、社会的相当性を逸脱するような態様で行うことは違法である）」とされています。

て行くかどうか注目されます。
(ウ)　尚、予防的見地からは、本件の「ＲＡプログラム」の中の留意事項（一審判決の７頁のイ(カ)の部分）が参考になるので、以下に引用しておきます。
　　小規模企業でも、また、大規模な勧奨でない個別事例でも参考にすべきです。
「a　退職強要をすることはできないので、あくまで本人の「自由意志」に基づいて決断するようにコミュニケーションすること。具体的な注意事項として、以下の点を指摘する。
　(a)「退職を強要するような言動は違法となりますので、面接を行う際は言葉遣いや態度には十分気をつけてください。特に、人格を傷つけるような言動や解雇の意思表示と感じさせるような言葉は決して使わないで下さい。」
　(b)「当該社員の話を、よく聞く態度で臨んでください。（説得ではなく、応諾の答えを引き出すことを心がけてください）急ぎすぎず、自らが話しすぎないようにしてください。」
　(c)「感情的になった場合は、面接を一時中断し、次回の面談の日時を決めて終了するようにしてください。」
　(d)「１回の面談は、30～40分程度を目安にしてください。」
　(e)「１週間に３回以上の面談はしないようにしてください。」
　b　また、基本的な注意事項として、更に以下の点を指摘する。
　(a)「本人の話を、よく聞く」
　(b)「同情や言い訳、当プログラム実施に反することは言わない」
　(c)「人格を傷つけるような言動はしない」
　(d)「協力的だが、きっぱりした口調で話す」
　(e)「結論を急ぎすぎないよう（説得しようとして、自らが話しすぎない）」
　(f)「繰り返し退職支援制度、再就職支援サービスに、言及する」
　(g)「感情的になった場合は、面談を一時中断し、日を改めて面談する約束をして終了する」
　(h)「パフォーマンス評価に引き続き、今後のキャリアの可能性について話をし、適切な進路選択を促すということを、基本的な進め方とする」
　(i)「１回の面談は30分程度を目安とする」」

(図表４－７) 退職勧奨の適法性の判断基準と留意点

		退職勧奨の適法性の判断基準となる諸要素	留意点
①	話し合いの場の設定方法	退職勧奨のために出頭を求めるなどの職務命令を発することは許されないこと	強制的な雰囲気の中で行ってはならない。命令で出頭を求めた後、任意の自由な雰囲気になることはほとんどあり得ない
②	明確な拒絶表明がないこと	被勧奨者が明確に退職意思のないことを表明している場合に、特段の事情もなしに勧奨を続けること	原則として明確に退職意思がないことの確認ができたら、それ以上勧奨を続けてはいけない（続けると「強要」になる）
			例外として許されるのは退職条件の上乗せがある等新しい状況が生まれる場合である
③	回数 期間	退職を求める事情の説明や優遇措置などの退職条件に通常必要な限度にとどめること	短期決戦で手順良く行う。他の要素も考えながら、出来るだけ効率よく
④	表現方法	被勧奨者の自由な意思決定を妨げるような言動を行うこと	被勧奨者の名誉感情を害することのないよう配慮すること パワハラと同様表現方法に配慮が必要
⑤	立会人	被勧奨者が希望する立会人を認めること	同僚、かつての上司、弁護士などの立ち会いの希望があれば認める（否定したまま強行すると強制の要素が生じる）
	勧奨者数	適正であること（多すぎないこと）	入れ替わり多数の者から勧奨をすると退職に追い込む「強制」の要素が強くなる
	優遇措置があること	これだけが使用者にプラスになる要素である	被勧奨者がこれならあきらめてもよいかと思うような有利な条件を提示する努力をすること
⑥	その他		他にあれば検討する
総合	以上を総合的に勘案し、全体として被勧奨者の自由な意思決定が妨げられる状況にあったか否かを判断すべきである		以上を使用者側において事前に総合判断して十分検討し、将来争われても問題なしと考えられる方法で慎重に行うこと

（下関商業高校事件・1審判決を参考にまとめたもの）

2　その他の任意的労働関係終了事由

(1)　はじめに

「解雇」は使用者の一方的意思表示でされますが、厳密には「解雇」とはいえない事由又は任意の労働関係終了事由の中にも労働者の真意に基づかない問題事例が多く見られます[241]。使用者側としては「解雇」と「解雇以外の事由」を選択的に検討して、トラブルを回避する必要があります。

ここでは①合意解約、②辞職を取り上げます（期間満了は第2章の97頁以下で論じています）。

(2)　合意解約

ア　「合意解約」とは、「労働者と使用者が合意によって労働契約を将来に向け

---

241 「準解雇」の理論については解雇の諸問題の中の「解雇と不法行為」〔307頁以下〕で説明しています。

て解約すること」であり、労基法上の解雇規制（労基19条・20条）や解雇権濫用法理の規制を受けません。但し、民法上の法律行為（意思表示）に関する規定（民90条・93条〜96条）の適用があり、後述の「辞職」の場合と同様、退職願（合意解約の申込み）の意思表示に瑕疵があれば、無効又は取り消しが問題となります[242]。

イ　撤回

(ア)　合意解約の申込みである労働者の退職願は使用者の承諾（承認）の意思表示がなされるまでの間は撤回できます[243]。

　　a　東邦大学（地位保全仮処分申請）事件・東京地決昭44.11.11判時590号90頁・労判91号35頁は、学園紛争の事態収拾のため教師が提出した退職願が承認前撤回されたものと認められた事例です。本件では、大学紛争の事態収拾のため、学生を刺戟するような発言をした一助教授が、教授会の空気におされて退職願いを提出しましたが、その後の学校側の態度に不満を感じてこれを撤回しました。学校側が撤回にもかかわらず退職承認辞令を出してその地位を認めないため、地位保全の仮処分を申請しました。本決定は、退職願の提出は雇傭契約の合意解約の申込の意思表示であり、その承諾期間の定めはないものと認められるから、その後1ヶ月半経過した後にされた撤回も有効であり、その直後にされた退職辞令は申込み撤回後の承認として退職の効力を生じないと判示し、本件申請を認容しました。

　　b　相手方の気が変わりそうな場合で退職してもらいたい場合は、時間をかけずに早目に承諾すべきです。

(イ)　使用者の承諾の意思表示があったといえるかが争われた例として以下のものがあります。

　　①　大隈鉄工所事件・最3小判昭62.9.18労判504号6頁は、企業内において退職に対する承認の権限を与えられた人事部長が異議なく退職届を受理したことをもって退職の意思表示に対する「承認」がなされ、労働契約は合意解約されたものとしました。

---

[242] 実際に「依願退職」と称されるものが、「合意解約」にあたる場合が多いといわれています。労働者がこの依願退職における退職願を提出した後にそれを撤回したり、意思表示の瑕疵を主張したりして、その効力を争う事件があります。

[243] 退職の意思表示が使用者の承認前に撤回されたものとして、合意解約の成立を否定した裁判例として学校法人大谷学園事件・横浜地判平23.7.26労判1035号88頁があります。

② 岡山電気軌道事件・岡山地判平3.11.19労判613号70頁は、常務取締役観光部長には単独で退職承認の権限はなかったとして、同部長による退職届受領後の撤回を認めました。

退職を認めたいときは権限がある者から文書で承諾の意思表示を速やかに行うべきです。

ウ 意思表示の瑕疵

意思表示の瑕疵が争われた事案としては以下のものがあります。

(ア) 退職合意が強迫に当るとして取消がみとめられた判例[244]

後藤ナット製作所事件・東京地判昭44.12.28判時590号87頁は、小企業で、地方から出て来た若年の労働者達が組合を結成したところ、会社側が父兄達を呼び寄せて切り崩しの説得をさせた上、会社に迎合的な先輩格の者から退職を迫られ、遂に退職願いに署名し、これが受理されたが、退職者達が、その後退職願の意思表示を強迫として取消し、又は不当労働行為として争ったという事例です。判決は、退職の意思表示を強迫によるものとし、事後の取消を有効と認め、地位保全の仮処分申請を認容しました。弱い立場にある労働者に対し合意解約を強いた場合に救済した事例です。

(イ) 退職合意を要素錯誤により無効とした裁判例[245]として、山一証券(地位保全等仮処分申請)事件・名古屋地判昭45.8.26判時613号91頁・労判109号43頁があります。本件は、証券会社の女子職員が、従来の慣行に従って結婚した際退職を迫られ、継続勤務の希望を捨て切れず、種々努力し接衝した末、遂に合意退職したが、これを強迫・錯誤・心裡留保・公序良俗違反等と主張して争った仮処分事件です。本判決は、錯誤の主張を認めて、

---

[244] 旭光学工業(地位保全仮処分申請)事件・東京地判昭42.12.2判時509号22頁は、光学器機等の製造販売会社の検査業務に従事していた女子従業員が、無断欠勤をとがめられて退職願を書かされたが、従業員が、①退職願は会社側の執拗な要請のため、その意思がないことを承知して書いたもので民法93条但書(心裡留保)に当る、②民法96条の強迫に当るからこれを取消した、③文化サークル活動、民青同盟員であること、組合員であることを嫌悪し、思想信条を理由とする解約の申込みであるから無効である、④経済的優位者がその地位を利用し窮迫に乗じてなさしめたもので公序良俗に反する等と主張して、その退職の効果を争った事件です。本判決は、その退職願が書かれるに至った当時の事情から、会社側が威圧によって辞職願を提出せざるをえない状態に追い込んだものであって民法96条の強迫に当ると認め、その取消により退職の効果は生じていないと判断しました。

[245] その他の近時の裁判例として、富士ゼロックス事件・東京地判平23.3.30労判1028号5頁(退職の意思表示が自主退職しなければ懲戒解雇がなされると誤信して行われたもので[その動機は懲戒解雇を避けるものであることを黙示的に表示したものと認めて]、錯誤により無効なものとしてその効力が否定された例)、日本旅行事件・東京地判平19.12.14労判954号92頁(役職定年に関して移籍に応じない場合には退職せざるを得ないものと誤信していたとの主張に対して、就業規則や労使協定には誤解しないように明記されていること、誤信を解く機会は十分あったことから錯誤に重過失があるとして無効主張を認めなかった例)があります。

270

退職合意を無効とし、申請人の地位保全等の申請を認容しました。退職の合意であっても、その実質が本人の真意に反し、或いは公序良俗に反する場合には、その効力が否定されることは理論的にありうるが、本件は結婚退職制（公序良俗違反として無効のもの）が慣行として存在していたために、勤務継続を希求し、種々接衝をしたが目的を果たさず、ついに退職願を書かざるを得なくなったという事情から、これを要素の錯誤として無効と判示しました。

(3) 辞職（任意の退職）

　ア　辞職（退職）とは、「労働者による労働契約の解約」です。「合意」によるものではなく労働者の一方的意思表示によるものです[246]。

　イ　撤回

　　労働者の一方的解約である辞職（退職）の意思表示は、前述の合意解約の場合とは異なり、使用者に到達した時点で解約告知としての効力を生じ、撤回できなくなります。但し、意思表示の瑕疵による無効又は取消（民93条～96条）の主張は以下のように可能です。

　ウ　意思表示の瑕疵

　　労働者が使用者の勧奨に応じて不本意ながら退職届を提出し、後に退職の意思表示の効力を争う場合があります。

　(ｱ)　使用者が当該労働者につき客観的には解雇事由又は懲戒解雇事由がないのを知りながら、それがあるかのように労働者を誤信させて退職の意思表示をさせた場合は、「錯誤」や「詐欺」が成立します。客観的に相当な理由がないのに懲戒解雇や告訴のありうるべきことを告げて退職願を提出させることは、「強迫」にあたるとし、適法に取消しがなされたとされた例としてニシムラ事件・大阪地判昭61.10.17労判486号83頁があります。

　(ｲ)　労働者が反省の意を強調するだけで退職の真意はもたず、使用者もその趣旨（真意）を知りつつ受領したという場合の退職願の意思表示は心裡留保（民93条）により無効であり、退職の効力は生じないとされた例として

---

[246] 期間の定めのない雇傭契約では、労働者は2週間の予告期間を置けばいつでも（理由を要せず）契約を解約できます（民627条1項）。
　これに対して、期間の定めのある雇傭契約の場合は「已ムコトヲ得サル事由」あるときに「直チニ契約ノ解除ヲ為ス」ことができるにとどまり、しかもその事由が当事者の一方の過失によって生じたときは相手方に対して損害賠償の責任を負います（民628条）。
　2週間の予告期間を置かない突然の退職につき労働者の損害賠償責任を認めた裁判例としてケイズインターナショナル事件・東京地判平4.9.30労判616号10頁。

271

昭和女子大学事件・東京地決平4.2.6労判610号72頁があります。

第4節 解雇権濫用論

1 解雇権濫用論

(1) 実務上「解雇」に関するトラブルは非常に多いのですが、その多くは使用者側が法律知識、特に解雇を制限する判例法理に無知で、無理な解雇通告をしてしまって、使用者側に有利な解決が困難又は不可能となるケースです。

従前は無理な解雇通告に対して、労働者が泣き寝入りして問題にならないことが多かったようですが、現在では、相談窓口の充実、権利意識の高揚、労使関係のドライ化等の諸事情により、不当な判断であると反発して争われるケースが増加しており、通告前に法的に問題がないかどうかについて十分慎重に検討する必要があります。

ここでは、解雇を制限する判例法理を概観します。

(2) 意義

労基法の施行後、解雇には正当事由が必要であるとの説が唱えられたことがありましたが、これは民法上の解雇の自由（627条1項）を基礎とする現行法においては無理があるので、やがて権利濫用（民1条3項）を応用する「解雇権濫用法理」が多数の裁判例の積み重ねによって確立されました。そして最高裁は、「使用者の解雇権の行使も、それが客観的に合理的な理由を欠き社会通念上相当として是認することができない場合には、権利の濫用として無効になる」と判決してこの法理の内容を定式化しました（日本食塩製造事件・最2小判昭50.4.25民集29巻4号456頁・労判227号32頁）。また、「普通解雇事由がある場合においても、使用者は常に解雇しうるものではなく、当該具体的な事情のもとにおいて、解雇に処することが著しく不合理であり、社会通念上相当なものとして是認することができないときには、当該解雇の意思表示は、解雇権の濫用として無効になる」と述べて、同法理における「相当性の原則」を明らかにしました（後記〔279頁〕高知放送事件・最2小判昭52.1.31）。

(3) 条文化について

ア 解雇をめぐるトラブルの増大や、解雇が労働者に与える影響の重大性から、解雇に関する基本的なルールを明確にすることにより、トラブル防止と解決を図ることが必要となっています。これまでは、「解雇権濫用法理」が判例

で確立していましたが、労使当事者間に十分に周知されていない状況であったので、「解雇権濫用法理」をそのまま法律上に明記することとし、労働基準法18条の2として、「解雇は、客観的に合理的な理由を欠き、社会通念上相当であると認められない場合は、その権利を濫用したものとして、無効とする」との規定を新設しました。その後さらに労働契約法成立に伴い労働契約法の16条に同旨の規定を新設することにより労働基準法18条の2は削除されました。これは法文の「引越」のようなものです。

イ　判例の内容を条文化しただけであると言われていて大したことではないと思われるかもしれません。しかし、法律の専門家以外に判例を理解している人は少ないのに、条文となるとわかりやすくまとめられやすくなり、行政はルールの遵守を求めて大々的にＰＲしますし、様々な情報が多く発信されるようになります。それにより今まで不当解雇に対して泣き寝入りをしていた労働者でもこれからは「解雇権濫用」という考え方があって自分たちは守られているのだということを知れば、不当な処分に対して争う人は増えるはずです。その意味で益々法的リスクは増加するものと考えて予防に取り組む必要があります。

(4) 解雇事由～解雇の合理的理由（4類型）について

　ア　解雇権濫用法理にいう解雇の合理的理由は、以下の4つに大別されています。

　　(ｱ)　労働者の労務提供の不能や労働能力又は適格性の欠如・喪失

　　　傷病やその治癒後の障害のための労働能力の喪失（但し業務上の傷病の場合は労基法19条の解雇制限があります）、勤務成績の著しい不良（後記2の「成績不良者等（不良社員）の解雇」で詳述）、「事故欠勤30日に及んだとき」等です。重要な経歴の詐称（「経歴詐称」で既述）等による信頼関係の喪失もこれに当たります。

　　(ｲ)　労働者の規律違反の行為

　　　懲戒処分がなされるかわりに普通解雇がなされたという場合であり、普通解雇が実際上懲戒処分の1つとしての機能を営む場合です。尚、懲戒解雇については、「懲戒処分」と「解雇」という2つの性格を有しているので、両者に関する法規制を受けます。特に、労働者は普通解雇よりも大きな不利益を受けるので、より厳格な規制を受けます。これについては「懲戒処分」のところ（第2節の3(5)）で詳述しています。

(ウ)　経営上の必要性に基づく理由

　　　合理化による職種の消滅と他職種への配転不能、経営不振による人員整理などです。昭和48年の石油危機による不況以後、長期雇用制度を前提として、特に大企業において労使が協調して整理解雇を最後の手段としてできるだけ回避する傾向にあり、判例上も整理解雇の4要件という有名なルールが提示されていました。しかし、近時これに対する疑問が出て、反対の判例として4要素説が主流となっていますが、この点については「整理解雇」のところ（第5節・解雇の諸問題の9）で詳述します。

　(エ)　ユニオン・ショップ協定に基づく組合の解雇要求

　イ　以上のうち(ア)(イ)(ウ)の事由については、裁判所は、一般的には、それら事由が重大な程度に達しており、且つ労働者の側に宥恕すべき事情が殆どない場合に限り解雇の相当性を認める（労働者に苛酷に失しないか、労働者に有利なあらゆる事情を考慮して判断する）という厳格な判断をする傾向にあります。

　　　しかし、他方では、上級の管理者、技術者、営業社員などが、高度の技術・能力を評価されて特定のポスト・職務のために即戦力として中途採用されたが、その期待の技術・能力を有しなかったり、当該ポスト・職務が廃止されたというような場合には、比較的容易に解雇事由の存在を認めています。

(5)　**解雇権濫用の判断枠組みについて**[247]

　ア　判例の総合判断（問題点）について

　(ア)　「解雇権濫用法理」の総合的判断の判断枠組みについて、「具体的基準がないに等しい」「ある意味ファジーで曖昧な基準」とし、相談を受けた弁護士も同種事案の判例をいくつか探し出してきて、「大丈夫そうだ」とか「あぶなそうだ」とかせいぜい予想をつける程度になってしまう（この面で判例を利用する必要があるといってもいい）とする指摘もなされています（八代徹也「実務家のための労働判例の読み方・使い方」経営書院12～13頁）。また、「裁判結果に対する事前の予測可能性が低いということは、強気な使用者はあぶなそうでも解雇をする一方、慎重な使用者は安全策を考え、解雇が客観的に可能であっても控えてしまうということもありえます。」

---

[247] この点の分析については、土田584頁以下と実務269頁以下（伊良原恵吾裁判官執筆）に詳細な論述があります。詳細は以上2つの文献をご研究下さい。全体として執筆者の土田教授へのリスペクトが感じられる興味深いものです。

とも指摘されています（同書13頁）[248]。
　(イ)　近時は予測可能性を少しでも増やそうとする試みもなされています。
　　まず、①就業規則上の解雇事由の該当性という客観的類型的判断（第1要件。解雇の客観的合理性）と②解雇の個別事情を踏まえた解雇の社会的相当性を問題とする判断（第2要件。解雇の社会的相当性）とを区別して、①の充足を確認した後に②の判断をするという枠組みです。これは近時の多くの裁判例に表れています。以下この考え方について述べます。
　イ　第1要件（解雇の客観的合理性）について
　　(ア)　まず、解雇事由の特定がなされます。ここでは解雇の類型が考えられ、人的事由に基づくものに種々の性質のものがあり、整理解雇のような経済的な理由に基づくものがあり、区別する必要があるとする考え方があります[249]。実務家の提唱する解りやすい考え方であり、予防のために整理して使用者側に警告する内容として有用であるので以下に紹介します。これがどこまで実務に定着して解決に影響を与えているか、今後の展開も不明ですが、予防の視点から興味深いものがあります。
　　　a　まず、人的事由に基づくものを2つに分けます（（図表4－8）の表参照）。
　　　　A型　労働契約の本来的義務である労務提供の前提をなす職務遂行能力に喪失・低下ないし不足が認められる類型（解雇類型A）
　　　　　①　労働者の傷病や健康状態に基づく労働能力の喪失
　　　　　②　勤務能力・成績・適格性の欠如
　　　　B型　労働契約上の義務違反（付随義務を含む）が認められる類型（「解雇類型B」）
　　　　　③　職務懈怠（欠勤、遅刻、早退、勤務態度不良等）
　　　　　④　経歴詐称
　　　　　⑤　非違行為・服務規律違反（業務命令違反、不正行為等）
　　　b　以上のA型とB型とは異なるものであるけれども、労働者自身の「職務の適格性」の喪失という点で共通する側面があり、A型とB型の双方が解雇事由とされている場合（人的解雇理由の競合ケース）は、それぞ

---
[248]「最高裁重要労働判例」（経営書院）16頁（荒木尚志）でも判例法理が行為規範として妥当なルールとなっているかが問題とされています。
[249] 実務の272頁以下の伊良原恵吾裁判官の論文。

(図表４−８）解雇類型（人的事由）について

解雇類型A	①労働者の傷病や健康状態に基づく労働能力の喪失	労働契約の本体的能力である労務提供の前提をなす職務遂行能力に喪失・低下ないし不足が認められる類型
	②勤務能力・成績・適格性の欠如	
解雇類型B	③職務懈怠（欠勤、遅刻、早退、勤務態度不良等）	労働契約上の義務（付随義務を含む）違反が認められる類型
	④経歴詐称	
	⑤非違行為・服務規律違反（業務命令違反、不正行為等）	

「実務」273頁（伊良原裁判官）による分類

　　　　れの解雇理由の強度を補い合うという形で総合判断することは可能である（実務295頁）とされます。
　　　　但し、いずれの解雇事由においても当該解雇を正当化することができないような場合に、「合わせ技」的判断に基づき解雇を正当とすることができるかという点については、実務294頁では否定説です。「合わせ技」を認めると「職務不適格性」という個々の解雇事由の上位に位置する解雇事由を容認するに等しくなり、限定列挙説の趣旨に反することを根拠とされます。
　　　　この点は、使用者にとって厳しい考え方ですが、「職務の不適格性」というレベルで解雇を認めても、後の社会的相当性判断で具体的妥当性は担保できるのですから構わないのではないでしょうか。訴訟ではこの点は一体として主張立証すべきだと考えますが、予防的には解雇事由について整理して慎重に対応するために参考となる有益な考え方だと思います。
　c　次に、別に詳述する経営環境の悪化を理由とする「整理解雇」という経済的解雇事由と上記人的事由とが併存（競合）する場合はどうなるかについて、解雇の性質が全く異なので「合わせ技」（総合的判断）による解雇の正当化は許されないとされています（実務294頁）。
　　　　もっとも、整理解雇か普通解雇かという類型を前提とした上で、「整理解雇の場合にも人選の合理性の判断枠組みの中で労働者側の事情を考慮することは可能である」「普通解雇の場合でも経営上の不利益の度合いを普通解雇事由の存否の判断の一要素として考慮することまでは否定されないこと」は認めるとされているので（実務294頁）、その限度で事

実上「合わせ技」のようなものが通用する部分があるということです。
  d　以上の「合わせ技」的判断についての考え方は試論・私見とされていて、「訴訟運営上、どの程度これらの問題を意識し徹底するかは、担当裁判官にとって異なるものと思われる」とされています（実務296頁）。
  e　いずれにしても、今後の解雇関係の訴訟は「就業規則記載の解雇事由を中心として展開されることが予想され」るので、「就業規則記載の解雇事由に着目し、これに沿う主張立証をする必要がある」こと（実務285頁）は確かです。
(イ)　将来的予測の原則
　次に「将来的予測の原則」に基づく検討が必要とされます[250]。これは解雇事由がその内容、態様、程度等から見て将来にわたって存続し、労働契約の継続・実態にどのような影響（支障）を与えるかを予測検討する必要があるという考え方です。この点は主として成績不良者について問題とされてきていましたが、全ての解雇事由について検討するものです。
(ウ)　最終的手段の原則
  a　次に、前の段階で確認された解雇事由の継続性（重大性）を前提として、「客観的にみて、使用者にそれでもなお雇用の義務を負わせることができるか、そして、もしできる場合には、期待可能な解雇回避措置としてどのようなものがあり、使用者はこれを尽くしたものと言えるかを分析検討する」とされます（実務274頁）。
　ここでの分析の内容としては、「当該解雇事由が、使用者において甘受しえないほどの著しい負担をもたらし、労働契約の継続を期待することができないほどに重大かつ深刻なものである場合かどうかがポイントとされ、
  (a)　そのような重大かつ深刻な場合には雇用を維持する義務は大きく後退し、当該解雇は「客観的に合理的な理由」があるものと評価される。
  (b)　これに対して、そのような重大かつ深刻な状態に達していない場合は、雇用を維持する義務を免れず、期待可能な限り解雇回避措置を尽くす必要がある。
　　①　解雇回避措置としては、使用者による注意・指導、是正警告等の

---
[250] 実務273頁以下。土田582頁。

ほか、職種転換、配転・出向、休職等の軽度の措置が考えられる。
② 解雇回避措置（義務）を尽くしたとはいえない場合には当該解雇は「客観的に合理的な理由」に欠けるものと評価される。
③ 但し、「労働者の能力・適性、職務内容、企業規模その他の事情を勘案して、使用者による当該解雇回避措置を期待することが客観的にみて困難な場合には例外を認める余地がある（これを「期待可能性の原則」という）」（実務275頁）。
 (i) この点、実務280頁で引用されているリオ・テイント・ジンク・ジャパン事件・東京地決昭58.12.14労判426号44頁では「債務者は従業員が十数名という小規模の企業であって、債権者の資質・能力に適した他の職場に配置することは困難であると認められること」を総合判断の一要素として考慮して通常解雇を有効としたもの（判決の53頁の部分）です[251]。
 (ii) 土田582頁では、解雇権濫用規制の解釈適用に際しては、「企業の営業の自由（憲法22条）や財産権（同29条）との調和を要請されるのであり、企業に不可能を強いるような硬直的規制と解釈されてはならない（本書では「期待可能性の原則」と呼ぶ）」とされています。

b この点、表現は異なりますが、使用者の受忍限度を超えて雇用継続が期待できない場合に「信頼関係破壊」という表現を使用する裁判例も多いです[252]。

ウ 以上のとおり、従前の混沌とした総合的判断の枠組みに比べれば「将来予測の原則」や「最終的手段の原則」などの明確な「ものさし」（判断枠組み）

---

[251] 私も2件の同様の小規模会社の解雇事案を担当しました（いずれも労働審判で調停成立）が、これと同様に期待可能性がないという主張を展開し、裁判官にはかなり理解していただけたようでした。裁判例では規模の大きい企業の法人の事案が多いため、小企業の実情を裁判官が認識されていないおそれがありますので、特に力を入れてこの点の理解と説得に努めるべきであると考えます。
[252] 私も実際に訴訟で使用しています。信頼関係破壊論は借地借家の関係では定着した判例理論です。
信頼関係破壊が問題になった例として以下のものがあります。
① 学校法人敬愛学園（国学館高校）事件・最1小判平6.9.8労判657号12頁
② 株式会社大通事件・大阪地判平10.7.17労判750号79頁。運送会社に勤務する労働者が業務のために出向いていた取引先の従業員に因縁をつけ、胸を小突き、暴言を発し、その際に流し台を蹴って破損させ、当該従業員の上司を誹謗する発言をし、このような言動に対して休職処分を言い渡された際に「会社辞めたる」といって事務所を去ったという事情の下で行われた解雇を有効としたものです。
③ セコム損害保険事件・東京地判平19.9.14労判947号35頁（162頁で既述）
④ 三菱電機エンジニアリング事件・神戸地判平21.1.30労判984号75頁（176頁注149で既述）

を導入したわかりやすい考えですから(ただし使用者に厳しい)、前述したとおり予防的に使用者に考えていただきやすくなります。

(6) 総合判断のために検討すべき要素について

ア 検討すべき要素としては多種多様なものがありますが、土田道夫・労働契約法や「労働関係訴訟の実務」等を参考に実態面と手続面に分けて整理してみますと以下の(図表4－9)のようになります。これらの総合判断ということになります。

(図表4－9) 解雇の社会的相当性の判断要素について

解雇権濫用 (実体面)	②労働者の行為態様・意図	行為態様
		意図(不当な動機・目的)
	③使用者に与えた損害	
	④労働者本人の情状	反省の程度
		過去の勤務態度・処分歴
		年齢・家族構成
		その他
	⑤他の労働者の処分・過去の処分例との均衡	同種の行為を犯した他の労働者との均衡
		過去の処分例との均衡
	⑥使用側の対応 (使用者の落度)	労働者を非違行為に走らせた原因が使用者の対応にあること
解雇手続 (手続面)	労働組合との協議	誠意をもって十分に協議すること
	弁明の機会の付与等	要件とすることには争いあり。総合判断の要素とはなる。
	解雇理由の証明(労基法22条) (請求された場合)	明示しなかった場合濫用についてのマイナス要素となる。
		明示した場合はその理由に拘束される(有力説)。

(土田道夫・労働契約法593頁以下と「実務」280頁以下(伊良原裁判官執筆)の考え方を参考に表にしたもの)(②～⑥の数字は土田583頁のもの)

イ 高知放送事件

(ア) 事案の概要

a Y(被告・控訴人・上告人)は、テレビ・ラジオの放送事業会社であり、X(原告・被控訴人・被上告人)はYのアナウンサーでした。Xは、昭和42年2月22日から23日にかけて、訴外Aと宿直勤務に従事しましたが、寝過ごしたため、午前6時から10分間放送されるべき定時ラジオニュースを放送することができませんでした(第1事故)。また、同年

279

　　　　３月７日から８日にかけて、訴外Ｂと宿直勤務に従事しましたが、寝過ごしたため、８日午前６時からの定時ラジオニュースを約５分間放送できませんでした（第２事故）。この本件第２事故については、上司に事故報告をしておらず、１週間後にこれを知った訴外Ｃ部長から事故報告書の提出を求められ、事実と異なる事故報告書を提出しました。

　　ｂ　Ｙは、以上のＸの行為は就業規則所定の懲戒事由に該当するので懲戒解雇とすべきところ、再就職など将来を考慮して普通解雇として処分をしました。なお、Ｙの就業規則（15条）には、普通解雇事由として、①精神または身体の障害により業務に耐えられないとき（１号）、②天災事変その他已むをえない事由のため事業の継続が不可能となったとき（２号）、③その他、前各号に準ずる程度の已むをえない事由があるとき（３号）、があげられていました。

　　ｃ　Ｘは、この解雇処分に対して、これが無効であるとして従業員としての地位の確認を求めて訴えました。

　　ｄ　１審（高知地判昭48.3.27判例集不登載）と２審（高松高判昭48.12.19労判192号39頁）はともにＸの請求を認容しました。Ｙは上告しましたが棄却となりました。

(イ)　最高裁判決（最２小判昭52.1.31労判268号17頁）の要旨

　　ａ　Ｘの行為は、就業規則15条３号所定の普通解雇事由に該当する。「しかしながら、普通解雇事由がある場合においても、使用者は常に解雇しうるものではなく、当該具体的な事情のもとにおいて、解雇に処することが著しく不合理であり、社会通念上相当なものとして是認することができないときには、当該解雇の意思表示は、解雇権の濫用として無効になるものというべきである。」

　　ｂ　「本件においては、Ｘの起こした第１、第２事故は、定時放送を使命とするＹの対外的信用を著しく失墜するものであり、また、Ｘが寝過ごしという同一態様に基づき特に２週間以内に２度も同様の事故を起こしたことは、アナウンサーとしての責任感に欠け、更に、第２事故直後においては率直に自己の非を認めなかった等の点を考慮すると、Ｘに非がないということはできないが、他面、・・・本件事故は、いずれもＸの寝過ごしという過失行為によって発生したものであって、悪意ないし故意によるものではなく、また、通常は、ファックス担当者が先に起きア

ナウンサーを起こすことになっていたところ、本件第1、第2事故ともファックス担当者においても寝過ごし、定時にXを起こしてニュース原稿を手交しなかったのであり、事故発生につきXのみを責めるのは酷であること、Xは、第1事故については直ちに謝罪し、第2事故においては起床後一刻も早くスタジオ入りすべく努力したこと、第1、第2事故とも寝過ごしによる放送の空白時間はさほど長時間とはいえないこと、Yにおいて早朝のニュース放送の万全を期すべき何らの措置も講じていなかったこと、事実と異なる事故報告書を提出した点についても、1階通路ドアの開閉状況にXの誤解があり、また短期間内に2度の放送事故を起こし気後れしていたことを考えると、右の点を強く責めることはできないこと、Xはこれまで放送事故歴がなく、平素の勤務成績も別段悪くないこと、第2事故のファックス担当者訴外Aはけん責処分に処せられたにすぎないこと、Yにおいては従前放送事故を理由に解雇された事例はなかったこと、第2事故についても結局は自己の非を認めて謝罪の意を表明していること、等の事実があるというのであって、右のような事情のもとにおいて、Xに対し解雇をもってのぞむことは、いささか苛酷にすぎ、合理性を欠くうらみなしとせず、必ずしも社会的に相当なものとして是認することはできないと考えられる余地がある。従って、本件解雇の意思表示を解雇権の濫用として無効とした原審の判断は、結局、正当と認められる。」

c　さらに以下の点の指摘もあります。
(a)　Xは目覚まし時計をもって仮眠に入った放送記者から起こして貰えることになっていた上、夜警備員にも起こして欲しいと依頼していたぐらいであるから、定刻起床の用意はしていたといえるのであって、なお宥恕されるべき事情が存する。
(b)　泊り勤務時間中の業務については管理者の眼が届かず、指導監督が徹底を欠いていたことも否みえない。それに仮眠とはいっても、それによって生ずる生理現象は普通の睡眠と本質的に異なる筈はないところ、5時間前後の極めて不十分な睡眠量で睡魔を克服して勤務につかせようというのであるから、泊り勤務者が定刻に起床したかどうかを確認するといった方法などを考慮する余地があった。

(ウ)　検討

a　古いですが有名な判例です。現在と比べて参考になる判例が少なく、見通しが難しい上に、原告が労働組合（当時激烈な労使対立状態にあった）の執行委員であり、和解が困難であったこと、企業としては本来懲戒解雇となるべきところを普通解雇としたという思いもあるので譲れず最高裁まで争ったと考えられる事案です。

（図表４－10）高知放送事件における解雇権濫用の総合判断の検討

②労働者の行為態様・意図	行為態様	●本人の悪意・故意によるものではないこと（寝過ごしという過失行為によるもの） ●定刻起床の用意はしていた（記者から起こしてもらえる＋警備員にも起こしてほしいと依頼していた） 〈○少なくとも重過失はある。最もしてはいけない注意すべき基本的なことを繰り返しているのは悪質である〉 ○アナウンサーとしての責任感に欠ける
	意図（不当な動機・目的）	●不当な動機・目的はない
③使用者に与えた損害		●放送の空白時間は長くないこと（2回のうち1回は10分、1回は5分） ○定時放送を使命とする放送会社の対外的信用を著しく失墜するものである
④労働者本人の情状	反省の態度	●本人が謝罪していること（第1事故については直ちに謝罪し、第2事故についても結局謝罪している） 〈○1度ならず2度も同じことを繰り返しているので真に反省していたか疑わしい〉 ○第2事故直後に率直に自身の非を認めなかった
		○事実と異なる事故報告書を提出した ●誤解と気後れによるもので強く責めることは出来ない
	過去の勤務態度	●本人に放送事故歴がなく、勤務成績も悪くないこと
	処分歴	●本人に処分歴はない
	年齢・家族構成	―
	その他	―
⑤他の労働者の処分・過去の処分例との均衡	他の労働者の処分との均衡	●共に宿直した記者も寝過ごしており、第2事故の記者はけん責処分を受けたに過ぎないこと
	過去の処分例との均衡	●会社では従来、放送事故による解雇の事例がないこと
⑥使用者の対応	労働者を非違行為に走らせた原因が使用者の対応にあること（使用者の落度）	●会社が放送事故への対応策を講じていなかったこと 〈○定刻起床を確認する方法はいくらでもあったはず〉 〈●再発防止の根本策も講じていない〉
	使用者側の配慮（プラス）	○懲戒解雇をせずに労働者の将来を考えて普通解雇にとどめたこと（配慮したつもり）

（●は労働者に有利、○は使用者に有利）

b　企業側の落度としては、確実な事故防止の措置を取っていなかったことが最も大きく（特に第１事故の後も有効な再発防止策が採られていないこと）、過去の処分事例がないことや放送記者との処分の不均衡のマイナスも明らかです。(図表４－10)に本件での総合判断の検討についてまとめておきます（判決が明示していないことも記入しています）。

　　　もし、以上の企業の落度がなく、事故発生のための万全の対策がとられていたのであれば事故は発生していなかった（あるいは発生の確率は非常に少なかった）であろうと考えられます。その意味で事故発生は原告労働者と企業の落度が競合して発生したものであり、原告労働者だけに責任があるとはいえず、企業の落度を割り引いて考慮して（裁判所の権利濫用論は総合判断により企業側の事情を考慮します）、責任軽減に努める必要があるということになります。本件では、結果論になりますが、企業の落度を考えると、裁判手続のどこかで和解するか、懲戒休職以下の軽度の処分で済ますべきであった（普通解雇を撤回後の処分も考えられる）ということになります。

(7)　**解雇権濫用についての立証責任**
　ア　解雇権濫用法理に関して、実際の訴訟では、解雇権濫用の否定を基礎づける事実（解雇の合理的理由の存在）を使用者側に主張立証させる取扱いがなされているとする理解もあります[253]。
　イ　しかし、他方定評のある実務書では、これに反して以下のとおり考えられています[254]。

　　「規範的要件については、しばしば総合判断という表現が用いられることがあるので、この点について説明を補足しておく。主張された評価根拠事実だけでは当該評価の成立を肯定させるに足りないときは、その規範的評価成立の主張は、主張自体失当であるから、その事実を立証させる必要はなく、まして評価障害事実を認定した上で、総合判断しなければ結論が出せないものではない。換言すれば、本来、評価根拠事実に基づけば当該規範的評価が成立するとの判断が先行しなければならず、この評価の成立を前提として、評価障害事実の存否が問題となるという理論上の関係があるのである。このような法的効果による判断の先後関係の存在は、評価障害事実が評価根拠事

---

[253]　土田579頁、754頁。実務285頁も同旨。
[254]　増補民事訴訟における要件事実第一巻・法曹会36頁

実に対し抗弁として位置づけられるべきことを意味するものである。したがって、仮に前述の総合判断という表現が、このような判断の構造を否定する趣旨で用いられているとすれば疑問である。」
　ウ　以上の議論とは別に、訴訟になれば厳密な主張立証責任に関係なく使用者側弁護士としてできるだけ早期に大量の良質の評価障害事実を積極的に主張立証することを心掛けるべきであると考えます。そのための資料収集の準備として、普段から証拠となりうる文書の作成（文書化の努力）と確実な保管（すぐに整理して提出できる状態）が必要となります。

2　成績不良者等（不良社員）の解雇
(1)　総論
　多くの就業規則で、勤務成績不良という解雇事由が定められていますが、裁判所は当該事案が解雇事由に該当するか否かという観点から判断を行います。裁判例では、「甚しく職務怠慢か又は勤務成績劣悪で就業に適していないと認められた場合」という就業規則が定める解雇事由について「この趣旨は、職務の実をあげない程度が、単なる職務怠慢や勤務成績不良と評価されるだけではなく、使用者が指揮命令権を行使しても職務の実をあげるように是正することはもはや期待できず、当該従業員を職場から排除しなければ適正な経営秩序が保たれなくなるに至った状態、を指すと解される。」としています[255]。

　前節で有力な判断枠組みを紹介しましたが、従来から問題とされている以下の３要素について検討します。
　① 使用者は、成績不良があってもまず指揮命令権を行使して、これが是正されるように指導しなければならない（事前の警告ないしは教育・指導）
　② 改善が期待できない状態でなければ解雇できない（改善の見込みなし）
　③ 成績不良が当該労働者を企業から排除しなければ秩序維持ができなくなる程度でなければ解雇できない（成績不良の程度）

(2)　事前の警告ないしは教育指導
　ア　労働者の勤務成績や能力を理由に解雇が行われる場合、事前に当該労働者に対して指導をしたり、様々な教育措置を講じるのが一般的であり、使用者側の努力にもかかわらず労働者の勤務成績や能力に改善が期待できない場合

---

[255] 三協化成事件判決（大阪地判昭43.12.19労民集19巻6号1587頁）。これは、研究員の勤務成績不良による解雇が問題となったケースですが、就業に適しないと認められるほどに甚だしい職務怠慢や勤務成績不良はなかったとして解雇をも無効としました。

に、はじめて解雇が行われることが多いという実務（実情）を考慮して、判例では、これらの措置が講じられていることを考慮しています。

　　この点の裁判例については第3章で詳論しています。特に5つの裁判例を取り上げています〔157頁以下〕。

　イ　特に教育・指導が必要とされない場合について

　　(ｱ)　一定の職業能力があることを前提に採用された労働者（人材開発を前提としない者）については、使用者による教育・指導は必要ないとされています[256]。

　　(ｲ)　医師としての特殊な地位についての指導のあり方を述べた裁判例として、A病院事件・福井地判平21.4.22労判985号23頁があります（これは、第3章第3節の「協調性の欠如」のところ〔176頁〕でも紹介しています）。本件では医師としての特殊な地位から具体的かつ明示的な注意や指導を重視しなくてよいという指摘もされています[257]。

　　(ｳ)　尚、教育・指導が特に必要となるケースでない場合でも、成績が劣悪であることを事前に警告しておくことが必要であるとした裁判例として、エボシタクシー事件・長崎地裁佐世保支判昭39.3.9判時378号36頁があります。

　ウ　リスク対策の面からは、契約の条項や面接の際に会社の求める水準をできるだけ明記したり説明したりしておくことが重要であり、そしてその点の証拠を残しておくことを考えるべきです。

(3)　改善が期待できない状態であること

　ア　教育・指導を行ったにもかかわらず、改善の見込みがないと確認されてはじめて解雇権の行使も相当であると判断されます。かりに一時的に特別な事情から勤務成績が悪くなっても、その事情が消滅すれば確実に改善されるの

---

[256] 但し当該企業における特殊事情は残るので、その観点での指導はやはり必要であり、使用者が必要な情報や企業に特殊な職業能力を獲得するための機会を与えない事情がある場合には、能力不足の全責任を労働者に負わせることはできないと考えられます。

[257] 以下にこの判決の要旨を紹介します。
　一般に医師は、病院において他の職員とは異なる特殊な地位を有し、その立場や意見が尊重されており、実際、XはY病院での勤続年数も14年と長く、内科医長として相当高額な報酬の支払いを受け、従業員の中では院長に次ぐ高い地位にあったのであるから、Xは他の医師や職員らを指導し、その模範となるべき立場にあり、その立場を踏まえて自己研鑽に努め、自分自身で行動を規律することを求められていたといえるところ、上記立場に照らせば、臨床医として、Y病院所属の医師として、適切な行動や診療行為を行うことは当然の前提であって、改めて注意されるべき事項ではないことからすれば、Y病院から具体的かつ明示的な注意や指導があまり行われてこなかったことを重視するのは相当ではなく、加えてY病院は、医局に対する指示等の形で指示・指導を行うなど、Xに対して注意や指導をなし、行動を改める契機を何度も与えてきたといえるとされました。

であれば、解雇は許されません。
　イ　能力存否の判断にあたり、使用者はどの程度の期間労働者を観察することが必要かが問題となります。この問題で使用者が敗訴するケースの多くは、性急に事を運びすぎて観察期間が不足しているものです。
　　㈦　大学講師が研究論文を提出していないことが解雇理由の一つとされた九州学院大学事件において、判決は、11ヶ月という期間では短すぎると述べています（鹿児島地判昭48.5.14判時715号106頁・労判179号53頁）[258]。
　　㈑　関西学院大学事件・神戸地裁尼崎支判昭49.7.19労民集25巻4.5号332頁・労判204号速報カード５頁は、３年の任期期間中に何らの研究業績を上げることができなかった助手について、解雇を有効と判断しています。
　　　大学の教員の場合には、研究業績が出るまでには比較的長期間が必要ですが、一般的にはもう少し短い期間であろうと考えられます。
　　　この点実験を必要とする理科系と文化系とは違いますし、研究のテーマ、レベルと研究者の能力のレベルでも違うことは当然ですから、個別の検討が必要です。
　　㈒　海外投資機関を対象とした顧客開拓のために雇用された労働者を、業績が上がらないとして懲戒解雇したケースについて、業績を評価する期間と

258　九州学院大学事件について
① 私立大学Ｙの工学部の講師Ｘ（応用物理講義担当、専攻は電気工学）が、採用にあたり、履歴書に、高校教諭として５ヶ月勤務して退職したことを記載せず、大学院在学中休学していたことも履歴書に書かず、大学の教員の補助者（「教育補助学生」）の経歴を非常勤講師と記載したりしました。Ｙは、これらの事情が就業規則の懲戒事由に該当するとして、他方、Ｘが研究発表をしていないことが適性を欠くとして、Ｘを解雇したので、Ｘが解雇を争い地位保全の仮処分を求めました。
② 本判決は、経歴中の休学や非常勤講師の点は問題とする程の事実ではないとし、高校教諭を短期間でやめたことは採否にあたり重要な事項であるが、それが実際に能力の判断に影響したか、使用者に損害を与え、または与えるおそれがあったかは明らかでないとして、いずれも懲戒解雇事由にあたらないとしました。適格性についても、講師の能力を軽々に判断できないし、もし能力がなくても、簡単安易な審査で能力ありと判断して採用しておいて（専攻外の代表者が面接審査したのみで、大学学部教授が専攻分野（電気工学）についての学識の審査をしたことも、大学院在学中の学業成績について出身大学に照会したこともなく、前記面接以外に経歴書の調査もしなかった）、ささいなことで適性を否定することは信義則上許されないと判示し、仮処分申請を認容しました。
③ 判決の論文不提出の部分の原文は以下のとおりです。
　「ＸがＹに採用されてから本件解雇時までに、Ｙに研究論文を提出していないことは、Ｘが明らかに争わないから、これを自白したものとみなされる。しかしながら、Ｘが採用されてから本件解雇までは、11箇月足らずに過ぎないこと、Ｙの教職員に採用された者がすべて、採用後１年足らずの間に研究論文を提出しているということをうかがうに足りる疎明資料はないこと、および大学教員の専攻学術に関する研究論文という名に値するものの作成にはその内容となる研究の期間を含めて、相当の長期間を要すると考えられることからすれば、Ｘが本件解雇時までに研究論文を提出しなかったことのみで、Ｘが大学講師としての適格性を欠いているものと断定することは早計にすぎるものといわざるを得ない。」

して3ケ月半は短すぎると判断したものとして、共同都心住宅販売事件・東京地判平13.2.27労判812号48頁があります[259]。

(4) 成績不良の程度について

ア 何を成績不良の判断の基準に考えるかについては、適正な経営秩序を基準とする考え方や企業運営の障害を基準とする考え方がありますが、いずれにしても長期雇用システム下で定年まで勤務を続けていくことを前提として長期にわたり勤続してきた正規従業員を勤務成績・勤務態度の不良を理由として解雇する場合には、正規従業員の利益状況（定年まで働けるという期待）に強い配慮を行っています[260]。

イ 不良の程度について

---

[259] 業績を評価する期間が短すぎるとした共同都心住宅販売事件の裁判例について

① 不動産の売買・賃貸および不動産に関するコンサルティング等を主たる業務とする原告会社Xは、その業務の拡大、特に不動産ビジネスを行い、日本に進出している海外の投資機関を対象として顧客を開拓するために平成10年7月14日、被告Y（アメリカ・カリフォルニア州弁護士資格を有する）との間で（不動産取引に関する豊富な実務経験と実績があることに期待して）雇用契約（①期間＝法務省より滞在許可が許可される日から1年、②役職＝エグゼクティブ・ディレクターで国際法担当〔具体的には(i)海外企業並びに投資家との折衝及び海外顧客開拓、(ii)マーケティング、(iii)英文契約書の作成〕、③報酬＝月額100万円、④その他＝コミッションの支払い（会社の得た分の10％を受領）、住居（マンション）提供等の定め）を締結しました。

Xは、Yが何ら業績も上げられなかったこと、重要な営業会議を無断で欠席したこと、他社の求人募集に応募し面接を受けたことを理由に平成10年9月24日懲戒解雇しました（勤務開始は6月9日であるので、業績評価できた期間は3ケ月半程度です）。本件はXから建物明渡請求訴訟を提起し、解雇無効を前提とする賃金請求反訴がYからなされた事案です。

② 判決は、Yが手掛けていた不動産取引仲介業務については、Xに具体的な利益を上げる状況に至るには3ケ月半程度の期間では足りないこと、(仮に本件雇用契約の内容としてYがXに具体的な利益をもたらす程度の業績を上げることが含まれており、Yがそのような業績を上げない以上解雇されることもやむを得ない地位にあったとしても）上記のような短期間に業績が上げられなかったことを理由に解雇をすることは許されないとしました。また、解雇を決定した原告X代表者は、上記期間中Yの業務の状況を含めYと直接会話をしたことはほとんどなく、Yの業績に関しては、Yの上司に当たる従業員から、Yの業績に関する報告がないことをもってのみ把握していたにすぎないこと、(解雇通知書や催告書においては）Yが業績を上げなかったことについて何ら指摘がされていないことから、XがYの業績を上げなかったことを真に問題視していたかについてすら疑わしいといわざるを得ないとし、Yが業績を上げなかったことを本件解雇の理由とすることはできないとしました。

[260] 不良の程度を何を基準に考えるかについての裁判例について

① 適正な経営秩序（もはや適正な経営秩序を保てない程度）を基準とする裁判例として、前記三協化成事件判決とリオ・テイント・ジンク・ジャパン事件・東京地決昭58.12.14労判426号44頁があります。この基準に関しては、何故に経営の秩序が問題になるのか、その意味するところが不明であると批判されています（「適正な経営秩序」のとらえ方次第で、解雇が緩やかに認められたり、反対に非常に厳しく認められる可能性があります）。これについては、企業を一種の共同体ととらえる理解に基づいているとの解釈があり、解雇は共同体からそのメンバーを放逐することを意味することになり、共同体の一員としておけない状況に至って初めてそのメンバーを放逐することになります。

② 企業運営の障害を基準とする判例として、エース損害保険事件の東京地裁決定（東京地決平13.8.10労判820号74頁）は、「単なる成績不良ではなく、企業経営や運営に現に支障・損害を生じ又は重大な損害を生じる恐れがあり、企業から排除しなければならない程度に至っていることを要」すると述べています。

287

労働者の行った労務提供が、どの程度まで不完全な場合に解雇は有効と判断されるかが問題となります。これに関しては、(ア)成績不良がどの程度であればよいのか、という程度の問題と(イ)その評価を行う場合、どの職務を基準とするか、という2つの問題があります。

(ア) まず、程度の問題については、解雇が有効とされるためには、平均的な水準に達していないだけでなく、著しく成績が劣る場合でなければならない、とする点で多くの裁判例は一致しています。

　a　社員に対して相対評価を行い、下位の者を能率が劣るとして解雇した事例につき、相対評価の場合は、常に下位の者が存在するので、こうした解雇を認めると、従業員全体のレベルが向上しても、必ず解雇しうる労働者が存在することになり不合理であるとし、相対評価を前提とした判断を否定した裁判例(セガ・エンタープライゼズ事件・東京地決平11.10.15労判770号34頁は解雇権濫用で解雇無効として、1年分の賃金に当たる金額の仮払いを命じました)があります。このことから著しく劣るかどうかの判断は、絶対評価により行われる必要があります。

　b　客観的な数字を模索する裁判例もあります。

　　帝国興信所事件判決・神戸地判昭55.3.27労判349号37頁は、「『業務能率が著しく劣っているとき』とは、業務能率の程度が、当該従業員の業務従事によって得られる会社の収入が当該従業員の雇用を継続することによる必要経費(ここで、当該従業員の給与額が重要な要素として考慮されることになる)に到底及ばない程度のものであるか、もしくは当該従業員の業務従事により被申請会社の正常な業務の遂行に支障をきたすことが明らかな程度のものであって、かつその状態が相当期間存在する場合をいうものと解すべきである」としています。この判決の判断基準のポイントは、損益の計算です[261]。

---

[261] タクシー運転手の解雇が問題になって事案では、ヒノヤタクシー事件・盛岡地判平2.2.1労判561号71頁は運賃収入が著しく少ないことを理由にした解雇を無効としています。他にも原告と大差のない従業員がいることや被告の利益にそれなりに貢献しているとみる余地がなくはないことを指摘して著しい不良であるとは言えないとして解雇を無効としました。

　他にタクシー運転手の低運収が問題にされたケースとして、東京コンドルタクシー事件・東京地決昭63.4.25労判517号20頁は、時間外労働等を含んだ全体としての運収の比較では、労働者に時間外労働を強要することになって、労基法の精神からして適切ではなく、ハンドル時間1時間当たりの運収額をもって比較すべきであるとした上で、ハンドル時間1時間当たりの運収額をもって比較しても当該労働者の運収は最低ではないとして解雇を無効としました。

288

(イ)　労働者の能力や労働の成果が、現に就いている職務を基準に評価されるのか、それとも、およそ当該労働者について配置が予定されている職務全般を基準に評価されるのかも問題となります。

　　長期雇用慣行下にある労働者は、通常、職務が特定されていませんが、たまたま命じられた職務が非常に高度な能力を必要とするものであった場合、他の職務であれば十分行えるのに、その職務については不十分であるとして解雇されるのは不合理ですから、配転可能な職務全般について業務適性を考慮すべきことになります。労働者本人の能力で十分にこなせる職務があれば、その時点で能力不足が否定され、解雇は許されないことになります。従って、配転が解雇回避措置として問題になることが多いのは、職務が特定されている場合です。しかし、判例はこの場合配転を行う必要はないと考える傾向にあります[262]。

　ウ　職務やポストを特定した場合について
　(ア)　長期雇用システム下にある労働者とは異なるタイプの労働者、特に中途採用の専門職や管理職の場合、そもそも職務やポストを特定する契約が多い(使用者は即戦力としてそうした労働者を雇用するので、特定の職務を念頭に人選を行うことが多いし、労働者側も、転職を決意する理由として、自分のしたい仕事ができるという事情が大きい)とされています。このように職務やポストが特定された場合、その労働者の行った労働や能力のレベルは、当然、当該職務あるいはポストを基準として評価するのが当事者の意思には合致しています[263]。判例も基本的にはそのような考え方をしています[264]。

---

[262] フォード自動車事件・東京高判昭59.3.30労判437号41頁、持田製薬事件・東京地決昭62.8.24労判503号32頁
[263] 使用者の能力レベル(水準)に対する信頼なり期待なりが少なくとも当事者間に共有されているか、また、契約内容として合意されている必要があるとし、そして、その場合でも、労働契約当事者間における交渉力の非対等性を考えると、そのような合意内容を基準にできるのは、労働者側に相当な交渉力が備わった例外的ケース(転職を重ねる専門職や管理職労働者に多い)に限定されるべきとする説があります。この点採用面接時に労使双方が十分確認し合っておく必要があります。
[264] フォード自動車事件では、人事本部長という地位を特定して中途採用された労働者の解雇が問題になりましたが、東京地判昭57.2.25労判382号25頁は、「業務の履行又は能率が極めて悪いといえるか否かの判断も、人事本部長という地位(組織上社長に次ぐ最上級管理職4名のうち1名)に要求された業務の履行又は能率がどうかという基準で……検討すれば足りる」としています。
　同旨の判例として、アド建設設計事務所事件・東京地判昭62.3.30労判497号70頁、持田製薬事件・東京地決昭62.8.24労判503号32頁(会社Yはマーケティング部長としてXを採用したが、Xの勤務状況が雇用契約を継続するに足りるものではないとして行った解雇が有効とされた例で、決定は「Xはマーケティング部部長という職務上の地位を特定し、その地位に相応した能力を発揮することを期待されて、Yと雇用契約を締結したことは明らかであるが、Xが人材の斡旋を業とするA社の紹介によって採用されていること、およびその

(イ)　次に、当該職務ないしポストを基準として、労働の成果や能力がどの程度であれば、解雇は有効と判断されるかという問題に関し、このタイプの労働者に関しては、使用者は比較的高い要求をしますが、そのことを容認した例としてプラウドフットジャパン事件・東京地判平12.4.26労判789号21頁があります。

　　経営コンサルティング会社（外資系）Yにインスタレーション・スペシャリスト（IS）（ISの主要な業務は顧客企業に対するインスタレーションであり、顧客企業の役員及び管理職に対して適切な質問を行うことなどを通して自ら問題意識と解決への意欲を生じさせ、協同して問題の解決策を作成実行していくことである）として中途採用された労働者Xの解雇が問題になりましたが、判決は「一定期間ISとして稼働したにもかかわらず、ISとして求められている能力や適格性が、いまだ平均を超えていないと判断される場合には、その社員はその能力や適格性の程度に応じて「その職務遂行に不適当」又は「その職務遂行に不十分又は無能」に当たると解される」としています[265]。

　エ　有期契約労働者について
　(ア)　長期雇用慣行下にない労働者としては、パート労働者など有期契約労働者がありますが、有期契約が反復更新される例が多く、その契約更新の拒絶（雇止め）の問題については第2部の97頁以下で詳論しています。
　(イ)　日立メディコ事件最高裁判決（最1小判昭61.12.4判時1221号134頁・労判486号6頁）は、「右臨時員の雇用関係は比較的簡易な採用手続で締結さ

待遇に鑑みると、それは単に、期待に止まるものではなく、契約の内容となっていたと解せられ」る、と述べています（決定原文35頁）（同抗告事件・東京高決昭63.2.22労判517号63頁）があります。
[265]　判旨を以下に紹介します。
　「・・・YがISとして雇用した社員がYに入社するまでに経営コンサルタントとして稼働した経験がない場合には、その社員との間に締結した雇用契約においては雇用の時点において既にISとして求められている能力や適格性が平均を超えているか、又は少なくとも平均に達していることが求められているということはできないのであって、その場合には、一定の期間ISとして稼働し、その間にISとして求められている能力や適格性が少なくとも平均に達することが求められているというべきである。そうすると、Yに入社するまでに経営コンサルタントとして稼働した経験がない社員が一定期間ISとして稼動したにもかかわらず、ISとして求められている能力や適格性がいまだ平均を超えていないと判断される場合は、その社員はその能力や適格性の程度に応じて「その職務遂行に不適当」又は「その職務遂行に不十分又は無能に当たると解される。」
　職務に必要な職務遂行能力を欠くとしてなされた解雇について、今後も雇用し続けることにより求められている能力や適格性を高める機会を与えたとしても、能力や適格性において平均に達することを期待することは極めて困難であるとして就業規則が定める解雇事由に該当するとしました。そして、解雇に至るまでに会社が従業員に対して職務を変更した上での雇用の継続を提案し、交渉を重ねたという経過を併せ考えれば、本件解雇は客観的に合理的な理由を欠くとはいえず、権利の濫用には当たらないとされました。

れた短期有期契約を前提とするものである以上、雇止めの効力を判断すべき基準は、いわゆる終身雇用の期待の下に期間の定めのない労働契約を締結しているいわゆる本工を解雇する場合とはおのずから合理的な差異があるべきである」と述べており、労働者の勤務成績などを理由とした雇止めに関しても、正社員の解雇の場合よりも緩やかに認められることになります[266]。

(ウ) 有期契約を締結する労働者の場合、定型的な業務に就くことが多いため、本人に能力が備わっているか否か、また、十分な成果を上げているか否かを比較的短期間で判断することができ、その結果、それらが不十分であれば、そもそも契約を反復更新するに至らない場合が多いと考えられます。また、転職も比較的容易で、雇止めの不利益が小さく、また、低賃金であるが故に勝訴をしても得るものが必ずしも大きくない等の事情もあるので訴訟の数が少ないのではないかと考えられます。

しかし、最近では職務内容が正社員とほとんど変わらない労働者についても有期契約が締結される例が増加している事情、労働者の権利意識の高まり、法的解決への志向等から、勤務成績不良を理由とした更新拒絶が争われる例も増加する可能性がありますので、注意が必要です。

(5) 結果不達の場合

ア 一定の結果（契約成約高や売上高等）を達成しなかったこと自体を理由として解雇ができるかが問題となることがあります（問題となるのは労働の成果を上記のような一定の結果として、特に客観的な数字で示すことができる場合です）が、以下のとおり、解雇は困難と考えられます[267]。

労働契約の本質は使用者の指揮命令に従って労働することであり、一定の

---

[266] 但し、従来、勤務成績不良を理由にした雇止めが争われたケースはあまりないようです。例として、大京ライフ事件・横浜地決平11.5.31労判769号44頁は、65歳で定年退職後、期間を1年とする雇用契約を更新して計2年間雇用されたマンション嘱託管理員Xに対してなされた管理会社Yの雇止めを有効とした例ですが、①Xには清掃の不行届きなど、業務に支障があり、また担当フロントの指示に従わないので管理員としての適格性に欠けること、②管理員に対するクレーム等は管理契約の更新拒否、すなわちマンション管理会社の業務縮小に繋がる可能性があること、③Xは管理員としての適格性に問題がある場合は契約が更新されないことを認識し得たこと、④Xが年金を受給していたこと等を理由としています。

[267] 尚、労働者の労働に裁量の認められている「裁量労働」の場合もあくまでも労働者の「従属性」を前提とするものであり、結果責任を問う形での解雇は許されないと解されます。
また、一定の結果の達成が契約の内容や解雇事由として明確に合意された場合でも、労働契約における一定の成果達成の約定は結果を目的としない労働契約の特殊性から一応の「努力目標」についての合意と考えられます。また、「解雇事由の合意」という構成をしたとしても、判例の「解雇権濫用法理」適用による制約があるので、結果責任を問うような解雇は許されないと考えられます。

成果を達成することを約する請負契約とは異なります。営業職などがノルマを課され仕事をすることもありますが、これは使用者が労働者に一方的に命令して働かせるが、あくまでも使用者の名の下における業務の遂行であり、使用者の「信用」により大きな影響を受けるし、使用者の製品・サービス、営業方針、組織のあり方等によっても大きく影響されるので、その結果については使用者が自らの行為の責任として責任をとるというシステムですから、ノルマが達成できなくても直ちに債務不履行（損害賠償責任も発生する）とはなりません。一定の結果が達成されなかったこと自体を理由とする解雇は原則として（「解雇権濫用法理」により）認められないことになります[268]。

イ　以上のように、一定の結果が達成されなかったこと自体を理由に解雇を行うことは原則として許されませんが、労働者の行った労働に問題があるのであれば、そのことを理由とする解雇を考えるべきです。そして、結果が、労働者の行う労働の質や量に比例するものであれば、結果を能力や勤務成績についての判断材料として用いることができます。

　例としては、前述した営業マンやタクシー運転手の売上高などが考えられますが、実際に結果が労働者の労働や能力を正確に反映するかどうかは問題です。例えば、販売員の場合には、どの販売エリアを割り当てられるかにより売上が左右されます。結局、この問題は、前述の「不良の程度」の問題〔287頁以下〕になります。

第5節　解雇の諸問題

1　手続上の配慮（弁明の機会）

　手続の適正は懲戒処分で問題となっていますが、解雇は不利益処分の中で最も重大なものですから、どのような手続を行うことが必要かが問題となります。そこで解雇権濫用論と手続の問題について述べておきます。

(1)　労働組合との協議・同意条項の問題

　ア　労働組合との協議については、

---

[268] その他の補足的な理由として、①成果は、労働者に責任のない諸要素（使用者の指揮命令等の他、競業企業の力量・動向等）により大きく左右されるものであること、②労基法は出来高払賃金の場合に最低保証給を支払うべきとしており（27条）、賃金額を完全に業績に連動することを認めていないし、（最低の）賃金額を保護する法の趣旨からは賃金の基礎となる、より深刻な労働関係の存否の問題については労働者への損失転嫁はさらに消極的に（否定的に）考えられるべきことが指摘されています。

第 4 章　懲戒と解雇

　　(ｱ)　労働協約上の解雇協議・同意条項は、規範的効力を有するので、協議を十分履行しないまま行われた解雇は無効となります（土田595頁）。この十分誠実に履行したかどうかについてはケースバイケースの判断となります[269]。
　　(ｲ)　使用者として困惑する事態を招きますから、安易に協議条項を合意してはいけません。
　イ　同意条項がある場合も、協議条項の場合と同様です。
　　(ｱ)　労働組合の同意を得るべく誠意を持って交渉しない場合は同意条項違反となります[270]。
　　　　しかし、誠意をもって努力を尽くしたにもかかわらず、組合が同意を拒否した場合は同意条項違反とはなりません[271]。
　　(ｲ)　ここでも、同意条項など安易に合意しないことが必要ですし、条項がある場合には誠実交渉に努力すべきです。
(2)　弁明の機会の付与[272]
　ア　被解雇者本人に対する事情聴取や弁明の機会の付与という手続的適正は普通解雇の場合には手続的要件とはされていません。この点を明言した裁判例

---

[269] 使用者が一方的に方針を述べるに終始したり、解雇に固執して組合の意見に耳を貸さない場合は解雇無効となります（大阪フィルハーモニー交響楽団事件・大阪地判平元.6.29労判544号44頁は結論として実質的に「協議」に相当しないとして解雇協議条項にいう「協議が整った」場合には該当しないとしました。また、解雇事由が解雇に相当する強度の背信性をもち、且つ、協議が整わなかったことに専ら組合に非がある等の特段の事情が認められる場合には協議条項に反する解雇も有効と解されるが、本件ではその特段の事情もないとして解雇を無効としました。）。逆に組合が解雇絶対反対の態度をとって協議に応じなければ使用者が協議を断念して解雇を行っても問題はなく、有効とされています（池貝鉄工事件・最1小判昭29.1.21民集8巻1号123頁は労働協約に協議条項がある場合にこのように判示しています）。
[270] ロイヤル・インシュアランス・パブリック・リミテッド・カンパニー事件・東京地決平8.7.31労判712号85頁では、本件解雇は、就業規則の「退職及び解雇規程」の「会社経営上やむを得ないと判断し、労働組合がそれを了承したとき」における組合の「了承」という事実の疎明がなく、規定に基づく解雇は無効と判断されています。
[271] 三州海陸運輸事件・神戸地決平8.6.11労判697号33頁は食油の運搬等を業とする会社Yのトラック運転手Xが加入する労働組合は「組合員に影響を与える身分・賃金・労働諸条件の変更について、組合と事前に交渉し、労使合意の上で円滑に行うことを誓約する」旨の条項を含む労働協約を締結していたところ、Yは同社全従業員に対し、組合との合意を得られないまま営業の停止と従業員全員の解雇を通告したというケースです。Yの廃業の自由を尊重すべき見地から、廃業に伴う全従業員を対象とした解雇において、本件条項所定の「労使合意」を欠いている場合でも、①廃業を決意することの合理性が客観的に認められ、かつ、②このことを同条項所定の組合との協議の場で誠意をもって説明した場合には、当該解雇が法律上有効であると解するのが相当であるとしました。本件では、Yがその経営状態を示す商業帳簿等の開示を一切行わず、また決裂後の交渉の申入れを一方的に拒否するなどの諸事情を総合して、Yは組合に対して廃業を決意した理由等を未だ誠意をもって説明していないとして、廃業を決意することの合理性が客観的に認められるか否かについて検討するまでもなく、本件解雇は本件条項に違反し、違法、無効であるとしました。。
[272] この点については「実務」282頁では「解雇に至る手続過程の相当性（弁明の機会の付与、不付与、雇用維持に向けての真摯な努力なり話し合いの有無、不誠実な対応等）」という表現をしています。

293

もあります[273]。

　イ　これに対して労働者への事情聴取や弁明・解雇理由の説明の機会の付与を重視する裁判例が増えています[274]。

　ウ　この点、実務の345頁以下（三浦隆裁判官執筆）ではより厳格であるはずの懲戒解雇に関して、弁明の機会を付与する旨の規定がない場合に弁明の機会を付与しなかっただけで無効とすることは困難である。そのような裁判例はほとんどみられないとされているので（この点は懲戒解雇のところ〔242頁〕参照）、手続的適正を要件として考えることは実務的には浸透しておらず、総合的判断の重要な要素となるにとどまっているものと考えられます。

　エ　解雇手続について就業規則等でどこまで規定すべきかという問題もあります。

　　(ア)　理想は、手続を厳格に規定し、実際にも厳格に手続を運用することです。

　　(イ)　解雇手続を厳格に規定しているのに指導せず、実際の運用では手続がルーズになるという場合が最悪であり、無効となります。

---

[273]① 海外漁業協力財団事件・東京高判平16.10.14労判885号26頁は使用者Yが弁明の機会を与えていない点は手続的に違法であるとする労働者Xの主張に対して、①Yの就業規則上、懲戒手続きにおいて、対象者に弁明の機会を与えることを定めた規定はないこと、②Xが本件行為を行ったことは明らかであること、③Xが本件行為に及んだ背景やその意図、目的はYにおいても容易にこれを知ることができたと解され、これによればYにおいてはXが弁解として主張したであろう事情は認識していたものと考えられること、④本件懲戒処分は3日間の停職という比較的軽微な内容であること等からXに弁明の機会を与えずに本件懲戒処分をしたことが権利の濫用として無効であると解することはできないとしています。

② H社事件・東京地判平17.1.31判時1891号156頁では、コンピューター関連の事業を行う会社YがX（Yの金融営業本部長の地位にあった者）をセクハラ行為を理由に懲戒解雇するに当たって、弁明の機会を付与したかなど手続的要件を履践したか否かが問題となりました。「一般論としては、適正手続保障の見地からみて、懲戒処分に際し、被懲戒者に対し弁明の機会を与えることが望ましいが、就業規則に弁明機会付与の規定がない以上、弁明の機会を付与しなかったことをもって直ちに当該懲戒処分が無効になると解することは困難というべきである。」としながら、仮に、Xの主張を前提としても、本件では、Xには、本件懲戒解雇の際、Yから一応弁明の機会を付与されていたものと評価することができるとして、Xの主張を斥け、本件懲戒解雇を有効と判断し、Xの請求を棄却しました。

[274] この点の判例には以下のものがあります。

① プラウドフットジャパン事件・東京地判平12.4.26労判789号21頁（成績不良者の解雇のところ〔290頁〕で詳述しています）。

② グレイワールドワイド事件・東京地判平15.9.22労判870号83頁（懲戒処分の職務懈怠のところ〔231頁注208〕で述べています）。

　土田596頁でも弁明の機会の付与を原則的要件と解すべきであるとされています。「裁判例の立場〔補注・解雇の手続的要件としていない〕では、解雇が雇用の喪失という点で懲戒（懲戒解雇を除く）以上に労働者に重大な不利益を及ぼすにもかかわらず、かえってその要件を緩和されるというアンバランスが生じ、適切ではない。」「信義則（労契3条4項）および労働契約内容の理解促進の責務（同4条1項）に基づく手続的要件である」という理由が述べられていて説得力があります。但し、「使用者がこの手続を履行しない場合、他のファクターと相まって解雇権濫用の判断（「社会通念上（の）相当」性。労契16条）に影響すると解される。」とされるので、前記の第2要件の総合的判断の中で考慮される事情の中でも重要な要素であるとの考え方であると理解します（以上の土田説と同旨を述べられているのが実務281頁以下）。

294

(ウ) 解雇手続の規定は無いか簡単なもので、実際の運用もルーズであるという一般的には多いパターンの場合も無効のリスクが大きいです。
(エ) 解雇手続の規定は無い（簡単なものでもよい）が、実際は丁寧に手続的配慮を行う（指導する）。これは有効の可能性が大きいと考えます。
(オ) 以上のことから手続規定を置いた以上それを履践（実施）しないと、規定を置いた場合より不利益になるとすると、手続等厳格に決めない方がよい（得である）と考えることになりやすいのではないでしょうか。手続規定を置く場合は、それを厳格に遵守する覚悟とシステム（体制）が必要です。

以上を表にすると（図表4-11）のようになります。

（表4-11）解雇手続の履践判断についてのリスク

		手続規定の有無	
		規定有	規定無
実際の運用	（適正）厳格	(ア)◎（理想的）	(エ)△（リスクがまだ少ない）
	（不当）ルーズ	(イ)××（最も危険）	(ウ)×（危険）

(3) **解雇理由の証明**

ア　労働基準法22条で労働者の請求があれば使用者は解雇の理由を明示しなければならないとされています。これは、解雇理由の明示によって不当解雇を抑制することと労使の自主的解決を促すことを目的としています[275]。

菅野560頁では、「解雇が恣意的になされることを防止すること、労働者が解雇についてやむを得ないと受忍するか、これを争うかを迅速に判断できるようにすること、争う場合にも、第三者機関が解雇の有効性を迅速的確に判断できるようにすること、などを狙っている。」とされ、561頁では、「証明書の実際的効果としては、使用者は、解雇の有効性を争うあっせん、労働審判、民事訴訟法などにおいて、証明書に記載の解雇理由とは別個の理由を当該解雇について主張することが困難となることがある。」とされています。

---

275 行政行為の理由付記については後記エで参考として説明します。

これらは後述エの行政行為の理由付記の機能の中の恣意抑制、不服申立便宜等の機能と共通するものです。

イ　そこで、労働者が請求したのに、使用者が解雇理由を明示しなかった場合の解雇の効力が問題になっています。

(ア)　単なる手続上の規制にすぎず、重大な瑕疵ではないと考えれば効力に影響はないと考えられます。

(イ)　これに対して手続上の重大な瑕疵と考えれば、効力への影響があるということになります。土田597頁では解雇無効に直結しないにせよ重大な瑕疵として解雇権濫用の一理由となると解されています。

ウ　次に使用者側は一旦明示した理由に拘束されるか、後から他の解雇理由（解雇当時認識していなかった事実、単に解雇理由としなかった事実）を追加主張することができるかが問題となります。この点は懲戒のところで議論されていて、最高裁判例がありますが（懲戒のところ〔230頁〕で述べています）、「解雇理由の追加」としても問題になります。

(ア)　この点は懲戒の場合と異なり、追加主張は許されると解されてきています[276]。

(イ)　これに対して、土田597頁は追加主張を許すべきではないとする考え方です。労基法22条改正による法の前記立法趣旨と機能（不当解雇抑制と自主的解決促進）を重視するものです。この立場では予防的には解雇する前に慎重に解雇理由を検討すべきことになります（まさに法の趣旨のとおり）から、参考にすべきです。但し、この立場を前提としても、①普通解雇の理由は「職務不適格」等の理由の証明で足りるので、当該理由を基礎づけ

---

[276]① マルヤタクシー事件・仙台地判昭60.9.19労判459号40頁は、解雇通知書に記載のない事由であっても、解雇当時存在していたものであるかぎり、解雇理由として追加主張できるとしました。
② 上田事件・東京地決平9.9.11労判739号145頁は、就業規則等に解雇理由を明示する旨を定めている場合を除き、「解雇理由を明示しなかったとしても解雇の効力に」影響を及ぼさず、Yの就業規則にはその定めがないこと、また解雇事由が「解雇当時に存在した事由であれば、使用者が（解雇）当時認識していなかったとしても」解雇理由として主張することができるとしました。
③ トップ（カレーハウスココ壱番屋店長）事件・大阪地判平19.10.25労判953号27頁では、フランチャイズ店（被告Y経営）の店長であった原告Xに対し、勤務態度不良、警察官を呼ぶ事態を発生させたこと等を理由としてなされた第1次解雇（懲戒解雇）が、権利の濫用に当たり無効とされました。次に、第1次解雇に対する賃金仮払い等の仮処分申立が認められた直後の就労命令をXが拒否したことを理由とする第2次解雇（普通解雇）につき、それが第1次解雇（懲戒解雇）の主張を維持しつつ行われたことを併せ考慮すると、第2次解雇の理由は第1次解雇の解雇事由も当然に含まれるとともに、第1次解雇の事由以外にも当該労働者に問題のある勤務態度が主張されている場合には、解雇権濫用の有無の判断については、これらの事由についても併せて検討されるべきであるとされ、本件第2次解雇は、解雇権濫用とはいえず有効であるとされました。

る事実が後に判明すれば、その追加主張は可能であること、②証明理由以外の解雇理由が重大な場合は、それに基づく予備的解雇を行うこともできることの２点（土田597頁で指摘があります）を考えれば実務への大きな支障はないと考えられます。以上の①と②は、使用者側のノウハウとして考えておくべきです。
エ　参考となる行政における適正手続
　(ア)　行政法では公権力の侵害から国民の権利利益を保護するために行政手続きにおける適正手続きが図られ、現在では、①告知・聴聞、②文書閲覧、③理由付記、④処分基準の設定・公表がいわば適正手続四原則とでもいうべきものとして普遍化している（塩野宏・行政法Ⅰ行政法総論［第５版補訂版］有斐閣270頁）とされています。
　(イ)　①の告知・聴聞は、行政処分をする前に、相手方に処分内容および理由を知らせ、その言い分を徴することによって、処分の適法性、妥当性を担保し、公権力の侵害から、国民の権利利益を保護しようとするものです。最も重要な手続上の原則とされ、各国でも定着していますし、労働法でも懲戒や解雇における手続保障として議論されています。
　(ウ)　②の文書閲覧とは、聴聞に際して処分の相手方が当該事案に関し、行政側の文書等の記録を閲覧することですが、処分がどういう証拠によって支えられているかを知ることによって、当事者は聴聞の段階でより的確な意見を述べることができるので、文書閲覧は聴聞を実質化するものであるとされています。わが国ではこの点の法の定めはなく、裁判例もありません（以上前掲塩野270頁）。
　　　労働法では、団体交渉で組合が処分の理由の他に資料提出を要求することはあり、誠意をもって対応するかどうか、不当労働行為となるかが問題となる局面は考えられます。
　(エ)　③の理由付記は、行政処分をするに際して、その理由を処分書に付記して相手方に知らせることをいいます。行政処分の場合には法律による行政の原理により、理由自体が法律に定められたことに適合しなければならないことから、厳しい要請としてあるわけですが（この点私人間の問題とは異なります）、機能的にみると、「恣意抑制的機能ないし慎重配慮確保機能、不服申立便宜機能が最高裁判所の示すところであるが（最判昭60.1.22民集39巻１号１頁、行政判例百選Ⅰ129事件）、これに相手方に対する説得機能、

297

決定過程公開機能を上げることができる。」とされています（前掲塩野271頁）。
　　　　　この点労働法では解雇理由の開示が法で要求され、懲戒・解雇とも理由の追加を認めるかという問題が論じられていることは同様の手続保障を図っていることになります。
　(オ)　④の処分基準の設定・公表とは行政庁が処分をする際によるべき基準を設定し、これを事前に公表しておくことであり、その設定・公表は、当事者に予測可能性を与えるとともに、行政決定の恣意・独断を防ぐのに効果的であるとされています（塩野前掲272頁。最判昭46.10.28民集25巻7号1037頁［行政判例百選Ⅰ125事件］が個人タクシー免許との関係で道路運送法の解釈という形で、内部的基準の設定、および基準の適用上の必要事項について申請人に対し主張と証拠の提出の機会を与えることを判示していることを指摘されます）。
　(カ)　以上のとおり、行政法の分野では手続保障の検討・導入が進んでいますが、機能的にみれば（特に恣意抑制、慎重配慮確保、不服申立便宜、説得の各機能）、労働法の分野でも今後同様の要請が強化されることが予想されます。そのためにも普段からコンプライアンス意識の徹底と管理レベルの引き上げをしておくことが必要です。

2　「解雇の承認」論

(1)　企業としては労働者側の言動をとらえて解雇を承認したものとみなして自らの判断を正当なものであるとの自信を持つこともあります。その結果、不当解雇であるので柔軟に誠実に対応すべきであるという専門家の助言を聞き入れないケースもあり得ます。裁判所が解雇権濫用法理の下で安易に「解雇の承認」を認めるはずはなく、認められるとしても極めて例外的な場合であるので、慎重に考えるべきです[277]。

(2)　例外的に肯定した裁判例としては以下のものがあります。
　ア　光和商事事件・大阪地判平3.10.29労判599号65頁は、金融会社Yの従業員（原

---

[277]「解雇の承認」という言葉は実定法上の用語ではなく、使用者側から労働者が解雇を承認したから雇用関係は終了し、もはやこれを争うことは許されないという主張のことで、法律的には、①解雇の効力を争わない意思の表明（訴権の放棄又は不起訴の合意）、②解雇の意思表示に解約の申込みを含むとして承認により合意解約が成立するという構成が考えられるとされています。また解雇の承認の有無が争点となった判例は昭和年代に多かったが、平成になってからは数少ないとされています（以上、労経速2034号2頁の春原誠弁護士の解説）。

告）Xに対する、債権回収に関する事故を生じさせたこと等を理由とする解雇につき、Xが、①本件解雇の無効確認と、②賃金支払い、③慰藉料と弁護士費用の支払いを求めた事案です。判決は、①については、解雇は解雇権濫用に当たり、無効であるとして、これを認容し、②については、Xが会社への復帰を断念し、退職金などの請求をしたことによって本件解雇を承認して労務提供の意思を喪失したことが認められるとして、Xが復職をあきらめて退職金を請求するに至った時点までの賃金支払いを認容しました。また、③の請求は棄却しました。これは解雇は解雇権濫用に当り無効であるが、XがYへの復帰を断念し、退職金等の請求をしたことによって本件解雇を承認して労務提供の意思を喪失したことが認められるとしたものです。

イ 新大阪警備保障事件・大阪地判平4.9.30労判620号70頁。

㋐ 原告Xが①未払賃金および時間外労働手当と附加金の各支払い（甲事件）、②解雇無効確認（乙事件）を請求しましたが、判決は、①の未払賃金支払請求の一部を認容し、他の請求を棄却しました。解雇予告手当、離職証明書の受領等、いったん解雇を承諾したとみなしうる行動をとった後に突然従来の行動に反して解雇無効の主張を行うことは信義則に反し許されないとしたものです。

㋑ Xは甲事件では、Yとの雇用契約は、平成元年5月31日をもってXの退職により終了したことを前提にその主張を行っていると理解されるのであり、Xの甲事件における主張は明らかに乙事件の主張と相反し、矛盾しているといわねばならない。Xの、甲事件の提訴を含む以上の一連の行為を眺めると、Xは明らかにYによる解雇を承諾したと受け取れる行動をとったものと認めることができるのであり、一旦このような行動をとった後で、Yに対し、突然、それまでの行動とは相反する、解雇が無効であるとの主張を行うことは、確かに信義則に反し、許されないものといわねばならない（以上判決原文75頁の部分）。

ウ ニュース証券事件・東京地判平21.1.30労経速2034号3頁・労判980号18頁では、試用期間中に被告会社Yに解雇されたXが解雇を無効であると主張して労働契約上の権利を有する地位にあることの確認を求めたほか、未払給与、賞与、損害賠償、残業代、付加金等の支払いを求めました。判決は解雇（留保解約権の行使）は客観的に合理的な理由がなく社会通念上相当として是認することができず、無効であるとして、平成19年10月分の未払賃金の支払い

を求める請求は認容しながら、Xは他の証券会社に入社した平成19年11月1日以降、Yで就労する意思を確定的に放棄し、本件雇用契約を終了させる旨の本件解雇を承認したものと認定し、労働契約上の地位にあることの確認請求及び上記日時以降の給与、賞与の請求を斥けました[278]。

エ　合意解約の形の場合について解雇の承認を否定した裁判例もあります[279]。

3　長期間経過後の解雇の有効性

(1)　懲戒処分の中には判断が難しいものがありますが、難しいからといって判断を先に延ばして長期間経過後に行ってしまう場合もあり、処分の有効性を争われることもあります。

(2)　この点の裁判例を以下に紹介します。

ア　ネスレ日本（懲戒解雇）事件は仮処分事件と本訴事件があります。

---

[278] 労経速の春原解説は、「本判決がXが本件解雇を承認したと認める根拠とした事実は、①Xが本件解雇後、被告会社を相手方にして東京労働局に斡旋を申請し、金銭的な解決を求めていたこと、②法令等により証券会社間の従業員の兼業を禁止されており、証券外務員資格の登録を抹消しないと他の証券会社で証券営業をすることは禁止されているところ、Xは新たな気持ちで証券営業に復帰する意思で、平成19年11月1日、他の証券会社に入社し、証券外務員資格登録を行ったこと、③Xは労働審判においても労働者たる地位の確認は求めず、金銭解決を求めていたことである。従来の判例では労働者が退職金、解雇予告手当、離職票等を異議なく受領したことをもって解雇の承認があったとみなされるかどうかが問題とされることが多かったのであるが、本判決は、解雇予告手当の授受を特に考慮することはなく、前記①ないし③の事実を基にXは就労する意思を確定的に放棄し、本件解雇を承認したと認定したものであり、事例として参考になると思われる。」としています。

[279] 合意解約の形の場合に解雇の承認を否定した裁判例として以下のものがあります。
① 相互製版事件・大阪地決平2.6.15労判565号58頁は腎臓障害により人工透析を受けている労働者の雇用関係の存否をめぐる争いにつき、会社が労働契約の合意解約を主張したのに対し、右事実の存在を否定し、解雇通知の受領後に退職金請求書に署名捺印のうえ、使用者に返送したことをもって解雇の意思表示に承諾を与えたということはできないとされました。また、解雇事由に相当する事実もないとして、従業員たる地位を保全しました。本論点については、「Xが同日に有給休暇の請求手続をしたことやその後に退職金請求書等の書面に署名捺印したうえYに返送したこと等は前示のとおりであるが、これらの事実のみをもってXがYからの解雇の意思表示に承諾を与え、あるいは解雇の効力を争わないとの確定的な意思を表明したものと解することも相当でないというべきである。」（判旨原文）としています。
② サン石油（視力障害者解雇）事件・札幌高判平18.5.11労判938号68頁では「雇用契約の合意解除の成否」の問題として以下のとおり判断されています。
　「一般に、使用者が行った普通解雇の意思表示に対して、労働者がこれを有効なものとして確定的に受け入れる意思表明をした場合、当該普通解雇の意思表示は、雇用契約の合意解除の申入れの意思表示にも当たり、これに対して、労働者が承諾の意思表示をしたと評価される場合もあり得る」が、「（原告）Xの代理人弁護士が、（被告会社）Yで働くことを求める地位保全仮処分申立てを行わず、損害賠償請求訴訟を提起する旨連絡したことについては、この連絡は、本件解雇が違法であることを前提として、その対応の方針を連絡したにすぎず、本件解雇を有効なものとして確定的に受け入れる意思を表明したものでないことは明らかである。また、解雇された労働者が、雇用保険を受給し、あるいは、とりあえず他に職を得て、当面の生活を維持しつつ、解雇の効力を争うことは通常みられるところであり、Xが、雇用保険を受給したことや、公共職業安定所から就職先を紹介してもらったことも、上記のような意思表明をしたことに当たらないというべきである。他に、XがYの合意解除の申入れに対する承諾の意思表示をしたと評価すべき事情を認めるのに足りる的確な証拠は存在しない。」

(ア) 仮処分事件判決（水戸地裁龍ヶ崎支判平13.7.23労判813号32頁）
　a　懲戒権行使の時期についての使用者の裁量には限界があり、懲戒事由該当行為発生時期から懲戒処分をする目的と事案に応じた社会通念上相当な期間内に行使されることが必要かつ相当であり、当該期間経過後になされた懲戒処分は、合理的な理由がない限りその裁量の範囲を超えるものとして社会通念上相当として是認することはできず、権利濫用として無効となるとされました（一般論として）。
　b　本件では平成5年10月に発生したXらの管理職に対する暴行傷害行為について、同年末ころには懲戒処分の要否や処分の種類を決定できる状況にあったにもかかわらず、事件発生から約7年半が経過した時期に、またXらが同事件につき不起訴処分になったことをYが知ってから1年以上経過した時期に、懲戒処分（諭旨解雇）をすることは社会通念上相当な期間経過後になされたもので、合理的な理由がないとして無効とされました。
(イ) 本訴事件について
　a　本訴1審判決・水戸地裁龍ヶ崎支判平14.10.11労判843号55頁は解雇無効としましたが、本訴2審判決・東京高判平16.2.25労判869号87頁［要旨］は、被控訴人2名（X_1 X_2）の諭旨退職（懲戒解雇）処分につき、7年以上前の2件ないし3件の上司に対する暴行傷害の解雇事由が認められるとして有効とし、これを懲戒権濫用として無効とした1審判決を取り消しました。
　b　最2小判平18.10.6労判925号11頁（解雇無効）
　　「前記事実関係によれば、本件諭旨退職処分は本件各事件から7年以上が経過した後にされたものであるところ、被上告人Yにおいては、T課長代理が10月26日事件及び2月10日事件について警察及び検察庁に被害届や告訴状を提出していたことからこれらの捜査の結果を待って処分を検討することとしたというのである。しかしながら、本件各事件は職場で就業時間中に管理職に対して行われた暴行事件であり、被害者である管理者以外にも目撃者が存在したのであるから、上記の捜査の結果を待たずともYにおいてXらに対する処分を決めることは十分に可能であったものと考えられ、本件において上記のように長期間にわたって懲戒権の行使を留保する合理的な理由は見いだし難い。しかも、使用者が

301

従業員の非違行為について捜査の結果を待ってその処分を検討することとした場合においてその捜査の結果が不起訴処分となったときには、使用者においても懲戒解雇処分のような重い懲戒処分は行わないこととするのが通常の対応と考えられるところ、上記の捜査の結果が不起訴処分となったにもかかわらず、YがXらに対し実質的には懲戒解雇処分に等しい本件諭旨退職処分のような重い懲戒処分を行うことは、その対応に一貫性を欠くものといわざるを得ない。

　また、本件諭旨退職処分は本件事件以外の事実も処分理由とされているが、本件各事件以外の事実は、平成11年10月12日のT課長代理に対する暴言、業務妨害等の行為を除き、いずれも同7年7月24日以前の行為であり、仮にこれらの事実が存在するとしても、その事実があったとされる日から本件諭旨退職処分がされるまでに長期間が経過していることは本件各事件の場合と同様である。（中略）その暴言、業務妨害等の行為があったとされる日から本件諭旨退職処分がされるまでには18か月以上が経過しているのである。これらのことからすると、本件各事件以降期間の経過とともに職場における秩序は徐々に回復したことがうかがえ、少なくとも本件諭旨退職処分がされた時点においては、企業秩序維持の観点からXらに対し懲戒解雇処分ないし諭旨退職処分のような重い懲戒処分を行うことを必要とするような状況にはなかったものということができる。

　以上の諸点にかんがみると、本件各事件から7年以上経過した後にされた本件諭旨退職処分は、原審が事実を確定していない本件各事件以外の懲戒解雇事由についてYが主張するとおりの事実が存在すると仮定しても、処分時点において企業秩序維持の観点からそのような重い懲戒処分を必要とする客観的に合理的な理由を欠くものといわざるを得ず、社会通念上相当なものとして是認することはできない。そうすると、本件諭旨退職処分は権利の濫用として無効というべきであり、本件諭旨退職処分による懲戒解雇はその効力を生じないというべきである。」

結果として、原判決は破棄を免れないとし、第1審判決を正当として、Yの控訴を棄却しました。

イ　北沢産業（私用メール）事件・東京地判平19.9.18労判947号23頁は、課長職にあるXに対する、メールデータ無断消去、虚偽事実報告、上司・同僚に

対する誹謗中傷等を理由とする解雇につき、本件解雇事由①～⑨の中には就業規則の解雇規定に抵触するものもあるが、Y社はそれらを1年以上前に把握していたにもかかわらず、事情聴取、口頭による注意も行っておらず、Xには何の処分歴もなく、当該行為から約1年の間、特段問題とされる行動がないことからすれば、Xに何らの告知もせず、また聴聞の機会も与えないまま即時解雇することには相当性がないとして、Y社の解雇権の行使は客観的な合理性を欠き、社会通念上相当性を欠くとして無効とされ、Xの地位確認、未払賃金および賞与の請求がすべて認められた事例です。

(3) 教訓としては、一律にいつまでにとはいえませんが、難しい判断を先送りにせず早期に適切に処分をすべきです。長期間処分をしないということは、その間に秩序が回復したとか、処分が必要なほどの非違行為ではなかったとの方向での不利な判断を招くおそれがあります。

4 解雇無効主張についての期間制限

(1) 労働組合法27条2項は労働委員会への不当労働行為の救済申立について1年間という除斥期間を規定しています。しかし、紛争当事者が裁判所に従業員たる地位の存否をめぐる紛争（いわゆる解雇トラブル）の救済を申し立てるについては、何ら立法上の期間制限はありません[280]。

(2) 実際に解雇の後、数年あるいは10数年を経過してはじめて解雇の無効を主張して訴えを提起することは迅速な解決の点からは不当であり、法秩序全体を支配する信義誠実の原則に違反して違法であるとされる場合があるとの考え方があります。民法での議論として、権利者がその権利を信義誠実の原則に従い、取引通念を顧慮して行使する義務を負い、権利者が権利を行使せず、後にその権利を不誠実に行使するならば、その権利の行使は「濫用」とされます。そしてこの場合その「権利は失効した」と言い、「権利失効の原則」と呼ばれています。そして、失効の要件としては、①「権利の不行使」、②「相当の期間の経過」、③（補助的要件としての）「権利者の権利の行使をして信義則に違反せ

---

[280]「出訴期間の制限」については労働契約法関係の立法段階の「中間とりまとめ」で問題となりました。
　我が国においては、労働者が解雇の効力を争う場合に出訴期間の定めがないことから、法律関係の早期安定の観点から、これについても検討する必要があるとの意見がありましたが、労働者が裁判所に訴えることに慣れていない現状があることから、労働者が訴えを提起するまでの間に出訴期間が徒過してしまい、労働者の裁判を受ける権利を侵害することになりかねないという問題があることから、個別労働紛争解決制度や労働審判制度が十分に利用しやすいものとなっていることが議論の前提となり、これらの制度の普及状況を見つつ引き続き検討することが適当であるとされ、規定は見送られています。しかし現在では労働審判制度も活用されているので諸制度の広報周知により立法化が期待されます。

しめる如き特別の事情の存在」が挙げられています。
(3) 最高裁判例については、解除権のものしかなく[281]、解雇については下級審の裁判例しかなく、いずれも古い判例です[282]。
(4) 教訓として、使用者側としてはかなり長い期間経過しないと労働者が争うことをあきらめたと安心できないこと、やむを得ず訴訟になれば（訴訟にできるだけならないように努力しても）一応この権利失効の原則による無効の主張をしてみることです。

5 懲戒解雇と普通解雇の関係
(1) 無効行為の転換について
懲戒解雇が無効である場合に無効行為の転換の法理によって普通解雇としての効力を認めることが可能かが問題とされています。

ア 裁判例は肯定するものと否定するものに分かれているとされ[283]、学説でも説が分かれていますが、懲戒解雇を独自の制裁罰とみるかどうか、普通解雇と同質のものとみるか異質のものとみるかがポイントのようです[284]。

イ 以上のとおり、説が分かれているとしても、否定説が有力であるとされて

---

[281]「権利の行使は、信義誠実にこれをなすことを要し、その濫用の許されないことはいうまでもないので、解除権を有する者が、久しきに亘り、これを行使せず、相手方においてその権利はもはや行使せられないものと信頼すべき正当の事由を有するに至ったため、その後にこれを行使することが信義誠実に反すると認められるような特段の事由がある場合には、もはや解除は許されないものと解するのを相当とする。」（最判昭30.11.22民集9巻12号1781頁以下）

[282] ① 石川島播磨重工業事件・大阪高判昭41.4.22民集17巻2号613頁・労判27号13頁は、労働者が解雇予告手当等を受領し、約10年の間解雇について異議を述べなかった場合には雇用契約上の権利は失効するとしました。「解雇予告手当、退職金の受領によって解雇の効力を争わない意思を表明し、しかもその後本件提起に至るまで約10年間何ら解雇について異議を述べなかった点［略］において、禁反言の法理の趣旨からも、信義則上からも、いまさら解雇の無効を理由に雇傭関係の存在を主張し、雇傭契約上の権利を行使することは許されないものと解するのが相当である。この点につき同Xの主張する貧困、社会的圧力、再失職のおそれ等の諸事情は、右判断の支障になるものとは考えられない。」と判示しています。
② 浅田化学工業事件・大阪高判昭39.6.30労民集15巻3号742頁は、労働者が解雇予告手当等を受領していなかったと思われる事案において、6年余の間、解雇について異議を述べなかったとしても、訴権の行使は濫用になるものではないとしました。
③ 日本電信電話公社事件・東京地判昭44.6.5労民集20巻3号504頁・労判83号9頁は、労働者が解雇予告手当等を受領していなかったと思われる事案において、8年余の間、行政処分としての免職処分（いわゆるレッドパージによるもの）について異議を述べなかったとしても、その処分の無効を主張することが信義則に違反することになるものではないとし、被告会社の「権利失効の原則」の主張を斥けています。

[283] 否定例として、三菱重工業（相模原製作所）事件・東京地判平2.7.27労判568号61頁（懲戒解雇を権利濫用として無効とした仮処分決定後になされた予備的（普通）解雇が有効とされた例です）、日本メタルゲゼルシャフト事件・東京地決平5.10.13労判648号65頁（この判決は、懲戒解雇の意思表示を普通解雇の意思表示に転換することを否定し、予備的になされた普通解雇［業務執行能力に欠けることを理由とするもの］の効力は有効としています）があります。

[284] 土田431頁では懲戒を独自の制裁罰ととらえる立場から無効の行為の転換を否定され、裁判例も近年は否定例が多いとされています。

いることを考えれば、法的リスク管理としては、安易に「無効行為の転換」に期待せず、厳格に懲戒処分の有効無効の事前審査を社内で行うべきです。

(2) **予備的主張について**

ア 労働者に懲戒解雇事由がある場合に、使用者が予備的に普通解雇の意思表示を行うことは可能であって、その場合の要件は、普通解雇の要件を備えれば足りると解されています（土田431頁の注7－6）。

イ これは判例でも多くみられる賢明な方法です[285]。多くは顧問弁護士の指導によるものと考えられますが、予備的主張をするということは主位的主張が弱くなるという問題があるので判断に迷うこともあるでしょうし、懲戒解雇を撤回して普通解雇一本で行くべきときもあるでしょう。

ウ 主位的主張が先行（第1回解雇）、予備的主張が後行（第2回解雇）という時間差のある時は問題です。予備的解雇が有効な場合でも主位的解雇は無効となる場合は、予備的解雇の意思表示の時点までの未払い賃金の支払い義務がありますから、予備的主張をするならできるだけ早くすべきです。

いずれにしても作戦変更となるわけですから、当初の判断が妥当であったかどうか（最初の判断は専門家の意見を聞かずになされた場合が多いのではないかと思います）反省が必要です。

(3) 懲戒解雇事由がある場合に、使用者が退職金の支給等について労働者に有利な普通解雇を選択することは、使用者の裁量の範囲内にある行為として適法であるとされています[286]。

6 解雇事由の列挙の意味と扱い

(1) **解雇事由の列挙の意味**

ア 解雇事由の列挙の意味については例示列挙説と限定列挙説があり、裁判例も分かれています。

この点を表（図表4－12）にしておきます。

イ 限定列挙説に立つと問題になるのは以下の場合です。

(ｱ) 解雇事由について包括的規定もない場合に限定列挙説では解雇は無効となります。

---

[285] 高知放送事件では当初から普通解雇として行っています（本書でも279頁以下で詳述）。
[286] 土田431頁の注7－6。判例としては群英学園事件・東京高判平14.4.17労判831号65頁は、「懲戒解雇の決定があったとき」との普通解雇事由規定につき、懲戒解雇事由があり懲戒解雇処分が相当な場合であっても、諸般の事情から被懲戒者に有利な処理をする余地を使用者の裁量に委ねたものと解するのが合理的というべきであるとしています。

(図表4-12) 解雇事由の列挙の意味

		例示列挙説	限定列挙説
就業規則の解雇事由の列挙の意味		例示列挙の意味に過ぎない	限定列挙の意味である
		列挙事由に該当しなくても客観的に合理的な理由があれば解雇できる	労働者の行為が列挙事由に該当する場合にのみ解雇できる
			包括的条項が設けられていなければよいので大差はない
問題点	包括的条項すらない場合	○当然有効	●無効
	10人未満の場合	○当然有効	＜規定がなければ無効か＞ 10人未満の場合は「免除」として有効と考える説も
	競合の場合の「合わせ技」を認めるか	○当然可能 （問題にならない）	●解雇事由ごとに考えるため否定する方向に
裁判例		★ナショナル・ウェストミンスター銀行第3次仮処分事件・東京地決平12.1.21労判782号23頁	★茨木消費者クラブ事件・大阪地決平5.3.22労判628号12頁 ★サン石油事件・札幌高判平18.5.11労判938号68頁

(イ) 就業規則の作成義務のない10名未満の事務所の場合は、「規定がないから無効」とするのは酷ですが、この点は作成義務のない使用者については就業規則による解雇権の自己制限義務は免除されていると解されるとする考え方（実務272頁［伊良原惠吾裁判官執筆］）が示されています。この考え方を前提としても、長年10人未満の状態であった使用者が、就業規則を作成しないままできたところ、10人以上に労働者が増えた時点で解雇が問題となった場合は「免除」にはなりませんから速やかに作成する必要があります。もし作成せずに解雇してしまったら無効となります。

(ウ) 尚、限定列挙説では解雇事由の規定を解雇権の「自己制限」と考えますが（実務266頁注2、272頁注11）、これを前提として「合わせ技」否定の考え方が示されています。この点は次に述べます。

(2) 合わせ技論について

ア 労働者が行う労働に問題がある場合、その内容は多様であり（遅刻・欠勤が多い、作業ミスが多い、作業能率が悪い、作業速度が遅い、営業成績が悪い、上司の命令に従わない等）、解雇の場合、通常、複数の事実が主張されます。

この点、判例は、主張された事由の存否を一つひとつ確認し、その中に解

雇の有効性を決定的に根拠づけるものがあれば、それにより解雇を有効と判断し、他方、決定的な事由がなくとも、全体を総合評価して解雇の有効性を判断しています[287]。

イ これに対して「労働関係訴訟の実務」(白石哲編著・商事法務) の第17講 (伊良原恵吾判事) では、解雇の性質決定を前提として、人的理由による普通解雇事由と整理解雇は全く別の類型であり、いわゆる「合わせ技」による総合的判断を否定されています[288]。

ウ 裁判所がこのような考え方で判断するのであれば (少なくともこのように考える裁判官がおられるのであるから)、企業の方も法的リスク管理の見地から就業規則の列挙 (規定の仕方) が「解雇権の自己制限」(土田577頁) となることを十分意識して、規定と運用のあり方を慎重に考える必要があります。

7 解雇と不法行為

(1) 解雇が不当で無効とされる場合に、解雇が雇用喪失、名誉棄損、精神的苦痛を与えること等により、労働者側が不法行為であると主張することが増えています。違法な解雇として不法行為 (民法709条) が成立すると損害賠償の支払が必要となるので実務的に重要な問題です。労働者側から不法行為による損害賠償請求を受けた場合に、検討の上対応する必要がありますし、不当な請求に対しては反論をする必要もあります[289]。

(2) 一般論としては解雇が直ちに不法行為を成立させるものではなく、不法行為の成立要件 (故意、過失、権利侵害、損害の発生、因果関係) を充たす必要があります。一般的には悪質な場合に成立するということが言えます。

---

[287] たとえば、インチケープマーケティングジャパン事件・大阪地判平10.8.31労判751号23頁は勤務態度不良や顧客とのトラブルを繰り返し、上司の再三の注意にもかかわらず、反省の態度を示さないことが就業規則所定の解雇事由「勤務成績が著しく不良で、改善の見込みがないと会社が認めたとき」に該当するとされた例で、解雇事由を全体としてみた場合の重大性や、解雇前に注意や警告を受けたことに対する反省がないことからすれば、被解雇者に評価すべき点があるからといって、解雇が著しく不合理で、社会通念上相当なものとして是認できないとはいえず、解雇権の濫用ではないとされました。

[288] 理由としては、解雇事由についてのいわゆる限定列挙説 (例として土田577頁) を前提とされることのようです。しかし、限定列挙説に立っても就業規則には「その他前各号に掲げる事由に準ずる理由」といった包括的条項が設けられるため、実際上は例示列挙説との大差はない (土田557頁) とされているのですから、実際上強力な根拠となるのかは疑問です。裁判例も分かれているところです。また、このような分析的類型的な考察は紛争の実態とかけはなれた解決を導く結果になるおそれがありますので、企業側弁護士としては疑問があるところです。

[289] 尚、第1章第5節 (就業規則の法的効力) の56頁以下で詳しく紹介したフジ興産事件では不当解雇に関与した取締役3名に対する損害賠償の事件で会社自体は被告とされていないという珍しい事件です。

(3) 裁判例について
　ア　解雇無効である場合でも直ちに不法行為となるわけではなく、否定例も多いです。
　　(ア)　従前解雇無効による雇用関係の復活と解雇期間中の賃金支払（バックペイ）により、それ以上の損害賠償は認められないという考え方があり、不法行為成立の要件も必要であることから、不法行為の成立を否定するものが多く、現在でも多く見られます[290]。
　　(イ)　静岡第一テレビ事件・静岡地判平17.1.18労判893号135頁（損害賠償請求事件）は、諭旨解雇を無効とした判決の確定後、被告会社に対してなされた不法行為に基づく損害賠償請求訴訟（精神的損害について1000万円）を故意・過失の要件を欠くとして棄却した例ですが、不法行為の要件論を述べていますので、以下に要旨を紹介します。
　　　　a　権利濫用の法理は、その行為の権利行使としての正当性を失わせる法理であり、そのことから直ちに不法行為の要件としての過失や違法性を導き出す根拠となるものではないから、懲戒解雇が権利の濫用として私法的効力を否定される場合であっても、直ちに違法に他人の権利を侵害したと評価することはできず、当該懲戒解雇が不法行為に該当するか否かはその要件を充足するか否かを個別具体的に検討の上、判断すべきである。
　　　　b　懲戒解雇が不法行為に該当するというためには当該解雇が不当、不合理というだけでは足りず、使用者が解雇すべき非違行為が存在しないこ

---

[290] 裁判例として、①サン石油事件・札幌高判平18.5.11労判938号68頁（「視力障害が客観的には重機運転手としての適格性を疑わせる程度ではないものの、重機運転に危険性を孕ませる要因となり得ることは否定できない」とし、「事業者の判断としては強ち無理からぬものがないとはいえず、不法行為を構成するとはいえないとしています。）、②医療法人財団健和会事件・東京地裁平21.10.15労判999号54頁（不法行為を構成するほどの違法性を有するとは認められないとしました）、③トーコロ事件・東京地判平6.10.25労判662号43頁（原告の損害賠償請求の訴えが解雇権濫用を理由とする別件解雇無効確認訴訟が最高裁の決定により確定した後に提起されたものですが、慰謝料請求については、本件解雇に至った経緯〔原告の要求があまりに性急であり、必ずしも職場の同僚や上司の理解・共感を得られたとはいえないこと〕、被告会社は、本件解雇後仮処分命令に従って賃金仮払いに応じてきていること、原告が被告会社に勤務し始めてから本件解雇に至るまでの期間は8カ月に満たないこと、原告は独身であること等諸般の事情からすると、原告の受けた精神的苦痛は、雇用契約上の権利を有する地位にあることが確認され、かつ会社に賃金の支払いを命ずることによって慰謝される性質のものであり、慰謝料の支払い請求には理由がないとしています。）、④カテリーナビルディング（日本ハウズイング）事件・東京地判平15.7.7労判862号78頁（一般に、解雇された労働者が被る精神的苦痛は、解雇期間中の賃金が支払われることにより慰謝されるというべきであり、本件各解雇の無効、労働契約上の地位確認及び賃金支払いを命ずる以上、本件各解雇による原告の精神的損害は填補されたとしました）、⑤クレディ・スイス証券事件・東京地判23.3.18労判1031号48頁等があります。

とを知りながらあえて解雇した場合，杜撰な調査，弁明の不聴取等によって非違事実を誤認して解雇した場合，あるいは懲戒処分の相当性の判断において明白かつ重大な誤りがある場合に該当することを要する。
　　　c　本件解雇につき，原告に軽微とはいえない就業規則違反の事実があったこと，原告および関係者に対する事情聴取を経た上で行われたこと等に照らせば，被告会社の解雇の相当性判断に明白かつ重大な過失があったとはいえない。
　イ　しかし，悪質な場合には不法行為が成立します。
　　(ア)　慰謝料としての判断の例[291]
　　　a　ＨＩＶ感染者解雇事件・東京地判平7.3.30労判667号14頁は、ＨＩＶに感染した労働者に対し、感染の判明直後に解雇を通告した事案ですが、真の目的はＨＩＶ感染者排除にあったとされた例です。
　　　b　東京自転車健康保険組合事件・東京地判平18.11.29労判935号35頁は、労働者が労働条件の不利益変更に反対して外部機関に相談したことを契機として整理解雇を強行した例です。
　　　c　解雇以外の不当な行為が付加された事例も多いです[292]。
　　(イ)　逸失利益として一定期間の賃金相当額を問題にする裁判例
　　　a　解雇された労働者が、通常のように解雇無効を前提とする地位確認（復

---

[291] その他の判例として、東海カーボン事件・福岡地小倉支判昭52.6.23労判284号21頁（除名処分及びユニオン・ショップ協定による解雇を無効とし、不法行為に基づく損害賠償請求が容認された例）、女子学院事件・東京地判昭54.3.30労判324号56頁（解雇事由を記載した解雇予告通知書を他の職員らの面前で発表したことを違法として、損害賠償20万円の支払が命じられた例）、京阪バス事件・京都地判平22.12.15労判1020号35頁（バス運転手の度重なる酒気帯び行為をしたことを理由とする諭旨解雇は解雇権を濫用した無効なものといわざるを得ないとされ、原告に一定程度の飲酒をしていたことが推認できることやエチケットマウスミントの使用が検査結果をうやむやにするためになされた疑いがあること等を考慮すれば、原告の被った精神的苦痛を過大に評価することはできないなどとして、慰謝料は50万円、弁護士費用として10万円の支払を命じたもの。会社が飲酒検査関係記録を改変したことも考慮されています。）、ノース・ウエスト航空（橋本）事件・千葉地判平5.9.24労判638号32頁（会社が事実調査を尽くすことなく、任意退職の勧奨により懲戒解雇か任意退職かの選択を迫ることが不法行為にあたるとされ、慰謝料100万円の支払いが認められた例）。
[292]① 恵城保育園・高松地丸亀支判平3.8.12労判596号33頁は、何も問題のない労働者を唐突に解雇したことの他に、地位保全仮処分の後も就労拒否をし、抗争を継続したことも不法行為となるとした事案です。
② ジェイ・ウォルター・トンプソン・ジャパン事件・東京地判平23.9.21労判1038号39頁は、前訴の解雇訴訟ではほぼ全部敗訴の判決が確定したにもかかわらず、その後も約2年間にわたって出勤を許さず、退職勧奨し、結局再び解雇した事案で、地位確認の他に30万円の慰謝料の支払を命じました。
③ アサヒコーポレーション事件・大阪地判平11.3.31労判767号60頁は、洋酒部長である原告労働者に対して未通関商品（輸入洋酒）の数量不足（在庫不足）について横領したとの疑いについて綿密な調査に基づかずに、軽率になされた無効な懲戒解雇は不法行為を構成し、原告労働者らを懲戒解雇した事実を得意先に書面で通知したことは原告労働者らの名誉を棄損する不法行為に該当するとしました。本件ではその他に合理的根拠がないのに単なる憶測に基づいて業務上横領罪として告訴に及んだことも不法行為を構成するとされて、全てを合わせた慰謝料として原告ら2名に150万円と100万円の支払を認めました。

職）を求めることをせず、単に解雇が不法行為に当たるとして損害賠償請求だけをする場合に、賃金相当額の請求が認められるかが問題となっています。

b この点解雇無効の主張をしない以上契約上の地位は存続し、契約上の賃金請求権はあるので損害（逸失利益）はないことになります。そこで、解雇がなければ得られたであろう賃金相当額の損害賠償については容易に認めず、慰謝料請求だけを認めるということが多かったといわれています[293]。

c 肯定する裁判例としては以下のものがあります。

(a) Ｏ法律事務所事件・名古屋高判平17.2.23労判909号67頁（損害賠償請求事件）は、同業（法律事務所）の弁護士と結婚する事務員を解雇した件について逸失利益として賃金3ヶ月分に当たる104万余円、慰謝料として30万円を認めました。

判決は失職後「合理的に再就職が可能と考えられる時期までの間、本来勤務を継続していれば得られたはずの賃金相当額の損害」を受けたものとし、「本件解雇後3ヶ月の範囲に限り」不法行為たる本件解雇と相当因果関係のある損害と認めることができるとしています。また総合考慮の諸事情として、①解雇の時期（契約終了時期の4ヶ月半前には既に実質的な解雇予告ともいうべきものがなされていたこと）、②原告労働者は37歳の健康な女子であって、純粋に経済的損失という意味で考えれば、再就職が特別に困難な事情は認められないこと、③失業給付を受給しているものと推認されることを挙げています。またこの判決は慰謝料も認めています。

(b) フリービット事件・東京地判平19.2.28労判948号90頁は、不当に解

---

[293] 否定する判例としては以下のものがあります。
① 吉村事件・東京地判平4.9.28労判617号31頁は、会社に対する批判的言辞を理由とする懲戒解雇が、理由を欠く違法なものとされた例で、解雇は不法行為に該当するとして、慰謝料と弁護士費用請求の限度で損害賠償請求が認められましたが、逸失利益の請求は否定されました。
② わいわいランド事件・大阪地判平12.6.30労判793号49頁は、保育所経営会社Yが受託保育所のトレーナーXに対して行った解雇が無効である場合に、Xは、復職を望まないとして逸失利益等の損害賠償請求をした事案です。解雇権の行使が濫用であるといえる場合であっても、労働者がその効力を否定しないことは差し支えないが、このような場合、その解雇の意思表示は有効なものと扱われることになるから、解雇予告手当についてはその請求はなしえるものの、賃金請求権は発生しないとされました。そしてYがXに対し解雇回避努力を全くせずに解雇したこと等が不法行為を構成するとしてYに慰謝料50万円と解雇予告手当の支払いが命じられた例です。

雇をされたとして、慰謝料1000万円、逸失利益の補償1600万円及びこれら合計額の遅延損害金を請求した事案ですが、逸失利益（財産的損害）として140万円を認め、慰謝料請求は別に認める必要性がないとして棄却しました[294]。

(c) インフォーマテック事件・東京高判平20.6.26労判978号93頁（損害賠償請求事件）は勤続20年以上の労働者の不当解雇（整理解雇）について6ヶ月の給与相当額を相当因果関係のある損害と認めました。この判決は同旨の1審判決（東京地判平19.11.29労判957号41頁）を維持したものです。判決は本件に顕れた一切の事情を考慮したとしていますが、事情の例として、①解雇に至る交渉経緯及び会社の交渉態度、②原告労働者の勤続年数、年齢、再就職の困難さを挙げています。

(d) 三枝商事事件・東京地判平23.11.25労判1045号39頁は3ヶ月分相当額を逸失利益として認めました（慰謝料は否定しています）。本判決も解雇無効を前提としつつ、慰謝料としてではなく、逸失利益として一定額（3ヶ月分）の損害賠償請求を認容し、その範囲として、特段の事情が認められない限り、通常再就職に必要な期間の賃金相当額としています。

d 土田564頁では、損害について「使用者の違法な行為がなければ雇用が終了せず、賃金不支給の事態も生じなかったという意味での相当因果関係があることから、経済的逸失利益（逸失賃金相当額）を含めて算定すべきであろう。こうした解釈によって不当な退職強要行為を抑制し、労働契約の適正な運営を促進する必要がある。」とされています。

ウ 解雇が有効であっても不法行為が成立することがありますが、解雇自体ではなく、退職を強要するとか解雇の事実を取引先に通告するなど、してはならない余計な悪質な行為が問題とされています[295]。このような余計なこと

---

[294] 損害額の算定につき、原告が実質的に被告に勤務したのは、平成17年8月22日から平成18年2月15日までの約6か月間であること、原告が49歳と比較的高齢であり、再就職が難しい状況にあることなどを勘案すると、原告が本件解雇により被った財産的損害は解雇されなければ得られたであろう賃金に照らして、一般的には月例給与の半年分程度を見積もるのが相当であるところ、実際に本格的な就職活動に迫られたのは解雇予告通知のあった直後の18年6月からであるものの、損害算定のうえでの公平性からすると退職までの猶予期間が延長された18年5月以降から6か月程度に得られたであろう賃金を原告の損害と考えるのであり、当該給与相当分の損害（60万円×6か月）から就職活動としての猶予を得た5月と6月の2ヶ月と18年2月16日から同年4月末日までの賞与支給分（40万円×2.5か月÷6か月）を差し引いて見積もられるべきであり、また別会社再就職までの雇用保険受給額、アルバイト収入を控除した上で民事訴訟法248条による相当な損害額を認定すると、140万円が相当とされた例です。

311

はしないことです。
　エ　最後は、解雇が有効であって不法行為も成立しない場合です。これが有効の場合の大原則です。
　オ　以上の点（解雇の効力と不法行為の成否の関係）について、表（図表4－13）にしてまとめておきます。とにかく、解雇以外の人格権、プライバシー等人権の侵害がないように相手方の立場を尊重し、誠意を持って交渉すべきです。

(4)　「準解雇」論について
　「解雇」をしたわけでもないのに解雇と同じだとして多額の損害賠償を請求する考え方がありますので、検討しておく必要があります。
　ア　使用者の追い出し意図に基づく行為によって労働者が退職した場合、当該行為と雇用の終了を一体として「準解雇」ととらえて解雇規制を準用して、使用者に退職に基づく経済的逸失利益（一定年数の賃金相当額）の損害賠償責任を負わせる考え方も提唱されています。この考え方には、①追い出し意図が認定できない場合があるが、そのような主観的要素がある場合に限定する必要があるか、②退職による逸失利益の算定方法が問題である等の疑問が出されています。
　　①については従前から不法行為の成否の問題として危険性はある問題ですし、②の損害についても年単位ではないとしても前述のとおり認めた判例があります。「準解雇」を明言して論ずる判例はないようですが、同様の考え方で損害賠償責任を認める判例があるのですから、「準解雇」という言葉とは関係なく、やはり注意しなければならない論点です。
　イ　「準解雇」の議論を参考にした労働審判として、東京地裁平23.11.7労判1043号96頁があるので審判の要旨を紹介します。珍しく詳細な理由の要旨まで記載されているものです。
　　「Y社は、Xに対し、解決金（賃金約1年分相当額）を支払う。
　（理由の要旨）
　1　労働者の雇用継続の利益は法的保護に値し、使用者が社会通念上相当性を欠く態様により退職勧奨を行うことによって、労働者が退職を余儀なくされた場合は、使用者は適正な職場環境への配慮義務を欠いたものとして、

295　土田563頁では退職勧奨と非自発的退職共通の問題として損害賠償責任を詳しく論じています。

債務不履行責任を負い、損害については、使用者の違法行為がなければ雇用が終了しなかったという意味で相当因果関係があることから経済的逸失利益を含めて算定されるべきである。

2　Xは部長相当職の地位にあったが、給与減額と大幅な降格を伴う配転命令を受け、全く異なる職種である物流部門の一従業員の地位に追いやられた。配転命令自体は、Xが不本意ながら受け入れており、違法・無効とまでは言い難い。しかし、それ以降、Y社は、前例のない「見習中」との名

(図表4－13)　解雇の効力と不法行為の成否

		不法行為の成否		損害
		不成立（無責）	成立（有責）	
解雇の効力	無効	<特に悪質でない場合> ○医療法人財団健和会事件・東京地判平21.10.15労判999号54頁 ○サン石油事件・札幌高判平18.5.11労判938号68頁 ○トーコロ事件・東京地判平6.10.25労判662号43頁 ○静岡第一テレビ事件・静岡地判平17.1.18労判893号135頁 ○カテリーナビルディング（日本ハウズイング）事件・東京地判平15.7.7労判862号78頁 ○クレディ・スイス証券事件・東京地判平23.3.18労判1031号48頁	<悪質な場合> ●ＨＩＶ感染者解雇事件・東京地判平7.3.30労判667号14頁 ●東海カーボン事件・福岡地小倉支判昭52.6.23労判284号21頁 ●女子学院事件・東京地判平54.3.30労判324号56頁 ●ノース・ウエスト（橋本）事件・千葉地判平5.9.24労判638号32頁 ●東京自転車健康保険組合事件・東京地判平18.11.29労判935号35頁 <余計なことをしている場合> ●京阪バス事件・京都地判平22.12.15労判1020号35頁 ●恵城保育園事件・高松地丸亀支判平3.8.12労判596号33頁 ●ジェイ・ウォルター・トンプソン・ジャパン事件・東京地判平23.9.21労判1038号39頁 ●アサヒコーポレーション事件・大阪地判平11.3.31労判767号60頁	慰謝料
		□吉村事件・東京地判平4.9.28労判617号31頁 □わいわいランド事件・大阪地判平12.6.30労判793号49頁	<一定期間の賃金相当額の形を示すもの> ■Ｏ法律事務所事件・名古屋高判平17.2.23労判909号67頁 ■フリービット事件・東京地判平19.2.28労判948号90頁 ■インフォーマテック事件・東京地判平20.6.26労判978号93頁 ■三枝商事事件・東京地判平23.11.25労判1045号39頁	逸失利益
	有効	解雇有効の場合は不成立が大原則（通常）。裁判例は極めて多い。	<解雇有効の場合の例外> 退職強要、解雇事実の通告等余計なことをしている場合に多い。	

(○□は使用者有利、●■は労働者有利を示す。□■は損害として一定期間の賃金相当額の逸失利益の形式を示すもの)

札を着用させてXをさらし者の如く扱い、降格時の減額から短期間しか経たないうちに再び大幅な賃金減額を受け入れさせようとしたばかりか、Xの関与が希薄な案件について責任を取らせようとし、夏季賞与、冬季賞与も大幅に減額した。以上に加えて、Y社は、Xが退職届に記載した「退職理由」（退職勧奨）について訂正を求めることなく、受領している。このようなY社の対応は、連鎖的に、あたかも真綿で首を絞めるがごとく実行されたものであり、Y社の一連の行為は、全体として不当な退職強要行為に該当し、債務不履行責任を構成する。

3　以上の法的観点を踏まえ、近時提唱されている準解雇の議論も参考に、解決金として1年分の賃金に相当する金額の支払いを命じる審判を言い渡す。」

このケースはコメントで「昨今、解雇規制を回避すべく、労働者の従属的立場を利用したさまざまな嫌がらせを行って退職に追い込む退職強要が横行しており、これを抑制し、信義に従った労働契約の誠実な運用を促進する必要性は高まっている」（労働者側代理人）とありますが、使用者側としては、このようなやり方は下品で不名誉なものであり、絶対にしてならないことであるとして組織全体で反省すべきです。

8　不当解雇をしてしまった後の対策について

弁護士としては解雇する前に、これでよいのか、問題はないか等と相談してもらえれば助言できますが、解雇後に問題があると判明して相談に来られても対策に苦慮する場合が多いものです。

(1)　企業に発生する損害や問題について

使用者が無効な解雇により受ける多大な損失や問題には以下のものがあります。

① 原職復帰が避けられなくなり、後任者を雇用選任していた場合は余剰人員が発生する
② 不当解雇後復帰までの多額未払賃金（バックペイ）の一括支払義務の発生
③ 不当解雇（これを「パワハラ」と主張する）による労働者の精神的苦痛に対する慰謝料支払義務の発生
④ 使用者側の不当解雇という落度のため以後の人事管理がやりにくくなること
⑤ 場合によりユニオン等の介入を招く

(2) 撤回してやり直す方法（解雇撤回）

ア　交渉段階で従前の考え方を再考して妥当な解決を求める例の1つとして「解雇の撤回」があります。解雇をあきらめて解雇する前の状態へ戻る形の解決を図ることです。そのまま処分を維持するとしたら、争いが続いて後日会社が敗れることが予想される場合に、それが解っているなら早期に解決を図る方法として賢明です。これが「解雇の撤回」と言われるもので、まだ訴訟にならない交渉段階で、解決の選択肢の1つとして考える必要があります。この点、労働審判では、解雇事案の調停案は「解雇撤回、任意退職、解決金の支払い」を内容とすることが多いとされています。労働審判で有効な方法とされているということは、さらに争いのレベルが低い交渉段階でも、有効な方法として考えられると思われます。企業としても、一旦下した決定に拘泥することなく、柔軟に考えて解決策として真剣に検討してみるべきです。

イ　労働者側代理人弁護士は「解雇の撤回」の論点として以下のものがあると指摘していますので[296]、この点について「解雇の撤回」を考える企業側もよく検討しておく必要があります。

① 意思表示の撤回が許容されるかどうか
② 解雇の撤回が許容される場合と解雇無効が確認される場合の法効果の異同
③ 撤回と併せて出社命令が出された際に従う義務があるかどうか
④ 従わなかった場合に再度解雇の意思表示を発し得るか
⑤ 労働審判特有の事情としていわゆる解決金の相場はどうか

　この点最も問題となるのが、③④の解雇撤回後出勤命令に対して従わずに欠勤を続ける場合、懲戒処分（最終的には解雇まで）ができるかという問題です。

ウ　上記撤回論の限界として、実際に企業としては困った問題があります。それは、前述したとおり、不当解雇による慰謝料請求位で済めばよいのですが、中には不当解雇に関する企業関係者の言動により精神的に不調を訴える状態に至り、いわゆるうつの状態についていろいろな病名での就業不能の診断書をもらって休職をし、それは企業の責任によるものであるとして賃金支払いを求めるケースもあります。この場合、ノーワーク・ノーペイの原則の例外

---

[296] 労働判例1047号96頁の労働審判ダイジェスト・解雇された労働者が労働審判を申し立てたところ、会社側から解雇撤回・出社命令が出された件につき、解決金支払いの調停が成立した例の「コメント」欄

として、賃金を支払うとして、いつまでも支払う必要があるのか、診断書が出ている限り、病状がなくならない限り、支払を続ける必要があるのかという企業にとって困った事態になる危険があります。このように解雇を撤回したからといって、企業が考える解決に至らないこともありますので、やはり、不当解雇を避けることが最も重要であると考えざるを得ません。

(3) 予備的主張を行う

　ア　まず、懲戒解雇が無効になると考えられる場合に予備的に有効となりうる普通解雇を行うことも考えます。場合により潔く懲戒解雇は撤回して普通解雇一本で行きます。

　イ　解雇の理由を異にする第2次解雇を行うということもあり得ます[297]。

　ウ　以上の点は「懲戒解雇」〔230頁〕や「懲戒解雇と普通解雇の関係」〔304頁〕でも述べていますが、いずれにしても問題がありそうであると自認しているようなものですから、使用者の解雇は疑わしいと考えられ、通常より厳格な審査を受けると覚悟すべきです。やはり、最初の解雇の時に専門家の意見も聞き、適用条文も確認した上で慎重に判断すべきです。

(4) 労働審判で解決を図る

　ア　解決金による解決の活用

　　労働審判は通常労働者側が申立てをしますが、訴訟と比べて迅速な解決が図られる労働審判のメリットを考えて会社側から労働審判を申立てる例もあります。特に解雇無効として敗訴する危険のある事例において、労働審判手続の中の調停制度を利用して解決金をいくらか払って解決することが考えられます。

　　(ｱ)　労働契約法制定当時に解決金制度の導入が検討されましたが、結局立法化はされませんでした。そのため、通常訴訟では解雇無効で敗訴となる場合には、会社側が解決金を支払って退職をさせようと思っても、労働者側が「復職」に固執して合意退職の和解ができない場合は地位確認による復職が避けられなくなります。

---

[297] たとえば、トップ事件・大阪地判平19.10.25労判953号27頁では、第1次解雇（フランチャイズ店の店長Xに対して、勤務態度不良、警察官を呼ぶ事態を発生させたこと等を理由としてなされた懲戒解雇）に対する賃金の仮払い等の仮処分申立が認められた直後の本件就労命令をXが拒否したことを理由とする第2次解雇（普通解雇）につき、それが第1次解雇の主張を維持しつつ行われたことを併せ考慮すると、第2次解雇の理由には第1次解雇の解雇事由も当然に含まれるとともに、第1次解雇の事由以外にも当該労働者に問題のある勤務態度が主張されている場合には、解雇権濫用の有無の判断についてはこれらの事由についても併せて検討されるべきであるとされ、本件第2次解雇は、解雇権濫用とはいえず、有効とされています。

(イ)　これに対して、労働審判では柔軟な解決が可能です。

　　労働者側からの申立てに対して、解決金支払での調停または審判を求めるという方法も可能ですが、問題は労働者側がなかなか申立てを行わず、無駄に時が過ぎていく場合です。将来解雇無効となれば、解雇無効が確定するまでの未払賃金の支払いが問題となり、長期間経過したことは未払額（支払を必要とする金額・いわゆるバックペイ）が増加することになり、会社に不利となります。そこで、そのような展開にならないように会社から地位不存在確認の労働審判を提起して早期解決を図る（支払額を少なくする）ものです。

　(ウ)　例として大阪地裁平成23.12.8［審判］（労判1039号96頁）があります。

　　これは犯罪行為を犯したことなどを理由とする組合員2名に対する懲戒解雇につき、雇用契約上の権利を有する地位にないことの確認をする労働審判を会社側から求めたところ、労働者側があまりに悪質であり、解決金など支払う必要もなく、無条件の解雇有効（地位不存在）の審判がなされました[298]。

　イ　利用の限界

　　上記の方法を検討する場合、相手方の労働者が復職にこだわったり使用者が受け入れられない多額の解決金を要求して、仮処分や訴訟を辞さないという強い態度をとることが予想される場合は、その予測も踏まえて争い方をよく検討すべきです。安易に労働審判を利用しても期待する結果は得られません。復職の方向や思い切った解決金の準備等が必要になることも覚悟すべきでしょう。

　ウ　労働審判における解雇事例全般については後の「労働審判の活用」のところ〔329頁以下〕で述べます。

(5)　**予防の重要性**

　ア　以上のことを行っても大きな損害は避けられないでしょうから、二度と問

---

[298] 申立てをした会社側代理人のコメントによれば相手方の2人の労働者は犯罪行為（内容は本社事務所において従業員の昇給等に関するデータが印字された用紙5枚を持ち出して窃取したこと、会社の得意先に関するデータが印字された用紙39枚を持ち出して窃取したこと）を犯し、逮捕、起訴され、有罪判決を受けたにもかかわらず、会社に対しては自己の非を認めず、解雇の無効を主張し、しかも何らの法的措置を申立てることなく放置していたということです。このまま時間が経つと、後日争いになった場合に労働者の主張する要求額（未払い賃金額や慰謝料等の解決金）が多額になってしまうことや、それまでの間に様々な嫌がらせ的な行為や不当要求行為がなされることも心配されるので、早期解決を図ったものと考えられます。このように指導された代理人の判断は賢明です。

題を起こしたくないと懲りるでしょうし、再発防止への気持ちが冷めないうちに具体的な予防策の検討に着手すべきです。①法的リスクを避ける適正なやり方を守ること、②専門家に相談して検討すること、③リスクを考えた控えめな判断（選択）等を教訓にして、以後の経営の考え方を変えるべきです。

イ　不当解雇の予防の主な対策として以下のものがあります（これらは社会保険労務士の指導業務の中でも中核となるべきであると考えます）。

(ア)　採用について、①人材選別（専門家による助言も）、②試用期間の適正な運用、③契約社員の活用、④外部社員の活用を図ること

(イ)　指導・懲戒（特に不良社員対策）を適正に行うこと

　a　書面による指導（改善を目指す）をくり返し、その後正式な懲戒を軽い戒告から徐々に厳しく繰り返す。長期的な視点からあせらずに、かつ早期に専門家に相談すること

　b　強力な人事権限を有効に活用すること

　　企業には強力な人事権限（業務命令権・人事権・懲戒権）があるので労働者個人と比較すると力の差は極めて大きいことは当然です。そこで、雇用「契約」の対等性確保の努力として、国が後見的役割（立法として労働者保護法制があり、判例もその解釈機関故、労働者保護を図る）を果たします。中小企業ではこれら強力な権限を行使しないので、国の規制を受けるだけの弱い存在になっているという問題事例が多くみられます。

(ウ)　就業規則取扱説明書（裏マニュアル）の作成交付による予防を図ること

9　整理解雇

(1)　整理解雇の意義

ア　経営不振を理由として行われる人員削減のことを「整理解雇」といいますが、前述したとおり〔274頁〕、リストラの手法としては最も影響が大きいので、その有効性が問題とされます。

イ　「リストラ」とは「リストラクチャリング」（restructuring：再構築）の略で、不採算部門の整理や人員削減・経費削減の方法により企業の効率化を図ることをいいます[299]。このリストラの方法については以下のものがありますが、①→②→③の順で、③の中でも(i)→(ii)→(iii)の順で不利益となります

---

[299] 整理解雇は、通常は経営困難や不振を理由としますが（危機回避型）、経営困難に陥る前の段階で、経営合理化や競争力強化を目的に事業部門を廃止・縮小し、余剰人員を解雇する場合（戦略的合理化型。企業間競争の激化や企業組織の再編に伴うもの）も増えています。

ので、手順と組み合わせについては慎重に検討すべきです。
① 従業員の地位に関係なく進めることができるものとして、役員報酬の減額、役員数の削減、新規採用・中途採用の中止、資産の売却、不採算部門の立て直し、経費削減があります。
② 従業員の勤務条件引下げになるものとして、福利厚生費の削減、残業規制、労働時間の短縮、パート従業員の契約解除(雇い止め)、昇給停止、賞与の削減、配置転換、他企業への出向・転籍、賃金カット(減給)、降格、一時帰休があります。
③ 従業員の退職となるものとして、(i)希望退職(退職希望者を一般的に広く募集。割増金支払)、(ii)退職勧奨(一部の者に対する「肩たたき」)、(iii)整理解雇があり、(i)→(ii)→(iii)の順に行われるのが通常です。
ウ 日本の労働関係は従来終身雇用制を原則とし、労働者もそれを前提として長期的な生活設計をするのが通例でしたから、企業運営上の必要性を理由とする使用者の解雇の自由は一定の制約を受けることは免れないとされています。

(2) 4つの要素(4要素説による)
整理解雇については、従来、判例により、①整理解雇の必要性、②整理解雇の回避努力義務の履行、③被解雇者選定の合理性、④労使交渉等の手続の適正の4要件を充たさない場合は解雇権の濫用として無効になるとされてきました。しかし、最近は後述するように、4要素説が主流になっていますが、検討すべきポイント(要素)は同じです。以下4つの要素について述べていきます。
ア 整理解雇の必要性
(ア) 「必要性」の要素は最も重要なものですが、将来の危機回避や単なる生産性向上という目的では足りず、リストラをしないと倒産する危険が大きいとか、経営状態の悪化等企業の合理的運営上、やむを得ない必要性でなければなりません。いいかえれば、経営困難打開のための唯一絶対的方策であることまでは要求されず、合理的経営者であれば整理解雇を実施することも十分に考えうるという程度の経営状態の悪化が認定できればよいとする裁判例がほとんどのようです。
(イ) 裁判例の多くは、高度の経営上の困難から当該措置が要請されるという程度で足りるとしています(例えば、大阪暁明館事件・大阪地決平7.10.20労判685号49頁)。そして裁判例はこの必要性の存否につき、当該企業の経

営状態を詳細に検討しますが、結論として多くの事件でこの要件（要素）の具備を認めています。このことは人員削減の必要性に関する経営専門家の判断を実際上は尊重しているといえます。必要性を否定する裁判例の典型は、人員削減措置の決定後、大幅な賃上げや、多数の新規採用や、高率の株式配当を行う等、素人の目から見ても明瞭に矛盾した経営行動がとられた場合です。

(ウ) 戦略的合理化型の整理解雇の場合、企業全体では経営不振とはいえないのですが、裁判例は使用者の経営判断を尊重し、特定部門等の閉鎖・縮小に伴う人員削減の必要性を肯定しています。たとえば、東洋酸素事件・東京高判昭54.10.29労判330号71頁[300]では、人員削減の必要性を「企業の合理的運営上やむをえない必要」と緩やかに解し、それ以上に厳しい要件の設

---

[300] 東洋酸素事件は有名な裁判例ですので以下に詳しく説明します。
　Y社（被告・控訴人）は、酸素、アルゴン、窒素等の製造販売を営む会社であり、Xら13名（原告・被控訴人）は、Y社のアセチレン部門で働く従業員です。アセチレン部門は、業者間の競争の激化、競合商品の登場による需要の低下、従業員の人件費の高騰等によって赤字に転落し、昭和44年下期には総額44億円余の累積赤字を計上しました。そこでY社は、川崎工場のアセチレン部門の閉鎖を決定し、昭和45年7月24日付けで、就業規則上の「やむを得ない事業の都合によるとき」との規定に基づき、Xらを含む同部門の従業員全員を解雇する旨の意思表示を行いました。その際、Y社は他部門への配転や希望退職者募集等の措置をとりませんでした。Xらが地位保全仮処分等を申請したのに対し、原審（東京地判昭51.4.19労判255号58頁）は解雇回避措置が不十分である等として解雇無効と判断したため、Y社が控訴したところ、判決は要旨下記のとおり述べて原判決を取消し、Xらの申請を却下しました。
a　整理解雇の要件
　企業による特定の事業部門の閉鎖は、その専権に属する自由であるが、終身雇用制を原則とするわが国の労働関係においては、解雇は労働者の生活に深刻な影響を及ぼすから、「企業運営上の必要性を理由とする使用者の解雇の自由も一定の制約を受けることを免れない」。
　解雇が「やむを得ない事業の都合による」ものといえるためには、①事業部門の閉鎖が「企業の合理的運営上やむを得ない必要に基づくものと認められる場合であること」、②閉鎖部門の従業員を「同一又は遠隔でない他の事業場における他の事業部門の同一又は類似職種に充当する余地がない場合、あるいは右配置転換を行ってもなお全企業的に見て剰員の発生が避けられない場合」であって、解雇が使用者の恣意によってなされるものでないこと、③「解雇対象者の選定が客観的、合理的な基準に基づくものであること、以上の3個の要件を充足することを要し、特段の事情のない限り、それをもって足りる」としました。また、解雇が手続上信義則に反したときは解雇権濫用となるが、これは解雇の効力の発生を妨げる事由であり、「解雇事由の有無の判断に当たり考慮すべき要素とはならない」としました。
b　具体的判断としては概略以下のとおり述べています。
　①アセチレン部門の業績改善は困難であり、会社経営に深刻な影響を及ぼすおそれがあることが明らかであるから、同部門の閉鎖は「企業の運営上やむをえない必要があり、かつ合理的な措置であった」。②Xらの職種は現業職またはそれに類似する特務職であるから、配転先の職種もこれらに限定されるところ、他部門におけるこれら職種は過員であり、Xらの配転先確保のための他部門における希望退職者募集についても、Y社は全社的な募集が熟練従業員等の引抜きを誘発することを恐れたこと等を考慮すると、希望退職者を募集すべきであったともいえない。③アセチレン部門は独立事業部門であり、管理職以外の47名全員を解雇対象者としたことは、一定の客観的基準に基づく選定であったといえることから、本件解雇は「やむを得ない事業の都合による」ものといえる。④Y社には労組との事前協議条項はなく、Y社は従業員にアセチレン部門の存廃が早晩問題になることを知らせていた等の本件事情の下では、Y社が労組と十分な協議を尽くさないまま部門閉鎖と解雇を実行したとしても、直ちに労使間の信義則に反するとはいえない。

定を退けています。

イ 解雇回避努力
　(ア) 整理解雇はリストラの手段として最後の手段であって、企業としては極力整理解雇を回避するため努力する義務（解雇回避努力義務）があり、この義務を尽くさない解雇は無効とされています。4要件（要素）の中でも中心に位置するものと考えられています。
　(イ) 回避の方法としては、整理解雇以外の全ての手段（(1)参照）です。
　　手段と手順については、具体的状況下で全体として整理解雇回避のための真摯且つ合理的な努力と認められるかどうかが具体的に判断されます。他の手段をとらず、いきなり整理解雇を行った場合はほとんど例外なく解雇権の濫用（無効）とされています[301]。
　(ウ) 解雇回避策として問題になることが多いのは、関連会社への出向・転籍の拒否者に対する整理解雇が正当化できるかという問題です[302]。

---

[301] 例として、あさひ保育園事件・最1小判昭58.10.27労判427号63頁は、希望退職募集等の処置を取らずに昭和51年3月25日、2名の保母を解雇したが、解雇後ほぼ1年以内に2名の保母が退職し、52年4月にはその補充のために新しい2名の保母を採用していました。1審2審とも解雇無効とし本判決もこれを維持しました。「事前に、被上告人を含む上告人の職員に対し、人員整理がやむを得ない事情などを説明して協力を求める努力を一切せず、かつ、希望退職者募集の措置を採ることもなく、解雇日の6日前になって突如通告した本件解雇は、労使間の信義則に反し、解雇権の濫用として無効である」としています。この件では事後の事情から希望退職者募集をしていたら解雇はしなくて済んだ可能性があった事案です。

[302] 裁判例は、整理解雇が労働者の帰責事由のない解雇であることから、職種等限定の合意や企業間の法人格の違いに係わらず配転・出向義務を広く認めています。出向につき、千代田化工建設事件・東京高判平成5.3.31労判629号19頁は、赤字対策としての工場の分離・子会社化に伴う移籍を拒否したことを理由とする解雇について、移籍には基本的に本人の同意を必要とすることからみて、原告の反対が当然には信義則違反とは言えないとして解雇権の濫用に当たり無効としました。また、シンガポール・デベロップメント銀行事件・大阪地判平成12.6.23労判786号16頁は、外資系銀行の国内における2つの支店（東京・大阪）のうち、一方の支店（大阪）の閉鎖に伴う従業員の整理解雇につき、他方支店（東京）において希望退職者を募集しなければ解雇回避努力義務を尽くしたことにはならない等とする原告らの主張を退け、整理解雇を有効としました。解雇回避の可能性＝東京支店への配転可能性につき、①東京支店では従業員に欠員はなく、むしろ自然による減少を予定していたこと、②従業員21人の東京支店での希望退職募集により、原告らの就労可能な適当な部署が生じるとはいえず、業務の混乱や無用な不安を生じさせる可能性もあり、自然減による減少に比べて費用負担が増加し、仮に就労可能な部署が生じても転勤等諸費用の負担が増加する等の不都合を考慮すれば、東京支店で希望退職募集をしなかったことを不当とは言えないこと、③欠員がないのに原告らを転勤させるために東京支店の業務に習熟した従業員を解雇するのは合理性がないことから、Yが解雇回避努力を欠いたとはいえず、「転勤ができないのであれば、大阪支店の従業員が解雇の対象となることはやむを得ない」と判断しました（労判解説のまとめ）。配転義務の範囲をXらが現に従事している現業職に限定した上で配転可能性を否定した例として東洋酸素事件があります。反面、配転・出向の受入先がなかったり、労働者があくまで拒否するなど、それら措置が客観的に期待不可能な場合にまで雇用確保の義務が生ずるわけではないとされています（ティアール建材・エルゴテック事件・東京地判平成13.7.6労判814号53頁は、雇止めの事案ですが、慢性的な赤字を理由とする事業部門の事実上の閉鎖は合理的な措置であり、人員整理の必要性があり、将来の退職金支払いに不安が残るため希望退職を募集せず、全員解雇の方法をとったことには合理性があり、その後の再雇用基準も客観的にみて合理的で妥当なものであるとされました）。

321

出向義務の存否は就業規則や労働協約上の根拠規定と出向の諸条件に照らして当該出向が、労働契約上認められるものかどうかで判断されますが、出向義務が肯定されれば出向拒否は業務命令違反になりますから解雇事由となります。反対に、出向義務が否定された場合は、整理解雇の諸要素の検討が必要となりますが、出向によって解雇を回避しようとした努力はプラスに評価されます。転籍の場合は、労働者の個別的同意が必要との原則がありますから、転籍拒否は解雇事由とはなりません。

(エ) 希望退職者の募集は、前述したとおり〔318頁〕、通常解雇回避措置の基本的な手段として整理解雇に先立って行われます。そこで、希望退職者募集をせずに整理解雇を行うと解雇回避努力義務の不履行と評価されやすくなります。しかし、希望退職者募集を整理解雇の要件とすることは有能な人材が流出し、企業再建を困難にするという問題があり、裁判例もこの点配慮したものがあります。例えば、前述の東洋酸素事件高裁判決は、希望退職者募集について、他部門での募集に伴う熟練労働者らの引抜きの誘発のおそれを考慮して必要性を否定しています〔320頁注300〕。

(オ) 解雇回避努力（②の要素）に関する使用者側の主張立証について

　a　解雇回避努力の欠如についてのフォロー

　　各種の解雇回避の努力（措置）についてはデメリットがあるので行わなかった（行えなかった）という事情があるなら、使用者の経営判断の正当性を指摘するためにこの点を十分効果的に主張立証して裁判官にアピールする必要がありますし、予防的には当然これらの事情は真摯に検討すべきです。この点実務331頁〔吉川昌寛裁判官執筆〕で労働者側の主張立証の留意点として10の論点についてデメリットを整理されているので、参考のために使用者側から見た形としても〔図表4-14〕にまとめておきます。

　　特に「希望退職者募集の欠如」については「人材流出」のデメリットが問題となっていますが（上述(エ)）、その他の事情についても事案によって十分に主張立証をすべきことになります。

　b　解雇を前提とした不利益緩和策の評価

　　(a)　使用者側としては整理解雇に伴う不利益緩和策（例として、割増退職金、法定予告期間以上の解雇予告期間、再就職先のあっせん、賃金援助等）を行った場合にはこれらを有利な事情として主張立証するこ

(図表４−14) 解雇回避努力欠如の場合の主張立証

	解雇回避努力の欠如（労働者側）	デメリットを指摘すべき内容（使用者側）
①	広告費・交通費・交際費の経費削減	企業活動が制約され、減収という負のスパイラルに陥る危険がある。
②	役員報酬の削減等	危機打開のための有能な経営者を外部から招くことが困難となる。
③	残業規制	業務内容によっては顧客・取引先との関係に難が生じることがある。
④	新規採用の停止・縮小	企業の新陳代謝が停滞し、人材の育成や組織の構成に偏りが生じる。
⑤	中途採用・再雇用の停止	豊富な経験や技術を持つ人材の確保が困難となる。
⑥	従業員に対する昇給停止や賞与の減額ないし不支給、賃金減額	労働条件の変更に伴う混乱が生じる上、従業員の士気が低下する。
⑦	配転・出向・転籍の実施	労働者側・受入側双方の要求や能力等のマッチングに限界がある。
⑧	ワークシェアリングによる労働時間の短縮や一時帰休	休業手当のコストがかかる上、代替性の低い業務には適用が困難。
⑨	非正規従業員との間の労働契約の解消	労務コストの高い正社員の割合が増え、雇用の弾力化が困難になる。
⑩	希望退職者の募集	退職条件にコストがかかる上、必要な人材が退職するおそれがある。

（白石哲編著「労働関係訴訟の実務」商事法務331頁［吉川昌寛裁判官執筆］の内容を表にしたものです）

とになります。

(b) 但し、これらは解雇「回避」措置ではなく、解雇を前提とした不利益緩和策に過ぎないので、判決との関係では、あくまで二次的付随的なものとして考慮されるにとどまるとの指摘（実務335頁）もあります。

ウ 基準と選定の合理性

(ア) 何名かの整理解雇がやむを得ないと認められる場合でも使用者は、被解雇者の選定について、客観的で合理的な基準を設定し、これを公正に適用して行うことが必要です。そして、基準を全く設定しないでなされた整理解雇や、客観的で合理的ではない基準による整理解雇は無効とされています。

(イ) 整理解雇の基準として合理性があるというためには、客観的かつ公平な基準でなければならず、そのために客観的な資料が存在し、評価者の主観に左右されないこと、そして全従業員を対象としたものであること等が必

(ｳ) 公正な基準としては、「欠勤の日数・遅刻の回数」「規律違反歴」等の勤務成績や勤続年数等の企業貢献度、「経済的打撃の低さ」「30歳以下の者」「扶養家族のない者」等）等が公正な基準と考えられます[303]。

また、①能力・成績が優秀で貢献度が高い労働者を選定することは公正を欠き、企業再建の面でも問題があるが、反面、②整理解雇が労働者に帰責事由のない解雇である以上、再就職の難しい高齢者や成績不良者より、若年者や成績優秀者を対象とすることが公正となる面もあるという問題が指摘されています[304]。

この点、住友重機械工業事件・松山地西条支判昭和62.5.6労判496号17頁では、「配偶者の収入や兼業・財産保有等によって生活を維持できる者。ただし、業務上必要なものを除く」という解雇基準は、②を基本としつつ、企業再建に必要な者を除外（①を考慮）した基準として公正なものとされました。

①を重視して高齢者等を解雇対象とする場合も、早期割増退職金等の代償措置を講じたり、能力・成績を勘案することが求められます[305]。

(ｴ) 尚、解雇基準については、基準自体だけでなく、その具体的な適用の場面での合理的運用も問題になります。

(ｵ) この点、注目すべき判例として社会福祉法人大阪暁明館事件・大阪地判平7.10.20労判685号49頁の判決があります[306]。

---

[303] 菅野453頁は、①これらの基準は相互に矛盾しうること（特に勤務成績と経済的打撃の低さ）、②成績査定のみに基づく被解雇者の選定は多分に主観的で合理性に乏しいとされる傾向にあることを指摘し、人選の基準については、基本的な考え方を異にするいくつかの系統の基準のどれを選ぶかは当該労使の全体的な了解（納得）を尊重すべきとされています。

[304] 労働判例百選第7版170頁・土田道夫解説

[305] ヴァリグ日本支社事件・東京地判平成13.12.19労判817号5頁では、解雇基準とされた53歳という年齢は、定年年齢までの残存期間における賃金に対する被用者の期待も軽視できず、再就職が事実上非常に困難な年齢であるといえるから、早期退職の代償となるべき経済的利益や再就職支援なしに上記年齢を解雇基準とすることは、解雇後の生活に対する配慮を欠く結果になり、加えて、幹部職員としての業務が、高齢になるほど業績の低下する業務であることは認められないことからすると、幹部職員で53歳以上の者という基準は必ずしも合理的とは言えない面があるとされました。

[306] 債務者である社会福祉法人Yの経営する病院が定年（60歳）以後も再雇用していた看護婦、ソーシャルワーカー、事務職員、嘱託を経営再建を理由に解雇したため、債権者Xらがその無効を主張して地位保全及び賃金仮払いを求めました。
　本決定は、整理解雇の正当性を判断する際の基準として4つの要件（①人員整理の必要性、②回避の努力、③人選の合理性、④手続きとしての当事者等との協議）を挙げ（4要件説）、就業規則所定の「病院の業務の必要上やむを得ない事由のあったとき」の適用、解釈についてもこの基準が妥当するとしました。そしてこの基準に従って本件解雇の相当性を検討した結果、病院の当面する経営状態から定年経過後の者の整理解

これは4要件説に立って人選の合理性の点だけを問題として整理解雇を無効とした珍しい例です。人選の結果が人員面での法定要件を欠いて違法となる場合（コンプライアンス違反）や、違法性がさらに大きくなる場合には整理解雇は許さないという判断です。国家機関としての司法（裁判所）の廉潔性（クリーンハンドの原則）の考え方に立つ厳しい判断です。判決が現在の主流である4要素に立ったらどのような判断であったのかという問題もありますが、コンプライアンス違反をしていると思わぬところでペナルティを受けることがあるという例として留意すべきです。

エ　手続の適正

(ｱ)　労働者や労働組合と十分に協議し、整理解雇が必要であることの根拠となる決算書類等の経理関係の資料を提示して説明すべきであり、協議・説明を十分行なわない場合、整理解雇は無効となります。不意打ち的な解雇通告を行うことは解雇権の濫用と考えられます（組合との関係では説明不十分の点について不誠実交渉とされるおそれもあります）。

(ｲ)　また、整理解雇の場合に協議や同意を必要とする「協議約款」や「同意約款」がある場合は、それを無視して（協議・同意なくして）なされた整理解雇は無効となるので、誠実に協議をし、同意がえられるよう交渉する必要があります。

(ｳ)　この労働組合・労働者との協議・説明義務は、他の3要素と異なり、解雇手続に関する要素です。使用者は信義則上、労働者の納得が得られるよう十分な協議・説明を行なうことを求められ、その内容は、他の3要素の内容に及んでいます。

雇の必要性は一応認められ（①○）、解雇回避の努力および組合との協議説明も尽くされているが（②○、④○）、人選の合理性については、債権者らの所属部署の人員配置等からみて妥当でないと認め（③×）、1名を除き本件解雇は無効としました。

X₁（ソーシャルワーカー）の解雇について、「X₁の勤務するソーシャルワーカーの部門においては、病床数（331床）からして、最低2名のソーシャルワーカーの配置が義務づけられていること、従前、ソーシャルワーカーはX₁を含めて2名のみ配置されていたこと、X₁に対する本件解雇後、Yは組合の指摘を受けて、平成7年4月22日、新たにソーシャルワーカーを1名補充採用したことが疎明される。」という事実関係を前提として、「違法な状況を作りだす結果となるような解雇については、人選の合理性は肯定し難い。」としました。

また、X₂（看護婦）の解雇についても、「X₂の勤務するY病院本館3階病棟は60床を有するケアミックス系病棟で、最低10名の看護婦の配置が義務づけられていること、しかるに、X₂が就労中も、勤務割に入らない婦長や短時間勤務の看護学生がいるところから、看護婦数は、法定看護婦数を下回る8.25名であることが疎明される。このような、より強い違法状況を作出するような結果となるようなX₂の解雇についても、その合理性を肯定することはできない。」としました。

(3) 4要素説の説明[307]

ア 近時の判例の動向について（4要素が圧倒的）

(ア) 従前は4要件説に立つ考え方が定説とされ、判例も4要素説など4要件でない判断枠組みを採る判例は比較的少数と理解されていました。

(イ) しかし、近時は4要素を総合判断して決するといういわゆる4要素が主流です。「労働判例」の近時の新しい判例を一覧表（図表4－15）に整理しました（ただしどのような考え方に立っているのか不明のものは除きました）ので、ご参照ください。「4件」は4要件説、「4素」は4要素説、「3件」は3要件説、「3素」は3要素説、「2素」は2要素説の意味です。各要素の評価（○は要素として肯定・使用者側有利、●は要素として否定・労働者有利）等は一応のものですので、実際の事案検討時には直接原文に当たって研究してください。

イ 4要素説増加の理由

4要素説に基づく裁判例が増加している理由については、「理論的には、解雇の有効性を検討する根拠となるのは、民法1条3項、労契法16条の権利濫用法理であり、整理解雇の有効性は、解雇権濫用法理の評価根拠事実と評価障害事実として挙げられる各事情を総合的に考慮する中で判断されるものであること、実際的にも人員削減の必要性には様々な類型があり、使用者側の規模や体制の関係で、実施できる解雇回避措置にも様々な制約が伴うことは明らかであり、事案に応じたきめ細かい判断を必要とすること」が挙げられています（実務319頁［吉川昌寛裁判官執筆］）。

ウ 4要素説の説明

(ア) 4要素説は①②③④の4つは厳密な意味での要件ではなく、評価根拠事実と評価障害事実として、当該整理解雇が解雇権濫用となるかどうかを総合的に判断する上での要素と考える立場です。これによると、どれか1つの要素が認められないとしても、そのことだけで直ちに当該整理解雇が権利濫用となるとはいえず、他の要素にかかる事情も加味して総合的に判断されることになります。そして、それぞれの4つの要素について労使（原被告）がそれぞれ評価根拠事実と評価障害事実を主張立証して争うことに

---

[307] 4要件説のもの（図表4－15参照）の他に、3要件説といわれるもの（前記東洋酸素事件高裁判決）、3要素説（図表4－15にも2件あります）、2要素説というべきもの（業務終了に伴う社員の解雇について①③が当然充足するとみて②④を考慮要素とするもの。図表の三陸ハーネス事件決定等）等があります。

第4章　懲戒と解雇

(図表4－15) 整理解雇についての近時の裁判例一覧

労判 (号－頁)	事件名	裁判所	要件（要素） ①必要	②努力	③人選	④手続	立場	結果	対象者／備考
870-28	イセキ開発工機	東京地判 平15.12.22	●	●	●	●	4件	●無効	管轄更生部付き出向社員
873-73	タイカン	東京地判 平15.12.19	●	－	－	●	4素	●	契約社員／2要件（①④）だけを論ずる
876-67	千代田学園	東京地判 平16.3.9	－	－	●	－	不明	●	常勤教職員／不当労働行為を理由とする解雇無効
878-74	九州日誠電気(本訴)	熊本地判 平16.4.15.	○	●	●	●	4件	●	環境工務課環境係職員
879-71	安川電機八幡工場	福岡地裁小倉支判 平16.5.11	●	－	－	●	4素	●	パート従業員
880-139	ジ・アソシエーテッド・プレス	東京地判 平16.4.21	●	●	●	－	3素	●	国際通信社東京支局 APE
907-25	印南製作所	東京地判 平17.9.30	●	●	●	●	4素※	●	旋盤オペレーター2名／※総合考慮
909-5	山田紡績	名古屋高判 平18.1.17	●	●	●	●	4素	●	事業廃止に伴う100余名の大量解雇
914-90	みどりNリウマチ科整形外科	大阪地決 平18.3.6	●	●	－全員	●	4素※	●	デイケア・保育園スタッフ（全員）／※総合考慮
915-152	三陸ハーネス	仙台地決 平17.12.15	－廃止	○	－全員	●	2素	○有効	工場従業員（全員）
920-33	ホクエツ福井	名古屋高裁金沢支判 平18.5.31	● ○	○ ●	○ ●	● ●	4素	● ●	第1次解雇　工場従業員 第2次解雇
931-30	CSFBセキュリティーズ・ジャパン・リミテッド	東京高判 平18.12.26	○	○	○	●	4素	○	外資系証券会社営業部員
938-27	社会福祉法人仁風会	福岡地判 平19.2.28	●	●	●	●	4素	●	調理員／※「4要件」というが総合判断とする
945-59	横浜商銀信用組合	横浜地判 平19.5.17	●	●	●	●	4素	●	信用組合副支店長2名
985-5	メイコー （仮処分）	甲府地決 平21.5.21	○	●	●	●	4素※	●	製造販売会社従業員2名／「その他諸般の事情」も
993-57	飛騨管理	東京地裁立川支決 平21.8.26	●	●	●	●	4件※	●	自動車教習所教習指導員／※4件を主調とするとの評価（労判解説）
1006-73	泉州学園	大阪地裁堺支判 平21.12.18	○	○	○	○	4素	○	高校教員
1011-84	ビー・エム・シー・ソフトウエア	大阪地判 平22.6.25	●	●	●	●	4素	●	営業事務職員
1013-82	乙山金属運輸（保全抗告）	東京高決 平22.5.21 (保全抗告認容)	○	○	○	●	4件	●	運送部門正社員
1028-91	テクノプロ・エンジニアリング	横浜地判 平23.1.25	●	●	●	○	4素	●	派遣労働者・生産ラインの新規設計・改造業務従事者

327

1031 -48	クレディ・スイス証券	東京地判平23.3.18	●	●	-	-	不明	●	企業向け商品開発営業担当者
1035 -124	泉州学園	大阪高判平23.7.15	●	●	-	●	4素	●	専任教員
1038 -5	みくに工業	長野地裁諏訪支判平23.9.29	●	●	●	○	4素	●	準社員（MP製造部）
1038 -39	ジェイ・ウォルター・トンプソン・ジャパン	東京地判平23.9.21	●	●	-	●	4素	●	クリエイティブ・ディレクター
1042 -82	オンライン不動産	横浜地判平23.7.28	●	●	-	-	4素	●	システムエンジニア
1043 -90	コムテック	東京地判平23.10.28	●	●	●	●	4素	●	業務代行センターにおける入金チームリーダー
1048 -45	日本通信	東京地判平24.2.29	○	●	●	-	3素	●	社内システムの管理担当者（④は再抗弁）
1055 -58	日本航空	東京地判平24.3.29	○	○	○	○	4素	○	パイロット等
1056 -41	ジャストリース	東京地判平24.5.25	●	●	●	-	3素	●	元代表取締役・管理職（チームリーダー）
1056 -81	シーテック	横浜地判平24.3.29	○	●	●	○	4素	●	派遣労働者・自動車エンジニア
1069 -81	アクセルリス	東京地判平24.11.16	●	●	●	●	4素	●	アプリケーションサイエンティスト
1071 -86	Principle One	東京地判平24.12.13	○	○	○	○	4素	○	オフィスマネージャー（オフィスコーディネーター）
1072 -20	東亜外業（本訴）	神戸地判平25.2.27	○	●	●	●	4素	●	工場作業員

なります。

(イ) 各要素間の関係について

a Principle One 事件・東京地判平24.12.13労判1071号86頁（判例ダイジェスト）は、4要素説に立ち、4つの要素は整理解雇について解雇権濫用法理の適否を総合判断するための評価根拠事実と評価障害事実とを類型化した要素と解すべきであり、①の人員削減の必要性の程度に応じ、当該企業の目的、従業員の数・構成、資産・負債、売上規模、組合の有無などの諸事情に照らして、②ないし④の各要素の充足の有無及び程度を検討し、当該整理解雇の効力について判断すべきと述べています。

b また、オンライン不動産事件・横浜地判平23.7.28労判1042号82頁は、②が認められないことを重視し、その余（③④）について判断するまでもなく解雇無効の判例をしています。

(4) 変更解約告知について

使用者が労働者に労働条件変更を申込み、それを拒絶した労働者を解雇する

こと（いいかえると「使用者が従前の労働契約を解約告知するとともに、新たな労働条件の下での労働契約の継続を申し込むこと」）を「変更解約告知」といいます。

これはドイツで多用されている手法ですが、前記のとおり、整理解雇の裁判例が充実している日本では裁判例はほとんどなく[308]、不要であるとする裁判例もあります[309]。学説上有用性を認める有力説もありますが、反対説もあり[310]、予測可能性が整理解雇に比べても乏しいので本書では詳しく検討しません。

10 労働審判の活用

(1) 労働審判制度は早期に柔軟な解決が図れる（申立てから40日以内に第1回期日が入り、ほとんどが3ヶ月以内に結論が出る）ということで評価が高く利用が増加しています。

（図表4−16）は「労働判例」に掲載された解雇に関する労働審判事例をまとめたものですが、解雇事案の重要性からテーマとして最も多い数になっています。

以下に労働審判で扱われた解雇事例について特徴のある留意すべき点を述べておきます。

(2) **使用者側の作戦が窺われるもの**

ア 会社側からの地位不存在確認を認めた例として、事件34があります。

これは犯罪行為を犯したことなどを理由とする組合員2名に対する懲戒解雇につき、雇用契約上の権利を有する地位にないことの確認をする労働審判を会社側から求めたところ、その通りの審判がなされた事例です。

(ｱ) 申立てをした会社側代理人のコメントによれば相手方の2人の労働者は犯罪行為（内容は本社事務所において従業員の昇給等に関するデータが印字された用紙5枚を持ち出して窃取したこと、会社の得意先に関するデータが印字された用紙39枚を持ち出して窃取したこと）を犯し、逮捕、起訴

---

[308] 肯定した裁判例としてはスカンジナビア航空事件・東京地決平7.4.13労判675号13頁があります。
[309] 大阪労働衛生センター第一病院事件・大阪地判平10.8.31労判751号38頁は変更解約告知という独立の類型を設けることは相当でないとして解雇を無効と判断しています。また、関西金属工業事件では、1審判決（大阪地判平18.9.6労判929号36頁）、2審判決（大阪高判平19.5.17労判943号5頁）共に「変更解約告知」の文言を用いながら実質は整理解雇の事案として処理されています。2審判決は「本件の変更解約告知を整理解雇と別個独立のものであるとする控訴人の主張は採用できない」と明言し、整理解雇と同様の要件を必要とするとしています。その他整理解雇の判断基準によって判断している例として日本ヒルトンホテル事件・東京高判平14.11.25労判843号20頁、福島県福祉事業協会事件・福島地判平22.6.29労判1013号55頁があります。
[310] 肯定説として土田528頁以下、荒木373頁。解雇の脅威を伴う不利益変更手段であるとして否定する説もあります。

され、有罪判決を受けたにもかかわらず、会社に対しては自己の非を認めず、解雇の無効を主張し、しかも何らの法的措置を申立てることなく放置していたということです。このまま時間が経つと、後日争いになった場合に労働者の主張する要求額（未払い賃金額や慰謝料等の解決金）が多額になってしまうことや、それまでの間に様々な嫌がらせ的な行為や不当要求行為がなされることも心配されるので、早期解決を図ったものと考えられます。このように指導された代理人の判断は賢明です。

　(イ)　本件では労働者側があまりに悪質であり、解決金など支払う必要もなく、無条件の解雇有効（地位不存在）が認められています。

　(ウ)　法外な要求であり、要求に理由がないことが明らかな場合とか、内容的には会社側の勝訴となることが明らかであるのに不当な要求をされ続けて対応に困るような場合は、積極的に審判制度を利用して（会社側から申立てをして）早期解決をしてしまうことです。私も同様の試みをして成功しています。

　(エ)　なお、私が受任した事例で、会社側申立てではありませんが、労働者側が不当要求を行い、あっせん申立て→調停申立て→労働審判申立てという手順で順次請求を行ったケースがありました。いずれも会社側が応諾せず、労働審判手続でも徹底的に争い、主張立証で圧倒して2回目の期日で口頭での棄却（会社の勝ち）の審判を得ました。規模の大きな会社のケースで、勝つのが明らかであるので相手の出方を見ましょうという対応になって労働審判の手続の相手方となった事例でした。会社側への嫌がらせや不当要求の継続の恐れが特になければこのような対応で十分です。

イ　同じく会社側から申立てをして調停成立したものとして事例12があります。これは労働紛争が未解決のまま推移していたところ、使用者が労働審判手続きを利用して解決を図った事例であって、会社側も解決を前提として審判を申し立てているケースですが、労働者側が相手方になれば大変で苦しいことは明らかです[311]。

ウ　解雇撤回については事件35と事件37で問題となっています。

---

[311] 労働者側代理人は、「会社側からの申立てに対して、一個人に過ぎない労働者が対応することは、やはり大変である。Yの場合は、組合の支援があったから即座に代理人を選任できたが、そうでない労働者がいきなり労働審判を申し立てられた場合に適切な行動をとれるかは疑問であり、心理的なプレッシャーも相当なものであろう。使用者申立型では、労働者にとって時間の制約があるだけではなく、守勢に立たされる面もあるため、特に代理人選任の必要性が高い。」とコメントしています。

第4章　懲戒と解雇

(ｱ)　事件35では申立後に相手方の会社が撤回をしていますが、労働者側代理人は「事案は比較的単純な解雇事案であったから、特に申立ての際に意識することなく地位確認型の労働審判申立てをした（結果として、復帰を期待しない場合には損害賠償型の申立てを検討することも学んだ）。」とコメントしています。

(ｲ)　事件37では「一方的に解雇を撤回するという会社の対応はあまりにも横暴であり到底許してはならない。会社が解雇を撤回したということは、解雇が違法かつ不当なものであったと自ら認めたことに等しい。よって、このような解雇を行った会社は、責任をきちんと負う必要があることは社会常識から見ても当然のことである。したがって、会社には、労働者は再び会社に戻って快適に働ける環境を作る義務があることは当然のことである。具体的には、会社は解雇に至った原因の解明、原因に対する対処（解雇に関係した者の懲戒や転籍等）、労働者に対する謝罪、そして、再発防止策の策定およびその徹底、労働者の職場環境整備といった労働条件を労働者に示すことが必須である。本件のように、会社が解雇を撤回してきた場合には、労働者は復職をするにあたっての話し合いの場を早期に会社に求めるべきである。客観的に納得できる労働環境にならないかぎり、労働者は職場には戻れず、労働者が職場に戻れない期間の責任は会社が負うのである。そして、早期の話合いの場のなかで、会社が不誠実な態度をとる場合には、速やかに労働審判の申立てをすることも早期解決の有効な手段の一つとなる。」との労働者側代理人のコメントがあります。このように労働者側はいろいろ条件が備わらないと復職できないと主張するはずです。復職を拒否したから無断欠勤で処分しようと安易に考えないで、対応を検討しておく必要があります。

エ　解雇無効の場合であるとすると、労働者側が強い態度に出る場合（仮処分や本訴で争う場合）に使用者側は、①妥協して多額の解決金を支払うか、②お金が惜しいとして復職を認めるかどちらかの選択肢しかありません。争えば争うほどバックペイの金額が大きくなるので、①か②か決断するしかないのです。弁護士として、①②どちらでもなくずるずるという気持ちの悪い考えを持つ経営者の依頼は受けることは難しいでしょう。

オ　会社側は通常復職は困るとして解決金の方式を選ぶことになります[312]。

(ｱ)　圧倒的に解決金による解決（調停内容は「解雇撤回と合意退職、解決金

331

の支払」というもの)が多くなります(審判でも同じ内容の主文になります)。

　　(イ)　例外的に復職が実現したものとして、事件1(出社猶予期間を設置)と事件39(航空会社の事例)があり、復職可能な状況であったが申立人の事情で解決金による解決となった例として事件29(造船所の例)があります。
　カ　経営者の考え方としては早期解決をすることが基本と考えます。
　　(ア)　経営者の勇断がうかがえるものとして、事件6があり、「これ以上期日を重ねて時間と労力を費やすことは得策でないと決裁権者たる会社代表者が最終判断し、第1回期日で調停に応じることになった」(会社側代理人コメント)とのことです、
　　(イ)　これと反対に適切な判断ができない例として、本件11があります。「審判委は説得したが、オーナー会長の意向が強いということで不調となり、その期日(第2回)に口頭で審判を言い渡した。」とのことです。代理人弁護士は適切な助言をしているはずです。弁護士は会社のためを思って利益になる方向で助言しているのですから困ったことです。私の場合は受任時にいろいろシミュレーションをして、付き合いの浅い方の場合は助言を受け入れていただけるかどうかを確認の上で受任します。
　キ　顧問弁護士がなくて苦労した事例として事件2があります。会社は6月15日に申立書や呼出状を受け取っていたのに、顧問弁護士を持たなかったため、同月27日になって労働法律相談の場で本件を弁護士に依頼しました。答弁書提出期限が7月3日で、答弁書作成のための期間が約1週間しかなく、弁護士が電話で書記官に事情を説明したところ、答弁書の提出期限が事実上3日間延長されたとのことです。しかし、この程度の延長では十分な反論反証はできないと考えます。

(3)　**労働者側の考え方(作戦)について**
　ア　仮処分申し立てを有効活用すること
　　復職を求める場合は仮処分申し立て、金銭解決でもよしとする場合は労働審判申立てという図式がある(もちろん例外はある)と言われていますが、労働審判の強力な調停機能に期待して復職の意向でも労働審判を選択するこ

312　解決金の額は労判で取り上げている条件では全体的に多額のものも多いようですが、これは、注目される事案を取り上げているためではないかとも思われます。具体的な事例の調査結果については「労働審判制度の利用者調査」(有斐閣)ご参照ください(「処方箋」130頁以下)。

ともあり得ます。例として事件8は一定金額（120万円）でなければ仮処分を起こして徹底して争うことを正面から主張するという強い態度を示して使用者の譲歩を獲得していますし、実際に事例24では審判に対する使用者の異議申し立てに対して申立人が仮処分申立てをして仮処分の手続内で和解が成立しています。

イ 弱いのを承知で申立てをする場合

(ア) 事件40は勤務地の変更をともなわない配転命令の拒否を理由の懲戒解雇という、労働者にとっては困難であることが多い類型の事案であって、労働審判を積極的に選択すべき事案であったという労働者側代理人自身のコメントがありますが、本件で調停が成立したからよかったものの、もし訴訟に移行したらどうなったのでしょうか。解雇されてから弁護士に相談に行っていると思われますが、本来は異議を留めて配転に応じた上で、正式に争うという方法を採るべきでしょう。大きなリスクを抱えた手続遂行です。

(イ) 一般的に、話し合い（調停）目的で申立てをすることも可能ですが、もし相手方が話し合いに応ぜず、強硬に出て訴訟になってしまったらどうするのか、そこまで慎重に考えて申立てをするべきです。これは労使双方の共通の問題であると考えます。

　私も労働者側が話し合い解決を目的として申立てをした問題のある事案で会社の方針を受けて24条終了を主張して訴訟移行し徹底的に争って勝訴したことがあります。訴訟になることのリスクを労働者本人に十分納得させたうえで申立てを行ったのか疑問なケースであり、労働者本人と代理人の訴訟での信頼関係喪失が窺えた問題事例でした。

ウ 労働者側でも代理人弁護士は事件の落とし所を考えているはずであり、労働者本人の気持ちの整理に配慮したりしています（事件7では申立書の作成や答弁書に対する反論の準備を通じて、気持ちの整理をつけることもできたとのことです）。

(4) **労働審判委員会の審理について**

ア 複数人を同時に扱うこと（別事件ですが）も可能とされています（事件3は3名、事件20は8名の日系外国人）。この場合複数人の供述が補強的な証拠力を持ちますから、労働者に有利な面があります。

イ 心証は早期に形成され、且つ早期に明示（開示）されることになります。

例えば事件8でも第1回目の審判期日から審判員の質問は相手方出頭者に集中し、審判委員会が解雇無効との心証を抱いていることは明らかであったとされ、審判委員会の心証が早期にあからさまに開示されることが多いとされています。

ウ 第1回前に解雇の有効性を裏付ける資料をすべて出すことを考えるべきです。第2回まで待ってもらえた例もありますが（事件32）、資料が手元にないことは不可解です。解雇する前には処分の裏付け資料をよく検討し、それら資料は保管してすぐに提出できるようにしておくべきです。法的手続きになってから資料を探しているということは処分の判断の不当性を推測（推認）させることになります。

エ 第1回期日は申立て日から40日以内と決められていますが、例外的に夏休み（事件6・労判932号）や、ゴールデンウィーク前（52日。事件36・労判1052号）では遅くなっています（私も正月休み前の申立てで経験しています）。第1回期日はまず変更されませんが、答弁書提出期日の変更（延期）は場合により認められます（事件2・労判921号では3日の延長が認められました）。

また、3ヶ月以内に早期解決（調停または審判）しているものがほとんどです。

オ 調停案がそのまま審判の内容になるのが通常です。また訴訟へ移行しても概ね労働審判の内容が妥当という評価を前提として、結局は労働審判に近い内容で早期に和解が成立しているものが少なくないとされていますので（処方箋125頁）、ほとんどの場合は調停案を受け入れて解決をすることが得策と考えます。

カ 審判の主文や調停の内容について
　(ア) 遺憾の意の表明をしているものもあります（事件1・労判919号、事件2・労判921号、事例9・労判939号）。取引先への通知をしたことによって解決金が高額になり、送付する文案の検討することになった例として事件27があります。
　(イ) 必ず清算条項が入っており、紛争の蒸し返しを防ぎます（事件12、事件16、事件29しか明示されていませんが全ての調停条項に入っているはずです）。
　(ウ) 解決金支払いの審判についても合意する場合と同じ主文になります。
　(エ) 社会保険料の本人負担分の立替金（約30万円）の請求を放棄する調停条

項を入れたものとして事件30がありますが、このようなことを交渉材料とすることは、通常の交渉でも考えてよいことです。

キ 審判後の和解も可能ですが（事件19では審判に対しY社が異議申立をし、本訴に移行したが裁判官から和解勧告があり、審判の解決金を増額しての和解が成立したとのことですが、感心しない進行です）、できれば労働審判手続内の調停で行うべきです。

ク 1日3時間以上のロングランの手続となることも多いので（事件2参照）、代理人弁護士は時間を空けておく必要がありますし、当初の方針を確認しておく必要があります。2時間という長い時間的確で充実した審判官による審尋が続いた例も最近経験しています。このケースでは会社関係者が審判官が記録（主張立証）をよく読んでいることに感銘を受けて、そのことが調停成立に大きく影響しました。

ケ 懲戒解雇の主張をして予備的な普通解雇の主張がないのに懲戒解雇としては無効であるが普通解雇としては有効であることの相互確認の審判がなされた例（事件21）で、問題があるとの労働者側代理人のコメントがあります。

（図表4－16） 解雇についての労働審判一覧表

	労判	裁判所	申立等	事案と結果
1	919－94	名古屋地裁 平18.5.8	申18.4.3 ①18.5.8	上司の指示への不服従を理由とする解雇通告につき、**調停**が成立した。＜調停要旨＞①会社が遺憾の意を表明、②未払賃金の全額支払い、③出社猶予期間の設定、④今後の差別の禁止、⑤解決金（金額不明）の支払
2	921－95	東京地裁 平18.7.13	申18.6.12 ①18.7.13	中途採用の約6か月後になされた能力不足及び協調性欠如を理由とする解雇につき、**調停**が成立した。＜調停要旨＞①解雇の撤回と任意退職、②解決金140万円の支払い、③会社による遺憾の意の表明等
3	926－95	横浜地裁 平18.6.26	申18.4.3. ①18.5.18 ②18.6.9 ③18.6.26	社長に対し、労働条件の明示などを求めて直訴した社員3名が勤務態度が悪いとして一斉に解雇された件につき、3名が一緒に労働審判を申し立て、**調停**が成立した。＜調停要旨＞①解雇撤回と合意退職、②解決金（約4ヶ月程度）の支払い
4	928－95	東京地裁 平18.5.22	申18.4.3 ①18.5.15 ②18.5.22	職場での暴行事件の被害者がトラブルメーカーであるとして解雇された事案につき、**調停**が成立した。＜調停要旨＞①合意退職、②離職票の交付、③解決金（月給5か月分）支払い等
5	930－95	神戸地裁 平18.7.3	申18.4.21 ①18.5.31 ②18.6.19 ③18.7.3	会社の業務委託先のシルバー人材センターに登録の上で就労していた申立人につき、会社との間に黙示の労働契約の成立を認める**審判**がなされた。＜審判要旨＞解決金70万円の支払を命じる（黙示の労働契約成立と解雇無効は理由中の判断）
6	932－95	横浜地裁 平18.9.7	申18.6.19 ①18.9.7	中途採用の約8か月後になされた能力不足、勤務態度不良等を理由とする普通解雇につき、**調停**が成立した。＜調停要旨＞①解雇日をもって退社したことの確認、②解決金の支払い（金額不明—X提示は8ヶ月分、Y社提示は2ヶ月分）
7	934－95	旭川地裁 平18.11.14	申18.10.3 ①18.11.14	小規模事業所勤務の女性社員に対する突然の解雇について**調停**が成立した。＜調停要旨＞①解雇撤回、合意退職、②解決金（基本給の約15ヶ月分＋解雇予告手当）の支払
8	937－180	福岡地裁 平19.4.3	申19.2.16 ①19.3.26 ②19.4.3	中国人女性労働者に対する、夫である労働者の退職を契機とする解雇につき**調停**が成立した。＜調停要旨＞①解雇日同日に雇用契約が終了したことの確認、②解決金120万円の支払

9	939 -95	横浜地裁 平19.1.12	申18.10.5 ①18.11.16 ②18.12.21 ③19.1.12	偽装請負が疑われる状況下での下請け2社の従業員間の暴行事件と、その後の被害者従業員に対する元請け会社への出入り禁止通知後の解雇につき**調停**が成立した。<調停要旨>①解雇撤回と合意退職、②解決金（賃金7.5か月分）支払（元請け会社の連帯保証）、③加害者の遺憾の意の表明と80万円の支払等
10	943 -95	さいたま地裁 平18.9.20	申18.6.21 ①18.7.25 ②18.8.30 ③18.9.20	会社の業務命令に従わなかったトラック運転手に対し、自宅謹慎、解雇がなされた件につき、調停が成立した。<調停要旨>解決金として130万円を支払う
11	946 -171	東京地裁 平19.7.19	申19.5.23 ①19.7.6 ②19.7.19	ほぼフルタイム勤務をしていたパート労働者に対する退職勧奨及び整理解雇につき、退職合意がなく整理解雇も無効であるとして、地位確認と賃金の支払いを命じる**審判**がなされた。
12	948 -95	横浜地裁 平19.5.29	申19.5.1 ①19.5.29	減額分の賃金支払いを求めた労働者に対し、会社側が労働審判を申し立て、労働者への解雇の意思表示をした事案につき**調停**が成立した。<調停要旨>①解雇の効力発生日付退職の確認、②解決金243万円の支払い、③清算条項
13	950 -95	東京地裁 平19.12.7	申19.10.4 ①19.11.7 ②19.12.7	賞与の支給などを求めて団体交渉を申し入れた病院組合の職員2名に対する整理解雇・懲戒解雇につき、いずれも無効であるとして、地位確認および賃金支払いを命じる**審判**がなされた。
14	959 -177	札幌地裁 平19.5.22	申19.4.5 ①19.5.10 ②19.5.22	退職を申し出たところ懲戒解雇処分を受けた従業員につき、処分の無効の確認、従業員の解約申入れによる労働契約終了の確認と会社に解決金50万円の支払を命じる**審判**がなされた。
15	961 -95	東京地裁 平20.5.23	申20.2.22 ①20.4.17 ②20.5.14 ③20.5.23	解雇通告を受け、退職した労働者が未払い残業代と退職金の支払いを求めた事案につき、**調停**が成立した。<調停要旨>XがパソコンデータにかけたロックをYが解除することを条件として、YはXに対し解決金（X主張の3分の2の額。Y主張に沿った額）を支払う。
16	963 -95	東京地裁 平20.6.10	申20.2.18 ①20.6.10	精神疾患によって療養休暇中であって労働者の解雇につき、**調停**が成立した。<調停要旨>①解雇撤回と会社都合による合意退職、②退職金の支払、③解決金（年収の約2年分）の支払い、④清算条項
17	967 -95	福井地裁 平19.10.18	申19.6.28 ①19.8.6 ②19.9.18 ③19.10.18	解雇通告を受けた内科医長につき、地位確認及び解雇後の賃金支払い等を命じる**審判**がなされた。（Y病院が異議を申し立て、Xもパワハラが認められなかったこと等を不満として異議を申し立てたため訴訟に移行した）。
18	972 -97	さいたま地裁 平19.9.18	申19.7.3 ①19.9.6 ②19.9.18	突然の解雇・退寮通告および上司らの言動などにより心療内科に通うまでになった労働者が慰謝料を請求した事案につき**調停**が成立した。<調停要旨> 解決金（給与の1年分程度）の支払
19	974 -97	東京地裁 平20.9.24	申19.6.25 ①20.7.24 ②20.9.5 ③20.9.24	懲戒解雇処分を受け、その旨を業界紙に掲載された元従業員につき、懲戒解雇の撤回と合意解約による契約終了、解決金60万円の支払を命じる**審判**がなされた。（Y社が異議申し立てをし、本訴に移行したが、本訴では審判の解決金を増額しての和解が成立した）
20	976 -97	津地裁 平19.9.4	申19.6.5 ①19.7.10 ②19.8.6 ③19.9.4	解雇された8人の日系外国人労働者につき、従業員としての地位の確認と解雇期間中の未払賃金支払を命じる**審判**がなされた（偽装請負の事案）。
21	981 -187	東京地裁 平20.9.22	申20.5.7 ①20.6.13 ②20.7.1 ③20.9.22	就業規則の懲戒事由に該当するとして解雇された営業社員につき、懲戒解雇は無効であるが、普通解雇としては有効（プラス解決金60万円の支払）との**審判**がなされた（労使双方から異議が出されて訴訟へ移行した）。
22	983 -97	横浜地裁 平21.4.23	申20.12.25 ①21.2.10 ②21.3.30 ③21.4.23	適性不足との理由により契約期間途中に解雇された有期契約の路線バス運転手につき、解雇撤回、合意退職、解決金（78万円）支払等の**審判**がなされた（双方から異議も出されず確定した）。
23	985 -97	東京地裁 平21.8.4	申21.6.15 ①21.7.27 ②21.8.4	不況を理由に派遣先から労働者派遣契約の更新を拒絶され、新たな派遣先が見つからないとして派遣元から解雇された派遣労働者が派遣先に対する地位確認等を求めたが**調停**が成立した。<調停要旨> 解決金（金額不明）の支払い。
24	991 -178	東京地裁 平21.7.29	申21.5.14 ①21.6.23 ②21.7.6 ③21.7.29	退職勧奨及び自宅待機命令を受け、その後、減給を伴う新部署での勤務出社を命じられたことに対し、年休取得を申請して出社しなかった労働者が無断欠勤を理由に解雇された件につき、合意退職と解決金（約10か月分賃金相当額）等の支払を命じる**審判**がなされた例（Y社が異議申立てをして訴訟移行したが、Xは地位保全仮処分の申し立てを行い、同手続きで和解が成立した）

336

第 4 章　懲戒と解雇

25	993 －97	東京地裁 平21.11.18	申21.7.17 ①21.9.1 ②21.10.6 ③21.11.18	会社による年俸の一方的減俸、退職勧奨後に営業成績が悪いことを理由とする解雇予告を受けた営業社員につき**調停**が成立した。＜調停要旨＞①解雇撤回・合意退職、②解決金（年俸の2分の1）の支払い
26	997 －97	京都地裁 平21.2.18	申20.11.7 ①20.12.15 ②21.2.4 ③21.2.18	けん責処分、退職勧奨後に解雇とされた労働者につき、**調停**が成立した。＜調停要旨＞①解雇予告通知の日付の会社都合による合意退職、②解決金（賃金1年分相当）支払い
27	1001 －97	東京地裁 平21.9.10	申21.6.29 ①21.8.7 ②21.9.10	反抗的態度を理由に解雇された労働者につき、**調停**が成立した。＜調停要旨＞①解雇の撤回、②合意退職、③Yが陳謝の意を表す、④解決金1000万円（給与2年分）の支払い、⑤Yが関与先14社に対し、本件についての経緯を説明する文書を交付することの約束（取引先に対して、「Xに対する解雇は、労働審判委員会による無効であるとの指摘を受け、解雇を撤回し、Xへ謝罪等を行うことを条件に退職の形で合意した」「先の通知においてZに対する反抗的態度・暴言があった旨の記述をしたが、これは不適切であった」という内容の通知を送ること）
28	1008 －97	名古屋地裁 平22.5.14	申22.3.30 ①22.5.14	人事労務関係の職務に限定して雇用された労働者が製造現場への配転命令の拒否により解雇された件につき、**調停**が成立した。＜調停要旨＞解雇の撤回＋合意退職、解決金（給与手取り額約6か月分相当）支払
29	1015 －97	横浜地裁 平22.7.16	申22.5.12 ①22.6.23 ②22.7.16	造船所で就労する外国人下請労働者の解雇につき、**調停**が成立した。＜調停要旨＞①労働契約の合意解除、②解決金（288万円）（＝約8か月分）支払い、③残業請求放棄、④清算条項
30	1026 －179	福岡地裁 平23.3.15	申23.1.11 ①23.3.11 ②23.3.15	労災事故に遭い、解雇を通告された貨物運送の運転手につき、**調停**が成立した。＜調停要旨＞①XY間の労働契約終了の確認、②解決金225万円の支払、③Yが立て替えていたX休職中の本人負担分社会保険料（約30万円）の請求権放棄。
31	1030 －97	東京地裁 平23.8.4	申23.6.23 ①23.8.4	労働契約の解約を通告された現地法人の代表取締役につき**調停**が成立した。＜調停要旨＞①契約関係解消の確認、②解決金（金額不明）の支払い、③守秘条項など
32	1034 －97	札幌地裁 平23.6.14	申23.4.1 ①23.5.9 ②23.6.8 ③23.6.14	業務命令違反等を理由に降格、それに伴う降職、減給および解雇をされた件につき、地位確認および賃金の支払いを命じる**審判**がなされた（その後Yより異議申し立てにより本訴へ移行したが、Xが仮処分申立てをし、仮処分手続き内で労働審判内容を前提とした金銭解決（退職）での和解が成立した）。
33	1035 －169	東京地裁 平23.3.○	申23.1.○ ①23.2.○ ②23.3.○	クリニックのホームページ等の作成・管理運営等に従事していた従業員の解雇につき、**調停**が成立した。＜調停要旨＞①会社都合でXが合意退職したことの確認、②Y社からの解決金（金額不明）の支払い
34	1039 －96	大阪地裁 平23.12.8	申23.10.11 ①23.11.17 ②23.12.8	犯罪行為を犯したこと等を理由とする組合員2名に対する懲戒解雇につき、雇用契約上の権利を有する地位にないことを確認する**審判**がなされた。
35	1047 －96	名古屋地裁 平24.1.12	申23.11.28 ①24.1.12	解雇された労働者が労働審判を申し立てたところ、会社側から解雇撤回・出社命令が出された件につき、解決金（金額不明）支払の**調停**が成立した。
36	1052 －96	札幌地裁 平24.7.5	申24.4.27 ①24.6.18 ②24.7.5	①運送業務中の速度違反およびデジタコの不正操作、②①に対する懲罰的な配転命令の拒否を理由とする懲戒解雇の効力が争われた事案において、会社都合による合意退職及び解決金450万円（年収相当額。月収14か月分相当）の**調停**が成立した。
37	1056 －96	さいたま地裁 平24.5.○	申24.3.○ ①24.5.○ ②24.5.○	解雇の無効を前提に撤回を求める内容証明に対して解雇を撤回したYに対して労働審判の申立（地位確認等）をした事例で、**調停**が成立した。＜調停要旨＞①解雇無効確認、②解雇撤回を契約終了日とする合意、③バックペイ、④賞与支払い、⑤残業代支払い
38	1057 －168	横浜地裁 平23.12.26	申23.9.16 ①23.11.7 ②23.12.1 ③23.12.26	妊娠をきっかけとして使用者から退職勧奨や不利益取扱いを受け解雇された労働者につき、解決金（賃金1年分に相当する金額）支払い等を内容とする**調停**が成立した。
39	1065 －97	東京地裁 平19.11.20	申19.8.3 ①19.9.22 ②19.10.25 ③19.11.20	航空会社従業員に対する整理解雇につき、解雇要件の充足等を争点に争われたが、**調停**が成立し職場復帰が実現した（稀な）例。＜調停要旨＞解雇撤回・職場復帰（担当職務は解雇当時と若干異なる）、バックペイ
40	1069 －95	東京地裁 平24.10.○	申24.8.○ ①24.10.○ ②24.10.○	配転命令拒否を理由とする懲戒解雇につき、業務命令権及び懲戒権の濫用であるとの主張に対し、会社都合による合意退職の確認及び解決金（金額不明）の支払による**調停**が成立した。

337

41	1072-97	東京地裁平25.5.22	申25.3.27 ①25.5.22	証券会社の有期雇用ディーラーに対する部門閉鎖・整理解雇につき、**調停**が成立した。＜調停要旨＞①解雇日付での会社都合による合意退職、②解決金（6か月[残契約期間]）分以上の金額）を支払う。
42	1076-97	京都地裁平24.2.7	申23.11.11 ①24.1.11 ②24.1.25 ③24.2.7	飲食店パート従業員に対する解雇につき、解雇撤回と会社都合による合意退職の確認、および解決金（賃金1年分に相当する100万円）の支払を内容とする**調停**が成立した。
43	1078-95	東京地裁平25.9.11	申25.6.28 ①25.8.9 ②25.9.11	医薬品製造販売会社の営業本部長に対する解雇につき、解雇日での労働契約の合意解約の確認と解決金（月例賃金の7.5ヶ月分相当額）を支払うとする**審判**がなされた。（Yが異議申立をしたが、異議申立期間経過後の不適法な異議として却下された。）

（労判＝号・頁、申＝申立日、①②③＝期日、日付が○となって不明であるのは守秘義務があるため開示されていない場合、X＝申立人、Y＝相手方）

第6節　損害賠償請求（労働者責任の追及）

1　総論

　労働過程で労働者が過失により使用者に損害を与えた場合、労働者は使用者に対して債務不履行（民法415条）または不法行為（民法709条）に基づく損害賠償責任を負います。また、労働者が第三者に損害を与えた場合には、労働者は第三者に対して不法行為による損害賠償責任を負いますが、被害者は、使用者に対して使用者責任（民法715条1項）に基づいて損害賠償を請求することもできます。そして、使用者が被害者に賠償したときは、使用者は労働者に求償権を行使できます（同条3項）。これらの場合の労働者の責任の軽減が問題となります。

2　判例の考え方

　判例・学説は使用者の損害賠償請求権および求償権を制限し、労働者の責任軽減を認めています。

(1)　最高裁は、使用者の損害賠償請求または求償が損害の公平な分担という見地から信義則上相当と認められる限度に制限される旨を判示しました[313]（茨城石炭商事事件判決・最1小判昭和51.7.8民集30巻7号689頁・労判268号速報カード25頁）。

---

[313] 茨城石炭商事事件は、使用者が、被用者たるタンクローリー運転手の追突事故によって被害車両の所有会社に支払った損害賠償の求償と、加害車両が被った直接の損害賠償を、運転手と身元保証人に請求した事案です。判決は「使用者が、その事業の遂行につきなされた被用者の加害行為により、直接損害を被り又は使用者としての損害賠償責任を負担したことに基づき損害を被った場合には、使用者は、その事業の性格、規模、施設の状況、被用者の業務の内容、労働条件、勤務態度、加害行為の態様、加害行為の予防若しくは損失の分散についての使用者の配慮の程度その他諸般の事情に照らし、損害の公平な分担という見地から信義則上相当と認められる限度において、被用者に対し右損害の賠償又は求償の請求をすることができるものと解すべきである」としたうえ、結論的に損害額の4分の1の限度で請求を認容しました。

(2) 労働者の責任軽減を導く実質的根拠は、①使用者が危険性のある労働あるいは損害を引き起こしやすい労働を労働者に任せておきながら、生じた損害をすべて労働者に転化することは不当であること、②労働者は労働の危険性・疲労・仕事の単調さなど、損害の原因となる圧力状態を従属労働のゆえに除去・回避しえないこと、③使用者は経営から生じる定型的危険について保険あるいは価格機構を通じて損失を分散できる立場にあることが挙げられています。
(3) 責任軽減の程度について判例の多くは、当該事例の諸般の事情を総合的に判断して決定すべきであるとしています。前掲最高裁判決は使用者の「事業の性格、規模、施設の状況、被用者の業務の内容、労働条件、勤務態度、加害行為の態様、加害行為の予防若しくは損失の分散についての使用者の配慮の程度その他諸般の事情」を考慮すべき事情としています。
(4) 茨城石炭商事事件最高裁判決以降、労働者が使用者から損害賠償責任を追及される事件が増加していますが、多くは求償事件ではなく使用者による直接的な損害賠償請求事件です。

　ア　労働者の故意による加害行為については、損害額の全額が認容されていますが、労働者のミスや不適切な行為など過失による事案については、上記最高裁判決が判断基準になっています。

　イ　大隈鐵工所事件・名古屋地判昭62.7.27（損害賠償本訴・反訴請求事件）労判505号66頁が有名ですので以下に紹介します。

　　㋐　X（大隈鐵工所、本訴原告、反訴被告）は、工作機械等の製造販売を業とする会社であり、Y（本訴被告、反訴原告）は、中学校を卒業と同時に養成工としてXに入社し、10年以上にわたってプレナー（平削盤）等の作業を担当してきた機械工ですが、昭和48年1月7日午前6時20分頃、Yは深夜勤務中に居眠りをしたため、プレナーテーブル上面に切込みキズをつけてしまいました。Xは、Yの作業中の居眠りが債務不履行もしくは不法行為を構成するとして、プレナーの損傷により被った損害等について、Yに金1110万円の損害賠償を求める本件訴訟を提起しました（当事者間の解雇と不法行為に関する争いについては割愛します）。

　　㋑　Xの本訴請求について、判決は一部容認しましたが、本論点に関する部分に限定して判決の要旨を示すと以下のとおりです。

　　　a　本件事故に対するYの責任について、判決は、プレナーの作業中に7分以上にわたり居眠りをしたことは債務不履行に該当し、格別の事情が

認められない限り、Yは責任を免れないとしました。

　一般に、Xのように新鋭かつ巨大な設備を要し、高価な製品の製造販売をする企業で働く労働者は、些細な不注意によって重大な結果を発生させる危険に絶えずさらされており、また、Xのような大企業では、概ね終身雇用制が採用されている。かような長期にわたる継続関係においては、労働者が作業中の些細な過失により使用者に損害を与えた場合、使用者は懲戒処分は別として、その都度損害賠償による責任を追及する意思はなく、むしろ、こうした労働過程上の落度を長期的視点から成績評価の対象とすることにより、労働者の自覚を促し、同種事案の再発の防止を考えているのが通常である。

　XとYの雇用関係も、「終身雇用を前提とする養成工としての入社に始まり、次第に専門的技術者として累進してきたものであることに加えて、Xにおいて、これまで従業員が事故を発生させた場合、懲戒処分については…処分された事例がある…のに対し、損害賠償請求については、何ら触れられるところがないばかりか、過失に基づく事故について損害賠償請求をし、あるいは求償権を行使した事例もないこと、更にはXの従業員の労働過程上の過失に基づく事故に対するこれまでの対処の仕方と実態、YのX会社内における地位、収入、損害賠償に対する労働者としてのYの負担能力等後記認定の諸事情をも総合考慮すると、XはYの労働過程上の（軽）過失に基づく事故については労働関係における公平の原則に照らして、損害賠償請求権を行使できないものと解するのが相当である。」

　しかし、Yの居眠り行為は重大な義務違反にあたり、Yは責任を免れない。

b　Xの被った損害について、判決は、本件キズが作業能率の低下に及ぼす影響を中心に評価し、本件事故当時のプレナーテーブルの購入価格から法人税法所定の減価償却を行った後の価格の5分の2である333万6000円を損害額として認定しました。そして、賠償額の算定に当たって、労働過程上の過失によって生じた事故については、雇用関係における信義則及び公平の見地から、諸事情を検討斟酌して具体的に定めるのが相当であるとし、XとYの経済力、賠償負担能力の較差、Xが機械保険に加入するなどの損害軽減措置を講じていないこと、本件事故が深夜勤務

中の事故でありYに同情すべき点のあること、X会社における物損事故に対する取扱の状況、Yが出勤停止及び解雇の処分を受けていることなど一切の事情を斟酌して、Yの賠償すべき金額を右損害額の4分の1に相当する83万4000円及び弁護士費用10万円と定めるのが相当であるとしました。

　　c　本判決の特徴は、①労働関係の公平の原則を根拠に、軽過失から生じた損害については、労働者を免責する判断を下したこと、②Yの居眠り行為を重過失と認定したこと、③Yの行為を重過失としつつ賠償額を制限したこと（責任論において軽過失を免責した上で、有責の場合に損害論のレベルで改めて責任軽減をはかるという二段構えの構成をとっていることになる）です[314]。

　ウ　しかし、判例の考え方に対しては、「信義則」は個別事案ごとの柔軟な処理を可能にするが、判断基準が明確でないため、労働者の業務によっては、通常の過失事件ですら1000万円を超える法外な損害賠償が認容されるなど（丸山宝飾事件・東京地判平成6.9.7判時1541号104頁[315]）、労働者の生存権保障の見地からみて問題も多いという批判[316]もあります。

---

[314] 労働判例百選第6版の大隈鐵工所事件・中島正雄解説
[315] この事案は、貴金属宝石類の販売を業とするXに営業担当の従業員として勤務し、貴金属宝石類の販売業務に従事していたY₁が、営業のため訪れた宝石店において伝票を作成中貴金属宝石類が入った鞄を窃取されたことにつき、XがY₁に対しては、保管義務違反として雇用契約上の債務不履行にあたると主張し、債務不履行による損害賠償請求権に基づき、窃取された貴金属宝石類の価格と同額の損害賠償金の支払を求めるとともに、身元保証人であったY₂およびY₃に対しては、身元保証契約に基づき、右と同額の損害賠償金の支払を求めたものです。
①Xは、Y₁が伝票を作成する際、鞄を店舗カウンターの出入口付近の床に置き、4メートル以上離れた場所にある机で鞄に後向きになっていたことを保管義務違反（重過失）と主張していたのに対し、Yらは、Y₁はXの営業部長から指示されたとおりの方法で伝票を作成していたもので債務不履行はない、仮に保管義務違反があるとしても軽過失であり債務不履行による損害賠償責任を負わないと主張し、また、Xが高額な貴金属類の入った鞄を従業員1人に持たせていたこと、盗難保険に加入していなかったことをもって、Y₁に損害賠償責任があるとしてもその額は過失相殺の法理、信義則上大幅に制限されるべきであると主張しました。
②Y₁の義務違反の点については、X主張どおりの盗難の経緯を認定したうえで、Y₁は貴金属宝石類が入った鞄を持参して販売業務に携わっていたのであるから、雇用契約上、右鞄が盗難にあうことがないよう保管すべき義務、具体的には、右鞄を手もとに置いて保管すべき義務があったとし、盗難にあった店舗の構造等から、Y₁の行為は右保管義務を怠った債務不履行（重過失）にあたると認めました。また、被用者の責任制限の点については、Xの事業形態、Y₁の職務内容、勤務態度、収入等、本件が第三者の犯罪行為によって引き起こされた被害であること、Xが従前は盗難保険に入っておらず本件を契機に加入したこと等の各点から、損害の公平な分担の見地からは、XがY₁に対し請求することができる損害賠償の範囲は損害額の半分とすることが相当であるとしました。
③Y₂およびY₃については、身元保証人となった経緯、その資産等から、それぞれY₁と連帯して負担すべき損害賠償の範囲をY₁の負担額の4割としました。
[316] 労働判例百選第7判52事件・茨城石炭商事事件・林和彦解説

341

3 検討

(1) まず、判例の判断枠組みから通常の軽過失の場合は免責されるおそれがあるので責任の重い場合（重過失）について検討する必要があります。

(2) また、損害額を全額認めてもらえず、諸般の事情からどの程度認めてもらえるかが決まりますが、ここでも総合判断という不明確な判断枠組みで予測可能性が小さいですからあまり期待し過ぎないことです。

(3) また、保険契約しておかずに損害補填を労働者に求めることは使用者として本来なすべきことをしていないと考えられますから、保険料をもったいないと思わずに保険契約をしておくべきです。

(4) 使用者としては、損害賠償請求を考える前に他によい選択肢がないかどうかについて、十分考えておくべきです[317]。

---

[317] 少額についての事案として九州航空事件・福岡地判平4.2.26労判608号35頁があります。事案は貨物自動車運転手による自動ドアのフック装置（ドア開閉止め装置）の損傷事故（修理費3万円）につき、会社が、事故弁償に関する社内基準に基づいて計算された1万8000円の損害賠償を請求したものです。判決は、1万円の限度で、右請求を認容しました。極めて少額の事件であって、会社には代理人がつかずに、被告労働者には代理人がつくという事件です。この場合、「事故抑止力の強化」のためとは言え、極めて軽微な事故についてまで損害の弁償を求める本件制度およびそこにおける算定方式が妥当なのかが問題となっているように解されるという判例解説があります。さらに「事故抑止力の強化」という目的のために訴訟提起が本当に必要だったのかどうか、会社内部の詳細な事情はわからないのですが、問題になるところです。

第5章 労働時間管理とメンタルヘルス対策

　この章では論点が多い「労働時間」と「メンタルヘルス」の関係について、特に長時間労働等過重労働の防止を中心としてリスク対策と組織体としてのレベルアップを論じます。

第1節　長時間労働の問題点

1　問題点

(1)　長時間労働やダラダラ残業を企業が放置する場合の法的リスクとして、①割増賃金の支払い義務が生じること（2年間遡及）の他、②従業員が脳心臓疾患または精神疾患を発症させた場合、これが過重労働と評価され、労災認定される他、③企業に対して安全配慮義務違反に基づく損害賠償請求が命じられること、④労働者からの刑事告訴等に基づく労基署による処分（事件送致とこれに伴う捜索差押え等）、⑤当該企業の社会的イメージが大きく損なわれること（第5章・383頁で述べる「ブラック企業」のレッテルを張られることも）があります。

(2)　長期間労働（残業）をなくすメリットとしては以下のものがあります。
　①　残業代の支払がなくなる、過重労働の責任追及がなくなるという上記法的リスクがなくなること、
　②　短時間で効率よく働く工夫をして個人も組織もレベルアップする、
　③　ライフワークバランスの点からも豊かな生活ができる、
　④　同じ時間（同じ土俵）で成果がどれだけ違うかという判断になるので人事評価が公平であるし、判断も易しくなる、
　⑤　長時間ダラダラ働いて不当に収入（残業代）を多くもらえるという不公正な働き方を排除できる、
　⑥　少子高齢化が進む中での貴重な労働資源の維持確保という面からも有効であること（採用にも有利）。

(3)　以上のことから、ダラダラ残業の防止には積極的に取り組むべきです。問題点（原因）を究明し、職場における従来からの働き方を根本的に見直すべきで

す。

2 安全配慮義務違反による損害賠償責任

(1) 意義

ア 昭和50年の最高裁判決(陸上自衛隊八戸車両整備工場事件・最3小判昭50.2.25民集29巻2号143号、労判222号13頁)[318]は、国が自衛隊員に対し、「安全配慮義務」を負うとし、この安全配慮義務は、「ある法律関係に基づいて特別な社会的接触の関係に入った当事者間において、当該法律関係の付随的義務として、当事者の一方又は双方が相手方に対して信義則上負う義務として一般的に認められるべきものである」としています[319]。そして、以後は

---

[318] 陸上自衛隊八戸車両整備工場事件の判決の概要は以下のとおりです。
① 昭和40年7月13日、自衛隊八戸駐屯地法第9武器隊車両整備工場において、車両整備中の隊員が後進してきた大型自動車の後輪に頭部を轢かれて即死しました。被災者の両親は国に対し損害賠償を請求しました。
　両親は事故の翌朝被災者の死亡の事情を知らされ、3日後、国公災法に基づく補償金を支給されました。両親は、その額に不満でしたが、当初、補償金の受給の他に賠償請求できることを知らなかったため、自賠法3条に基づいて国の運行供与者責任を根拠として損害賠償請求(逸失利益相当額及び慰謝料)の訴えを起こしたのは、死亡の事実を知ったときから3年を経過した昭和44年10月6日でした。
② 1審判決(東京地判昭和46.10.30民集29巻2号160頁、労判222号20頁)は、不法行為に因る損害賠償請求権の成立は認めましたが、時効消滅(民法724条)を理由に請求を棄却しました。
③ 原告は控訴に際し、国は使用者として隊員に対し安全保護義務を負うが、その義務の不履行により、本件事故を発生させたとの主張を追加しました。
④ 2審判決(東京高判昭48.1.31民集29巻2号165頁、労判222号22頁)は、不法行為に基づく請求については1審を支持し、債務不履行については、被災者は通常の雇用関係ではなく、特別権力関係に基づいて被控訴人のため服務していた者であるから、国は補償法に基づく補償以外に債務不履行に基づく損害賠償義務を負担しないとしました。
⑤ 上告審で破棄差戻。(前記最高裁判決)
  (i) 国が(国家)公務員に対し負う義務は、給与支払いの給付義務にとどまらず、「国が公務遂行のために設置すべき場所、施設もしくは器具等の設置管理又は公務員が国もしくは上司の指示の下に遂行する公務の管理に当たって、公務員の生命及び健康等を危険から保護するよう配慮すべき義務(以下『安全配慮義務』という。)を負っているものと解すべきである。もとより、右の安全配慮義務の具体的内容は公務員の職種、地位及び安全配慮義務が問題となる当該具体的状況とによって異なるべきもの」である。
  (ii) 「安全配慮義務は、ある法律関係に基づいて特別な社会的接触の関係に入った当事者間において、当該法律関係の付随義務として当事者の一方又は双方が相手方に対して信義則上負う義務として一般的に認められるべきものであって、国と公務員との間においても別異に解すべき論拠はなく」、公務員が勤務関係に基づいて法的義務を「安んじて誠実に履行するためには、国が、公務員に対し安全配慮義務を負い、これを尽くすことが必要不可欠であり」、法定災害補償制度も、「この義務が尽くされたとしてもなお発生すべき公務災害に対処するために設けられたものと解される」。
  (iii) 「国に対する右損害賠償請求権の消滅時効期間は、会計法30条所定の5年と解すべきではなく、民法167条1項により10年と解すべきである。」
[319] 労働災害に関して、使用者の損害賠償責任を追及する法的構成としては、「不法行為」の責任、例えば民法上の不法行為責任(民709条・715条)、土地工作物の設置又は保存の瑕疵による損害についての所有者または占有者の責任(民717条)の追及があります。昭和40年代半ばころまでは、大部分の損害賠償請求が不法行為責任の追及により行われ、認められてきました。しかし、不法行為責任の追及の場合、①不法行為による損害賠償請求権が3年で時効消滅してしまうこと、②原告の労働者又はその遺族に使用者の過失の立証責任があること等、被災者の救済方法として不十分な面があるので、昭和40年代後半から契約関係にお

344

現在までこの債務不履行責任の追及という方法が、労働災害に関する使用者又はそれに準ずる者に対する損害賠償請求の主流となっています。その後労働契約法第5条でこの判例法理が明文化されました。

イ　この安全配慮義務違反の債務不履行責任の追及という法的構成によれば、①損害賠償請求権の消滅時効は10年であり（民167条）、②立証の問題も被告側が故意・過失その他帰責事由の不存在の立証責任を負うこととなるので労働者に有利です[320]。しかし、不法行為構成の場合とは異なり、③労働者が死亡した場合の遺族固有の慰謝料が認められず、④また、遅延損害金請求権は事故の日からではなく請求した日の翌日から発生します。

この2つの法的構成については一般的には（図表5-1）のような相違点があるといわれています。

（図表5-1）不法行為と債務不履行の法的構成の相違点（一般的な理解）

	不法行為	債務不履行
① 消滅時効期間	3年（民法709条）	10年（民法167条）
② 過失の立証責任	債権者（労働者）	債務者（使用者）
③ 遅延損害金の起算点	事故の日から	請求の日の翌日から
④ 遺族固有の慰謝料請求権	有	無（契約関係なし）

(2) **安全配慮義務の内容**

ア　労働関係における安全配慮義務の内容は、判例によれば「労働者が労務提供のため設置する場所、設備もしくは器具等を使用し又は使用者の指示の下に労務を提供する過程において、労働者の生命及び身体を危険から保護するよう配慮すべき義務」とされ、「右義務の具体的内容は、労働者の職種、労働内容、労務提供場所等安全配慮義務が問題となる当該具体的状況等によって異なるべきものである」とされています。（川義事件・最判昭和59.4.10民集38巻6号557頁・労判429号12頁）

イ　判例上、原告は、単に抽象的に安全配慮義務の違反があると主張するだけ

ける債務不履行責任（民415条）の追及が考えられるようになり、施設や保護具の不備による労働災害の責任を、使用者の雇用契約上の安全保証（保護）義務違反の債務不履行として構成する裁判例が出て、本文のとおり昭和50年の最高裁判決により「安全配慮義務」の判例が確定しました。

320　ただし、安全配慮義務の内容を特定し、義務違反の事実を立証する責任は原告にあるとされるので、過失の立証が不要であっても、立証の困難さの程度については、不法行為構成とそれほどの違いはないという指摘もあります。

では足らず、当該具体的事案に即した具体的安全配慮義務の内容を特定し、その不履行を主張立証しなければならないとされているので、原告としては、当該事故の原因を追究し、使用者がどのような措置をとっていればその原因に基づく事故を防止することができたかを考え、当該措置をとるべき義務を具体的な安全配慮義務として主張すべきことになります[321]。逆に具体的な義務が主張されているか、それが防止のための義務として適切なものであるかが、被告使用者側からの攻撃ポイントになります。

(3) 健康配慮義務

ア 安全配慮義務の具体的内容を考える際、労働者の健康状態も前記の「具体的状況等」の1つとして考慮されます[322]。

特に、労働者が健康を害している場合には、その内容・程度如何により、必要に応じ、労務軽減等に配慮すべき義務が認められます。

イ 労働者の健康状態を「具体的状況」の1つとして考慮すべきであるとすると、使用者としては、労働者の従前の病歴等を含む健康情報を入手しなければならなくなります[323]。

(4) 減額の問題

ア 労働者が既に健康を害している場合、損害賠償額に影響を与える問題として「素因減額」と「過失相殺」の問題があります。この「素因減額」と「過失相殺」の問題とは理論的には区別して考えられています。素因減額・過失相殺の両方が認められる場合もありますが、素因が存すること自体は必ずしも過失によるものとはいえないので、素因減額は認められても過失相殺は認められない場合があります。

イ 素因減額

---

[321] 安全配慮義務の分類としては以下のものが考えられています。
(ｱ) 物的環境について、①労務提供の場所に保安施設・安全施設を設ける義務、②労務提供の道具・手段として、安全な物を選択する義務、③機械等に安全装置を設置する義務、④労務提供者に保安上必要な装備をさせる義務、
(ｲ) 人的措置について、⑤労務提供の場所に安全監視員等の人員を配置する義務、⑥安全教育を徹底する義務、⑦事故・職業病・疫病後に適切な救済処置を講じ、配置替えをし、治療を受けさせる義務、⑧事故原因となりうる道具・手段につき、適任の人員を配する義務

[322] 労働者の過労自殺が問題になった事例において、労働者の健康状態が悪いことに気づきながら具体的な負担軽減措置をとらなかった使用者に安全配慮義務違反を認めたものが多いですが、初めての肯定例として有名な電通事件があります。(東京地判平8.3.28労判629号13頁[第1審]、東京高判平9.9.26労判724号13頁[第2審]、最2小判平12.3.24労判779号13頁)。

[323] この場合、労働者のプライバシー侵害が問題となります。また、基礎疾患(高血圧等)を有している人につき、採用の途が事実上狭められたり、リストラ対象者になるなどの形で問題になることも指摘されています。

労働者が健康状態を害していることを「素因」としてとらえ、損害賠償額を減額することが考えられます。この問題については、交通事故損害賠償訴訟の分野で古くから問題とされてきましたが、最高裁は、過失相殺の規定である民法722条2項を類推適用することを認めています[324]。そこで、安全配慮義務についても、基礎疾患等の内容如何によっては、同じく債務不履行に関する過失相殺の規定である民法418条を類推適用して減額を認めることができるとされています[325]。

ウ　過失相殺

　労働者が、早晩健康を害するに至るであろうこと、あるいは既に健康を害していることを認識し、又は認識することができる状況にありながら、生活習慣等の改善に努めず、医師の治療を受けることにも消極的な姿勢を示す場合、高賃金や昇進を求めて積極的に多忙な職務を希望したりする場合(トラック運転手が高速料金分を自分の収入にするために時間がかかるけれども普通道路を走行する場合等も)、自己の健康管理義務の懈怠が見られる場合には、「過失相殺」が問題になります。

エ　以上について減額された主な判例を（図表5－2）に割合順にまとめておきます。

---

[324] 安田火災海上保険ほか事件・最1小判平4.6.25民集46巻4号400頁は、タクシー運転手がタクシー内でエンジンをかけたまま仮眠中、一酸化炭素中毒による脳内の損傷を受けた後に運転業務に復帰して、交通事故を起こし、頭部打撲傷を負い、結果的に呼吸麻痺が直接の原因となって死亡したケースです。判決は一酸化炭素中毒による損傷と交通事故の打撲傷が併存競合することによって死亡したと推認し、損害額の50％を減額しました。

[325] 具体的事例で、どのようなものを素因として考えるか、減額の割合をどうするかについては、交通事故損害賠償訴訟の分野における実務が参考になるとされています。
　ＮＴＴ東日本北海道支店事件・最1小判平20.3.27労判958号5頁は要旨以下のとおり判決しました。
① 被害者に対する加害行為と加害行為前から存在した被害者の疾患とが共に原因となって障害が発生した場合において、当該疾患の態様、程度などに照らし、加害者に損害の全部を賠償させるのが公平を失するときは、裁判所は、損害賠償の額を定めるに当たり、民法722条2項の規定を類推適用して、被害者の疾患を斟酌することができるが、このことは労災事故による損害賠償請求の場合においても、基本的に同様である。
② 賠償義務者から過失相殺の主張がなくても、裁判所は訴訟に現れた資料に基づき被害者に過失があると認める場合には、損害賠償の額を定めるにあたって職権をもって斟酌することができる。
③ 職務上の過重負荷と基礎疾患とが共に原因となった従業員の急性心筋虚血による死亡につき、当該基礎疾患の態様、程度、使用者の不法行為の態様等に照らして、使用者に損害の全部を賠償させることは公平を失する。
④ 以上を前提として、使用者の不法行為を理由とする損害賠償額を定めるに当たって、過失相殺に関する規定の類推適用をしなかった原審の判断に法令の解釈適用を誤った違法があるとして、原判決を破棄し、原審に差し戻しました。

347

(図表５－２) 過失相殺・素因減額の割合についての裁判例

割合	事件名	裁判所	労判	概要
8割	東加古川幼児園	大阪高判平10.8.27	744号17頁	幼児園を退職して１ヶ月後にうつ状態で自殺したケースにつき、本人の性格や心因的要素によるところが大きいとして8割を過失相殺として控除。
	三洋電機サービス	東京高判平14.7.23	852号73頁	負荷が重なって課長職で退職したいと述べていた労働者の自殺について、本人の性格・心因要素の寄与や会社への情報提供の不足を考慮して過失相殺により8割を控除。
7割	川崎市水道局	東京高判平15.3.25	849号87頁	職員の自殺が上司らのいじめによる精神疾患の結果生じたものであり、その防止策などを講じなかった管理職の行為が安全配慮義務違反に該当すると判断されたが、本件自殺には、本人の資質ないし心因的要因（統合失調症）も契機となっていたとして、過失相殺が類推適用され、損害額の7割が減じられた。
	みくまの農協	和歌山地判平14.2.19	826号67頁	給油所の所長が台風の被害による営業不能につき自責の念からうつ病になり自殺したケースについて、労働者の健康状態を告知しなかったことから7割を控除。
6割	前田道路	松山地判平20.7.1	968号37頁	（第3章の本文で詳論した事例）地裁判決は安全配慮義務違反を認めた上で、本人の不正経理の隠蔽、発覚が発端であること、それらがうつ病発症に影響したことが確認できることから本人の過失割合は6割を下らないとしたが、高裁判決は会社の責任自体を否定した。
	ファーストリテイリング（ユニクロ店舗）	名古屋地判平18.9.29	926号5頁	妄想性障害の素因（障害の発生・持続には、不当な事柄に対して憤り、論理的に相手を問い詰めるという同人の性格的傾向による影響が大きいと認められること）につき6割を減額した。
		名古屋高判平20.1.29	967号62頁	6割減額した一審判決を支持した。
	アジア航測	大阪地判平13.11.9	821号45頁	心因的要素を認めたが、被告会社の対応（原告の感情を逆撫でするような書面の送付、一定時期以後事務的対応に終始したこと）を考慮して過失割合を4割とした。
		大阪高判平14.8.29	837号47頁	心因的要素がかなり大きいことから（原告の頭痛やめまい等の症状の拡大について、心因的精神的要素によることが大きいと判断した）、過失割合を6割と1審（4割）より増加させた。
5割	システムコンサルタント	東京高判平11.7.28	770号58頁	高血圧症を有する労働者が会社の指示に反して医師の精密検査を受けなかったことを重視して5割を控除した。
	南大阪マイホームサービス	大阪地堺支判平15.4.4	854号64頁	資材業務課課長の急性心臓死につき、従事してきたリフォーム工事等が過重な業務であって精神的肉体的な負荷や疲労の存在及び蓄積が基礎疾患による拡張型心筋症をその自然の経過を超えて増悪させて死に至ったもの（相当因果関係あり）とし、労務軽減の義務を肯定した上で本人が増悪を放置したことについて5割を過失相殺で減額した。
	川崎製鉄（水嶋製作所）	岡山地倉敷支判平10.2.23	733号13頁	うつ病罹患の労働者の自殺について本人の心因要素の寄与の他に家族に予見可能性（改善措置可能）を認めて5割を減額した。
4割	榎並工務店	大阪高判平15.5.29	858号93頁	健康診断、過重業務軽減の義務を肯定したが、使用者が適切な業務軽減措置等をとり得るよう前駆的症状を報告していなかったことから4割を控除した。
	天辻鋼球製作所	大阪高判平23.2.25	1029号36頁	先天的な脳動静脈奇形部分からの出血により常時半睡眠という重篤な後遺障害が残存したケースについて本人の先天的な基礎疾患（脳動静脈奇形）も有力原因となっているとして4割を減額した。
3割	電通（最判はゼロ）	東京高判平9.9.26	724号13頁	本人のうつ病親和的性格、合理的行動（病院へ行く等）を取らなかったこと、親の落度等から3割減とした（最高裁では否定された）。
	デンソー（トヨタ自動車）	名古屋地判平20.10.30	978号16頁	他社への長期出張中のうつ病発症、再発について、両者の安全配慮義務が問題となったケースについて、原告の素因等（原告の性格及びこれに基づく業務遂行の態度等）から3割を減額した。
25%	川義	名古屋地判昭56.9.28	378号75頁	宿直中に殺害された労働者に対して犯行（窃盗）を予見できたのに上司に報告して防止等をとること等もせずに自分一人で解決しようとした落度があるとして3.5割（35%）減額した。
		名古屋高判昭57.10.27	399号25頁	減額割合について、1対3（25%）と1審よりも減少させた。

348

(5) 下請従業員の場合など請負関係での安全配慮義務については第2章〔151頁以下〕で述べています。

3 使用者の予見可能性の問題

企業責任が最も認められやすい最も簡単・単純な指標として「労働時間の長さ」があります。

ここでは最も大きな問題となる自殺とそれについての予見可能性との関係について検討します。

(1) まず、業務の負荷が大きい場合（長時間労働や恒常的な過重業務が認められる場合）についてはどうでしょうか。

　ア　近時は労災認定が多くなされるようになりましたが、予見可能性を認めて民事の損害賠償を命じるケースも増えています。肯定した裁判例は多数ありますが、その中で有名な電通事件・最2小判平12.3.24労判779号13頁を紹介します[326]。

　　(ア)　元社員Aの過労自殺について、Aの両親であるXら（原告）が、Y社（被告）に対して損害賠償請求訴訟を提起しました。

　　　Yでは、残業に関して自己申告制をとっていましたが、長時間深夜勤務が常態であり、深夜残業を申告しない傾向が強く、Yはこの状態を認識していました。また、Yには翌日出勤猶予制度等もありましたが、周知不徹底であまり利用されていませんでした。Aは平成2年4月に入社し、同年6月からセールス・イベント等の企画立案などの多様多忙な業務や雑用を精力的にこなしていましたが、Aの健康状態は、過重な業務による翌朝・徹夜に及ぶ慢性的な長時間労働の下で、次第に悪化していきました。他方、Aの勤務に対する上司の評価は好意的かつ良好でしたが、同時に、上司のAの勤務ぶりや異変を了知し十分睡眠をとるよう指導したものの、人員

---

[326] その他の判例として、九電工事件・福岡地判平21.12.2労判999号14頁（空調衛生施設工事等の現場監督業務に従事していた被災者の自殺につき、日中は現場巡視や元請、下請会社との協議・連絡、現場作業員への対応に追われ、午後5時以降に時間と労力を要する施工図の作成・修正作業を余儀なくされ、1年間に月100時間超の過重な時間外労働に従事したことによって著しい肉体的・心理的負荷を受け、十分な休息を取れずに疲労を蓄積させた結果、本件精神障害を発症し、それに基づく自殺衝動によって本件自殺に及んだもので、業務と本件自殺の間に相当因果関係があることは明らかであり、会社には過重な時間外労働をすることを余儀なくされ、その健康状態を悪化することがないように注意すべき義務違反があり、また本件結果の予見可能性があったとされた例）、アテスト（ニコン熊谷製作所）事件・東京高判平21.7.28労判990号50頁、山田製作所事件・福岡高判平19.10.25労判955号59頁（工場労働者の塗装班リーダー昇格後の自殺につき、労働時間を適正程度に抑制することを前提に、精神面での健康状態の調査、休養の必要性の検討、希望聴取の上心身の状態に適した配属先への異動を行うなどの対応をすれば結果防止ができた蓋然性が高かったとしています。）、音更町農業協同組合事件・釧路地帯広支判平21.2.2労判990号196頁。

補充するなどの措置を講ずることはありませんでした。XらがAの過労を心配していたなか、平成3年8月、Aは、勤務中に上司も気づく異常な言動を示したものの無事終了し帰宅しましたが、翌朝、自宅で自殺しました。

(イ) 1審判決（東京地判平成8.3.28労判692号13頁）は、Aの「常軌を逸した長時間労働」による過度の心身の疲労状態とうつ病及びうつ病と自殺との相当因果関係を肯定し、Yの履行補助者である上司がAの状態を認識しながら具体的措置を取らなかったことに安全配慮義務不履行の過失があるとしてYの使用者責任（民715条）を認め、約1億2600万円の支払を命じました。

(ウ) 2審判決（東京高判平成9.9.26労判724号13頁）は、Yの賠償責任につき1審判決を支持しましたが、損害額の算定では、Aのうつ病親和的性格、合理的行動（病院に行くなど）をとらなかったこと、Aの状態に対する具体的措置をとらなかったXらの落度などを考慮しA側の過失を認め、過失相殺（民722条2項）を類推適用して、その3割を減額しました。

(エ) 上告審（最高裁）は以下のとおり述べてXらの敗訴部分を破棄差戻しました。

(a) Yの責任

「労働日に長時間にわたり業務に従事する状況が継続するなどして、疲労や心理的負荷等が過度に蓄積すると、労働者の心身の健康を損なう危険のあることは、周知のところである。」労働基準法の労働時間規制や労安衛法の健康配慮・適切管理規定（65条の3）は、当該危険発生の防止をも目的とする。「使用者は、その雇用する労働者に従事させる業務を定めてこれを管理するに際し、業務の遂行に伴う疲労や心理的負荷等が過度に蓄積して労働者の心身の健康を損なうことがないよう注意する義務」を負い、業務上指揮監督をおこなう上司も当該注意義務の内容に従って権限を行使すべきである。Aの業務遂行とうつ病罹患による自殺との間の相当因果関係を認め当該注意義務を怠ったとした原審の判断は、正当である。

(b) 過失相殺の範囲

過重な業務負担を原因とする損害賠償請求でも、損害の公平な分担の理念に照らし過失相殺を類推適用して、損害の発生・拡大に寄与した被害者の性格等の心因的要因を斟酌することができる（最1小判昭和

63.4.21民集42巻243頁）。

　　　しかし、労働者の性格は多様であるから、「〔ある〕業務に従事する労働者の個性の多様さとして通常想定される範囲を外れるものでない限り、その性格及びこれに基づく業務遂行の態様等が業務の過重負担に起因して当該労働者に生じた損害の発生又は拡大に寄与したとしても、」その事態は使用者として予想すべきものである。さらに、使用者や業務上の指揮監督権限を有する上司は、労働者の適性を判断して配置や業務内容の決定をおこなうのであり、その際に、労働者の性格をも考慮することができる。したがって、労働者の性格等が前記の範囲を外れない場合、裁判所は、当該労働者の性格等を心因的要因として斟酌することはできない。本件の場合、Aの性格は社会人一般にしばしば見られるものであり、上司は業務との関係でAの性格を積極的に評価していたのであるから、前記範囲を外れたとはいえず、よって、Aの性格等を斟酌することはできない。Aは「独立の社会人として自らの意思と判断に基づきYの業務に従事していた」のであり、Xらに過失責任を問うことはできない。

　(ｵ)　その後差戻審で和解（1億6800万円の支払）が成立しました。
イ　これに対して、否定した例はあまりありません。
　(ｱ)　例外的なものとして立正佼成会事件・東京高判平20.10.22労経速2023号7頁があります。これは小児科医の自殺の原因となったうつ病の発症について病院側に予見可能性がなかったとされて責任が否定されたものです[327]。
　　a　このケースは業務の過重性が明らかであるのに予見可能性が否定されたもので、労経速解説（6頁「時言」）では医師という職務の専門性、「医

---

[327] 参考までに判決中の予見可能性がなかったことを基礎づける事実としては以下のものが挙げられています。
① うつ病に罹患した者は、基本的に病識がなく、医師のもとを訪れることがあっても、ごくありふれた身体的異変を訴えるだけで、自分からは精神的苦痛を述べず、表情や態度に問題を感じさせないため、精神科医であってもその発症を見抜くことは極めて困難であること、
② 局面的にはうつ病の発症を呈していたが、全体として業務をそれなりにこなし、周囲の者がうつ病と思わなかったのもやむを得ないと考えられること、
③ 亡医師は、実際に精神科を受診したことはなかったし、被控訴人の産業医に精神的な苦痛を相談したこともなかったこと、
④ 遺族の控訴人も亡医師が部長代行に就任後、精神科医である実兄にも亡医師の健康について相談したことはなかったこと、
⑤ 病院関係者の間では、亡医師は特に変わった言動や服装の変化を表すことはなく、落ち込んだ様子も見られなかったこと。特に親しい医師の目からも、うつむいていたとか、目がうつろであったとか、急に怒り出すということはなかったので、生前にその異変に気づくことはなかったこと。

局」の裁量の問題、自殺した医師が部長代行という当該部門の責任者たる地位にあって、小児科における人員措置の権限を有していたことが考慮されたものとみられると指摘し、使用者には労働者の労働時間の把握等労務管理の義務や健康配慮の義務があるので、これらの義務を怠った結果、業務の過重性の認識を欠いた使用者を裁判所が容易に免責するものと考えることはできず、予見可能性が簡単に否定されると考えることは相当ではないとされています。

b　尚、この事案では安全配慮義務を問う場合の使用者の予見可能性の問題について、生命・健康という被害法益の重大性にかんがみれば、精神障害の発症・増悪に至る具体的認識可能性までは必要ではなく、健康悪化が生じることの抽象的な危惧感に関する認識可能性で足りる旨の控訴人らの主張に対して、具体的客観的な予見可能性が必要であることを明言しています（判決原文30頁の部分）[328]。

（図表５－３）自殺についての予見可能性に関する判断

		業務の負荷	
		長時間労働等（※）	それ以外
自殺に対する予見可能性	肯定例	●電通事件（２審だけ３割減） ●九電工事件 ●アテスト（ニコン熊谷製作所）事件 ●音更町農業協同組合事件 ●山田製作所事件 ●マツダ事件 <極めて多い>	▲三洋電機サービス事件（８割減） ▲医療法人甲会事件 ▲東加古川幼児園事件（８割減） ▲みくま農業事件（７割減） <●肯定例は多いが、そのうち疑問・批判があるもの（▲）を紹介する>
	評価	<使用者に勝ち目が少ないところ>	<使用者に勝つチャンスがあるところ>
	否定例	○立正佼成会事件 <極めて少ない>	○日本通運事件 ○ＪＲ西日本尼崎電車区事件 ○みずほトラストシステム事件 ○国（護衛艦たちかぜ）事件 ○ボーダフォン（ジェイフォン）事件 ○前田道路事件

（※）長時間労働や恒常的な過重業務が認められる場合

328　この点逆にマツダ事件判決・神戸地裁姫路支判平23.2.28労判1026号64頁では、使用者の予見義務の内容として、具体的に特定の疾患の発症を予見し得たことまでは要求されず、過重労働をすれば、労働者の健康が悪化する恐れがあるという抽象的な危惧を予見し得たならば予見可能性は肯定されるのであり、具体的には、①使用者又は代理監督者たる上司が、当該労働者が心身の健康を損なっている状態（体調悪化）を認識していたかまたは認識可能であったか、もしくは、②心身の健康を損なう原因となった労働実態について、使用

第5章　労働時間管理とメンタルヘルス対策

　　(イ)　以上のことから、長時間労働等の過重な負担を避けることが適切な労務管理のために必要であることがわかります。また、使用者に有利な判例が少ないことから、予防に取り組む必要があることも明らかです。
(2)　これに対して、長時間労働等の過重業務が見られない場合は、労働者の自殺についての予見可能性の有無の裁判例の判断は分かれているようです。
　ア　予見可能性の否定例としては以下のものがあります。
　　(ア)　日本通運事件・大阪地判平22.2.15判時2097号98頁は、Ｃ型肝炎に罹患してインターフェロン治療中の労働者の自殺について、退職して治療に専念してはどうかと述べた上司の発言には、うつ状態の発症に対する予見可能性があり、安全配慮義務違反は認められる（その結果うつ病発症に対する本人分の慰謝料300万円だけを認容しました）が、自殺の予見可能性までは認められないとしました。
　　(イ)　前田道路事件・高松高判平21.4.23労判990号134頁（第3章の182頁以下で詳述しています）は、架空出来高の計上等につき解消を求めた上司らに自殺に対する予見可能性はなかったとしました。
　　(ウ)　ボーダフォン（ジェイフォン）事件・名古屋地判平19.1.24労判939号61頁は、上司らによるいじめの事実はなく、うつ病罹患の認識可能性や自殺の予見可能性も認められないとしました[329]。
　　(エ)　ＪＲ西日本尼崎電車区事件・大阪高判平18.11.24労判931号51頁（第3章の178頁参照）は、日勤教育と自殺との条件的因果関係は認められるが、自殺は特別損害に当たり、予見可能性はないとしました。
　　(オ)　国（護衛艦たちかぜ）事件・横浜地判平23.1.26労判1023号5頁は海上自

者又は代理監督者たる上司が認識していたかまたは認識可能であれば予見可能性が認められるとされています。
　過失責任を厳格に考える立場からは当然立正佼正会事件判決の方が妥当です。予見可能性を抽象的なものでよいと軽視し、相当因果関係を労災認定の業務起因性の判断と同視するような考え方は批判されるべきです。
[329]　使用者が労働者に対し、異動を命じる場合にも、使用者において、労働者の精神状態や異動のとらえ方等から、異動を命じることによって労働者の心身の健康を損なうことが予見できる場合には、異動を説得するに際して、労働者が異動に対して有する不安や疑問を取り除くように努め、それでもなお労働者が異動を拒絶する態度を示した場合には、異動命令を撤回することも考慮すべき義務があると言えることを前提とし、被告会社Ｙは、自殺したＡに対する本件異動当時、Ａがうつ病に罹患していたことを認識していたとはいえず、また、認識可能であったということができないから、本件異動命令や異動の説得状況によりＡがうつ病を悪化させ自殺に至るという結果について予見できなかったとしてＡの自殺についてのＹの安全配慮義務違反を否定しました。本件の労働者の業務内容および業務量は過重なものではなかったとされています。

353

衛隊の１等海士が上官（２等海曹）から暴行・恐喝を受けていたケースで、自殺に対する加害者個人の行為や指導監督を懈怠した上司らの行為の違法性と自殺との事実的因果関係を認めながらも（結果的に暴行に対する慰謝料400万円の相続分だけを認容）、自殺に対する予見可能性はないとして、死亡についての逸失利益の賠償責任を否定しました。

(カ) みずほトラストシステムズ事件・東京地裁八王子支判平18.10.30労判934号46頁

① 被告Ｙ社に、ＳＥとして平成８年４月に新卒で入社し、同年９月、退職願提出後に自殺したＡにつき、４～５月の新入社員集合研修およびその後の部内研修における研修プログラム等が不十分であるとか、Ａを営業第４部へ配属した点が不適切であるということはできないし、また、同部でＡに与えられた仕事内容が、Ａが新入社員である点を十分考慮に入れても、特に過重であったと断定することはできない。

② Ａに現れた諸症状からみれば、Ａは、平成８年７月下旬頃から、うつ病を含む精神障害を発症していたと推認する。

③ 近時、精神障害の発症の具体的機序についての「ストレス─脆弱性」理論によると、Ｙ社におけるＡの業務が、客観的にみて特に過重であると認められないことからすれば、Ａが、仕事に対する心理的負荷により精神障害を発症させた原因は、主として、Ａの個人的素因によるところが大きいというべきであって、Ａの精神障害が、Ｙ社の業務に起因するものとは認められない。

④ 配属が不適切だったとはいえず、業務内容が特段過重であったとまでは認められないし、業務指導体制も不適切とまではいえないことから、適正労働条件措置義務違反があったということはできないとし、健康管理義務違反があったと認めるべき事情も見当たらない。

⑤ 予見可能性について

(i) 平成８年８月中旬頃のＡの客観的な状態から、Ｙ社において何らかの措置をとらない限り、Ａの精神状態がさらに悪化し、その結果自殺することまでを具体的に予見することが可能であったということはできない。

(ii) 平成８年９月上旬頃のＡの状態から、Ｙ社が、Ａに連続休暇等を取らせ、通院させることに加えて、さらに何らかの措置をとらなければ、

Aの精神状態が悪化して自殺するに至ることについて、具体的に予見することが可能であったとはいえない。

(ⅲ) Y社において、Aが退職を申し出た9月24日の時点で、Aに半強制的に有給休暇を取らせて出社させないとか、コンピュータを使用しない業務へAを転換したことに加え、さらに退職日までの数日間、Aが自殺しないよう特別の措置を講じるべき義務があったことを肯認すべき特段の事情があったとまではいえない。

⑥ Aに対して実施した集合研修や部内研修の実情、その後同人に課された仕事の内容、程度、その他Aの置かれた労働条件や職場環境等からみて、Aがうつ病に罹患し、その後自殺したことが通常生じ得る結果であるといえないことはもとより、Yが、同人が自殺するに至ることを予見していたとか、相当の注意義務をつくせば予見が可能であったとまで認めることは困難というほかなく、他にAの死亡との間に相当因果関係のある安全配慮義務違反があったことを認めるに足りる的確な証拠もないとして、Yに対する損害賠償請求を棄却した。

イ 予見可能性を肯定する裁判例は多いですが、以下に批判されたり、疑問とされているものを紹介します。

(ア) 東加古川幼児園事件・大阪高判平10.8.27労判744号17頁

a 事案は幼児園Yに平成5年1月から保母として勤務、3ヶ月後の3月31日心身症で入院（1日）、翌日退院、その1か月後に自殺したAの両親Xらが、Yらを相手に不法行為による損害賠償として約6200万円を請求したものです。

b 1審（神戸地判平9.5.26労判744号22頁）は、①Aの入院が1日だけであったこと、②病院の医師の診断、③Aの生活上の外見的状態、④在職期間が3ヶ月にすぎないこと、⑤退職1か月後の自殺であることを理由に、AのYにおける業務と自殺との間に因果関係は認められないとして、Xらの請求を棄却しました。

c 2審判決は、Aが、新しい仕事に対する不安、責任感、環境の変化などで精神的にも肉体的にも極度に疲労していたこと、Yの勤務条件が劣悪で、Aをうつ状態に陥らせるものであったこと等の事情を総合すれば、AはYの過酷な勤務条件が原因で精神的重圧からうつ状態に陥り、その結果、園児や同僚保母に迷惑をかけているとの責任感の強さや自責の念

から自殺に及んだものと推認されるとしました。そしてAの退職から自殺までの1か月間は勤務と自殺との間の相当因果関係を否定するものではないとし、YはAの仕事の内容につき通常なすべき配慮を欠き、その結果Aの自殺を招いたとして安全配慮義務不履行の責任を負うとして、1審判決を全面変更しました。

　また、判決は、賠償額につき、Aがうつ状態に陥って自殺するに至ったのは、多分にその性格や心因的要素によるところが大きいことなどの事情に照らすと、Aの死亡による損害につき8割を過失相殺として減額すべきものとし、Yの賠償額をその2割としました。

　　d　この判決について「負担額の割合もこの後論議になると思われる」とのコメント（労判解説）があります。

(イ)　みくまの農協事件・和歌山地判平14.2.19労判826号67頁は給油所の所長が台風で給油所が浸水して通常業務ができなくなり、4日間の休業をした事態を自分のせいだとする自責の念から不眠状態やうつ病になり自殺してしまった事例で、業務と自殺との間に因果関係を認め安全配慮義務違反があったとしています。但し、労働者の健康状態を告知しなかった点で7割の過失を認めています。

　しかし、このケースでは、①休業の損害は保険でカバーされていて、周囲の者も保険があるから大丈夫と言っていて本人を責めているわけでもないこと、②特に過重な業務ではなかったこと、③別の給油所から応援の人が来て救済などもしていること等の事情があり、通常この程度のことで自殺するなどということは考えられないことであり、自殺という特別の事情について予見可能性などないと考えられます[330]。

(ウ)　三洋電機サービス事件・東京高判平14.7.23労判852号73頁は、負荷が重なって課長職が重荷で退職したいなどと述べていた労働者の自殺について、会社と上司の不法行為及び安全配慮義務違反による損害賠償請求が一部（過失相殺により損害額の8割を控除）認容されたケースです。

　　a　企画課長に昇進したが、課長職が重責でやめたいと言って医師の診断書を提出して1ヶ月の休暇願を出したが、上司は再就職先がないことや家族のことも考えるようにと言って勤務を続けるよう説得したり昇格試

---

[330] 労判924号新春鼎談16頁の西村発言も同旨。

験の受験を勧めたりしたこと、課長昇進後の具体的職務内容は昇進前と比べて大きな変化はなく（課内統率、部下指導はあるが）、午前8時出勤、午後6時30分帰宅という日常で格別過剰な業務でなかったことが認定されています。また、本人は休職申出の20日くらい前に自殺未遂事件を起こしていましたが、それを妻が隠して医師に伝えなかったこともあり、会社は予見可能性がなかったとして争いました。

　b　判決は休職申出時に精神面での健康チェックをして適切な措置を取るべき注意義務があったとして会社の責任を認めましたが、後知恵であって会社側に酷な結果であると考えます。

　c　このようなことになるのなら、親切心から安易に辞めたいという者を引き留めないことです。多くの裁判例で無理に引き留めて労働者の態度が改善しなかったり、健康状態が悪化したりして、そのまま辞めてもらった方が良かったということが多いのです（例えば、富士通四国システムズ事件もそうです）。場合によっては、あの時なぜ辞めさせてくれなかったのかと逆恨みのような気持ちを持たれることもあります。

(エ)　医療法人甲会事件・札幌高判平25.11.21労経速2199号3頁は新卒採用の臨床検査技師が、採用の約6か月後に精神疾患を発症し、自殺したこと（これについて労災認定がされています）に関し、両親が安全配慮義務違反による損害賠償請求をした事例です。本件は自殺の6か月前から38時間（6か月前）→57時間→53時間→38時間→52時間→96時間（1か月前）という推移で自殺の1か月前だけが多いだけで全体として労働時間は極めて多いというほどではなく、特に過重なものとは言えません。しかし、判決は直近1ヶ月が非常に多いことから業務が過重であったとしています。しかしその1か月間の96時間の内実は多くは業務と関連したものとは言えない自習時間であり、本人自らが知識技術を習得するために自らの判断で行うので、大きな負荷になるとは考えられず、自習により何らかの精神疾患を発症することを予見することは著しく困難です。極めて不可解な判断であると非難されています[331]。

ウ　以上のことから、使用者が争えば勝てるチャンスはありますが、使用者には不満が残る残念な判決となることもありますから、やはり予防が大切です

331　労経速2199号2頁「時言」加茂善仁弁護士執筆

し、早期に円満解決を図ることをお勧めします。

4 長時間労働と心理的負荷の大きさについての認識

（図表5－4）と（図表5－5）に精神障害者に関する認定基準の一覧表から長時間労働に関する部分を抽出してまとめたものを示しておきます。さすがに行政では精密に分析しています。万が一事故やトラブルになったときはこのような判断基準で考えられるのです。このことは民事の損害賠償でも使用者が結果発生を予見すべき事情かどうかという問題の中で考慮されます。ここまで長時間労働が心理的に影響を及ぼすことをわかっている人は少ないでしょうが、これを予防的に参考資料として生かすことを考えるべきです。

（図表5－4）業務による心理的負荷評価表（長時間労働関係）

具体的出来事	心理的負荷の総合評価の視点	心理的負荷の強度を「弱」「中」「強」と判断する具体例		
		▲「弱」の例	●「中」の例	■「強」の例
15 仕事内容・仕事量の（大きな）変化を生じさせる出来事があった	・業務の困難性、能力・経験と業務内容のギャップ等 ・時間外労働、休日労働、業務の密度の変化の程度、仕事内容、責任の変化の程度等 （注）発病前おおむね6か月において、時間外労働時間数に変化がみられる場合には、他の項目で評価される場合でも、この項目でも評価する	▲仕事内容の変化が容易に対応できるもの（※）であり、変化後の業務の負荷が大きくなかった ※会議・研修等の参加の強制、職場のOA化の進展、部下の増加、同一事業場内の所属部署の統廃合、担当外業務としての非正規職員の教育等 ▲仕事量（時間外労働時間数等）に「中」に至らない程度の変化があった	●仕事内容・仕事量の大きな変化を生じさせる出来事があった ●担当業務内容の変更、取引量の急増等により、仕事内容、仕事量の大きな変化（時間外労働時間数としてはおおむね20時間以上増加し1月当りおおむね45時間以上となるなど）が生じた	■仕事量が著しく増加して時間外労働も大幅に増える（倍以上に増加し、1か月おおむね100時間以上となる）などの状況になり、その後の業務に多大な労力を費した（休憩・休日を確保するのが困難なほどの状態となった等を含む） ■過去に経験したことがない仕事内容に変更となり、常時緊張を強いられる状態となった
16 1か月に80時間以上の時間外労働を行った	・業務の困難性 ・長時間労働の継続期間 （注）この項目の「時間外労働」は、すべて休日労働時間を含む。	▲1か月に80時間未満の時間外労働を行った （注）他の項目で評価されない場合のみ評価する。	●1か月に80時間以上の時間外労働を行った （注）他の項目で評価されない場合のみ評価する。	■発病直前の連続した2か月間に、1月当りおおむね120時間以上の時間外労働を行い、その業務内容が通常その程度の労働時間を要するものであった ■発病直前の連続した3か月間に、1月当りおおむね100時間以上の時間外労働を行い、その業務内容が通常その程度の労働時間を要するものであった
17 2週間以上にわたって連続勤務を行った	・業務の困難性、能力・経験と業務内容のギャップ等 ・時間外労働、休日労働、業務密度の変化の程度、業務の内容、責任の変化の程度等	▲休日労働を行った	●2週間（12日）以上にわたって連続勤務を行った ●平日の時間外労働だけではこなせない業務量がある、休日に対応しなければならない業務が生じた等の事情により、2週間（12日）以上にわたって連続勤務を行った（1日当たりの労働時間が特に短い場合、手待時間が多い等の労働密度が特に低い場合を除く）	■1か月以上にわたって連続勤務を行った ■2週間（12日）以上にわたって連続勤務を行い、その間、連日、深夜時間帯に及ぶ時間外労働を行った （いずれも、1日あたりの時間外労働が特に短い場合、手待時間が多い等の労働密度が特に低い場合を除く）

（注）平成23年12月26日付基発1226第1号の「心理的負荷による精神障害の認定」の長時間労働関係の部分を抽出して表に加工してまとめたもの

第5章 労働時間管理とメンタルヘルス対策

(図表5-5) 業務による心理的負荷評価(長時間労働の評価方法)

出来事	出来事に関する心理的負荷の評価方法
特別な出来事	「極度の長時間労働」について総合評価を「強」とするものとして、 ・発病直前の1か月におおむね160時間を超えるような、又はこれに満たない期間にこれと同程度の(例えば3週間におおむね120時間以上の)時間外労働を行った(休憩時間は少ないが手持ち時間が多い場合等、労働密度が特に低い場合を除く)<項目16関連>
特別な出来事以外	**(総合評価における共通事項)** **2 恒常的長時間労働が認められる場合の総合評価** ① 具体的出来事の心理的負荷の強度が労働時間を加味せずに「中」程度と評価される場合であって、出来事の後に恒常的な長時間労働(月100時間程度となる時間外労働)が認められる場合には、総合評価は「強」とする。 ② 具体的出来事の心理的負荷の強度が労働時間を加味せずに「中」程度と評価される場合であって、出来事の前に恒常的な長時間労働(月100時間程度となる時間外労働)が認められ、出来事後すぐに(出来事後おおむね10日以内に)発病に至っている場合、又は、出来事後すぐに発病には至っていないが事後対応に多大な労力を費しその後発病に至った場合、総合評価は「強」とする。 ③ 具体的出来事の心理的負荷の強度が、労働時間を加味せずに「弱」程度と評価される場合であって、出来事の前及び後にそれぞれ恒常的な長時間労働(月100時間程度となる時間外労働)が認められる場合には、総合評価は「強」とする。

(注)平成23年12月26日付基発1226第1号の別添「心理的負荷による精神障害の認定基準」から長時間労働の部分を抽出して表にまとめたもの

第2節 労働時間管理の要点

1 労働時間認定論

(1) 予防につながる管理の前提としての時間管理

ア 厚生労働省は、「労働時間の適正な把握のために使用者が講ずべき措置に関する基準」(平成13年4月6日基発第339号)において、始業・終業時刻の確認および記録を使用者に対して求め、その方法としては、①使用者が自ら現認することにより確認・記録するか、②タイムカードやICカード等の客観的な記録を基礎として確認・記録することを原則としています。そこで、客観的記録もなく、使用者の現認もない場合が問題となります。この点は前述したリスクを管理するという予防的な考え方からも実際の労働時間(労働実態)の把握が必要であって重要な問題ですから、判例がどのような認定方法を採用しているのかまとめてみました。

イ まず、判例の「労働時間」についての考え方をみておきます。

(ア) 労働基準法上の労働時間の定義は「使用者の指揮命令下に置かれている時間」であり、最高裁は作業前の更衣時間等の労働時間性を判断するに際して、「労働者が、就業を命じられた業務の準備行為等を事業所内で行うことを使用者から義務付けられ、又はこれを余儀なくされたときは、当該行為を所定労働時間外において行うものとされている場合であっても、当該行為は、特段の事情のない限り、使用者の指揮命令下に置かれたものと評価することができ…当該行為に要した時間は、それが社会通念上必要と

認められるものである限り、労働基準法上の労働時間に該当すると解される」としています。(三菱重工業長崎造船所事件・最1小判平12.3.9労判778号11頁)

(イ) 立証の問題

a 終業後に上司の事前許可なく存社していた時間について、タイムカードが現実の労働時間を正確に反映・記載したものでないことからタイムカードの記載をもって労働時間を認定できないとし、その結果労働者側が「労働時間」の立証ができないとして請求棄却した例があります（北陽電機事件・大阪地判平元.4.20労判539号44頁）[332]。

b しかし、近時の裁判例では、労働者側がタイムカード、パソコンのログ記録あるいは本人の日記等をもって、一応の立証を行った場合、会社側に労働時間性を否定する反証を求め、同反証が有効かつ適切なものでなければ、労働側の主張を認める裁判実務が定着しつつあるようですので、しっかりした時間管理が必要です（山口幸雄他編『労働事件審理ノート（第3版）』判例タイムス社、130頁以下参照）。

c 上司からの事前承認がない中での長時間労働について、「使用者側に黙示の指示があった」等とみて、割増賃金支払い義務が生じる「労働時間」と判断した裁判例等もあることを考えれば、上司の事前許可がないことのみで、労働者側の主張を覆すことは困難です。

d 以上のように、使用者側が「ダラダラ残業中の休憩時間」等を立証し得ない限り、ダラダラ残業は「労働時間」にあたると考えるべきであるとすると、労務提供の量・質が他の従業員に比して低いことは、教育指導あるいは普通解雇（業務遂行能力に欠ける）の問題となることはあっても、賃金および割増賃金支払い義務を喪失させる事由とはならないのです。使用者側が労務提供の量・質に不満であれば、それは指揮命令を

---

[332] この判決について、労判解説は以下のとおり疑問を示していました。「本件タイムカードによる労働時間管理は被告が実施していたものであり、また、事柄は労基法の最低労働時間と時間外労働手当支払い義務にかかわるものであり、右労働時間管理の不正確さを原告らの負担にかからしめ、労働基準法に基づく請求権を否定することが果たして妥当かの問題が残るように思われる。たしかに、訴訟手続的に見れば、具体的な時間外労働時間数は、時間外労働手当を請求する側において立証すべきものである。しかし、使用者の時間管理がいいかげんであるとき、右を立証することは不可能であり、その結果、労働者は右請求をできないことになり、右いいかげんさがそのまま肯定されることになってしまう。これでは労基法の趣旨に適合しないことになる。むしろ、この場合には、タイムカードの記載を前提とし、時間外労働をしていないこと、あるいは右時間数以下であることの具体的立証を使用者に課し、それがなされない場合には、タイムカード記載の時間数に基づく手当の支払いを義務付けるという形の処理も考えられよう。」

行い、改善等の対応をすべきです。
(2) 残業時間の認定方法についての判例の考え方
ア 原則
判例は、時間外労働の状況について争いがある場合に、原則としてタイムカード記載の時刻をもって勤務時間を認定するのが相当であるとしています[333]。
イ 一定の定例的行動を基準とする例もあります。
(ア) 開閉店時刻を基準に考える例もあります。

三栄珈琲事件・大阪地判平3.2.26労判586号80頁は、被告会社Yが経営する喫茶店に1人で勤務していた労働者Xが現実に就労した労働時間数の認定について、判決は本件喫茶店の開・閉店時刻を基準とし、これに準備時間を加えて算定しました[334]。

(イ) 銀行の場合に金庫開扉等の時刻を基準として考えた例もあります。

京都銀行事件・大阪高判平13.6.28労判811号5頁(一審京都地判平11.11.25は同号15頁)は、始業時刻前の就労につき金庫の開扉が行われた

---

[333] ① 京都福田事件・大阪高判平元.2.21労判538号63頁では、(i)「残業食」についても、私用で会社に残っている従業員に毎日被告の費用で食事を出すとは考えられないから、被告は残業を日常のこととして制度に組入れて、毎日残業食を出していたものと認められる。(ii)原告らはほとんど毎日のように午後6時頃や午後7時頃まで会社に残っていたことが認められ、このように継続的に就業時刻後も退社せず私用で残っていることは特段の事情でもない限り通常認め難いことであり、右特段の事情を認むべき証拠はないから、これらは残業を行っていたものと推認できるとしています。
② その他、ジャパンネットワークサービス事件・東京地判平14.11.11労判843号27頁、三晃印刷事件・東京地判平9.3.13労判714号21頁、千里山生活協同組合事件・大阪地判平11.5.31労判772号60頁、ポス事件・東京地判平21.10.21労判1000号65頁があります。

[334] (a) タイムカードの記載を就労時間算定の根拠とすることの当否については、Yは、Xに対し、タイムカードを記入する旨を指示したが、これによりXの就労時間を管理する意図はなく、せいぜい皆勤手当名目の手当を支給するかどうかの目処とするためのものにすぎなかったこと、したがって、Xに用紙を支給し、これに出勤、退勤時間を手書きさせ、毎月20日すぎにまとめてこれを提出させており、この記載をチェックしたりすることは原則としてなかったこと、Xがタイムカードに記載したのは出勤、退勤時刻であり、就労開始時間ではなかったこと、さらに、Xは、昭和62年6月に本件マンションを賃借して以後は、「伽羅」の開店中に私用で本件マンションに帰宅するようになり、特に同年11月ころから同63年2、3月ころまでの間はM(同僚パート)が勤務している時間(午前9時30分から午後3時30分まで)は午後0時ころから1時ころまでの忙しい時間を除いては本件マンションに帰っていたことが認められるにもかかわらず、タイムカードの該当部分には若干の回数の早退等が記載されているのみである等その記載の信用性に疑いがあることからすると、本件では、タイムカードの記載を前提としてXの就労時間を確定することはできないというべきである。
(b) X本人の証言については、出勤時刻に関する供述を裏付ける証拠がないこと、本件で出勤時刻がすなわち就労開始時刻となると認めるに足りる証拠はないこと(Xは開店準備に1時間余りが必要であった旨供述するが、右供述は、証人Mの30分もあれば十分であるとの証言に照らして措信できない。)、さらに、Xが供述する時間外労働時間はX自らが作成し、本件訴状における請求の根拠とした「労働基準法時間外割増賃金請求」と題する書面に記載されている時間外労働時間とすら不一致であることからすると、Xの前記供述に基づきXの就労時間を確定することもできないというべきである。

り会議が開催されていたことをもって時間外労働に従事していたと認めました。本件銀行の支店における午前8時15分から始業時刻の8時35分までの金庫の開扉等を行う勤務は、銀行の黙示の指示による労働時間と評価でき、原則として時間外勤務に該当すると認めるのが相当であり、融得会議など会議が開催された日については、それが8時15分以前に開催された場合には、その開始時間以降8時35分までの勤務を時間外労働と認めるのが相当であるとされました[335]。

ウ　タイムカード以外の様々な資料を参考にする裁判例も多いです。
　(ア)　日報類
　　a　郡山交通事件・最3小判平2.6.5労判584号30頁は、タクシー会社の労働時間管理が全く杜撰なケースで実労働時間の実態を正確に把握できない場合に、「運転日報」を資料としてタクシー運転手の実働時間を算定しました（少なくとも1日につき10.2時間の労働に従事していたことは確実であるとしました）。（2審は大阪高判昭63.9.29労判546号61頁。1審は奈良地判昭60.4.10労判546号71頁）。
　　b　光安建設事件・大阪地判平13.7.19労判812号13頁は、日報による認定を否定しました。これは建設会社の現場監督の時間外労働等の割増賃金請求につき、同人作成の工事日報記載の労働時間が、工事が行われていた時間とは認められるものの、同人の労働時間と全く同一であったとまで認めることはできず、請求の基礎となる労働時間の特定に欠けるとして、棄却された例です。
　(イ)　機械的データ
　　a　ＰＥ＆ＨＲ事件・東京地判平18.11.10労判931号65頁は、主としてパソコンのログデータを用いて時間外労働時間の時間数を算定した例です。これは監督署の調査でも採用されている方法です[336]。

---

[335] 本件支店においては、終業時刻後、少なくとも午後7時までの間の勤務については銀行の黙示の指示による労働時間と評価でき、原則として時間外勤務に該当し、それ以後の時間帯であっても、銀行が時間外勤務を承認し、手当を支払っている場合には、その時間も時間外勤務に該当するとされました。
[336] 「被告においては、職員の勤務管理を厳格に行っていなかったせいもありタイムカードなり労働時間の日々あるいは月次の申告などの労働時間管理の資料が存在しない。…後記の原告が被告在職時に操作していたパソコンのログデータに照らすと、原告の手帳に記載した始業終業時間が必ずしも正確性を担保されたものとはいえず、…原告の手帳にある数字はあくまで原告の主観的な認識によるものでこれを裏付ける客観的な証拠がない以上、全面的にこれによることはできず、当事者間の公平にも反するものというべきである（原告の手帳の記載時間を原告本人尋問や同人の陳述書の供述で補完することもいずれも原告の認識という主観に依存することになり、証拠の優劣において後記の客観的ログデータに劣るものというべきである。）。これに

第5章 労働時間管理とメンタルヘルス対策

　　b　その他の機械的データとして、以下のものがあります。
　　　(a)　シン・コーポレーション事件・大阪地判平21.6.12労判988号28頁は会社のＰＯＳシステムに入力された出退勤時刻により認定しました[337]。
　　　(b)　デジタルタコグラフについて
　　　　　トラックに装備されているデジタルタコグラフの記録を基に労働時間の認定をしようとすることもあります。デジタルタコグラフは自動車（トラック）の運行管理の目的で自動車の動静（停止と運動の時間、速度等）を機械的に正確に記録しています。当然運転者の労働時間を管理するためのものではなく、その記録から直ちに労働者の労働時間が算出されるわけではありません。例えば車が停止している間に運転手が何をしているのか。荷物の運搬をしているのか、休憩をしているのか、待機しているのか、その間労働からの解放があるのか等の分析が必要です。その点は毎日具体的に異なるでしょうから、日報や本人の記憶などから主張立証する必要があります。これには難しい問題がありますし、記録自体が膨大な量になるので大変な作業が必要です。
　(ｳ)　作業時間集計表等使用者作成資料
　　a　技研製作所ほか１社事件・東京地判平15.5.19労判852号86頁（要旨）では「作業時間集計表」に記載された作業時間が実際の労働時間を反映

対して、乙第15号証の１は、原告のパソコンのログデータであり、これによる各月の日々のデータを観察するに、土日祝日を除いては所定始業時間の前後にパソコンが立ち上げられており、これは原告が出勤してきたであろう時間にほぼ対応して立ち上げられていると思われ、デスクワークをする人間が、通常、パソコンの立ち上げと立ち下げをするのは出勤と退勤の直後と直前であることを経験的に推認できるので、他に客観的な時間管理資料がない以上、当該記録を参照するのが相当というべきである。同様に休日出勤した日にも出勤してきてまもなく当該パソコンを立ち上げ、帰宅間際に立ち下げをしているものと思われる。少なくとも、上記パソコンのログデータに記録のある時間は原告が被告において各当日に被告の事務所にいて仕事をしていたことを推認できる…そこで、原告が被告の事務所に確実にいたことを示す資料として、被告が提出した原告が在職中に使用していたパソコンのログデータを利用しつつ足りないところを原告の手帳における資料で補足し、さらに資料のないところは実績のある数字から推認するしかないものと思われる。」（以上は判例原文の抜粋です。）

[337]　ＰＯＳシステムについて、この判決が述べている部分は以下のとおりです。
　「被告の各店舗においては、ＰＯＳシステム機能のある電子式金銭登録機（レジスタ）が設置されており、入出金だけでなく、入店客数、売上項目、レジスタの起動時刻、停止時刻、レジスタ打刻担当者名、その変更時刻だけでなく、出退勤時刻や休憩開始時刻、休憩終了時刻も入力できるようになっていた。これらのデータは、通信回線を通じて被告本社も把握できるようになっており、レジスタの起動時刻から開店時刻が、レジスタの停止時刻から閉店時刻が把握できるようになっていた（＜人証略＞）。また、アルバイト従業員については、レジスタのデータを基に勤怠管理をして賃金を計算していたし、店長についても、少なくとも深夜勤務の勤務状況は、レジスタに打刻された出退勤時刻を基に管理していた（＜証拠略＞）。」

363

したものと認定されました[338]。
 b ビーエムコンサルタント事件・大阪地判平17.10.6労判907号5頁は、勤務の開始時間、終了時間及び超勤時間を記載し、定期的に上司が確認していた整理簿により認定しました。
 c 東洋シーエスピー事件・東京地判平22.2.2労判1005号60頁は従業員の申告に基づき作成された就勤実績表に準備時間等を考慮して認定しました。
 (エ) メモ
  a 国民金融公庫事件・東京地判平7.9.25労判683号30頁は、原告労働者が手帳に記載していた本人の時間外勤務に関するメモは信用性が低く（タイムカードとは異なり客観的資料でないこと、その記載から直ちに退勤時間さえ推認できるものでないこと、記載の中に具体的な矛盾例があること、全体として不自然な部分があること、一度記載後に訂正したと思われる部分があるなど不明確な部分があることから）時間外労働時間の認定はできないが、関連する業務を行う部下の残業時刻メモについては

338　判決原文は以下のとおりです。
 (a)　「集計表は、各プロジェクトにおけるコスト把握の目的で作成するようになった。その作成方法は、原告ら従業員が、毎日の勤務終了時に、当日従事した各プロジェクトに対応する作業内容とそれに要した作業時間、特定のプロジェクトに関連しない休憩時間を自分でパソコンに入力し、そうすると自動的に合計欄に作業時間及び休憩時間の積算結果が入り、これから所定労働時間8時間を差し引いて、残りの時間がある場合、すなわち所定労働時間を超過した時間が残業合計欄に表示される（即ち上記休憩時間も入っている）。そして、各自が残業として申告すべきと判断した時間を申告残業欄に入力する。そうすると残業合計欄の時間から申告残業欄の時間を差し引いた時間が申告外残業欄に表示される。また、出社時刻欄は、出勤表と同様所定始業時間に固定され、申告残業がない場合は所定就業時間に、申告残業がある場合はその時間を加算した時間が自動的に表示されるシステムである。」
 (b)　「原告は、入社当初映像グループのA主任から、残業をしても申告する時間は実際の3、4割程度にするようにと指示され、それに従っていた。」
 (c)　「使用者には労働時間を管理する義務があるところ、使用者は、原則として自ら始業終業の確認をし、又はタイムカード等の客観的記録で確認し、記録を残す義務がある。自己申告制については、その不適切な運用により割増賃金の不払いや過重な長時間労働を引き起こした経緯があり、(ア)労働者に十分な説明をすること、(イ)自己申告した時間と実際の時間が合致しているか実態調査を行うこと、(ウ)残業労働時間数の上限を設定したり、削減の指導をしたりすることによって、適正な申告を阻害することになっていないか確認し、改善措置を講じること、が欠かせない。しかるに、(1)の認定事実によると、A主任の対応は正に割増賃金の請求を抑制するものであって不適正な運用が行われていたものである。Bの対応も抽象的には残業時間を抑制しない旨は表明するものの、客観的な視点から労働時間を管理させようとはせず、労働から解放された休憩時間とはいえないＶＤＴ作業に伴う短時間の休息や労働時間であることが疑いのない自己のミスに伴う作業時間の増加を残業として認識しないなど適正なものとはいえない。このような状況下での自己申告制は運用が期待できず、原告の申告残業時間をもって正しい労働時間を反映したものと判断することはできない。他方、集計表記載の作業時間は、作業内容が細かく具体的に記載されており、そのとおりに作業がなされたことに疑いの余地はない。コスト管理の観点から作成されるようになったことが、そのことに疑いを抱かせるものではない。……」

364

矛盾する記載がない場合、原告も時間外労働をしたものと認めました[339]。

b　かんでんエンジニアリング事件・大阪地判平16.10.22労経速1896号3頁は作業日報を作成するために労働者が当日の出勤時間、作業内容および就業時間を記録していたダイアリーにより認定しました。

c　ゴムノイナキ事件・大阪高判平17.12.1労判933号69頁は、終了時刻を裏付ける客観性のある証拠は皆無であり、帰宅時間しか記載されていないノートの記載によりXの退社時刻を確定することもできず、退社時刻から直ちに超過勤務時間が算出できるものでもないとする一方、Yがタイムカードなどによる出退勤管理をしていなかったことをもってXに不利益に扱うべきではなく、Y自身、休日出勤・残業許可願いを提出せずに残業している従業員が存在することを把握しながら、これを放置していたことがうかがわれること等からすると、具体的な終業時刻や従事した勤務の内容が明らかではないことをもって、時間外労働の立証が全くされていないとして扱うのは相当ではなく、ある程度概括的に時間外労働時間を推認するほかないとして、Xは平均して午後9時までは就労していたと判断しました。

(オ)　シフト表

a　セントラル・パーク事件・岡山地判平19.3.27労判941号23頁はメモ等の信用性を否定し、シフト表により認定しました。

b　シフト表はローテーション表、勤務割表などともいわれますが、勤務に関する予定表のことですから、時間管理のために使用する場合には、実際にシフト表のとおり運用されているのか、どの程度実際の勤務と合致しているのか等実態の確認が前提となります。

(カ)　メール

a　メールは簡単で便利なコミュニケーション手段であり、日常的に使用できるものであることに加えて発信・受信の双方に時刻が明確に記録されるので、労働（残業）時間の認定には有益な資料になります。完全なものではなくても部分的に労働者本人の主張を裏付けたり（有利になる

339　一般職員の残業時間を明らかにする資料があるにもかかわらず、メモの記載がそれと異なるとの反論が使用者からなされていないため、記載通りの時間外勤務がなされたと推認でき、手帳中に矛盾する記載がなければ原告の職務内容から、右職員が全員残業している場合には時間外勤務を行ったものと認められるとしています。

場合)、その信用性を逆に否定したりする(不利になる場合)[340]ことで認定に役立ちます。

　　　b　また、後記労働審判例のｃの事例〔368頁〕では婚約者との携帯電話でのメールのやり取りが証拠として使用されています。但しこの場合メールを送信した時間ないしその前後の時間労働したとまで証明できるものではないので使用の実態も立証する必要があります。

　　エ　半分等「推認」による認定の問題
　　　(ｱ)　直接証拠をともなわない場合であっても間接事実の積み重ねによって実労働時間を推認する裁判例もあります[341]。
　　　(ｲ)　推認という手法を使って時間外労働時間を認定している点について、推認ができる程度の客観的な資料による立証は必要であるとの意見があります(実務56頁)。

　　オ　多種類の資料から認定したものとして、①トップ(カレーハウスココ壱番屋店長)事件・大阪地判平19.10.25労判953号27頁(始業時刻は「勤務リスト」により、終業時刻は閉店時刻後、営業日報の記載や会社へのＦＡＸ送信により認定したもの)、②トムの庭事件・東京地判平21.4.16労判985号42頁(営業開始時刻を労務提供開始時刻とし、終業時刻については、レジ閉め時刻に15分を加算した時刻を基準時刻として認定したもの)があります。

　　カ　以上のとおりですから、タイムカードがないからといって残業時間が認定されないとは決して言えず、タイムカード廃止は何ら対策として有効ではなく、かえって労働時間の適正把握の点では改善の方向と逆行することで不当なやり方であると考えます。

(3)　**労働審判における残業時間認定の方法について**
　　ア　近時残業問題での労働者側からの労働審判申立てが増えています[342]。「労

---

[340] 実際に訴訟で原告労働者の主張する出退勤時刻や出張時の入社帰社時刻、乗車の時刻等を弾劾する(信用性を争う)ために上司との間で交換されたメールを証拠(乙号証)として出したことがあります。
[341] 日本コンベンションサービス事件・大阪高判平12.6.30労判792号103頁は、使用者が労働時間管理を怠っていた場合、タイムカードの打刻が免除されていたマネージャー職につき、正確な時間を把握できないからという理由で全面的に割増賃金の請求を否定することは不公平であるとして、原告主張の時間数の2分の1につき労働したものと推認しました。何故3の1や5分の2でなく2分の1であるかという具体的説明はありません。タイムカードを管理し、かつ、Ｘらにタイムカードを打刻しなくてもよいにしたのはＹであるにもかかわらず、時間外労働がなされたことが確実であるのにタイムカードがなく、その正確な時間を把握できないという理由だけから、全面的に割増賃金を否定するのは不公平であるということです。
[342] 例外的な使用者側からの債務不存在確認の申立てのメリットと事例について処方箋126頁以下で紹介しています。第４章第５節の10(解雇における労働審判の活用)〔329頁以下〕もご参照ください。

働判例」に掲載された事例の中でも、解雇事案（第4章335頁の（図表4－16）で一覧表にまとめています）の次に多いのが残業代等賃金未払事案です。

イ　前述したとおり、訴訟になればさまざまな認定方法が検討され、長期間の処理が可能ですが、労働審判の場合は3回の期日だけであって、その中でも事実認定に使える時間が限られている特別な手続です。

「日々の労働時間、労働実態の解明を緻密に行った上、これを積み上げていくという審理は想定されておらず、割増賃金請求の事件の解決を目指す場合には、紛争全体を大枠でとらえて解決する、いわゆる「ざっくり型」の解決を視野において申立てをする必要がある」と現職裁判官も述べておられます（実務517頁［白石哲裁判官執筆］）。

ウ　以下に「労働判例」に掲載された事例の中で労働時間の認定に関して、留意すべきところを挙げておきます。

　　a　さいたま地裁平24.7.23審判・労判1059号97頁は元医院［院長は相手方のY］の事務職員2名Xらによる残業代請求が認められた例で[343]、タイムカードの打刻・手続の記載の信用性を認めました。

　　　本件では、使用者に不誠実な交渉態度（有給休暇などを消化して退職する旨を申し出たところ、事務長がいったん申出を承認したのに数日後に職場放棄をしたから有給休暇を認めない等と通告し、有給休暇分の賃金の支払いを拒否したこと、Xらは早期解決を希望してYと交渉したが、Y側の弁護士が時季変更権を行使するなどと主張してこれを拒否したこと、代理人を通じて労働審判提起前にYに対しタイムカード等の開示を請求したがYがこれを黙殺したこと）に関する慰謝料20万円の損害賠償を認めています[344]。

　　b　福岡地裁平23.11.25労判1050号96頁（元取締役部長の未払い割増賃金等請求事件で管理監督者には当たらないという判断の下で調停成立）では、手書きタイムカードの信用性が問題とされ、機械的に打刻されたタイム

---

[343] 休日の日数はハローワークの求人票の記載に基づいています。
[344] この点、近時時間管理の資料の任意提出が問題となった判例として医療法人大生会事件・大阪地判平22.7.15労判1014号35頁（タイムカード等の開示拒否に対して慰謝料10万円の支払を命じた例）がありますが、判決の射程範囲は限定的であると考えます。
　　この判決は、①「タイムカード等の機械的手段によって労働時間管理をしている場合」について「タイムカード等」の開示を求めている場合であって、機械的手段でない日報等の提出までは及ばないものであり、②このケースではタイムカードの取り上げ行為という悪質な行為が使用者側にあったため「一定の精神的苦痛」に対して慰謝料請求を認めたという特殊な事例と考えられます。

カードに比べると信用性が質的に劣る、手書きタイムカードすら存在しない推計期間についてはさらにもう一段請求の根拠が弱いとみている等の心証開示がされています。

c　さいたま地裁平24.5.○（口外禁止条項により日は不明とされている）労判1048号170頁は、食品スーパーマーケット女性従業員について、①シフトに関係なく店舗の開場時間に出勤していたことの裏付けに努力した、②業務終了直後に婚約者に携帯電話でメール連絡をしていたことからそのメールでの立証を試みたという例です[345]。

d　○○地裁平22.10.○労判1041号96頁は、会社側から債務不存在確認を申立てた例です。タイムカードなど客観的資料はなかったが勤務表をもとに当時の勤務状況を陳述書で詳細に再現して立証しようとしたケースで一定の心証を得られたとのことです。

e　東京地裁平23.10.17労判1032号97頁は商品管理部社員についてタイムカードなど客観的証拠により実労働時間の立証の手間が省けて早期解決できたと評価されています。

f　福岡地裁平21.12.24労判1006号97頁は、タイムカードや労働時間の自主申告制度等がなかった私立高校Ｙの元教諭Ｘについて、Ｘが提出した手帳（日々の始業、就業時刻を書きつけていたという）の一部に不正確な記載があることが判明し、約165万円の請求を約150万円に減額しました。また、Ｙが提出した「教務日誌」の「施錠者」と「施錠時刻」の記載について、その運用ルールと鍵の管理状況について調べを進めて、高度の信用性はないと確認されました。ぎりぎりまで調停の可能性が検討され、Ｘによる70万円の提案をＹが拒否したため、調停不成立となり、60万円の支払の審判がなされました（確定）。

g　東京地裁平20.7.18労判970号97頁は派遣乗務員の海外添乗業務について、事業場外みなし労働時間制の適用の是非が問題となった例です。会社側は労働審判の結果が他の派遣添乗員に影響を及ぼすとして、労働審判法24条による終了を主張しました。申立人側が過去2年分の全ツアーについて労

---

[345] ある裁判官の話（講演）によると、ある事件で定期券の代わりに使用されていた地下鉄カード（改札を入った時刻が裏面に印字される）が証拠として出されたとのことで、この事例と同様、事業所を出た時間がある程度推測される資料となる（ただし、飲食、買物等帰りに立ち寄るところがないという場合に有効）とのことでした。

第5章　労働時間管理とメンタルヘルス対策

働審判をしていたら時間がかかりすぎるので、24条終了をしていたかもしれないとの示唆が労働審判委員会からあったとのことですが、本件では直近の２つのツアーに限定して残業代の請求をするという作戦によって審判を得たものです。

　　h　横浜地裁平20.8.22労判968号202頁は紳士服小売店の店長２名のケースで、実労働時間数の認定が困難との理由から24条終了となったものです。

エ　尚、退職時に労使双方の権利義務関係を確認する合意文書を作成することはトラブル防止のために適切な措置ですが、興味深い例として、東京地裁平22.3.16労判1003号97頁があります。

(ア)　これは退職時に「債務不存在確認書」を退職者が会社に提出していたケースです。ここでは退職後在職時に一方的に減額されていた給与額８万円と残業代を会社に求めたところ、会社は８万円の支払については応じ、残業代については一切支払わなかったとのことです。真実債務不存在確認をしているのなら、８万円の支払もすべきではありません。せっかく確認書を作成した後に減額分の給与支払いに応じるという矛盾する行動をとったことは問題です。また「貴社に対する債権は上記以外は一切ないことをここに確約いたします。」という記載事項の説明もなかったようです。以上から労働審判委員会は債務不存在に関する会社の主張を排斥したようです。

(イ)　以上のことから、退職時に取る確認書の意義をよく理解して行動すること、文書の意義をよく労働者に説明し、理解させてトラブル防止に努めることが必要です。

オ　以上のとおり、一部例外を除いて約３ヶ月以内での解決の努力がなされています。この早期解決の手法は訴訟での早期和解でも同様に行われますし、交渉段階で双方がお互いに心証形成して譲歩して合意解決するときにも参考になると考えます。

(4) 労働時間の適正な把握

ア　残業の事前承認制に係る規定を導入しても、運用上、所属長および従業員ともに同ルールを順守せず、実態としては事後承認が原則化する上、締め日直前に一括承認がなされる例もあります。また従業員側も適正な時間数申告を行わず、勤怠データ上はあまり長時間労働が記録されていないのに、実態は長時間労働が横行している例もあります。

　　このような事態を防止するため、事前許可制を導入した上で、別途、時間

369

外労働ないし存社の実態を把握し、逐次点検できるシステム作りが不可欠です。

　自己申告に委ねる結果、従業員が後日の人事査定等のマイナス評価を恐れ、虚偽に申告（多くは過少時間）を行い、労働時間数の適正把握に困難をきたすおそれがあります。これに対して、査定の公平性・透明性を高めるとともに、あらかじめ自己申告を適正に行うよう教育指導すべきです。また、申告時間が適正であるか否か定期的に確認することとする規定を設けます。そして、自己申告書に記載された時間が正確ではないと認められたときは、その所属長の把握する時間とします。

　定期確認の方法として、タイムカード・ＩＣカード等の併用設置の他、本人使用パソコンのログ記録チェック（前記ＰＥ＆ＨＲ事件判決参照）などが考えられます。

イ　タイムカードあるいはＩＣカード等を各フロアーに設置し、これを基に勤怠管理を行う場合は、原則として、これをもって労働時間数把握を行いますが、上司が現認していた時間と大きな齟齬が生じる場合は、確認の上、本人の打刻漏れ等が認められれば、所属長の把握時間に従います。

(5)　**裁判所の時間外労働の事実認定の問題点**

　以上、予防的な見地から裁判例を見てきましたが、万が一トラブルになって訴訟になれば使用者としても全力で反論反証をしなければなりません。特にタイムカード等の記録により時間を単純に推定する点は問題点が多いので疑義を述べる必要があります。

ア　近時オリエンタルモーター事件・東京高判平25.11.21労判1086号52頁、労経速2197号3頁は事実認定について注目すべき判決をしました。

　ＩＣカードのデータによる残業時間の認定について、ＩＣカードは施設管理のためのものであり、その履歴は会社構内における滞留時間を示すものに過ぎないから履歴上の滞留時間をもって直ちに被控訴人（原告）が時間外労働をしていたと認めることはできず、ＩＣカード使用履歴記載の滞留時間に被控訴人が時間外労働をしていたか否かについて検討する必要があるとし、本件では、被控訴人がＩＣカード使用履歴記載の滞留時間に残業して時間外の労働をしていたものと認められないとされました。

イ　この判決に対するコメントとして、労経速の「時言」（同号2頁。石井妙子弁護士）では労基署の監督指導に際しては「使用者側に労働時間把握の義

務あり」という前提に立って、ICカードのデータ等、入退館記録を重視し、使用者側で明確な反論ができない限り、在社時間＝労働時間と認定してしまう傾向が見受けられる。しかし、訴訟においては、時間外労働の立証責任は労働者側にあるから、裁判所としては、もっと丁寧な検討をし、労働者側にもっと高度の立証を求めるべきであり、本件の高裁のような審理姿勢が基本とされるべきである。」とされています。同感です。労働者側に立証させることを厳しく求めないことが一般化することは不当であると考えます。

ウ　私が受任した訴訟事件で、この点を徹底的に追及して労働者側に実労働の主張を求めたことがありました。専門業務型裁量労働制を採用していたゲームソフトの会社の事件で、証拠調べの前の主張が長期化し、結果的には和解で終了しました。

　(ｱ)　提起した論点のうちの1つが、①「タイムカードの記載の時間＝在社時間」でないこと、②「在社時間＝労働時間」でもないことでした。

　(ｲ)　①については、タイムカードの打刻漏れが極めて多かったこと、業務と関係のない外出（スポーツジムへ行く、外食等、買い物、カラオケ、銭湯等）が極めて多いことを指摘し、原則例外と明確な区別ができないことから事実上の推定力は働かないと主張しました。

　(ｳ)　②については、在社しているという外形事実がある場合であっても業務とは言えない事例が極めて多く（例えば飲食、ゲームをする、漫画を読む、業務と関係のない動画サイトを見ている、雑談、宿泊施設の代わりの利用［会社で寝泊まりしていることも］等）、あまりにも例外が多いということから「推認」の手法は使えないはずであることを主張立証しました。

　(ｴ)　結局全体としては、①「タイムカードの記載の時間→在社時間」、②「在社時間→労働時間」という2つの事実上の推定が妥当かどうかを問題とすべきであると主張しました。

　(ｵ)　また、企業としても専門業務型であるからタイムカードは時間管理（賃金支払につながる）が目的ではなく、出欠確認や健康管理のためのものであって通常と使用のされ方が異なること、実際に厳しい時間管理をすると裁量労働制の趣旨にも反すること等を問題にしました。

　(ｶ)　結局、企業側の管理の落ち度もあること、残業の実態はあること、他の論点もあること[346]から、和解で解決を図りましたが、判決が出るならどのようなものになるのかと考えていました[347]。裁量労働制に関する特殊

な論点も数多くありましたが省略します。
　エ　実務230頁以下ではインターネットの私的利用を時間外の労働提供の事実に対する積極否認の理由として主張するケースについて詳述されています。
　　(ｱ)　実務231頁以下では、①インターネットの私的利用を行ったことから直ちに使用者の指揮命令下に置かれていなかったものと評価されるとは限らないこと[348]、②インターネットの私的利用を行っていた時間を労働時間とみることは、ノーワーク・ノーペイの原則との関係でいささかすわりの悪さを覚えることは否めないこと、③使用者から貸与されたデスクを着席せずに行っていることが多いことからすると、無断での私用外出などとは異なり、使用者において労務指揮権（業務命令権）を適切に行使しなかったとの評価になじみやすい側面があることを指摘されています（ここでは事実上の推定を労働者有利に働かせる裁判例が多く紹介されています）。
　　(ｲ)　使用者の労務管理の甘さを落度と考えて、ノーワーク・ノーペイの原則に反する認定をされては損ですから、ここは労働者の働きぶりを厳しくチェックすること、裁判例で問題となっているような非違行為を厳禁する

---

[346] 他の論点として、①ゲームソフトの創造性の問題（告示の「創作」の意義）（要件論）、②過半数代表者の選任手続きや届出という手続要件（効力要件）と主張立証責任、③裁量労働制における時間管理の意義（前述）、④みなし時間が労働実態に合致しているかどうか、もし合致していない場合にみなしの効果は否定されるか（否定されないとする見解として労働法の争点90［裁量労働制］柳屋孝安教授解説）、その点の主張の立証責任の所在、⑤その他全体としての要件事実論、等がありました。この点実務99頁（村田一広裁判官執筆）では、使用者の専門業務型裁量労働制の主張（抗弁）に対して「通常想定しうる実労働時間を大幅に下回るみなし時間を定めるなどの事情」があれば就業規則の合理性を否定する事情として「再抗弁」に位置づけることができるとされています。私が準備書面で主張したものと同じ考え方です。

[347] この事件では、裁判官が変わられて４人担当されましたが、そのうちの一人の裁判官がある講演会で、このケースを念頭に置かれたのでしょう、要約以下のようなお話をされました。前述の時言のコメントと同じ問題意識のように思います。
「労働時間については、タイムカード、自己専属のパソコンのログイン、ログアウト記録があるからといって、労働者側は安心せずにきちっとした立証することが大切である。というのは、例えば、ある程度裁量的に任されているシステムエンジニアや、ゲームのプログラムを作っている人等については創造性を壊さないという趣旨からその働き方について、細かいことは言わない、また、自由にやりなさいとされている場合、たまたまタイムカードで時間が管理されているからといって、当然その間、働いていたということについて事実上の推定力が強く働くのかというと、少し、厳密に考えないといけない部分もある。業務内容や、業態などいろいろなところを見て、いろいろなことを考えて下さい。」

[348] この点の否定的な考え方（労働時間と認める）の裁判例として、山本デザイン事務所事件・東京地判平19.6.15労判944号42頁（作業と作業との間に生ずる空き時間にパソコンで遊ぶことについて）、シン・コーポレーション事件・大阪地判平21.6.12労判988号28頁（喫煙や食事をしていた時間を手待ち時間と考えたもの）、京電工事件・仙台地判平21.4.23労判988号53頁（パソコンゲームに熱中したり、あるいは事務所を離れて仕事に就いていなかった時間が相当あることが窺われるとしながら、タイムカードの打刻された時間の範囲内は仕事に当てられたものと事実上推認されるところ、仕事に就いていなかった時間が特定されておらず、この推定を覆すに足りないとして、タイムカードの打刻時刻通りの時間外労働の主張を認めたものです。但し、付加金を５割とする点で考慮しています）があります。

旨の文書通達など厳しい管理が必要となるということです。この点残業禁止命令にみる厳格な方法が参考になります。

2 ダラダラ残業防止策

(1) 問題点について

残業時間については、「居残り・早出残業（時間外労働）は、労働義務と不可分一体（または労働義務そのもの）であるため、使用者の明示黙示の指示（黙認・許容）があれば労働時間となる。」とされています（土田283頁）。

しかし、使用者の明示の残業禁止命令に反して行われた時間外労働は前述（前記1(1)イの労働時間についての判例の定義）の「指揮命令下」の労働であるという要件を欠くために労働時間とはなりません。後述のとおりこの点を明言した裁判例もありますので残業禁止命令を活用すべきです。

(2) 事前承認制の問題点

ア　まず終業時間後の在社（残業）は、原則として「事前許可制」（事前承認制）とすることが、ダラダラ残業を抑止する上で効果的です。ただし、緊急事態が発生し残業対応が必要であるにもかかわらず、上司と連絡が取れない場合などのやむをえない事由があるときは、例外的に事後承認を認めます。

イ　ここで問題は事前許可を厳格に運用することです。許可がないのに仕事をしているという実態が多いですが、徹底的にそのようなことをなくします。

(3) 残業禁止命令

ア　上司の指導に従わず、会社に長時間在社し続ける社員への対応として、必要に応じて残業禁止の業務命令を出すことが効果的です。

(ｱ)　残業禁止命令違反時の賃金不支給を就業規則に定めておけばよいのです[349]。これを肯定した裁判例（後記神代学園ミューズ音楽院事件・東高判平17.3.30労判905号72頁）もあります。

(ｲ)　裁判例として、富士通四国システムズ事件・大阪地判平20.5.26労判973号76頁は、企業側が安全配慮義務を履行するためには、長時間労働をしないよう「指導・助言」するだけでは足らず、場合によっては「業務命令として、一定の時間を経過した以降は帰宅すべき旨を命じる」等の残業禁止命令が必要である旨、判示し、企業側の安全配慮義務違反を認め、多額の

---

[349]「従業員が業務上必要ないにもかかわらず、所属長に無断で所定労働時間外・休日に在社することを禁止し、これを命じることができる。」「残業禁止命令に違反する存社を認めた場合、所定時間内外含め、これに対応した時間分の賃金を支給しない。」等と就業規則上明記します。

損害賠償請求を認容しました。

a これは入社2年を過ぎたが社会的に未成熟で公私の別をわきまえず、自分勝手で上司の指示を聞かないという社員が、うつ病に罹患し長期休業した事案です。

b この判決は「原告が、時間外労働時間が恒常的に1か月あたり100時間を超える状態となっており、前記のとおり頻繁に健康診断個人票の提出を求められていたにもかかわらず、C班長らの助言・指導にも全く従わなかったのであるから、この状況が容易に是正される見込みはなかったといわなければならない。このような状況のもとで、FTSE〔注・被告会社が合併する前の会社である「富士通徳島システムエンジニアリング」の略称〕が原告に対する安全配慮義務を履行するためには、C班長らが行ったように、単に原告に対して残業をしないよう指導・助言するだけではもはや十分でなく、端的に、これ以上の残業を禁止する旨を明示した強い指導・助言を行うべきであり、それでも原告が応じない場合、最終的には、業務命令として、遅れて出社してきた原告の会社構内への入館を禁じ、あるいは一定の時間が経過した以降は帰宅すべき旨を命令するなどの方法を選択することも念頭に置いて、原告が長時間労働をすることを防止する必要があったというべきである。したがって、FTSEが原告の長時間労働を防止するために必要な措置を講じたということはできない」と述べました（92頁の4争点3の(2)イの部分）。

c これについてはついに「残業禁止・帰宅命令」義務が出たと話題になりました（安西愈・労判982号2頁「遊筆」）。ダラダラ残業を認めると黙示の残業命令と認定されることが多いので、企業に不利になりますから、判決の指摘は当然のことです。従前から私もダラダラ残業などさせずに会社から追い出しなさい、今日できない仕事は明日させなさいと助言してきていましたので、判決が同じことを安全配慮義務の内容としてついに明言したという感じです。

d ここで重要であるのは、症状悪化防止のための安全配慮義務の内容として残業禁止と帰宅命令を判決が方法として挙げていることと日本では懲戒処分どころか、その前段階の業務命令すらなかなか適切に発令されない実態があることです。多くの会社では業務命令の形でそこまで徹底していないので、今後選択肢として検討すべきです。そして業務命令が

守られない場合には懲戒処分を当然検討すべきことになります。
　イ　神代学園ミューズ音楽院事件・東京高判平17.3.30労判905号72頁は、使用者の明示の残業禁止の業務命令に反して、労働者が時間外または深夜にわたり業務を行ったとしても、これを賃金算定の対象となる労働時間と解することはできないと判断した１審判決（東京地判平15.12.9労判未掲載・労経速1908号３頁）を維持しました。実務に活用できる注目すべき判決ですので、以下に判決原文を紹介します。

　　「賃金（割増賃金を含む。以下同じ。）は労働の対償であるから（労働基準法11条）、賃金が労働した時間によって算定される場合に、その算定の対象となる労働時間とは、労働者が使用者の指揮命令下にある時間又は使用者の明示又は黙示の指示により業務に従事する時間であると解すべきものである。したがって、使用者の明示の残業禁止の業務命令に反して、労働者が時間外又は深夜にわたり業務を行ったとしても、これを賃金算定の対象となる労働時間と解することはできない。

　　前記認定のとおり、被告Ｍは、教務部の従業員に対し、平成13年12月10日以降、朝礼等の機会及び原告Ｇ、同Ｆ及びＯ主任を通じる等して、繰り返し36協定が締結されるまで残業を禁止する旨の業務命令を発し、残務がある場合には役職者に引き継ぐことを命じ、この命令を徹底していたものであるから、上記の日以降に原告らが時間外又は深夜にわたり業務を行ったとしても、その時間外又は深夜にわたる残業時間を使用者の指揮命令下にある労働時間と評価することはできない。」（原文そのまま）

(4)　**服務規律の規定と意識の徹底**

　ア　ダラダラ残業を防止するためには、所属長を含めた従業員の意識改革と努力が必要であり、「服務規律」で従業員にダラダラ残業や勤怠に係る虚偽報告等が許されないことを就業規則で明確化することです[350]。

　イ　以上の服務規律を懲戒規定と連動させ、悪質なケースについて懲戒処分をすることが考えられます[351]。

---

[350] 勤務に当たり、遵守すべきこととして、「会社の許可なく就業時間後に職場その他の会社施設に滞留してはならない」とします。また、所属長及び管理職についても、「勤務に関する手続、その他の届出を怠り、又は偽ること」「過少、過多にかかわらず部下等の勤務時間について会社に対し異なる報告を行わせること、又は部下等の勤務時間管理に適切さを欠き、適正に支払うべき賃金を支払わないこと」を禁じて徹底を図ります。

[351] 懲戒処分については、使用者が労働者を懲戒することができる場合において、当該懲戒が、当該懲戒に係る労働者の行為の性質及び態様その他の事情に照らして、客観的に合理的な理由を欠き、社会通念上相当で

ウ　意識高揚を図ること
　(ア)　また、職場全体の意識改革として、「ノー残業デー」などを設け、その日は必ず定時帰宅を行わせることなどが、第一歩として有効です[352]。
　(イ)　また、特定月を強化月間とし、その期間に集中して、不要な長時間残業撲滅を各課単位で取り組ませることも効果的です。
　(ウ)　その他、「所定勤務時間内に電話・顧客対応・社内打合せを禁ずる時間帯を設け、同時間をデスクワークに専念させることをもって効率化を図る方法」や「終業時刻前に各社員の残業見込み時間をあらかじめカードで机に示させることによって、『残業の見える化』を図り、ダラダラ残業を抑制する取組み」も有効のようです。

(5) 経営についての考え方を根本的に変えること
　ア　残業をやめるということは根本的に業務を見直すということにつながります。この点、自分（自社）を追い込んで、いろいろ知恵を出すことがレベルアップの不可欠の条件であることは昔からいわれていることです[353]。
　イ　残業が避けられない例の1つとして、営業マンが客先の仕事の都合に合わせているために遅い時間に訪問するということもあります。緊急必要な場合だけならともかく、日常的に行うことはおかしいことです。もし、早い時間に会って打合せ等ができれば残業はなくせるのです。早い時間にしてくれと

あると認められない場合は、その権利を濫用したものとして、当該懲戒処分は、無効となります（労働契約法15条）。特に同種懲戒処分例との均衡性（平等性）が問題となることが多いので、配慮しながら、懲戒処分の程度を考慮するべきです。また、特定人にのみ厳格にならないように又過去の事例との関係で不均衡（不意打ち）にならないように、慎重な判断が必要です。この点は第4章第2節240頁以下ご参照。

[352] 就業規則には、「毎週○曜日は原則として、ノー残業デーとする。やむを得ない事由があり、残業を行わせた場合は、当月末日までに人事管掌部門にその事由等を報告する。」等と記載することが考えられます。

[353] 「千円札は拾うな。」（安田佳生㈱ワイキューブ代表・サンマーク出版）には興味深い「残業論」がありますので紹介します。
目の前に千円札が落ちていて、千円札を拾うと、本当に「得」をするのかという疑問から、「なぜ千円札を拾ってはいけないのか。それは千円札を拾うと目線が下がり、他のものが見えなくなるから。」「成功する人が千円札を拾わない理由。それは、彼らには、千円札よりもはるかに、価値のあるものが見えているからなのです。千円札を拾う人は…拾った千円と拾わない0円とを比較しているのです。たとえば、千円札の横に1万円が落ちていたとして、…どちらか片方しか拾えないとして、それでも千円札を拾う人がいるでしょうか。その状態で千円札を拾うのはよほどの変わり者です。しかし、現実はそのような変わり者が、日常生活や仕事の場面でたくさんいるのです。彼らは「千円札」に固執するばかりに、すぐ横に落ちているもっと価値あるものに気がついていない。」「成長とは変化すること。そして変化するとは何かを「捨てる」ことに他なりません。トンボが「飛ぶ」という能力を手に入れる代わりに、ヤゴが持っている「泳ぐ」という能力を捨てるように。」「あなたは自分の心の中の「常識」を、そして目の前に落ちている「千円札」を、いくつ捨てることができるでしょうか。」等と述べられています。そして、残業をやめ、定時で帰宅することにすると、それまでのやり方では同じ成果を挙げられなくなります。短くなった就業時間でこれまでと同等以上の成果を上げるには、過去の仕事のやり方を改善し、場合によっては違うやり方に変えざるをえなくなると指摘しています。

第5章　労働時間管理とメンタルヘルス対策

の申入れもあまりしていないようですが、もし話をしても聞いてくれないような配慮のない会社は取引を切ってしまってはどうでしょうか（企業の力関係もありますが）。今頃従業員の残業を強いるような企業は評価されませんし、他社にも残業につきあわせるようなことは不当なことです。そこで日常的に残業を強要するような非常識な企業に対しては勤務時間内での対応をお願いし、もし応じてもらえなければ取引を辞退するということが考えられます[354]。

　ウ　以上の発想は、極端のように思えるかもしれませんが有効なものです。私の顧問先のある商社でも労務管理面からも効率の悪い企業は取引を辞退して効率を上げたところ（重要な顧客への訪問時間を増やすことができたこともあり）利益が増えたケースがあります。

　　たとえば、1000社取引先があるとして、売上高で上位1位から1000位まで並べて、下から4分の1の250社は取引を辞退（停止）する（但し将来有望な所は除外する）。そのうち引き続き取引を希望する相手には残った750社から購入していただくという形にする（商流を変える）。これはもともとが与信管理を主目的として行ったものです。多数の管理職と営業マンを集めて研修会を開催し、社長が基調講演を行い、私が契約と与信管理の話をし、その後チームに分かれて検討して意識統一を行いました。この会社は特に残業が問題になっている企業ではありませんでしたが、思い切った労務管理の見直しの例としても参考になると思います。

　エ　取組みの事例について
　　(ア)　近時の大企業における取り組みの例（報道により話題となったもの）として、伊藤忠商事とリコーの例があります[355]。

---

[354] 前掲の「千円札を拾うな。」では、「売り上げを伸ばすために顧客を捨てる」ことを利益率と売上を上げる戦略の1つとして挙げています。「うるさい客」は、「何かあるとすぐに営業マンを呼び出し、価格も値切り、営業マンのモチベーションを下げる。つまり、大切な自社のスタッフから、利益と時間とやる気を奪ってしまう客である。」「うるさい客を1割断ると、うるさいことを言ってくる人がいなくなるので、担当者の時間は3割くらい空く。空いた時間で新しいお客様を開拓すればうるさい客を1割断ったおかげで売り上げは1割以上伸びることになる。」と述べています。

[355] 伊藤忠商事が午後8時以降の残業を原則禁止し、早朝時間帯の割増率を高めることとしました。対象は海外駐在員を除く本社と国内支店勤務の一般社員と管理職であるとのことです。従前の夜10時以降の残業原則禁止を2時間繰り上げて8時以降原則禁止とし、10時以降は電気を消して「禁止」にすると残業規制を強化するとのことです。早朝勤務については、法定の25％割増にプラス25％の「インセンティブ」（報奨金）を支払い、これにより全社で朝型勤務を目指すとのことです。
　また、平成26年4月からは、リコーが午後8時から翌日午前8時までの勤務を原則禁止し（時差のある海外拠点と会議を行う場合など残業が必要な場合は事前に申請すればよい）、フレックスタイム制を導入する

377

(イ)　確実に労働時間が削減されないと、例えば最も重要な生活のゆとりとか睡眠時間の確保は難しいでしょう。残業削減や禁止が欧米人にできて日本人にできないということは絶対にないはずです。そのためには悪しき労働慣行の全面見直しが必要です。
　　①　例えば不必要な会議を徹底的になくすことです。
　　②　また、日本の労働の生産性が低いこと、企業の利益率が低いことは、日本の企業が未だに労働の価値の中心を「労働時間」において「労働の成果」においていないことを意味しているともいわれています。企業は利益を出すための組織ですから、最低限の人数と時間で最大限の成果(付加価値)を出すように企業が工夫し、付加価値の高い、利益が大きな仕事を作り出して、労働者に提供するということで企業(使用者)の責任を果たすことです。労働者は従属的な存在であり、使用者の制度設計と経営方針により成果を上げる活動は制約されますので、使用者の経営戦略と戦術が問題であるということです。

3　悪質な賃金不払の例

(1)　単なる未払い賃金の支払いの問題ではなく、悪質であるとして企業の信用を傷つける場合があるので、以下で問題とされたようなことは絶対にしないように留意すべきです。
　①　悪質な場合には不法行為が成立し、損害賠償責任を負います。
　②　不払特約は公序良俗違反（民法90条違反）として無効とされます。民法90条違反ということは違法性が大きいことを意味します。
　③　また悪質な場合にはペナルティー（労基法上の制度）として、「付加金」の支払いを命じられます。
　④　非常に悪質な場合には刑事罰（賃金不払の犯罪）もあります。
　⑤　ブラック企業というレッテルを張られて企業の信用を失うこともあります。
　以上の点について以下に説明します。

(2)　不法行為

と報道されて話題になりました。
　リコーの場合には、業績悪化に基づくコスト削減が目的であるとか、平均月収の低下に残業代がなくなることが重なると労働者の生活に大きな影響が出るとの指摘もあります（リストラの実態を推測させる裁判例として子会社出向と退職勧奨が問題となったリコー子会社出向事件・東京地判平25.11.12労判1085号19頁があります）。この点伊藤忠商事の場合は、早朝残業を奨励することで収入減を防ぐことは可能ですが、肝心の長時間労働防止の点では問題が改善されません。

ア　原則として残業代不払が直ちに不法行為を成立させるわけではなく（原則は単なる債務不履行にとどまる）[356]、悪質な例外的場合に不法行為（民法709条）の成立要件を満たして責任を負うと考えられます。

イ　肯定した裁判例としては以下のものがあります。

(ｱ)　杉本商事事件・広島高判平19.9.4労判952号33頁は、時間外勤務手当不払を不法行為とし、未払賃金額を損害として3年の時効の範囲内の請求を認めました。2年を超える時間外手当請求は労基法115条の2年の時効にかかるという使用者の主張を不法行為の損害賠償請求という異なる請求であるという理由で斥けています。

　この判決に対しては意義が大きいと評価するコメント（労判952号35頁の解説）もありますが、この判決の論理によると労基法115条の2年の消滅時効は容易に不法行為3年の消滅時効に代替されることになるとの指摘（荒木131頁）があります。

(ｲ)　サンコトブキ事件・大阪地判平21.5.28労判991号166頁は、Xは1日12時間にも及ぶ労働を強いられ、休日も満足に与えられない状況にあったところ、Y社の本件訴訟等における態度・行為は、労働者の勤務時間管理及び賃金支払義務についての基本的認識を欠いたものといわざるを得ず、違法評価せざるを得ないとして、慰謝料60万円の支払を命じました。

(3)　付加金

ア　使用者が、解雇の際の予告手当（労基法20条）、休業手当（同26条）、時間外・休日・深夜労働の割増賃金（同37条）、年次有給休暇中の賃金（同39条7項）を支払わなかった場合、裁判所は、労働者の請求により、使用者が支払わなければならない金額についての未払金のほか、これと同一金額の付加金の支払を命ずることができます（同114条）。

　この制度の趣旨は、支払義務に違反した使用者に制裁を課すことによって、債務の履行を確実なものとするもので、労基法違反に対する民事上の制裁で

---

[356] 不法行為の成立が否定された裁判例は多く、例として以下のものがあります。
① 杉本商事事件・広島地判平19.3.30労判952号43頁（要旨）（慰謝料請求を否定）（高裁で逆転しています）
② ディバイスリレーションズ事件・京都地判平21.9.17労判994号89頁は、飲食店を経営する被告Y社の従業員であった原告Xら6名の時間外・深夜労働の手当の不払いについて、「使用者に不法行為が成立し得るのは、使用者がその手当（賃金）の支払義務を認識しながら、労働者による賃金請求が行われるための制度を全く整えなかったり、賃金債権発生後にその権利行使をことさら妨害したなどの特段の事情が認められる場合に限られると解される。」と限定的に解した上で、就業月報の改竄があったとしても不法行為を成立させる事情とまでは評価できないとしました。

あると解されています（土田65頁）。
イ　この付加金支払は裁判所の裁量的命令として規定されているので、労基法違反（および労働者の請求）により当然に発生するものではなく、付加金支払義務は、裁判所の命令（裁判）があって初めて発生します。

また、裁判所の命令に限りますので、労働審判制度における労働審判委員会は付加金支払を審判により命じる権限はありません[357]。
ウ　総合判断の考慮要素について
(ｱ)　①使用者による同法違反の程度・態様、②労働者が受けた不利益の性質・内容、③同法違反に至る経緯やその後の使用者の対応等の諸事情を考慮して支払義務の存否および額を決定すべきものとされます（共立メンテナンス事件・大阪地判平8.10.2労判706号45頁、京都銀行事件・大阪高判平13.6.28労判811号5頁、松山石油事件・大阪地判平13.10.19労判820号15頁など）。
(ｲ)　判断すべき考慮要素について
a　前述した判断に当たって考慮すべき事情を以下に検討しますが、土田65頁（注1-10）は裁判例を「付加金支払義務は、重大・悪質な労基法違反の場合に限定される」とされた上で、「労基法の遵守（コンプライアンス）に関する企業のインセンティブを高める観点からもこのように解すべきであろう」とされています。
b　考慮すべき事情について、裁判例に示された使用者に有利（○）又は不利（●）な事情を一部のもので不十分ですが以下に示します。カッコ内は事件名です。
(a)　使用者による労基法違反の程度・態様
●長期間にわたる不払（フジオカ事件・長崎地判平20.2.29労判960号90頁）

---

[357] この点、ザ・ウィンザー・ホテルズインターナショナル事件・札幌地判平23.5.20労判1031号81頁は「原告が付加金の支払を裁判所に請求したのは、平成22年5月21日の訴状に代わる準備書面によってであるから、平成20年6月25日支払分以降の時間外賃金の未払額が付加金の対象となる（労働審判委員会は裁判所ではないから、労基法114条の付加金の支払を労働審判において命ずることはできないが、労働審判申立書は訴訟移行した場合には訴状とみなされる書面であって、労働審判申立書に付加金の支払を求める旨を記載することは何ら禁じられていない。原告の労働審判申立書にはその旨の記載がされていないから、付加金の請求は訴状に代わる準備書面によって行われたと解するほかない。）。」としています（同旨実務515頁［白石哲裁判官執筆］。ここでは付加金請求には申立てを棄却する等との審判となるとされています。）。
[358] この点は判決では不法行為の責任を否定する理由として述べられていますが、付加金を減免する理由にもなると考えます。

○使用者が違法な時間外労働を強いたとまでは認められない（日本マクドナルド事件・東京地判平20.1.28労判953号10頁）[358]
●労基署の是正勧告を受けているのに支払をしないこと（前記フジオカ事件判決、ジオス事件・名古屋地判平11.9.28労判783号140頁）
○労基署の指導がなかったこと（播州信用金庫事件・神戸地裁姫路支判平20.2.8労判958号12頁）
(b) 労働者が受けた不利益の性質・内容
① 不利益の大きさ
○不支給合意の上の給与・賞与の支払であること（オフィステン事件・大阪地判平19.11.29労判956号16頁）
○部下育成の努力が不足して長時間労働になったこと（前記日本マクドナルド事件判決）[359]
○一定の割増手当相当分（管理職手当・特別手当・拘束手当）を支払っていること（このことから付加金の支払いを命じるまでの違法性・悪質性はないとされた事例として前記共立メンテナンス事件判決、オークビルサービス事件・東京地判平15.5.27労判852号26頁、関西警備保障事件・大阪地判平16.3.31労判876号82頁があります）。
○認定額が高額なものとなっていること（前記マクドナルド事件判決）[360]
② 労働者の認識
○在職中疑問を感じなかったこと（前記播州信用金庫事件判決）
○不支給についての認識（バズ事件・東京地判平20.4.22労判963号88頁。不払の合意［但し無効］があった例）
(c) 使用者の対応
○タイムカード等を証拠として提出していること（丸栄西野事件・大

---

[359] この点、「店長である原告の勤務には、労働時間の自由裁量性があったとはいえないが、シフトマネージャーとして勤務するなどして労働時間が長期化した点に関しては、原告が店長としてどれだけのスウィングマネージャーを育成、確保できていたかという個別的な事情も影響するのであり、実際、原告の時間外労働時間は、店長の平均的な時間外労働時間（39.28時間、＜証拠略＞）を上回っていることが多いこと等を考慮する」と判示されています。
[360] 判決は、この点「原告の基準給には、深夜割増賃金として支払われる部分が含まれていると認められるところ（就業規則15条）、当裁判所が認定した時間外労働割増賃金等は、原告の基準給をそのまま算定の基礎としたため、その分高額なものとなっていること」を指摘しています。

381

阪地判平20.1.11労判957号5頁）
- ○和解による解決を最後まで模索していること（前記丸栄西野事件判決）
- ●（労働者）本人や代理人の請求に対しても何らかの対応をした形跡がないこと（前記フジオカ事件判決）
- ○労基署の調査以降に行われた使用者の法違反改善措置（松山石油事件・大阪地判平13.10.9労判820号15頁はこの点も評価して支払義務を否定しています）
- ○歩合給の賃金体系が美容師の労務の特殊性から導かれる必要的かつ合理的な賃金算定方法であるという認識のもと、時間外手当を支給しなかった態様が悪質であるとまではいえないとされた例（前記バズ事件判決）
- ○使用者において法違反の認識を欠いていたことがやむを得ないと認められた事例として
  - ・江東運送事件・東京地判平8.10.14労判706号37頁（割増賃金の不払いは意図的になされたわけでなく、労働法規に対する正確な知識が欠けていたことによるといった事情）
  - ・日本貨物鉄道事件・東京地判平10.6.12労判745号16頁（労基法37条違反となることを使用者が認識していなかったこと）

(ｳ) 以上のことから、問題になれば誠意をもって対応すべきこと、●をしないように、●を○に変えるようにすべきことが解ります。

エ 効果等

(ｱ) その遅延損害金支払義務は裁判確定時より生じ、損害金の額は年5分の割合で算定されます。

(ｲ) 裁判までの間に違反状態が除去されれば（たとえば、使用者が未払金を支払ってしまえば）裁判所は付加金の支払を命じることはできません[361]。

(ｳ) 付加金の請求は違反のあった時から2年以内にしなければならず、この2年という期間は時効期間ではなく、除斥期間と解されています[362]。

(4) 不払の特約（合意）

---

[361] 細谷服装事件・最2小判昭35.3.11民集14巻3号403頁、江東ダイハツ自動車事件・最1小判昭50.7.17判時783号128頁・労判251号12頁、新井工務店事件・最2小判昭51.7.9判時819号91頁・労判275号13頁。
[362] 但し、前述したとおり、不法行為が成立する場合は3年遡及して損害賠償の責任を負う場合があります。

賃金不払の特約(合意)については公序良俗違反となり無効とするのが判例ですので[363]、弁護士としてはそのような合意などしないように判例と法理論を教示する必要があります。

(5) 刑事罰(賃金不払の犯罪)

　ア　賃金不払の労基法上の犯罪(通常賃金の場合は法120条1項、割増賃金の場合は119条1項で法人の場合は121条の両罰規定)も問題になりますが、「社会通念上なすべき最善の努力」をしてもなおこれを避けられなかった場合は賃金不払罪は成立しないとされていて、具体的に支払う可能性が問題になるとのことです[364]。

　イ　平成15年に有名な消費者金融会社がサービス残業で巨額の賃金不払いをし、悪質ということで役員が法人とともに(両罰規定)書類送検されたというニュースがありました。その後は当時より格段に責任追及が厳しくなっているので悪質な場合は処罰されると覚悟しておいた方が良いでしょう。

(6) ブラック企業問題[365]

　ア　現在「ブラック企業」問題が社会問題化しています。「ブラック企業」の定義は明確なものはありませんが、サービス残業など違法な時間外労働がある企業が、若者を物のように使い捨てする企業というイメージで使用されることが多いようです。

　イ　国も平成25年8月以降、問題への取り組みを強化する方針を発表しています。①長時間労働抑制や、②パワハラの予防解決を中心として、無料相談や労基署の指導強化を図るものです。また、「若者応援企業」を宣言するための7つの基準(宣言基準)[366]を挙げて、積極的にマッチングやPR等を行う事業を始めています。

　ウ　ブラック企業のレッテル貼りと対策

---

[363] 裁判例として、オフィステン事件・大阪地判平19.11.29労判956号16頁は、労働者と会社との間の時間外手当不支給の合意は労基法32条、37条の趣旨に照らすと、特段の事情のない限り、公序良俗に反し、無効であるとされました。また、バズ事件・東京地判平20.4.22労判963号88頁は労働基準法13条により無効であるとして不払合意の効力を否定しました。

[364] 多和田隆史「賃金の不払い」シリーズ捜査実務全書4「会社犯罪」東京法令出版

[365] この点の時宜を得た実務的な特集としてビジネス法務2014年5月号の「特集2・ブラック企業なんて言わせない!」(74頁以下)があります。

[366] ①学卒求人など、若者対象のいわゆる「正社員求人」をハローワークに提出すること、②「若者応援企業宣言」の事業目的に賛同していること、③一定の就職関連情報を開示していること、④労働関係法令違反を行っていないこと、⑤事業主都合による解雇又は退職勧奨を行っていないこと、⑥新規学卒者の採用内定取消を行っていないこと、⑦都道府県労働局・ハローワークで扱っている助成金の不支給措置を受けていないこと

(ア) 国の文書では「ブラック企業」という表現は用いられていません。大量採用・大量離職の実態を分析して「若者を食いつぶす」とか「新卒を交換可能な物品のように扱う」等と批判されますが、世の中には金儲けばかり考えて人権意識などない会社も存在することは事実であると思います。

(イ) ネット社会では「ブラック企業」と批判されるのも仕方のない企業の他にまともな企業まで「ブラック企業」であるかのように批判的な書き込みがなされることもあります。

　a この場合後述のとおり、誤解されて批判されないように予防に取り組むことが必要ですし、積極的に自社の良い取り組みについて情報発信（PR）することも大切です。

　b また、不当な非難を受けた時の対処法[367]（削除請求、損害賠償請求）も検討する必要があります。

(ウ) ブラック企業と言わせない取組みも議論されていますが、本書では既に予防的なことは全て述べています。

① 長時間労働問題についてはダラダラ残業撲滅（本章）

② パワハラ問題については第3章で指導のあり方と予防法を論じています。

③ 労働条件の明示（特に求人時の労働条件に注意すべきこと）については第1章で述べています。その他、内定問題を含めて採用面について第1章で詳しく検討しています。

④ 退職勧奨の間違いのないやり方も第4章で述べています。

第3節　健康診断と産業医の活用

1　はじめに

健康状態については医学の知識と経験のない者には分かりませんから、専門家の診察と診断が必要です。もし、正確な健康状態を把握できないまま素人が推測して人事についての判断をすることになれば判断の過誤は極めて多くなります。

使用者の労働者についての処遇判断が間違った方向のものにならないように、方向付けの意味で医師の診断を前提として検討した上での判断であるべきです。

---

[367] 削除請求や損害賠償請求の方法と手順については「ビジネス法務」2014年5月号88頁以下が参考になります。

この意味で診断書は使用者の判断を導く「羅針盤」のようなものです。羅針盤のない船が方向を誤り「迷い船」となり、場合により難破してしまうように、診断書を前提としない判断は極めて危険です。また、「羅針盤」だけでなく、それを読み取り、実際に効率的で安全な航海をするために「航海士」や「水先人」（パイロット）が必要です。これは健康管理面でいう「産業医」「嘱託医」の役割です。この点は後の3（産業医の役割）において述べることとします。

2　健康診断

(1)　健康診断の実施

ア　使用者は、従業員に対する採用時または定期的もしくは特殊な健康診断等を実施する義務があります（労働安全衛生法66条）。また、一定の場合に、医師等による保健指導、健康教育、体育活動等についての便宜供与等の努力義務があります（同法66条の7、69条、70条）。会社が健康診断を実施しない場合には、法令違反による処罰が課されます（同法120条、122条）。また、民事上の責任が問われることもあります[368]。

イ　労働者も、事業者が行う健康診断を受けなければならず、指定された医師等の健康診断を受けることを希望しない場合は、他の医師等による健康診断を受け、その結果を証明する書面を事業者に提出することも許されています（同法66条5項）。ただし、労働者の受診義務違反について罰則はありません。

(2)　業務命令としての受診命令の可否について

ア　労働者のメンタルヘルス不調が疑われる場合に使用者が医師の診察を受けるように勧めても労働者がそれに従わない場合、業務命令として受診命令を

368　この点の裁判例としては以下のものがあります。
① 日本ポリテク事件・東京地判昭58.11.10労判420号19頁は、ＭＤＩ（メリレンジイソシアネート）を使用するウレタン発泡成型加工作業に従事していた季節労働者の中毒性表皮壊死症による死亡につき、遺族の損害賠償請求を認容したものです。入社時健診を怠って、本人の素因や体質等を調査せずに有害な業務に配置し、症状等を増悪させて重篤な結果が生じさせたことが問題となり、判決は「本人あるいは家族のアレルギー体質の有無を検査し、アレルギー体質又はアレルギー体質の疑いがある場合には、右作業に配置しないようにすべき注意義務、Ｉを右作業に従事させる前にあらかじめＭＤＩの毒性、中毒症状等を告知すべき注意義務及びＩにＭＤＩによる中毒症状があらわれたときには、右作業を中止させ、適切な治療を受けさせるべき注意義務がある」（判決の30頁の一の部分）としました。
② 富士保安警備事件・東京地判平8.3.28労判694号34頁は、定期健康診断を行わず、従業員の健康状態の把握を怠り、その結果高血圧症の基礎疾患を有することを認識できず、その後の勤務内容について年齢・健康状態等に応じた作業内容の軽減措置をとらなかったとして、基礎疾患と相まって脳梗塞を発症させたものとされ、安全配慮義務違反に基づく損害賠償責任が生じるとしました。また、この判例は30名程度の会社の代表取締役（業務全般を統括管理していた唯一の常勤取締役）の、健康診断の実施、作業内容の軽減等の措置をとる等の義務の懈怠もあって本件の脳梗塞が発症したとして、同代表取締役には民法709条に基づき損害を賠償する責任があり、会社には、民法44条、709条に基づく損害賠償責任があるとしました。

出すことができるかが問題となります。

　使用者としては、前述した疑わしい場合に放置しておくと、将来安全配慮義務違反を問われるおそれがありますし、場合により労務提供が困難な状態であるとして解雇事由に該当する場合は解雇または退職勧奨を検討する必要がありますから、重大な問題です。

イ　一般的には、健康管理上必要な条項に関する労働者の指示遵守義務等について合理性のある条項が就業規則に定められている場合に受診命令の発令ができると考えられています[369]。

ウ　しかし、精神的疾患の場合は、労働者の人格権やプライバシーに関わる問題があります。

　(ｱ)　富士電機E＆C事件・名古屋地判平18.1.18労判918号65頁は精神的疾患についての健康診断実施義務（安全配慮義務）が問題となった事案で、労働者のプライバシー侵害の恐れが大きいとして健康診断の実施を義務付けることを否定しています。

　(ｲ)　実務210頁は、労務管理権の一環として直ちに業務命令としての受診命令を発令して労働者に強制することについては慎重に考えるべきであるとした上で、使用者が採るべき措置として、以下のとおりわかりやすく整理されているので参考になります。

　　「使用者は、労働者により提供された労務内容（就業状況等）や日頃の言動等についての直属の上司や周囲の同僚等からの聴取、労働者の業務結果の分析等を踏まえて客観的な調査検討（上記調査検討期間中、使用者は

---

[369] この点について電電公社帯広局事件を紹介します。
① 釧路地帯広支判昭57.3.24労判385号41頁は、頸肩腕症候群の長期罹病患者に対し、2週間の入院を要する頸肩腕症候群総合精密検査の受診を命ずる業務命令に対して、労働者が、指定された病院が信用できないとか、業務上の災害として受給していた各種手当が打ち切られるおそれがあるなどとして、2度にわたり拒否したことを理由に訓告処分がなされた事案ですが、地裁判決は処分を無効としました。
② 札幌高判昭58.8.25労判415号39頁も、本件健診実施が公社の業務に属するが、職員は包括的に公社の支配に属しているものではない、医療行為については医師の選択や受診するか否かを決定する自由を有している、公社と組合間の受診義務を課しうる旨の労働協約は無効であるなどとして、当該業務命令と訓告処分を無効としました。
③ 最1小判昭61.3.13労判470号6頁は、「使用者が業務命令をもって指示、命令できる事項であるかどうかは、当該具体的な労働契約の解釈の問題であり、就業規則が労働者に対し、一定の事項につき使用者の業務命令に服従すべき旨を定めているときは、そのような就業規則の規定内容が合理的なものであるかぎりにおいて当該労働契約の内容をなしているものということができる」とし、本件業務命令には就業規則上の根拠があり、従業員の病気治療という目的との関係でその内容・方法の合理性ないし相当性を有し、職員は公社規定上、公社の指示に従い健診を受診することにより、その健康回復に努める義務を有したものというべきであるなどとして、業務命令が有効であり、従業員が健診の自由や医師選択の自由を理由に拒否できないものとし、違反者への訓告処分を適法としました。

労働者の心身状態に配慮して一定期間出勤停止（自宅待機命令。民法536条2項により賃金は消滅せず、全額支給）とすることが考えられる）をしたうえで、労働者に対し、労働契約の本旨に従った労働義務が尽くされていないこと、その原因としてメンタルヘルス不調が考えられること等を説明し、メンタルヘルス不調状態に関する専門医等の受診や傷病休職につき、協議する等の手続を踏まえて、労働者の病状と必要な療養期間（休職期間の資料とする）等を把握するために受診命令を発令し、それでもなおこれに服さない場合には休職命令を発令することとなる。」

(3) 受診命令に従わない場合の懲戒処分の可否について

ア 使用者は従業員に健康診断を受診させる義務がありますが、他方、従業員はこれを受診する義務を負うといえるか、正当理由なき受診拒否があった場合に、使用者は、これを業務指示違反として懲戒処分に付することができるかが問題になります。

イ 公立中学校の教員が校長の命じた定期健診で、放射線曝露の危険を理由にエックス線検査を拒否したことが、安衛法66条5項、結核予防法7条1項に反し、地公法29条1項1号・2号に該当するとして、減給処分に付された事案で争われました（愛知県教委事件）。

(ア) 1審の名古屋地判平8.5.29労判722号77頁では、安衛法や結核予防法上の健康診断の受診義務は「健康診断の利益を享受する立場から労働者の協力義務を定めたもの」として受診義務を否定して処分無効としました。

(イ) 名古屋高判平9.7.25労判729号80頁同控訴審判決は、労基法66条の受診義務規定は、単なる訓示規定ではなく義務規定であり、「集団感染を防止するために、結核感染の有無についてのエックス線検査は不必要とは認められ」ないとして、受診義務を認め、処分有効としました。

(ウ) 最1小判平13.4.26労判804号15頁は、高裁判決を維持し、教員が当時エックス線検査を行うことが相当ではない身体状況ないし健康状態にあった等の事情もうかがわれない本件では、校長の命令は適法であり、処分も合理的かつ相当であるとしました。

(4) 診断書の提出拒否

ア 前述したとおり、診断書は健康状態についての適正な判断のために不可欠な「羅針盤」のようなものであるにもかかわらず、労働者が自己の健康情報の提供を拒むために診断書の提出を拒否した時に使用者はどうすればよいか

が問題になります。
　イ　判例として大建工業事件・大阪地決平15.4.16労判849号35頁を紹介します[370]。
　　(ア)　債務者会社Y（繊維板、合板及び各種建材の建造加工等を目的とする株式会社。当時の従業員は約2800名）の従業員であった債権者Xが、18カ月の病気休職期間が満了した後、Yの就業規則所定の「精神又は身体に障害があるか、又は虚弱、老衰、疾病のために勤務にたえないと認められた者」であることを理由に解雇されたことに対し、当該条項に該当する事実はなく、解雇権の濫用であって無効であると主張して、従業員の地位を仮に定めることおよび賃金の仮払いを求めたが、却下された事案です。
　　(イ)　決定の要旨は以下のとおりです。
　　　①　18カ月の病気休職期間を経た労働者Xが職務復帰を希望するにあたって、復職の要件である治癒、すなわち、従前の職務を通常の程度行える健康状態に復したかどうかを使用者YがXに対して確認することは当然必要なことであり、しかも、Xの休職前の勤務状況及び満了日まで達している休職期間を考えると、Yが、Xの病状について、その就労の可否の判断の一要素に医師の診断を要求することは、労使間における信義ないし公平の観念に照らし合理的かつ相当な措置であり、したがって、Yは、Xに対し、医師の診断あるいは医師の意見を聴取することを指示することができるし、Xとしてもこれに応じる義務がある。
　　　②　Xが、医師の人選あるいは診断結果に不満がある場合は、これを争い

---

[370] その他の判例として以下のものがあります
　①　東新トレーラーエキスプレス事件・東京地判平4.8.25労判616号92頁は、入社して1年余りの間に欠勤日数が約70日に及び、しかも、いずれも具体的理由を明らかにせず、個人的事情によると告げたのみであったため、使用者が再三注意し、警告書で就業状況の改善を求めたが、これにも応じなかったトラック運転手に対する解雇を有効としたものです。
　②　安威川生コンクリート事件・大阪地判昭63.9.26労判525号6頁は、妻が会社に電話で欠勤する旨告げたにすぎず、診断書を提出することなく52日間にわたり欠勤を続け、会社から代替運転手の確保の必要上、その欠勤期間を正確に把握するため速やかに診断書を提出するよう求めていたにもかかわらず、診断書を提出しなかった者に対する懲戒解雇を有効としたものです。判決では、
　　(i)原告は欠勤初日の妻による連絡以外には、被告に対し何ら連絡をしないまま欠勤し続けていたこと、(ii)被告からの度重なる診断書の提出の指示にもかかわらず、それに従わなかったこと、(iii)被告の就業規則では病気によって欠勤する場合には、予め所属長の許可を受くべきこと、やむを得ない場合は速やかに診断書を提出すべきことを定めており、原告は当該規定を了知していたことが認められること、(iv)被告の就業規則においては、運転手が欠勤した場合、代替要員確保の必要上、その欠勤予定時間を正確に把握するため、速やかな診断書提出を強く求めていると認められ、原告の妻が電話連絡をしただけでは、この欠勤が就業規則上、無断欠勤であると解することの妨げにならないことが指摘されています。

得ることまで否定されるものではないが、医師の診断を受けるように指示することが、直ちにプライバシーの侵害に当たるとはいえない。

③　Yが数回にわたって診断書提出期限を延期したにもかかわらず、Xは、特に理由を説明することなく診断書を提出せず、通院先の病院の医師ではない医師の証明書なる書面を提出したのみで、医師への意見聴取をも拒否し続けており、Yが休職期間満了後も直ちにXを休職満了退職扱いとせずに、自宅待機の措置を取っていたとの事情や、X自身が、未だに体調がすぐれない旨述べていることを併せ考慮すると、YがXに対し、就業規則の「精神又は身体に障害があるか、又は虚弱、老衰、疾病のために勤務にたえないと認められた者」との規定に基づいて行った解雇は、社会的相当性を欠くとはいえない。

④　Xは、Yにおいて就労することが可能であると判断できるだけの資料を全く提出せず、結局、Yは、Xが治癒したと判断することができなかったのであるから、Yが、就業規則の上記規定を適用して行った解雇は、社会通念上相当な合理的理由がある[371]。

3　産業医の役割

(1)　職場において労働者の健康管理等を効果的に行うためには、医学に関する専門的な知識が不可欠であることから、常時50人以上の労働者を使用する事業場においては、事業者は、産業医を1名以上選任し、労働者の健康管理等を行わせなければならないこととなっています[372]。

(2)　産業医の職務は、①健康診断、面接指導等の実施及びその結果に基づく労働者の健康を保持するための措置、作業環境の維持管理、作業の管理等労働者の健康管理に関すること、②健康教育、健康相談その他労働者の健康の保持増進を図るための措置に関すること、③労働衛生教育に関すること、④労働者の健康障害の原因の調査及び再発防止のために措置に関することがあります。

　　産業医は、労働者の健康を確保するため必要があると認めるときは、事業者

---

[371] この件ではXが就業規則に定める休職の規定を知らなかったと主張しましたが、Xは、長期にわたって休職していたにもかかわらず、その休職期間満了時期間近に復職を申し出ていること、Yによる診断書の提出の要求に対し、期限の延長を求めたものの提出自体には異議を述べていないこと、「長期欠勤・休職期間の期間・給与について」と題する書面をYから受領していることからすると、当然に休職期間についての認識は有していたと認めることができるとされました。このような弁解を全く許さないように十分に説明したという証拠も残しておくことです。

[372] 労働者数50人未満の事業場については、産業医の選任義務はありませんが、医師等に、労働者の健康管理等の全部または一部を行わせるように努めなければならないこととされています。

に対し、労働者の健康管理等について必要な勧告をすることができます。また、少なくとも毎月1回作業場等を巡視し、作業方法又は衛生状態に有害のおそれがあるときは、直ちに、労働者の健康障害を防止するため必要な措置を講じなければならないこととなっています。

(3) **産業医に関する裁判例**

ア 産業医の責任に関する裁判例

(ア) 北興化工機事件・札幌地判平16.3.26判時1868号106頁は、民間会社の社員が会社の会議中に脳出血により倒れ重篤な後遺障害が残った場合、会社の業務と脳出血の発症との因果関係はないとして、会社の損害賠償責任が認められなかった事例です。鉄工団地診療所の医師である産業医の労働安全衛生契約上の義務違反等が問題とされ、1150万円の損害賠償請求を受けましたが、降圧剤を投与するなど適切な治療をしたとして責任が否定されました。

(イ) 三菱電機（静岡製作所）事件・静岡地判平11.11.25労判786号46頁では、産業医は業務上の配慮をするかどうかの確認を主たる目的とするものであり、治療を積極的に行うことを目的とはしていないので、産業医が高血圧症の労働者に対して、降圧剤の投与の指示をしなかったことをもって直ちに過失有とはいえないとされました[373]。

(ウ) 東京電力（解雇）事件・東京地判平10.9.22労判752号31頁では、会社の産業医による労働者の主治医への書簡が労働者の人格権を侵害しないとされました[374]。主治医が産業医からの書簡を本人に見せることのモラルの

---

[373]「まず、S医師が、降圧剤を投薬しなかった点について検討すると、労働安全衛生法に基づく産業医による健康診断は、労働者に対し、当該業務上の配慮をする必要があるか否かを確認することを主たる目的とするものであり、労働者の疾病そのものの治療を積極的に行うことを目的とするものではないこと、高血圧症は、一般的に知られている疾病であり、その治療が、日常生活の改善や食事療法を各個人が自ら行う事が基本であって（なお、XがS医師からこのような指示を受けていたことは前記認定のとおりである。）、右のような一般療法により改善されない場合には、各個人が自らその治療を目的として病院等で受診することが一般的であることに照らすと、仮に、Xの高血圧症が、当時、降圧剤の投薬を開始するのが望ましい状態であったとしても、産業医であるS医師がこれを指示しなかったことをもって、直ちに産業医に過失がある、あるいはYに安全配慮義務違反があるとはいえないというべきである。したがって、この点に関するXの主張は、失当である。

次に、S医師が、Yに対して業務上の配慮を行うよう伝えなかった点について検討すると、この場合には、少なくとも、Xの高血圧症が、Xが現に行っていた業務に照らし、業務内容の制限等の業務上の配慮が必要とされる状態にあったと認められることが必要となるところ、本件全証拠によっても、右事実を認めることはできない。」（判決原文）

[374]「Xは、Yの産業医のA医師からXの主治医に宛てた書簡及びYの産業医B医師作成の書面の内容がいずれもXの名誉を毀損する旨主張するが、B医師作成の書面の内容には、一切、Xの社会的評価を低下させる事

問題があるのではないか、このようなトラブル（本件は解雇）に巻き込まれることを嫌がって産業医になることを希望しない医師もいるのではないか、とも考えられます。

イ　産業医の行動・関与が問題となった裁判例

(ア)　Ｂ金融公庫（Ｂ型肝炎ウイルス検査）事件・東京地判平15.6.20労判854号５頁では、Ｂ型肝炎ウイルス検査を本人に無断で行ったケースで100万円（第１回目）と50万円（２回目の精密検査について）の慰謝料（会社に対するもの）が認められました。検査を行ったのは会社の産業医です。医師（診療所）の責任は問題とされていませんが、問題となれば責任ありとされるであろうと思われます。企業べったりの医師のモラルが問題です。裁判所は精密検査前に原告に対してＢ型肝炎ウイルス検査の結果が陽性であること等を説明したと思うとの医師（産業医）の回答（原告本人の供述と異なる）を信用していません（「採用できない」としています）。

(イ)　日本電信電話（西新井電話局）事件・東京地判平8.10.30労判705号45頁では、主治医と会社の健康管理医の診断が対立しているケースです。健康管理医は療養、勤務軽減の措置を指示しました。この過程で原告Ｘは、健康管理医への不信・不満から、療養期間中にビラを配布したり、診療室に押しかけて滞留し、診療行為を妨害したりしました。その後（昭和56年になってから）、会社は健康に配慮しつつほぼ通常の勤務をさせる旨の指示をＸに行いました。しかし、原告は主治医の診断書を根拠に、軽減勤務が妥当であるとして、遅刻、早退、欠勤を繰り返し、会社の精密検査受診指示を無視しました。この結果職務適格性を欠如とする免職処分（昭和56年６月）がなされましたが、解雇権濫用にあたらず、有効との判決がなされました（医師の責任は問題となっていません）。

(ウ)　ケントク（仮処分）事件・大阪地決平21.5.15労判989号70頁では、労働者が難病に指定されている「重症筋無力症」と診断され、長期休業したことから正社員からパートタイマーに身分変更したことが争われました。産業医は本件変更に当たり就労に制限を設けることが必要であるとの意見を

実の記載はなく、Ａ医師作成の書簡についても、その内容は、Ｙの産業医として、Ｘの主治医に対し、Ｘの正社員への採用又は嘱託社員としての契約更新のためには、勤務状況を改善するのが望ましいとして、その方策につき、主治医の医学的見解を問うものと認められ、Ｘの社会的評価を低下させる事実を適示したものとは認められない。」（判決原文）

出しています（主治医も激務を避けた方がよい、無理はしない方がよいと述べています）。裁判所は原職（肉体労働を含む。長時間労働になる。激務となる可能性あり）への復帰が適当でない可能性はあるにしても、Y社において正社員に期待される通常業務に従事できないとまではいえないとしました。（賃金仮払いの請求を認容）。

(エ) 阪神電気鉄道事件・大阪地決平19.9.12労判951号61頁では、バスの運転手Ｘが「急性腰痛症・腰部捻挫」により休業し、労災給付を受けたが、復職が問題となりました。産業医が主治医からのヒアリングも行い、意見書（Ｘの復職希望に関する見解。今後軽快する見込みはなく、本人が愁訴している腰から足にかけての症状がさらに悪化することが考えられ、現場業務およびデスクワークについては、今後も無理なく復職できる状態となる見通しは極めて不透明であると記載されていました。）を会社Ｙに提出し、Ｙは人事委員会でＸの解雇について審議しました（Ｘの聴聞も行いました）。その結果、解雇理由に該当すると判断して、解雇をしました。Ｘは仮処分申立（地位確認プラス賃金仮払）をしましたが、裁判所は解雇理由はあり解雇権濫用ではないとして（解雇有効）、申立を却下しました。

(オ) カントラ事件は、第３章の「休職」のところ〔209頁以下〕で詳述している有名な事件です。

慢性腎不全のため２年近く休職した後の復職の申出を拒否された大型貨物自動車運転手Ｘの就労を求めたときから現実に復職するまでの間の賃金請求権の有無が問題となりました（和解により復職が実現したので、争いは支払うべき賃金の額だけとなっています）。この事件では、産業医は２回診察しています[375]。

１審判決は、Ｘの請求を賞与を除いて認めましたが、２審判決は１回目の診断後の復職拒否の判断は正当であるが、２回目の診断後の復職拒否は不当である（時間制限した近距離運転や時間を限定しない作業員の業務も

---

[375] １回目（平成10年６月１日の復職申出の後）は、運転業務への就労は危険と判断し、慢性腎不全、慢性肝障害により就業不可と記載した診断書を作成しました。会社Ｙはこの診断に基づきＸの復職は困難と判断しました（復職拒否）。

２回目（平成11年１月20日）の診察により、会社Ｙの産業医は長距離運転や８時間以上の労働をせず週２回以上の休日をとり軽作業（デスクワーク）の就業なら可とした診断書を作成しました。

この２回目の診察以降ＸＹは（組合を交えて）交渉し、結果的に平成12年２月１日から復職できましたが、Ｘは復職を求めた時点（平成10年６月16日）から現実に復職した日（平成12年２月１日）までの賃金の支払を求めて訴訟提起しました。

可能であったとしました）として、２回目の診断後から現実の復職日までの支払を認めました。本件判決は産業医の判断を妥当なものとの前提の判断をしています。会社Ｙの判断として２回目の診断後の判断が慎重を欠いたという結果になっています。この判決の特殊性は第３章の休職のところ〔211頁〕で述べていますが、一般論としては、やはり専門家の意見を尊重して慎重な判断を行うべきことがわかります。

(カ)　ＪＦＥスチール事件・東京地判平20.12.8労判981号76頁は、出向元Ｙ₁（ＪＦＥスチール）から出向先Ｙ₂（ＪＦＥシステムズ）へ在籍出向していた労働者Ｘ（自動車向けシステム開発のプロジェクトマネージャー）がうつになり自殺した件について、出向先Ｙ₂に安全配慮義務違反があり（長時間労働の是正や心理的負荷の軽減措置を講じなかった）とされ、出向元には義務違反なし（Ｘの具体的問題についての認識可能性なし）（責任なし）とされた事案です。Ｙ₂社の産業医作成の診断書を参考に配慮（短時間勤務）をしながら復職させたのに自殺に至ったケースであり、非常に対応が難しいケースであることがわかります。

(キ)　東芝事件・東京地判平20.4.22労判965号５頁は、産業医を通じ、会社が定期健康診断等でＸの自覚症状の変化に気づき必要な措置を講じる機会があったのにしなかったケースです。このケースでは休職期間中、「復帰プログラム」に基づいて産業医と主治医との間で情報交換がなされていることが注目されます[376]。結果として、復帰プログラムを断念して解雇しましたが、解雇は労基法19条１項本文違反で無効とされました。

(ク)　農林漁業金融公庫事件・東京地判平18.2.6労判911号５頁は、業務遂行能力を欠くことが明らかである場合に産業医の判断を経ずに就労能力を判断したことは相当性を欠くものではないとしました[377]。

---

[376] Ｘの休職期間中の平成16年６月25日、Ｙ社の産業医は「復帰プログラム」に基づき、職場復帰に当たって主治医の見解を聞きたいとＸに説明し、Ｘから情報開示に関する同意を得たうえで提供依頼文書を手交しました。Ｘは、この時点でも「職場復帰はできない」旨を主張しており、Ｘが産業医に持参した主治医の見解も「今後も長期的な治療が必要」というものでした。７月23日、Ｙ社の勤労担当者はＸと面談して職場復帰に向けたＹ社の考え方を説明し、職場変更が可能であることや、健康管理室にＸ独自の個室を設置することなどを提案し、休職期間満了前に復職するよう説得を試みましたが、やはりＸは職場復帰は不可能である旨告げました。そこでＹ社は「復帰プログラム」による取組みを断念し、８月６日、Ｘに対し休職期間満了を理由とする解雇予告を行って、９月９日にＸを解雇しました。

[377] 本件退職当時、ＸにはＹの業務を遂行する能力がなかったことは明らかであり、Ｙが産業医の判断を経ず、Ｘの主治医の判断や主治医作成の診断書に基づいて、その就労能力を判断したことは相当性を欠くものではなく、Ｙの就業規程は休職について規定する一方、解雇の要件を定めており、就労能力のない従業員をＹが雇用し続けなければならない義務が存在するとは解しがたいとして、Ｙが休職命令を発しなかったことを相当で

(4) 産業医の活用について[378]
　ア　産業医については様々な活用が考えられますが、以下の留意点・問題点があります。
　　① どのような形態かにより専属と嘱託があり、常時1000人以上の労働者を使用する事業場などでは専属産業医の選任が義務づけられていますが、中小企業では嘱託産業医が通常です。嘱託医の場合は本業があり多忙であるので、どこまで依頼するかという問題があります。
　　② 産業医の利用は事業者の見解の代弁として使うことでなく、専門家の意見を尊重し、よりレベルの高い経営に生かすという考え方が必要ですし、医師も専門家としての見識を持って正しいと思えば事業者が好まない見解も迎合せずに堂々と述べるべきです。
　　③ 現場の業務の特性と負担をよく知ってもらうこと。
　　④ ホームドクター的なオールラウンドプレーヤーであるべきとの考え方がありますが、メンタルヘルスや腰痛等判断が難しい疾病が多い業界ではやはり専門医との契約を考えた方が良いと思います。
　　⑤ 産業医の人材供給や企業とのマッチングも不十分であるので、中小企業がふさわしい人材を見つけて契約するのが容易ではないこと。
　イ　活用のあり方が問題となった裁判例
　　(ア) 榎並工務店事件・大阪高判平15.5.29労判858号93頁は、労安衛法上の義務（産業医の選任）を履行せず、または形式的には履行しているものの実際には機能していなかったこと（安全衛生委員会や安全衛生管理者の機能不全）から安全配慮義務違反を肯定しました。これは形式だけを整えても意味がないことを意味しています。
　　(イ) グリーンキャブ事件・東京高判平17.4.27労判896号86頁は、労組役員が「顔面神経麻痺、頸肩腕症候群」を理由として4ヶ月休職後に産業医の就労可能との診断書を提出してなした復職申出に対し、会社が警察の指導などと虚偽の事実を述べて労組内部の問題を理由として復職拒否を続けたことが

ないとはいえないとされ、それらの判断を不当とする損害賠償請求が棄却されました。
378 ある産業医の先生は企業の取組みについて、①医務室ではなく「健康管理室」で社員の健康増進に取り組む。②産業医の役割はメンタルヘルス対応が中心に。③メンタル不全者の最初の発見者は上司。④保健師や看護師の役割が重要。⑤これからの産業医はオールラウンドプレーヤーのホームドクターであるべき。⑥健康を守ることは最も効果的な経営施策と指摘しておられます（別冊人事実務特集「企業が取り組む社員の健康対策」（2007）258頁以下「社員の健康を守ることが最も効率的な経営施策」（花岡弘医師）。

不法行為に当たる（慰謝料として70万円が相当）とされた例です。

　この裁判例の会社は何のために産業医の判断を利用しているのか、労組対応の問題もあり、真摯に専門家の判断を尊重し検討・活用するという姿勢でないことは明らかです。同様のあってはならない事例として、産業医に会社の望む方向に沿った診断書を出させるということが考えられます。この点は労働者側の主治医が労働者に迎合して労働者の希望する内容の診断書を書くことが多いと言われる問題と同様に、産業医の医師としてのモラルが問われます。使用者の顧問弁護士が使用者に迎合して専門家としての倫理に反する助言をしてはならないのと同様、医師としての産業医も決して迎合せず、事実に基づく適正な診断・助言をしてほしいものです。

ウ　面接指導（面談）の重要性
　(ア)　面接指導の意義
　　　事業者は、労働安全衛生法により、①時間外・休日労働時間が１月当たり100時間を超え、かつ、疲労の蓄積が認められる労働者であって、②労働者からの申出を行った者については、医師による面接指導（問診その他の方法により心身の状況を把握し、これに応じて面接により必要な指導を行うこと）を行わなければならないとされています（安衛則52条の３第１項）。事業者は、面接指導を行った場合には、その記録を５年間保存する必要があります（同52条の６第１項）。
　(イ)　面談（面接指導）にあたって産業医の責任が問題となった裁判例として産業医賠償命令事件（会社名秘匿）・大阪地判平23.10.25労経速2128号３頁があります。
　　a　この事件は、自律神経失調症により休職中であった原告Xが、勤務先A社の産業医である被告Y（内科医、メンタルヘルスについては、産業医向けの講習を毎年１回受講して知識を得ていた）との面談時に、詰問口調で非難されるなどした（「それは病気やない、それは甘えなんや。」、「薬を飲まずに頑張れ。」、「こんな状態が続いとったら生きとってもおもんないやろ。」等）ため、病状が悪化し、それによって復職時期が遅れるとともに、精神的苦痛を被ったとして、不法行為による損害賠償（逸失利益の一部の賠償及び慰謝料の支払い）等を求めた事案です。
　　b　判決では産業医の注意義務に関して以下のとおり判示しました。
　　　①　Yは、産業医として勤務しているAから、自律神経失調症により休

職中の職員との面談を依頼されたものであるから、面談に際し、主治医と同等の注意義務を負わないものの、産業医として合理的に期待される一般的知見を踏まえて、面談においてその症状を悪化させるような言動を差し控えるべき注意義務を負っていた。

② メンタルヘルスにつき一通りの医学的知識を有することが合理的に期待される産業医としては、自律神経失調症の患者に面談する際、安易な激励や、圧迫的な言動、患者を突き放して自助努力を促すよう言動により、患者の症状が悪化する危険性が高いことを知り、そのような言動を避けることが合理的に期待されるものと認められるので、XとのYの面談におけるYの言動は、YがあらかじめXの病状について詳細な情報を与えられていなかったことを考慮してもなお、上記の注意義務に反する。

③ Xの症状悪化は、本件面談におけるYの言動により生じたものと認めることができる。

④ Xの休業損害は30万円を下らず、慰謝料は30万円相当であり、Xの請求は60万円（プラス遅延損害金）の支払を認める限度で理由がある。

c この事件は産業医としての経験の少ない医師による問題発言の事例です。経験が少ないながら講習も受けている医師ですら、このような結果になることがあるということです。委嘱する側の使用者としては、医師の選任にも十分気をつける（できるだけ経験の豊富な方を探す）必要があると同時に、医師（産業医）の協力を得ず医師のような最低限の知識・経験すらない者が常識的な判断でメンタルヘルスの対応をすることがいかに危険かがわかる事例です。

第6章 予防的労務管理の徹底

第1節 法的リスクマネジメント

1 「法化社会」
(1) 法化社会の到来と法的リスクマネジメントの必要性
　　現在日本では旧来の「ムラ型社会」から個人や企業の権利主張、自由な活動を当然とする近代的な社会へますます変化しています。全てを法律と権利義務で解決する「アメリカ型の訴訟社会」へ近づきつつある「過渡期」の日本社会を表わす言葉として「法化社会」が用いられるようになっています。従来の個人や企業の権利の主張を抑圧してきた様々な規制がなくなる方向へ大きく動いているのです。しかし、他方これは権利主張が活発となり、泣き寝入りがなくなるので、法的トラブル、法的リスクが増加することをも意味しています。そこで、従来のように法律や契約に無知のまま漫然と生活や事業をしていると紛争にまきこまれたり、不測の損害を受けたりすることになります。そこで法律や契約についての知識収得、トラブルにならないため、また不利な扱いを受けたりしないための予防策が必要となっています。特に中小企業はこれらの点について全面的に準備不足ですので社会の動向を明確に認識して真剣に取り組むべきです。
(2) 図表6-1で現代日本が法化社会といわれる意味と法的リスクについてわかりやすく説明します。この図を見ると現状のまま意識と体制（システム）を変えないことにリスクがあることがわかっていただけるでしょう。
(3) 顧問弁護士の役割は右のアメリカ型社会に近づきつつある状況の中で企業に考え方の変更を助言し、時代に応じてレベルアップを図り生き残る企業づくりをお手伝いすることです。

2 地雷原のたとえ
(1) 地雷が多く埋まってしまっている地雷原（これは「法的リスク」のたとえです）をいかに無事に越えていくかということを考えます。他人の不幸な事件（地雷を踏んでしまって負傷又は死亡事故となる）の教訓（これは法的には「判例」

(図表6-1) 法化社会の到来と社会構造の変化

		旧来の日本社会→	現在の日本→	アメリカ型社会
社会		ムラ社会→ 法による権利擁護不十分（勝つべき弱者が法やルールで守られない） なれあい・妥協・強者優位	法化社会→ 移行期（新旧いろいろな考え方の人間が混在して生活しているのでトラブルになりやすい）	訴訟社会 「法の支配」 ルールに基づく「公正」な解決 自己責任の原則＝民主主義
ルール		内部規範が優先→ タテマエとホンネの二重構造でホンネ重視／／「お上」意識	コンプライアンス（遵法）強化→ ルールを守れない企業は脱落するという流れが加速進行する。	法律・契約がルール（行動準則） ①契約（自ら内容決定） ②法律（自らの代表による決定）
	契約	薄い契約意識。契約書は作成しないか、作成してもあまり内容のない（薄い。条項も少ない。）単なる「お守り」のようなものにすぎない。本来の「契約」の意味がない。	契約意識が高まる。契約書は徐々に内容のあるものに、条文は多くなる。一方に有利なものを起案して相手方に提示する傾向が強まる。	厳格な契約（遵守）意識。契約違反には厳しいペナルティ。契約締結に向けて厳しい交渉を繰り返し合意に至る。
	法律	法の軽視→（法律などなくてよいと考えている）	遵法（コンプライアンス）の動きが急速に進行している→	違法（コンプライアンス）重視→
		内部告発＝（身内の裏切り）をすれば村八分。	<180度転換>→ 内部告発者保護法制定	内部告発＝あるべき姿
背景		個人の主張を押えるシステム 社縁・血縁・地縁（業縁）の中間的共同体の支配力がある→	―崩壊→ 同業団体の崩壊―押えてきた競争の解禁→「真の競争力」が問題となる。	独立した個人（個人主義の徹底） 個人の尊厳（基本的人権の保障）
		身内意識・突出・不規則行動は仲間はずれ（村八分）。リスク感覚なし＝争いごとはあってはならない。	突出・異色（差異）の容認・評価 自己主張の時代→トラブル激増	厳しい自己防衛意識・リスク感覚・高い権利意識。トラブルはあって当然。いかに上手に解決するかが問題。

(図表6-2) リスク対応のイメージ図

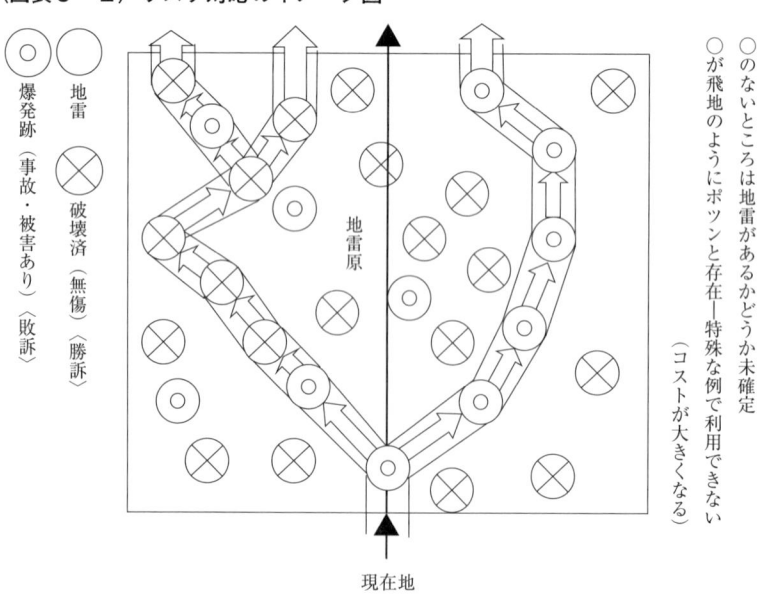

◎ 爆発跡（事故・被害あり）（敗訴）

⊗ 地雷

○ 破壊済（無傷）（勝訴）

地雷原

現在地

○のないところは地雷があるかどうか未確定
○が飛地のようにポツンと存在―特殊な例で利用できない（コストが大きくなる）

398

のたとえです）や地雷の破壊工作（事故が起きないように積極的に破壊して処理する）の費用（これは法的処理のコストのたとえです）を考えるということです。

　人によりいろいろなルートで越えていくことが考えられますが、確実性（安全性）とコスト（⊗◎のないところは自ら確認すること［破壊工作する等すること］が必要ですが大きな費用がかかってしまう）のかね合いの問題があります。通常はコストの関係で地雷を全て破壊し尽すのではなく、一部分でよいから予め安全ルートを開設して地雷原を越えていくはずです。

(2)　それでは経営の諸局面でリスク（地雷に相当します）に対してそのようなことをしているでしょうか。もししていない経営者がいるなら無謀であり、経営者としての資格・能力を問われます。

3　晴天計画

(1)　人は誰も屋外でイベントを開催する時は必ず雨天の場合にどうするかを考えるはずです。中止にするか順延にするのか、当日の連絡方法はどうするのか、損害（費用）が発生したらどう処理するのか等雨天の場合の対応をしっかり想定して計画的に処理します。

(2)　これに対して、経営上の問題について順調にいかない場合、多額の損失が発生した場合等悪い結果が発生した場合（雨天になったような場合）に経営者が全て上記の雨天対策のような対策を講じているかというと意外にできていないのです。これを「雨天」（法的リスク）を考えず経営をするという意味で「晴天計画」といいます[379]。

　経営者である以上「法的リスク」を含むあらゆるリスクを想定して経営に当たり、企業の繁栄と永続を図るべきです。この点わかりやすい例として法的リスク対策文書としての「契約書」の作成がありますが、これについては第1章〔31頁以下、37頁以下〕で詳しく説明しています。

4　性悪説

---

[379] 雨の日に銀行は傘を貸してくれないことについて
　　経営者はよく銀行が金を貸してくれない、薄情である、雨の日に傘を貸さず、晴れの日に傘を貸そうとする等いわれると思いますが、銀行が経営状態の悪い会社に金を貸しても返してもらえないリスクを考えて容易に金を貸さないのは当たり前のことです。銀行も商売であり、できるだけ利子をかせぎ、損失を増やさないようにします。
　　経営者としては、雨の日でも必ず傘を貸してもらえるという信頼関係を築く、傘がないなら雨の日に外へ出かけずに内で仕事をする、傘ではなくレインコートを着用する等雨の日を想定した対策を考えて手を打っておくべきです。

(1) 日本人の特性として、すぐに他人を信用してしまうということもいわれます。この点は「人を見たら泥棒と思え」という言葉もある一方、だますよりはだまされる方が良いという人もいて、考え方は様々です。お人よしの方が付き合いやすく、友人知人としてはよい人でしょう。しかし、経営者の場合、すぐに他人を信用する、物事を疑うことの少ない人はリスク対策の点で問題があります。経営者としては、何事も容易に信用せず、裏付け情報を探し、リスクがないこと（あるいは少ないこと）を確認してから行動することが基本です。

(2) 以上のような考え方からは、リスクに備えるルールや制度は厳格にしておくことが必要です。そして、運用面では相手方の立場を考えて余裕をもって一歩引いて優しく扱ってあげる（それが可能であれば）ということが良いと考えます。そのようにするとトラブルは発生しにくくなります。

第2節 労働コンプライアンス

1 遵法（コンプライアンス）

(1) 欧米型の法律重視の社会では違法行為を防止するために「遵法（コンプライアンス）経営」が要請され、その実効性を図る仕組みが用意されています。アメリカでは内部告発者を保護することにより告発を奨励し、違法行為・犯罪行為の抑制と摘発に力を入れています。日本でも「法化社会」〔397頁〕への移行に伴い、最近内部告発者保護の法律が制定され、ますますこうした傾向が強まっていきます。違法行為が行われれば、①各種法的制裁（刑事告訴、民事責任、行政処分等）の他に、②社会的制裁（信用喪失、不買運動・客離れ等）や③取引先からの取引停止等による取引上の損害等による資金繰り悪化・倒産等重大事となります。大企業では最近真剣な取り組みをしています。

(2) 中小企業では以上の取り組みがまだまだ不十分ですが、本当に大変なのは中小企業のはずです。体力のない中小企業の場合、違法行為・不祥事があれば（上記の諸事情から）あっという間に廃業・倒産に追いこまれます。

リスクマネジメントの鉄則の1つは、「発生の可能性が少ないリスクでも損害が致命的なものには必ず対処しておくべき」というものであるので、このようなコンプライアンスの問題は全ての項目の前提として他の項目に優先して取り組むべきです。そうでなければ安心して事業をできないはずです。少なくとも自らの仕事に関わる部分については必ず法令の研究・業務慣行の見直し等を

しておくべきです。この点で従来重視されてこなかった顧問弁護士の活用（厳しい意見・助言を素直に受け入れ改善するシステム）が必要です。
(3) 法律を守るという意味での「コンプライアンス」は意識されつつありますが、社内の重要なルールを労使ともに遵守するという意味での一種のコンプライアンスについてはまだまだ意識が低いと思います。労働契約における合意原則や就業規則に対する合理性審査については第1章で説明していますが、この意味でのルールを労使双方がよく理解して遵守すること、すなわち行為規範としてのルールをよく活用することがトラブル予防につながります。

2 組織的対応の重要性

(1) コンプライアンスのための社内体制については、**①職務権限の適正な分担、②事前のチェック体制、③事後チェック体制、④トップの主導性**の4つが必要です。以下この点について説明します。

(2) **職務権限の分担**
　社内において職務権限の明確化を図り、適切な役割分担によって権限が一部に集中したり管理の死角が生じたりして不正を見過ごさないように配慮することが必要です。そのためには①共同で管理するような形にすること、②担当部署を随時入れ替えること、③役割分担、④報告義務や事後監査によるチェック（欧米の金融機関では一定の長期休暇を義務付け、その休暇期間に監査を入れることが行われている。）が有効です。

(3) **事前のチェック体制**
　ア　取締役
　　(ア) 取締役には業務執行について監査機能が期待されています。執行役員制の導入、社外取締役の選任等により、業務執行と監査の役割分担の強化を図る方向に進んでいます。また、社外取締役を中心としたコンプライアンス委員会の設置、コンプライアンス担当役員の選任等も適切な方法です。また、倫理行動規範の承認、定期的に報告を求めたりして十分な監視体制作りが必要です。
　　(イ) 取締役が以上の実効性のある内部統制システムの構築を怠ったり、監視が不十分であると、監視義務違反として責任を追求される危険があります（違法行為を知らなかったと弁解できません）。そこで、取締役が社長（代表者）への監視をするためには、以下の点に留意すべきです。
　　　① 自分が責任をもってチェックするという責任感と気概を持つ。

② 情報（説明文書等）を求め、質問し、事情を十分理解した上で検証・吟味すること。
　　　③ 必要とあれば専門家の意見を聞き、また決して役員の一部の判断に任せない。
　　　④ いくら他に優れた能力があっても、コンプライアンス面で問題のある者は取締役に選任しない。
　　(ウ) 特にコンプライアンス担当役員は、立場の重要性から以下の条件を満たすことが望まれています。
　　　① 社内が一目置く（納得する）人（一派に偏しない）
　　　② 会長室・社長室に気軽に入っていける（人間関係のある）人
　　　③ 社外取締役・顧問弁護士・公認会計士とパイプがある人
　　　④ 経営幹部に対して（コンプライアンスの）啓蒙活動を熱心に行うことができる人
　イ　法務部
　　法務部がある場合は、コンプライアンス管理面でも法務部が中心的な役割を担うべきです。そして、外部の弁護士、公認会計士等の専門家との提携と協力が必要です。

(4) **事後のチェック体制**
　ア　監査役が違法性について厳格にチェックすることが必要です。
　イ　苦情処理について、外部的な窓口を設置すると共に、内部的にも告発用の窓口を設置することが必要です。それには、不正を告発した者を人事上マイナスに扱わない等フォローを徹底することが大前提です。この点は「内部告発」のところ〔特に250頁以下〕で詳論しています。

(5) **トップの主導性**
　トップが本気でコンプライアンスを重視し、主導して徹底する方向で組織全体に浸透するように努力を続けないと効果はありません。トップが繰り返しコンプライアンスの大切さを言い続けること、上から下へ徹底して意識変革をすることが必要です。評価される企業はトップがすばらしい動きをしています。例えば、「談合しなければならない案件は手をだすな」「売上よりも倫理（コンプライアンス）」等明快に宣言し、言行一致で指導することです。
　また、トップ自身が従業員と対話を繰返し、周知・説明すること、ものを言い易い雰囲気を作り、マイナス情報がトップまで上がってくるようにすること

です。

第3節　労働ＣＳＲ

1　企業の姿勢の問題
(1)　最近は「企業の社会的責任」（ＣＳＲ）が重視されています。従来の日本では売上・利益につながらない社会的貢献活動は無視又は軽視されていましたが、欧米で重視されていることもあり、特に大企業・公開企業では投資家へのＰＲ・株価（時価総額）重視の面で実益（必要）があることから熱心に取り組まれています。評価対象となるものとしては、環境問題、労働問題、人権問題等の他企業統治に関する先進的取り組み、遵法経営への姿勢等があります。
(2)　中小企業における取り組みについて
　　これに対し中小企業では関係がないとか、面倒だと考えて真摯に取り組んでいる社長は少ないようです。あるとすれば高い意識のある商売熱心な社長、ネットワーク作りの意識の高い社長です。
　　非公開同族企業・中小企業においては、①金融機関がこれらについて好評価し、有利な融資条件を提示することが考えられます。また、②取引先の大企業が取り組みのおくれた中小企業に対して選別・取引停止の動きをすることがみられ、この動きが拡大しつつあります。この意味では取り組むことが生き残りにもつながります。また、③社会貢献企業に対して社会の評価が高まると、ネットワークづくりや、商取引の準備活動が容易になるメリットがあります。以上のことから、中小企業でも、できるだけコストのかからないやり方も工夫しながら、自らのレベルアップにつながると信じ、また広く自社ＰＲの一環として考えて積極的に取り組むべきです。
　　社会のためになることをすればいずれ「ブーメラン」のように自社に返ってくることもありますし、もし返ってこなくても意味があると割り切りましょう（企業の理念として）。

2　近江商人の「三方よし」
(1)　「近江商人の歩いたあとにはペンペン草も生えない」など揶揄された近江商人について、近年はその商いの理念である「三方よし」（自社や取引先と社会の三者全てによい行動を心がけること）が見直されています。日本における企業の社会的責任（ＣＳＲ）の源流として、言葉を換えれば「日本生え抜きのＣ

SR」であり、現代に通じる企業理念であると評価されています[380]。
(2) 日本全国を市場として広域に活動した近江商人は、もともと何のゆかりもなかった行商先の人々から信頼を得なければならず、得意先開拓をしなければならなかったのです。そのために、①自分の都合より相手の立場を徹底的に尊重すること（現在でいう「顧客満足」「顧客第一主義」）、②一時に大きな利益を得ようとしてはいけないこと（利を貪らない）、③私利に対する欲求（儲けたいという自分本位の欲望）を抑制するために信仰を厚くすることを中心的な考えとして、世間や社会全体への奉仕の精神が強調されていました。これらは商法自体に由来する強固な経営理念となっていたのです。
(3) 近江商人の具体的な社会貢献例として以下のものがあります。
「京都に店をもった中井正治右衛門は、文化12年（1815）に瀬田唐橋の一手架け替えを完成させた。さらに京都大津間に花崗岩の車石という石道路を敷設する工事にも献金し、草津宿では常夜燈を建設し、数多くの神社仏閣へ寄付した。正治右衛門一代の慈善寄付の総額は、8000両を超えた。その他の近江商人も、凶作の場合は貧民へ米銭を施したり、あえて飢饉時に建設工事をはじめて人助けのために働き口を提供したり、年貢の肩代わりを申し出たり、出世証文を容認して事実上の借金返済の無期延期を許容するなど、陰徳善事と言われる社会貢献に努めている。」（末永國紀「近江商人学入門」サンライズ出版20頁）

3 経営理念と生きがい

(1) 第5章で前記の近江商人とは逆の「ブラック企業」問題を取り上げています。企業は本来利益追求を目的とする営利組織です。しかし、営利だけを追求する企業は、現代では経営者は社会的に評価されず、働き手も優秀な人材は集まらず、あるいはすぐに退職し、一時的に利益を挙げても永続できない体質になります。
(2) もともと何のために人生を生きているのかという生きがい論（マズローの欲求5段階説の中の「自己実現の欲求」もご参照）から考えても、「金儲け」だけに専念してもむなしいのではないでしょうか。また、世の中では金儲けだけに走り破綻するということも多いです。自社の商品が人の役に立ち（社会貢献）、世間の一員として確かな基盤を有しているという確信が労使にあれば、本書でとり上げるような労使のトラブルも極めて少なくなるように思います。

---

[380]「三方よし」の理念の普及を図る「三方よし研究所」のホームページは http://www.sanpo-yoshi.net/index.html

(3) 以上のように何のために生きているのか、何のために企業を経営しているのかということを突き詰めて考えることは、より高いレベルの人生や企業経営に向かう契機となります。

第4節　予防のための留意点

1　顧問弁護士の活用
(1)　顧問弁護士の必要性
　　ア　「法化社会」への移行という大きな社会変動の中で、従来なかったトラブル、法的リスクが発生し、対応に苦しんだり大きな損害を受けたりするようになっています。そのような時にすぐに対応するとか予防策を講ずるためには、法律の専門家である弁護士の助言・指導が不可欠です。労務管理の他にも、与信（債権）管理（事後的債権回収の困難、少額訴訟の活動指導等）、種々の危機管理（クレーム対応、いいがかりや民暴等不正な動きへの対応、コンプライアンス体制（システム）確立指導等）、契約管理（契約書作成、交渉指導等）の問題については継続的で且つ密着した指導関係が必要であり、顧問弁護士が必要不可欠です。
　　イ　企業の規模を問わず、企業にふさわしい取り組みが必要であり、そのような取り組みをしているかどうかが企業の生き残りにとって重要であり、また他者のその企業に対する評価の重要な要素となって来ています（有力企業は取引先企業に顧問弁護士がいるかどうかについても［コンプライアンスにも関係するので］取引先評価における評価要素としています）。
　　ウ　顧問弁護士は継続的に企業の相談を受けて実情を把握し、気がついた企業の法律上経営上の問題点を指摘し、改善レベルアップの努力に協力していくことが仕事です。必要に応じて事後処理（訴訟等）も行いますが、それはトラブルの予防や早期解決に失敗したためのやむを得ないもので、継続的な事前の予防改善指導が本来の仕事です。特に継続的関与先である顧問契約のある企業の相談や事例処理を優先して行う立場にありますので、スポット対応を求められても応じることが難しい場合があります。特に難しいのは労働審判のような集中的に迅速に処理をしなければならない場合です。
(2)　現在のところロイヤー（顧問弁護士）の活用はまだ不十分です。
　　ア　まだまだ必要がないと考えている場合がありますが、このような考えの企

業は時代についていけず（社会の考え方は急激に変化しています）淘汰されてしまいます。
イ　問題があってもスポット対応で十分である（その問題をしのげばよい）と考えている経営者もいますが、専門家として、問題を積極的に改善解決する経営者に変身するように助言すべきです。
ウ　自分のところは小さいのでとても顧問契約など考えられないと思っている経営者も多くおられます。これは従来の弁護士会の態度も原因です。かつて各弁護士会で一律の「報酬規程」を作っていて顧問弁護士の顧問料は「月額５万円以上」でなければならないとしていたのです。しかし、原則相談だけで月５万円以上支払うことのできる企業は少数の限られた企業（規模がある程度以上大きいか、トラブルが多くて必要性が高い企業）です。多くの小企業はそこまでの支払は困難であり、顧問弁護士制度が普及しなかったのです。現在では既に前述の報酬を画一的に規制する制度はなくなっており、各企業のニーズに合わせて具体的に協議により自由に決定してよいとされています。実際零細・小企業の場合、少額からの利用も増えており、企業の規模・経営状態、予想される相談の頻度、相談以外に含まれる業務の内容等を考慮して自由に決定できます。今までお付き合いのある弁護士に活用の方法について相談してみられればよいと思います。

(3)　**顧問弁護士のイメージ（活用のヒント）**
　ア　経営者110番
　　　最近労働者110番等、労働者側では労働者を支援する弁護士が集団でボランティア的に相談や啓蒙活動をしています。役所も弱者救済の面から相談窓口を増やしており、労働者が知恵をつけ（「理論武装」をし）強くなっています。これに対して、企業・経営側は十分対応できていません。中小企業では法律や判例の「無知」の他、支援すべき専門家（弁護士）とのつながりを持たない所がまだ多いため極めて不安な状態です（顧問弁護士がいなくて労働審判で大変苦労したケースを332頁の(2)キで紹介しています）。かかりつけの専門家を得ていざという時にすぐにリスクに対応できる体制づくりをすることは今や将来のある企業の経営者の責任です。
　　　この点たとえでいうなら、機械警備会社の「セコム」をイメージしていただければよいでしょう。税理士のように毎月訪問していろいろ助言指導をする必要があれば（濃厚なサービス）顧問料は高目に設定されますが、顧問弁

護士の場合は原則事務所に「来ていただく」ことを前提にしていますし、常に相談があるわけでもありません。そこで「セコム」と同様、法的リスクに対応する必要な最小限度のサービスであれば顧問料は少なくてもよいということになります。

イ　転ばぬ先の杖

　昔から日本にも「転ばぬ先の杖」ということわざがありますが、急速に法的リスクが増加している現代では、法的リスクへの対応がますます必要不可欠となっています。「転ばぬ先の杖」の発想を持たない企業は、本業の経営も上手くできず、多くの法的リスクに直面し、今後存続していくことは困難となります。この点、顧問弁護士と相談し指導を受ける中で「転ばぬ先の杖」の考え方を身につけていくことができます。

ウ　「トラブルフリー」の経営

(ア)　「トラブルフリー」とは「トラブル」をよせつけない、万全の経営体質を目指して日々努力していく姿勢を言います。トラブルは企業に落度のない場合にも発生することがありますので、100％トラブルをなくすことは不可能ですが、努力によりトラブル発生の確率を少なくすることはできます。それが「経営」というものです。日々努力をする企業とそれを意識せずに放置する企業では日々格差が拡大していき、存続確率にも大きな差が生じると思います。

(イ)　また、トラブルを防止する努力をするのであれば、全面的に見直すことです。1つのトラブルが発生したとき、1つのトラブルの原因を究明し、その問題の再発防止に努めるということが一般ですが（それでも何もしない所に比べて立派ですが）、1つの教訓からの応用として、他の問題も推測、想定し、同種の、また進んで予想される他の問題についての対策・改善にも積極的に取り組むことをおすすめしています。よく考えた「システム」をつくり適切に運用すればリスクは必ず減少するものです。特にトラブルになって損失が発生し「高い授業料」を払う必要のある時にはこのようにしないと「もったいない」です。

(ウ)　富士山のたとえ

　　頭を雲の上に出し

　　四方の山を見おろして

　　かみなりさまを下に聞く

富士は日本一の山

　　　（文部省唱歌。作詞巌谷小波。作曲不詳）

　　雲やかみなりさまを「トラブル」と考えますと、リスク対策のシステムを整えた企業は富士山のようにトラブルとは無縁に悠々と着実に利益を上げて永続していく。その姿は外部からみても素晴らしく内部の者も自信と活気にあふれている。トラブルフリーの経営とはこのようなイメージで考えるとわかりやすいと思います。

2 判例に学ぶ意義

(1) 「経験より歴史に学ぶ」という格言がありますが、これは個人の狭い経験よりも広く教訓を得ることが重要であること、特に時代をさかのぼって教訓となることを探して現在に生かすことが必要であるということです。そして、企業にとって切実であるのは自らの置かれた環境でいかに企業体質の改善を図るかということです。

(2) この点、法律の分野では訴訟で争われた事例についての裁判所の判断例である「判例」が改善に取り組む際の「指針」となります。特に労働分野では法律による定めが少なく、判例の重要性が大きいことから、「労働判例」を学ぶことが重要です。

　　戦後、判例の蓄積があり判例理論が確立され労使のルールとして定着している場合（論点）が多いですが、判例理論は解りにくく、本当に理解しようとすれば多くの判例を見る（理解する）しかありません。

(3) 判例を学ぶに際しての留意点

　ア　判例とは、最も広い意味ではあらゆる裁判（判決・決定）を指して用いられますが、その後の裁判所の判断において従われる可能性の高いルールに至っているものを「判例」と呼び、そのような状況に至っていない個々の裁判所の判断を「裁判例」と呼んで区別する立場が有力です（荒木尚志「最高裁重要労働判例」経営書院9頁の「発刊によせて」、菅野和夫・諏訪康雄「判例で学ぶ雇用関係の法理」2頁以下）。

　イ　一般論ではなく具体的適用が問題です。事案は1つとして同じものはないので、事実が異なると結論も異なることがあります。1つの型を考えてその裁判例は自社の案件と同じ型だから裁判例と同じ結論になると安易に考えてはいけません。事実の分析と判断は弁護士に任せることになりますが、よい指導を受けて下さい。

ウ　裁判官の個性はいろいろで同じ事実を前提としても証拠評価についての評価判断が異なるケースがあります（それは許容されています）から、自社に不利な判断となることも想定してリスクを考えて手厚く対応策を検討すべきです。

著者紹介

岡﨑　隆彦（おかざき　たかひこ）

京都大学法学部卒業後、昭和63年大阪弁護士会登録弁護士（40期）。平成5年村田・岡﨑法律事務所開設。企業の顧問弁護士として、人事労務関係の相談（助言・指導）と研修・事件処理を中心とする。契約・与信管理等の法的リスクマネジメントについても人材活用と組織の機能化の視点から相談（助言・指導）、研修・事件処理を行う。また企業を支援する専門士業のリスクマネジメントに関する助言・指導、研修も行っている。

著書：「個別労働関係紛争・解決の処方箋」（2013年経営書院　共著）

労働判例に学ぶ「予防的労務管理」

2014年11月23日　第1版第1刷発行
2015年10月10日　第1版第2刷発行

著　　者　　岡﨑隆彦
発 行 者　　平　盛之

㈱産労総合研究所
発行所　出版部 経営書院

〒112-0011　東京都文京区千石4-17-10
産労文京ビル
電話　03-5319-3620
振替　00180-0-11361

印刷・製本　藤原印刷株式会社

無断転載はご遠慮ください。
乱丁・落丁本はお取り替えします。　ISBN 978-4-86326-184-6　C2034